Treasures for Scholars Worldwide

龙向洋 编

哈佛燕京图书馆书目丛刊第19种

美国哈佛大学哈佛燕京图书馆藏中国新方志目录

Catalogue of the New Chinese Local Gazetteers in the Harvard-Yenching Library, Harvard University, U.S.A.

［京津冀晋蒙辽］

·1·

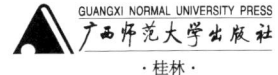
·桂林·

图书在版编目（CIP）数据

美国哈佛大学哈佛燕京图书馆藏中国新方志目录：全7册 / 龙向洋编. —桂林：广西师范大学出版社，2015.9
　ISBN 978-7-5495-7004-1

　Ⅰ. ①美… Ⅱ. ①龙… Ⅲ. ①哈佛大学－院校图书馆－地方志－图书馆目录－中国　Ⅳ. ①Z88：K29

中国版本图书馆CIP数据核字（2015）第156864号

广　西　师　范　大　学　出　版　社　出　版　发　行
（广西桂林市中华路22号　邮政编码：541001）
（网址：http://www.bbtpress.com）
出版人：何林夏
全国新华书店经销
桂林金山文化发展有限责任公司印刷
（广西桂林市中华路22号　邮政编码：541001）
开本：787 mm×1 092 mm　1/16
印张：300　　字数：4001千字
2015年9月第1版　　　2015年9月第1次印刷
定价：2100.00元（全7册）

如发现印装质量问题，影响阅读，请与印刷厂联系调换。

前　言

美国哈佛大学哈佛燕京图书馆是当代收藏中国新方志最丰富的学术图书馆之一。此次编纂出版的《美国哈佛大学哈佛燕京图书馆藏中国新方志目录》，旨在通过对哈佛燕京图书馆历年收藏的中国新方志进行一次系统的书目数据整理，以揭示哈佛燕京图书馆中国新方志藏书的总体状况，为海内外学者利用这一类藏书提供方便。

本目录的整理编纂工作，是我在2013年1至6月访问哈佛燕京图书馆期间完成的，之后在修改过程中将书目数据更新至2014年9月15日，并相应地调整了条目编排单元次序。现将此次目录编纂过程以及哈佛燕京图书馆中国新方志概况简述如下。

一、目录的编纂

此次目录编纂是在哈佛燕京图书馆中国新方志书目数据的基础上进行的，主要内容包括数据采集、文字整理、条目编排和索引编制四个方面。编纂工作是以书目数据库技术作为支撑，目录数据整理是依赖于数据库的各种功能得以实现的。

（一）数据采集

基于中国新方志目录的基本特征和哈佛燕京图书馆的编目数据提取规则，我们从题名、出版年、文献语种和馆藏地等四个方面设定了哈佛燕京图书馆中国新方志目录数据采集的检索条件。

1.题名检索条件基本设定为 WTN =（志 or 地名录 or 地名资料）。中国新方志目录数据最重要的特征为题名（包括丛编题名）包含有"志"字，如省志、市志、县志、乡志、镇志、村志、厂志、公司志、水库志、山志、河志、人物志、风俗志、地名志、志稿等，故设定为 WTN = 志；又因收入地名资料，故设定 WTN =（地名录 or 地名资料）以采集题名（包括丛编题名）中包含有"地名录"、"地名资料"等词的书目数据。除此之外，再增补一些条件以检索出可能不在上述检索条件范围内的书目数据:一是著者项中包含有"XX方志办公室"、"XX志编纂委员会";二是主题词为"中国方志"、"地方志"或"方志";三是中国民间歌曲集成、中国民间故事集成、中国歌谣集成等十部文艺集成志书及编纂过程中形成的各种资料本。

2.中国新方志为1949年之后编纂并出版的中国地方志,因书目记录难以确定所有中国新方志的编纂时间,故以出版时间作为数据采集的限定。出版时间检索条件基本设定为 WYR=1950->2014。除此之外,还增加出版时间不完全确定的检索条件设定 WYR=(195u or 196u or 197u or 198u or 199u or 200u or 201u or 2uuu),以及"出版时间不详"的检索条件设定 WYR=(19uu or uuuu)。

除上述出版时间和题名(包括丛编题名)检索条件设定外,再增加文献语种为中文(WLG=chi)和收藏地为哈佛燕京图书馆(WSL=HYL)的条件设定,形成哈佛燕京图书馆中国新方志目录数据采集的基本检索条件:WYR=1950->2014 and WTN=(志 or 地名录 or 地名资料) and WLG=chi and WSL=HYL。依此条件通过哈佛大学图书馆 OPAC 通用命令检索(Command Search)入口,完成其 MARC 数据的采集工作。

上述方式采集的书目数据6万余条,文献内容除1949年以后编纂的中国新方志外,还包括了1949年以后重印的中国旧方志,以及题名中含有"志"字而实际上不是方志的书目数据。因此,我们在数据分析过程中依据新方志和旧方志目录数据区别性特征,对所采集的基础数据进行了区分,形成此次中国新方志目录编纂的工作数据。此后的文字整理、目录编排以及索引编纂都是在此工作数据基础上进行的。

(二) 文字整理

此次目录编纂是以哈佛燕京图书馆书目记录号(HOLLIS number)作为设立条目的依据,每一条目著录各款目内容与 MARC 记录各字段描述的对应关系,或者说各款目内容来源是:

1.题名、著者款目内容主要取自245字段,部分条目以246字段作为补充。

2.出版地、出版社和出版年款目内容取自260字段。

3.页码款目内容取自300字段。

4.丛编题名款目内容取自440和490字段。

上述各款目内容的文字,在编纂过程中进行了统一的整理,内容包括:原著录中的繁体字改为简体字,异形字改为通用字,但用于专名的繁体或异体字除外。原著录中的著作方式或在著者名称之前,或在著者名称之后,现统一放在著者名称之后。出版地、出版社和出版年等款目内容,原无著录或著录为"不详"、"出版地不详"、"出版社不详"等,现统一空缺。出版地为行政区划单位、城市名称的,今省去单位名称后的"省"、"市"、"县"字(如"上海市"作"上海")。原著录中的误字或缺字,现直接改正或补入。丛编题名及丛编卷辑号,加括号"〔 〕"列于各条目之末。原著录中的题名或丛编题名中的年限起止年月和卷辑序号,统一改用阿拉伯数字。原著录中载体形态项的页码包括了正文页码、前言、附录等页码,在整理过程中进行合并计算后列入条目的页码款目内容。

(三) 条目编排

此次目录编纂是以县级及县级以上行政区划单位作为编排单元,各行政区划单位编排次序依据2014年中华人民共和国民政部编《中华人民共和国行政区划简册》(以下简称为《简册》)。《简册》所列出的中华人民共和国行政区划资料截至2013年底,因此,哈佛燕京图书馆藏中国新方志目录在编排过程中尽可能关联至《简册》所列的行政区划单位内。这种关联方式有以下几类:

1. 各条目行政区划单位信息主要来源于书目题名(丛书题名)或编纂者,一般情况下可直接列入相对应的行政区划单元。如《北京志》列入北京市,《广西通志》列入广西壮族自治区,上海市杨浦区五角场镇人民政府编《五角场镇志》列入杨浦区。

2. 凡来源于书目题名(丛书题名)或编纂者的行政区划单位名称和所辖区域有所变更的,根据变更情况列入《简册》相应的行政区划单位。如:2000年撤销上海市黄浦区和南市区而设立新的黄浦区,2011年撤销上海市黄浦区和卢湾区而设立新的黄浦区,因此,《南市区志》和《卢湾区志》都列入黄浦区。

3. 学校志列入学校所在城市的行政区划单位,如《清华大学志》列入北京市,《复旦大学志》列入上海市;农场志列入农场场部机关所在地的行政区划单位,如《屈原农场志》列入岳阳市,《南滨农场场志》列入三亚市;工矿企业志书列入工矿企业总部所在地的行政区划单位,如《湖南机床厂志》列入长沙市,《陕汽厂志》列入西安市;江河水利志书列入水利管理机构所在地的行政区划内,如《长江志》列入"水利部长江水利委员会"所在地的武汉市,《淮河志》列入"水利部淮河水利委员会"所在地的蚌埠市。

4. 凡一个条目兼及多个行政区划单位的,一般列入其中的一个行政区划单位,在目录正文中不作参见,如《富钟贺矿物志》列入富川瑶族自治县。

5. 未能关联至某一行政区划单位的条目,作为"综合"类,附于书目正文之末,如《中国动物志》、《中国植物志》列入"综合"类。

(四) 索引编纂

为方便检索《美国哈佛大学哈佛燕京图书馆藏中国新方志目录》,在书目正文编排完成之后,又以每一条目之书名(含副书名)作为检索款目,编制书名笔画索引和分类索引,附于书目正文之后。

书名笔画索引,列出每一条目之书名及在正文中该条目的起始页码,按书名首字汉字笔画和笔顺编排。首字相同的则按次字的笔画和笔顺排列;同一书名后若有卷辑序列号,则按卷辑序列号排列;部分书名前括号内增加的地名,亦参与笔画排序。

书名分类索引,参考《中国图书馆分类法》(第四版)和中华人民共和国国务院公布的县级及县级以上行政区划单位代码进行编排。在编制过程中,参考了中国国家图书馆、上海图书馆、复旦大学图书馆、华东师范大学图书馆和中山大学图书馆等单位所藏中国新方志的编目分类成果,因同一种或同一类新方志在各图书馆编目数据中的分类或有差异,今在分类索引编制过程中进行了适当的调整。对于同一类的各条目,编排次序则依据中华人民共和国国务院公布的县级及县级以上行政区划单位代码。

书名笔画索引和分类索引,于书名之前均列出其书目记录号(HOLLIS number),以保持此次编纂出版之书本式目录与哈佛燕京图书馆互联网上目录数据库的关联性,为读者快速查阅哈佛燕京图书馆馆藏书目详细记录提供一种方便。

二、哈佛燕京图书馆的中国新方志

此次编纂出版的《美国哈佛大学哈佛燕京图书馆藏中国新方志目录》共收录哈佛燕京图书馆所藏中国新方志36635种,揭示了哈佛燕京图书馆2014年9月15日前入藏并编目的中国新方志藏书情况。由于哈佛燕京此前已入藏但此后仍在编目之中的约1600余种中国新方志未曾收录本书目中,因此,截至2014年9月哈佛燕京图书馆的中国新方志总计38200余种。无论是从品种数量还是从收藏完整性来看,哈佛燕京图书馆无疑是当代世界学术机构中收藏中国新方志的重镇。今据本次目录所收录的中国新方志进行数据统计,介绍哈佛燕京的中国新方志的藏书概况。

哈佛燕京图书馆的中国新方志,从省一级行政区划分布情况来看(如表一),品种最多的几个地区有:华北地区的河北省、山西省;东北地区的辽宁省;华东地区的山东省、江苏省、浙江省;西南地区的四川省、云南省;华中地区的河南省、湖南省、湖北省;华南地区的广东省;西北地区的陕西省。今将其中国新方志藏书依据2014年《简册》"中华人民共和国行政区统计表"统计出"地级和县级行政区划单位覆盖率",哈佛燕京图书馆的中国新方志平均覆盖率达97.29%,北京市、天津市、上海市、重庆市和山西省的覆盖率为100%。

表一　哈佛燕京图书馆藏中国新方志的地区分布
（按省级行政区划单位统计）

行政区划单位代码	省级行政区划单位	新方志品种数	地级和县级行政区划单位 合计	地级和县级行政区划单位 覆盖率
110000	北京市	836	16	100.00%
120000	天津市	315	16	100.00%
130000	河北省	1569	178	97.27%
140000	山西省	1443	130	100.00%
150000	内蒙古自治区	900	113	99.12%
210000	辽宁省	1324	95	83.33%
220000	吉林省	769	66	95.65%
230000	黑龙江省	917	113	80.14%
310000	上海市	707	17	100.00%
320000	江苏省	1957	108	95.58%
330000	浙江省	1764	100	99.01%
340000	安徽省	930	109	90.08%
350000	福建省	962	87	92.55%
360000	江西省	1163	109	98.20%
370000	山东省	2587	152	98.70%
410000	河南省	2325	174	98.86%
420000	湖北省	1640	109	93.97%
430000	湖南省	1792	133	97.79%
440000	广东省	1603	134	94.37%
450000	广西壮族自治区	884	111	89.52%
460000	海南省	161	20	86.96%
500000	重庆市	460	38	100.00%
510000	四川省	2482	197	96.57%
520000	贵州省	1004	94	96.91%
530000	云南省	2134	144	99.31%

续表

行政区划单位代码	省级行政区划单位	新方志品种数	地级和县级行政区划单位	
			合计	覆盖率
540000	西藏自治区	120	38	46.91%
610000	陕西省	1044	116	99.15%
620000	甘肃省	698	99	99.00%
630000	青海省	281	48	94.12%
640000	宁夏回族自治区	353	27	100.00%
650000	新疆维吾尔自治区	804	110	95.65%
810000	香港特别行政区	11		
820000	澳门特别行政区	1		
710000	台湾省	343		

哈佛燕京的中国新方志，各地级行政区分布详细情况如表二，覆盖了除海南省三沙市之外的332个地级行政区划单位。品种数量超过200以上的地级行政区有20余个：河北省的石家庄市，辽宁省的沈阳市，黑龙江省的哈尔滨市，江苏省的南京市、徐州市、常州市、苏州市，浙江省的杭州市，福建省的福州市，山东省的济南市、青岛市、济宁市，河南省的郑州市、洛阳市，湖北省的武汉市，湖南省的长沙市，广东省的广州市，四川省的成都市，云南省的昆明市、玉溪市、大理白族自治州，陕西省的宝鸡市。

表二　哈佛燕京图书馆藏中国新方志的地区分布
（按地级行政区划单位统计）

省级政区区划单位	地级行政区划单位代码	地级行政区划单位	新方志品种数
河北省	130100	石家庄市	257
	130200	唐山市	103
	130300	秦皇岛市	65
	130400	邯郸市	164
	130500	邢台市	101
	130600	保定市	191
	130700	张家口市	131

续表

省级政区区划单位	地级行政区划单位代码	地级行政区划单位	新方志品种数
河北省	130800	承德市	67
	130900	沧州市	159
	131000	廊坊市	79
	131100	衡水市	71
山西省	140100	太原市	162
	140200	大同市	66
	140300	阳泉市	99
	140400	长治市	166
	140500	晋城市	121
	140600	朔州市	37
	140700	晋中市	123
	140800	运城市	174
	140900	忻州市	66
	141000	临汾市	157
	141100	吕梁市	126
内蒙古自治区	150100	呼和浩特市	103
	150200	包头市	94
	150300	乌海市	13
	150400	赤峰市	109
	150500	通辽市	68
	150600	鄂尔多斯市	42
	150700	呼伦贝尔市	151
	150800	巴彦淖尔市	53
	150900	乌兰察布市	37
	152200	兴安盟	26
	152500	锡林郭勒盟	57
	152900	阿拉善盟	31

续表

省级政区区划单位	地级行政区划单位代码	地级行政区划单位	新方志品种数
辽宁省	210100	沈阳市	330
	210200	大连市	175
	210300	鞍山市	133
	210400	抚顺市	69
	210500	本溪市	61
	210600	丹东市	34
	210700	锦州市	60
	210800	营口市	35
	210900	阜新市	39
	211000	辽阳市	45
	211100	盘锦市	69
	211200	铁岭市	47
	211300	朝阳市	42
	211400	葫芦岛市	20
吉林省	220100	长春市	178
	220200	吉林市	196
	220300	四平市	38
	220400	辽源市	20
	220500	通化市	51
	220600	白山市	29
	220700	松原市	31
	220800	白城市	31
	222400	延边朝鲜族自治州	69
黑龙江省	230100	哈尔滨市	207
	230200	齐齐哈尔市	115
	230300	鸡西市	31
	230400	鹤岗市	21

续表

省级政区区划单位	地级行政区划单位代码	地级行政区划单位	新方志品种数
黑龙江省	230500	双鸭山市	31
	230600	大庆市	75
	230700	伊春市	33
	230800	佳木斯市	60
	230900	七台河市	9
	231000	牡丹江市	64
	231100	黑河市	41
	231200	绥化市	53
	232700	大兴安岭地区	45
江苏省	320100	南京市	297
	320200	无锡市	145
	320300	徐州市	245
	320400	常州市	203
	320500	苏州市	273
	320600	南通市	96
	320700	连云港市	84
	320800	淮安市	50
	320900	盐城市	91
	321000	扬州市	109
	321100	镇江市	123
	321200	泰州市	47
	321300	宿迁市	29
浙江省	330100	杭州市	426
	330200	宁波市	146
	330300	温州市	189
	330400	嘉兴市	97
	330500	湖州市	60

续表

省级政区区划单位	地级行政区划单位代码	地级行政区划单位	新方志品种数
浙江省	330600	绍兴市	156
	330700	金华市	179
	330800	衢州市	85
	330900	舟山市	52
	331000	台州市	140
	331100	丽水市	101
安徽省	340100	合肥市	113
	340200	芜湖市	59
	340300	蚌埠市	47
	340400	淮南市	28
	340500	马鞍山市	53
	340600	淮北市	35
	340700	铜陵市	30
	340800	安庆市	77
	341000	黄山市	49
	341100	滁州市	57
	341200	阜阳市	39
	341300	宿州市	53
	341500	六安市	58
	341600	亳州市	19
	341700	池州市	28
	341800	宣城市	48
福建省	350100	福州市	230
	350200	厦门市	78
	350300	莆田市	53
	350400	三明市	72
	350500	泉州市	149

续表

省级政区区划单位	地级行政区划单位代码	地级行政区划单位	新方志品种数
福建省	350600	漳州市	58
	350700	南平市	58
	350800	龙岩市	57
	350900	宁德市	64
江西省	360100	南昌市	128
	360200	景德镇市	28
	360300	萍乡市	38
	360400	九江市	119
	360500	新余市	30
	360600	鹰潭市	28
	360700	赣州市	198
	360800	吉安市	93
	360900	宜春市	163
	361000	抚州市	73
	361100	上饶市	110
山东省	370100	济南市	226
	370200	青岛市	279
	370300	淄博市	169
	370400	枣庄市	105
	370500	东营市	153
	370600	烟台市	190
	370700	潍坊市	152
	370800	济宁市	204
	370900	泰安市	114
	371000	威海市	59
	371100	日照市	68
	371200	莱芜市	55
	371300	临沂市	150

续表

省级政区区划单位	地级行政区划单位代码	地级行政区划单位	新方志品种数
山东省	371400	德州市	146
	371500	聊城市	89
	371600	滨州市	74
	371700	菏泽市	85
河南省	410100	郑州市	484
	410200	开封市	136
	410300	洛阳市	211
	410400	平顶山市	92
	410500	安阳市	126
	410600	鹤壁市	26
	410700	新乡市	139
	410800	焦作市	132
	410900	濮阳市	55
	411000	许昌市	63
	411100	漯河市	27
	411200	三门峡市	110
	411300	南阳市	167
	411400	商丘市	104
	411500	信阳市	69
	411600	周口市	93
	411700	驻马店市	69
湖北省	420100	武汉市	294
	420200	黄石市	70
	420300	十堰市	171
	420500	宜昌市	136
	420600	襄阳市	83
	420700	鄂州市	40

续表

省级政区区划单位	地级行政区划单位代码	地级行政区划单位	新方志品种数
湖北省	420800	荆门市	80
	420900	孝感市	108
	421000	荆州市	149
	421100	黄冈市	134
	421200	咸宁市	50
	421300	随州市	27
	422800	恩施土家族苗族自治州	82
湖南省	430100	长沙市	207
	430200	株洲市	184
	430300	湘潭市	109
	430400	衡阳市	115
	430500	邵阳市	78
	430600	岳阳市	128
	430700	常德市	169
	430800	张家界市	30
	430900	益阳市	81
	431000	郴州市	107
	431100	永州市	128
	431200	怀化市	120
	431300	娄底市	42
	433100	湘西土家族苗族自治州	84
广东省	440100	广州市	340
	440200	韶关市	81
	440300	深圳市	73
	440400	珠海市	24
	440500	汕头市	60
	440600	佛山市	188

续表

省级政区区划单位	地级行政区划单位代码	地级行政区划单位	新方志品种数
广东省	440700	江门市	51
	440800	湛江市	53
	440900	茂名市	22
	441200	肇庆市	87
	441300	惠州市	32
	441400	梅州市	73
	441500	汕尾市	21
	441600	河源市	24
	441700	阳江市	14
	441800	清远市	25
	441900	东莞市	65
	442000	中山市	35
	445100	潮州市	27
	445200	揭阳市	52
	445300	云浮市	100
广西壮族自治区	450100	南宁市	110
	450200	柳州市	93
	450300	桂林市	125
	450400	梧州市	37
	450500	北海市	39
	450600	防城港市	17
	450700	钦州市	15
	450800	贵港市	23
	450900	玉林市	46
	451000	百色市	47
	451100	贺州市	25
	451200	河池市	61

续表

省级政区区划单位	地级行政区划单位代码	地级行政区划单位	新方志品种数
广西壮族自治区	451300	来宾市	46
	451400	崇左市	37
海南省	460100	海口市	33
	460200	三亚市	7
	460300	三沙市	0
四川省	510100	成都市	425
	510300	自贡市	78
	510400	攀枝花市	78
	510500	泸州市	47
	510600	德阳市	62
	510700	绵阳市	185
	510800	广元市	106
	510900	遂宁市	101
	511000	内江市	100
	511100	乐山市	194
	511300	南充市	81
	511400	眉山市	46
	511500	宜宾市	72
	511600	广安市	38
	511700	达州市	95
	511800	雅安市	96
	511900	巴中市	101
	512000	资阳市	87
	513200	阿坝藏族羌族自治州	111
	513300	甘孜藏族自治州	88
	513400	凉山彝族自治州	117

续表

省级政区区划单位	地级行政区划单位代码	地级行政区划单位	新方志品种数
贵州省	520100	贵阳市	143
	520200	六盘水市	73
	520300	遵义市	145
	520400	安顺市	54
	520500	毕节市	92
	520600	铜仁市	96
	522300	黔西南布依族苗族自治州	67
	522600	黔东南苗族侗族自治州	135
	522700	黔南布依族苗族自治州	84
云南省	530100	昆明市	375
	530300	曲靖市	125
	530400	玉溪市	236
	530500	保山市	106
	530600	昭通市	74
	530700	丽江市	51
	530800	普洱市	98
	530900	临沧市	98
	532300	楚雄彝族自治州	114
	532500	红河哈尼族彝族自治州	122
	532600	文山壮族苗族自治州	81
	532800	西双版纳傣族自治州	43
	532900	大理白族自治州	231
	533100	德宏傣族景颇族自治州	65
	533300	怒江傈僳族自治州	85
	533400	迪庆藏族自治州	64
西藏自治区	540100	拉萨市	14
	542100	昌都地区	7

续表

省级政区区划单位	地级行政区划单位代码	地级行政区划单位	新方志品种数
西藏自治区	542200	山南地区	12
	542300	日喀则地区	11
	542400	那曲地区	2
	542500	阿里地区	7
	542600	林芝地区	5
陕西省	610100	西安市	170
	610200	铜川市	32
	610300	宝鸡市	200
	610400	咸阳市	104
	610500	渭南市	74
	610600	延安市	83
	610700	汉中市	42
	610800	榆林市	77
	610900	安康市	46
	611000	商洛市	52
甘肃省	620100	兰州市	153
	620200	嘉峪关市	6
	620300	金昌市	14
	620400	白银市	29
	620500	天水市	55
	620600	武威市	42
	620700	张掖市	44
	620800	平凉市	44
	620900	酒泉市	37
	621000	庆阳市	43
	621100	定西市	29
	621200	陇南市	27
	622900	临夏回族自治州	28

续表

省级政区区划单位	地级行政区划单位代码	地级行政区划单位	新方志品种数
甘肃省	623000	甘南藏族自治州	29
青海省	630100	西宁市	52
	630200	海东市	20
	632200	海北藏族自治州	18
	632300	黄南藏族自治州	8
	632500	海南藏族自治州	9
	632600	果洛藏族自治州	11
	632700	玉树藏族自治州	7
	632800	海西蒙古族藏族自治州	20
宁夏回族自治区	640100	银川市	96
	640200	石嘴山市	45
	640300	吴忠市	47
	640400	固原市	37
	640500	中卫市	33
新疆维吾尔自治区	650100	乌鲁木齐市	81
	650200	克拉玛依市	17
	652100	吐鲁番地区	14
	652200	哈密地区	28
	652900	阿克苏地区	54
	653100	喀什地区	31
	653200	和田地区	20
	652300	昌吉回族自治州	50
	652700	博尔塔拉蒙古自治州	26
	652800	巴音郭楞蒙古自治州	46
	653000	克孜勒苏柯尔克孜自治州	16
	654000	伊犁哈萨克自治州	88
	654200	塔城地区	60
	654300	阿勒泰地区	32

注：台湾省地级行政区划资料暂缺。

哈佛燕京图书馆的中国新方志中专业志书收藏十分完备。如将中图分类 K29 类别 10550 种新方志之外各类地方志计入专业志书，则其品种数量达 26000 余种，占其中国新方志藏书的 70%。今依分类索引进行统计（如表三），哈佛燕京图书馆于中国政治经济、文化教育、医药卫生、工业技术、农业科学诸方面专业志书收藏数量都极为丰富。

表三　哈佛燕京图书馆藏中国新方志的学科分布

（按中国图书馆分类法统计）

中图分类	类别名称	品种数
B	哲学、宗教	90
C	社会科学总论	208
D	政治、法律	3459
E	军事	610
F	经济	10629
G	文化、科学、教育、体育	3114
H	语言、文字	166
I	文学	293
J	艺术	548
K	历史、地理	13504
P	天文学、地球科学	285
Q	生物科学	368
R	医药、卫生	1399
S	农业科学	607
T	工业技术	1171
U	交通运输	43
V	航空、航天	23
X	环境科学、安全科学	98
Z	综合性图书	20
合计		36635

今对中国新方志的题名和丛书题名的关键词进行词频统计（如表四），亦可以看

出哈佛燕京的中国新方志在各个行业领域的分布状况。如教育志、工业志、政协志、水利志、交通志、公司志、金融志、学校志、卫生志、财政志的频率都很高,反映了哈佛燕京图书馆于这些行业领域地方志收藏之丰富。

表四　哈佛燕京图书馆藏中国新方志的关键词词频统计
(按关键词汉语拼音顺序排列)

序号	词	频率	序号	词	频率
1	财政志	458	24	国税志	55
2	大会志	331	25	海关志	56
3	大学志	54	26	合作社志	146
4	党校志	51	27	监察志	56
5	档案志	86	28	检察志	183
6	地产志	54	29	建设志	347
7	地理志	64	30	建筑志	54
8	地名录	660	31	交通志	669
9	地名志	783	32	教育志	1080
10	地震志	59	33	金融志	496
11	电力志	164	34	军事志	450
12	电视志	144	35	开发志	78
13	动物志	112	36	科技志	65
14	法院志	187	37	劳动志	73
15	方言志	130	38	粮食志	301
16	风物志	124	39	林业志	276
17	工会志	298	40	旅游志	52
18	工业志	1005	41	贸易志	70
19	公安志	270	42	煤矿志	126
20	公路志	77	43	民政志	318
21	公司志	615	44	民族志	135
22	供电志	59	45	农场志	125
23	管理志	416	46	农业志	194

续表

序号	词	频率	序号	词	频率
47	品种志	81	67	文化志	223
48	企业志	128	68	文物志	259
49	气象志	68	69	物价志	97
50	曲艺志	80	70	物资志	73
51	人大志	201	71	戏曲志	119
52	人口志	70	72	畜牧志	58
53	人事志	94	73	学校志	487
54	人物志	326	74	学院志	125
55	商业志	254	75	烟草志	393
56	审计志	103	76	烟厂志	56
57	审判志	60	77	医药志	110
58	生育志	81	78	医院志	366
59	水库志	54	79	艺术志	85
60	水利志	696	80	银行志	49
61	税务志	362	81	邮电志	421
62	体育志	147	82	政协志	696
63	统计志	90	83	植物志	96
64	土地志	412	84	资源志	77
65	土壤志	94	85	宗教志	79
66	卫生志	474	86	组织志	59

　　以上所述为此次目录的编纂经过，以及所整理的目录所反映的哈佛燕京图书馆藏中国新方志的基本情况。由于本人知识的局限，在目录编纂中错误之处一定不少，祈请读者指正，以待今后的修订中予以改正。

　　本目录的编纂出版自始至终得到哈佛燕京图书馆馆长郑炯文先生的支持和鼓励。没有郑先生一直以来的鞭策，我是很难完成这样繁复的目录编纂工作的。从最初的构想到后期的编纂工作，广西师范大学出版社集团有限公司董事长何林夏先生、文献图书出版分社社长雷回兴女士提出了很好的建议。本目录的整理得到了哈佛燕京图书馆马小鹤先生、邱玉芬女士、杨丽瑄女士、邹宗光先生、宋小惠先生的许多指导和帮助。

责任编辑肖爱景女士、鲁朝阳先生为本目录的编辑出版做了十分辛勤而又颇有成效的工作。本目录的编纂工作得到了哈佛燕京学社 2013 年访问研究计划的支持。对上述的各方面支持帮助,今在此一并致以衷心的感谢。

龙向洋
2015 年 4 月

凡　例

一、本书目收录美国哈佛大学哈佛燕京图书馆2014年9月15日前入藏并编目的中国新方志36635种。

二、本书目收录中国新方志的范围包括省(自治区、直辖市、特别行政区)、市(地区、自治州、盟)、县(县级市、自治县、旗、自治旗、区)、乡(镇、街道)、村各级志书,以及部门志、专业志、厂矿志、农场志、企业志、学校志、山水志、文艺志、人物志(录)、地名志、风物志等。文艺集成志书的各种资料本等一并收录。

三、本书目著录的中国新方志,依据哈佛燕京图书馆书目记录号(HOLLIS number)设立条目,一条书目记录设立为一个条目,一个条目著录的款目主要有HOLLIS number、书名、副书名、编纂者、出版地、出版单位、出版年、页码和丛书名等内容。

四、本书目著录的中国新方志,以县及县级以上行政区划为单位进行编排,行政区划次序依据中华人民共和国民政部编《中华人民共和国行政区划简表》(2014)。

五、本书目正文之后附书名笔画索引和书名分类索引。书名笔画索引按照书名首字的汉字笔画顺序编排;书名分类索引则参考中国图书馆分类法和县级及县级以上行政区代码进行编排。书名之前均列出HOLLIS number,以方便检索哈佛燕京图书馆书目数据库著录的详细资料。

目　录

北京市 …………………………… 1
　东城区 ………………………… 42
　西城区 ………………………… 45
　朝阳区 ………………………… 48
　丰台区 ………………………… 50
　石景山区 ……………………… 55
　海淀区 ………………………… 55
　门头沟区 ……………………… 57
　房山区 ………………………… 58
　通州区 ………………………… 60
　顺义区 ………………………… 61
　昌平区 ………………………… 64
　大兴区 ………………………… 67
　怀柔区 ………………………… 69
　平谷区 ………………………… 69
　密云县 ………………………… 71
　延庆县 ………………………… 72

天津市 …………………………… 75
　河西区 ………………………… 89
　和平区 ………………………… 89

　河东区 ………………………… 90
　南开区 ………………………… 90
　河北区 ………………………… 91
　红桥区 ………………………… 91
　东丽区 ………………………… 92
　西青区 ………………………… 93
　津南区 ………………………… 94
　北辰区 ………………………… 95
　武清区 ………………………… 97
　宝坻区 ………………………… 98
　滨海新区 ……………………… 99
　宁河县 ………………………… 101
　静海县 ………………………… 101
　蓟县 …………………………… 102

河北省 …………………………… 105
石家庄市 ………………………… 120
　长安区 ………………………… 128
　桥东区 ………………………… 128
　桥西区 ………………………… 129
　新华区 ………………………… 129

井陉矿区 …… 129	玉田县 …… 151
裕华区 …… 130	**秦皇岛市** …… 151
辛集市 …… 130	海港区 …… 154
藁城市 …… 131	山海关区 …… 155
晋州市 …… 132	北戴河区 …… 155
新乐市 …… 132	昌黎县 …… 155
鹿泉市 …… 133	抚宁县 …… 156
井陉县 …… 133	卢龙县 …… 156
正定县 …… 135	青龙满族自治县 …… 157
栾城县 …… 136	**邯郸市** …… 157
行唐县 …… 137	丛台区 …… 161
灵寿县 …… 138	邯山区 …… 161
高邑县 …… 138	复兴区 …… 161
深泽县 …… 138	峰峰矿区 …… 161
赞皇县 …… 139	武安市 …… 162
无极县 …… 140	邯郸县 …… 164
平山县 …… 140	临漳县 …… 164
元氏县 …… 141	成安县 …… 165
赵县 …… 141	大名县 …… 165
唐山市 …… 142	涉县 …… 166
路北区 …… 146	磁县 …… 167
路南区 …… 146	肥乡县 …… 168
古冶区 …… 146	永年县 …… 168
开平区 …… 146	邱县 …… 168
丰南区 …… 146	鸡泽县 …… 169
丰润区 …… 147	广平县 …… 169
曹妃甸区 …… 148	馆陶县 …… 170
遵化市 …… 148	魏县 …… 170
迁安市 …… 148	曲周县 …… 171
滦县 …… 149	**邢台市** …… 171
滦南县 …… 150	南宫市 …… 173
乐亭县 …… 150	沙河市 …… 173
迁西县 …… 150	邢台县 …… 174

临城县	175	安新县	195
内丘县	175	易县	195
柏乡县	176	曲阳县	196
隆尧县	176	蠡县	196
任县	176	顺平县	196
南和县	177	博野县	197
宁晋县	177	雄县	197
巨鹿县	177	**张家口市**	198
新河县	177	桥西区	200
广宗县	178	宣化区	200
平乡县	178	下花园区	201
威县	179	宣化县	201
清河县	179	张北县	202
临西县	180	康保县	202
保定市	181	沽源县	203
新市区	185	尚义县	203
北市区	186	蔚县	204
南市区	186	阳原县	204
涿州市	186	怀安县	205
定州市	187	万全县	205
安国市	189	怀来县	206
高碑店市	189	涿鹿县	206
满城县	189	赤城县	208
清苑县	190	崇礼县	209
涞水县	190	**承德市**	209
阜平县	191	鹰手营子矿区	211
徐水县	192	承德县	211
定兴县	192	兴隆县	212
唐县	192	平泉县	212
高阳县	193	滦平县	212
容城县	194	隆化县	213
涞源县	194	丰宁满族自治县	213
望都县	194	宽城满族自治县	214

围场满族蒙古族自治县 …… 214	武强县 …… 240
沧州市 …… 215	饶阳县 …… 240
运河区 …… 219	安平县 …… 241
泊头市 …… 220	故城县 …… 241
任丘市 …… 220	景县 …… 241
黄骅市 …… 221	阜城县 …… 242
河间市 …… 222	
沧县 …… 223	**山西省** …… 243
青县 …… 224	**太原市** …… 255
东光县 …… 224	杏花岭区 …… 264
海兴县 …… 225	小店区 …… 264
盐山县 …… 225	迎泽区 …… 265
肃宁县 …… 226	尖草坪区 …… 265
南皮县 …… 226	万柏林区 …… 265
吴桥县 …… 227	晋源区 …… 266
献县 …… 228	古交市 …… 266
孟村回族自治县 …… 229	清徐县 …… 267
廊坊市 …… 229	阳曲县 …… 268
广阳区 …… 231	娄烦县 …… 268
安次区 …… 231	**大同市** …… 269
霸州市 …… 231	城区 …… 271
三河市 …… 232	矿区 …… 272
固安县 …… 232	南郊区 …… 272
永清县 …… 233	新荣区 …… 272
香河县 …… 234	阳高县 …… 272
大城县 …… 234	天镇县 …… 272
文安县 …… 235	广灵县 …… 273
大厂回族自治县 …… 236	灵丘县 …… 273
衡水市 …… 236	浑源县 …… 274
冀州市 …… 238	左云县 …… 274
深州市 …… 238	大同县 …… 275
枣强县 …… 239	**阳泉市** …… 275
武邑县 …… 239	

城区 …… 278		晋中市 …… 311	
矿区 …… 278		榆次区 …… 312	
郊区 …… 279		介休市 …… 313	
平定县 …… 279		榆社县 …… 314	
盂县 …… 282		左权县 …… 314	
长治市 …… 283		和顺县 …… 315	
城区 …… 286		昔阳县 …… 316	
郊区 …… 286		寿阳县 …… 317	
潞城市 …… 287		太谷县 …… 317	
长治县 …… 287		祁县 …… 318	
襄垣县 …… 288		平遥县 …… 319	
屯留县 …… 288		灵石县 …… 320	
平顺县 …… 289		**运城市** …… 322	
黎城县 …… 290		盐湖区 …… 324	
壶关县 …… 293		永济市 …… 325	
长子县 …… 294		河津市 …… 325	
武乡县 …… 294		临猗县 …… 328	
沁县 …… 296		万荣县 …… 329	
沁源县 …… 296		闻喜县 …… 329	
晋城市 …… 297		稷山县 …… 331	
城区 …… 300		新绛县 …… 332	
高平市 …… 300		绛县 …… 332	
沁水县 …… 302		垣曲县 …… 333	
阳城县 …… 303		夏县 …… 334	
陵川县 …… 305		平陆县 …… 335	
泽州县 …… 306		芮城县 …… 336	
朔州市 …… 308		**忻州市** …… 337	
朔城区 …… 309		忻府区 …… 338	
平鲁区 …… 309		原平市 …… 338	
山阴县 …… 309		定襄县 …… 338	
应县 …… 310		五台县 …… 339	
右玉县 …… 310		代县 …… 339	
怀仁县 …… 311		繁峙县 …… 340	

宁武县 …… 340	临县 …… 364
静乐县 …… 341	柳林县 …… 365
神池县 …… 341	石楼县 …… 365
五寨县 …… 341	岚县 …… 366
岢岚县 …… 341	方山县 …… 366
河曲县 …… 342	中阳县 …… 366
保德县 …… 342	交口县 …… 366
偏关县 …… 342	

临汾市 …… 342

  尧都区 …… 345
  侯马市 …… 345
  霍州市 …… 346
  曲沃县 …… 346
  翼城县 …… 347
  襄汾县 …… 349
  洪洞县 …… 351
  古县 …… 351
  安泽县 …… 352
  浮山县 …… 352
  吉县 …… 353
  乡宁县 …… 353
  大宁县 …… 354
  隰县 …… 354
  永和县 …… 354
  蒲县 …… 354
  汾西县 …… 355

吕梁市 …… 356

  离石区 …… 357
  孝义市 …… 358
  汾阳市 …… 360
  文水县 …… 361
  交城县 …… 362
  兴县 …… 363

内蒙古自治区 …… 367

呼和浩特市 …… 378

  新城区 …… 384
  回民区 …… 384
  玉泉区 …… 384
  赛罕区 …… 385
  托克托县 …… 385
  和林格尔县 …… 386
  清水河县 …… 386
  武川县 …… 386
  土默特左旗 …… 387

包头市 …… 387

  昆都仑区 …… 393
  东河区 …… 393
  青山区 …… 393
  石拐区 …… 394
  白云鄂博矿区 …… 394
  九原区 …… 394
  固阳县 …… 394
  土默特右旗 …… 395
  达尔罕茂明安联合旗 …… 395

乌海市 …… 396

  海勃湾区 …… 396
  海南区 …… 396

乌达区 ……………………… 397	海拉尔区 ……………………… 422
赤峰市 …………………… 397	满洲里市 ……………………… 423
红山区 ……………………… 400	牙克石市 ……………………… 424
元宝山区 …………………… 400	扎兰屯市 ……………………… 426
松山区 ……………………… 401	额尔古纳市 …………………… 426
林西县 ……………………… 402	根河市 ………………………… 426
宁城县 ……………………… 403	阿荣旗 ………………………… 427
阿鲁科尔沁旗 ……………… 403	陈巴尔虎旗 …………………… 427
巴林左旗 …………………… 404	新巴尔虎左旗 ………………… 427
巴林右旗 …………………… 404	新巴尔虎右旗 ………………… 427
克什克腾旗 ………………… 405	莫力达瓦达斡尔族自治旗 … 428
翁牛特旗 …………………… 405	鄂伦春自治旗 ………………… 429
喀喇沁旗 …………………… 406	鄂温克族自治旗 ……………… 430
敖汉旗 ……………………… 406	**巴彦淖尔市** ……………… 431
通辽市 …………………… 407	临河区 ……………………… 433
科尔沁区 …………………… 410	五原县 ……………………… 434
霍林郭勒市 ………………… 410	磴口县 ……………………… 434
开鲁县 ……………………… 411	乌拉特前旗 ………………… 434
科尔沁左翼中旗 …………… 411	乌拉特中旗 ………………… 435
科尔沁左翼后旗 …………… 411	乌拉特后旗 ………………… 435
库伦旗 ……………………… 412	杭锦后旗 …………………… 436
奈曼旗 ……………………… 412	**乌兰察布市** ……………… 436
扎鲁特旗 …………………… 413	集宁区 ……………………… 437
鄂尔多斯市 ……………… 413	丰镇市 ……………………… 437
东胜区 ……………………… 415	卓资县 ……………………… 438
达拉特旗 …………………… 415	化德县 ……………………… 438
准格尔旗 …………………… 415	商都县 ……………………… 438
鄂托克前旗 ………………… 416	兴和县 ……………………… 438
鄂托克旗 …………………… 416	凉城县 ……………………… 438
杭锦旗 ……………………… 417	察哈尔右翼前旗 …………… 439
乌审旗 ……………………… 417	察哈尔右翼中旗 …………… 439
伊金霍洛旗 ………………… 417	察哈尔右翼后旗 …………… 439
呼伦贝尔市 ……………… 417	四子王旗 …………………… 439

兴安盟	440
乌兰浩特市	440
阿尔山市	441
突泉县	441
科尔沁右翼前旗	441
科尔沁右翼中旗	442
扎赉特旗	442

锡林郭勒盟 …… 443
 锡林浩特市 …… 445
 二连浩特市 …… 445
 多伦县 …… 446
 阿巴嘎旗 …… 446
 苏尼特左旗 …… 446
 苏尼特右旗 …… 446
 东乌珠穆沁旗 …… 447
 西乌珠穆沁旗 …… 447
 太仆寺旗 …… 447
 镶黄旗 …… 447
 正镶白旗 …… 448
 正蓝旗 …… 448

阿拉善盟 …… 448
 阿拉善左旗 …… 450
 阿拉善右旗 …… 451
 额济纳旗 …… 451

辽宁省 …… 453
 沈阳市 …… 467
  沈河区 …… 489
  和平区 …… 489
  大东区 …… 490
  皇姑区 …… 490
  铁西区 …… 491
  苏家屯区 …… 492
  东陵区 …… 492
  沈北新区 …… 493
  于洪区 …… 493
  新民市 …… 494
  辽中县 …… 495
  康平县 …… 495
  法库县 …… 495

 大连市 …… 496
  西岗区 …… 506
  中山区 …… 506
  沙河口区 …… 506
  甘井子区 …… 506
  旅顺口区 …… 507
  金州区 …… 509
  瓦房店市 …… 509
  普兰店市 …… 509
  庄河市 …… 510
  长海县 …… 510

 鞍山市 …… 511
  铁东区 …… 518
  铁西区 …… 518
  立山区 …… 518
  千山区 …… 519
  海城市 …… 519
  台安县 …… 520
  岫岩满族自治县 …… 521

 抚顺市 …… 522
  顺城区 …… 526
  新抚区 …… 526
  抚顺县 …… 526
  新宾满族自治县 …… 527
  清原满族自治县 …… 527

本溪市 …… 528	盘锦市 …… 552
平山区 …… 531	兴隆台区 …… 556
溪湖区 …… 532	双台子区 …… 557
南芬区 …… 532	大洼县 …… 557
本溪满族自治县 …… 532	盘山县 …… 557
桓仁满族自治县 …… 532	铁岭市 …… 558
丹东市 …… 533	银州区 …… 560
东港市 …… 535	清河区 …… 560
凤城市 …… 535	调兵山市 …… 561
宽甸满族自治县 …… 536	开原市 …… 561
锦州市 …… 536	铁岭县 …… 561
太和区 …… 539	西丰县 …… 562
古塔区 …… 540	昌图县 …… 562
凌海市 …… 540	朝阳市 …… 562
北镇市 …… 540	北票市 …… 564
黑山县 …… 540	凌源市 …… 565
义县 …… 541	朝阳县 …… 565
营口市 …… 541	建平县 …… 566
鲅鱼圈区 …… 544	喀喇沁左翼蒙古族自治县 … 566
老边区 …… 544	葫芦岛市 …… 566
盖州市 …… 544	南票区 …… 567
大石桥市 …… 544	兴城市 …… 567
阜新市 …… 545	绥中县 …… 568
海州区 …… 546	建昌县 …… 568
新邱区 …… 546	
彰武县 …… 546	**吉林省** …… 569
阜新蒙古族自治县 …… 547	长春市 …… 579
辽阳市 …… 548	南关区 …… 590
白塔区 …… 551	宽城区 …… 590
弓长岭区 …… 551	朝阳区 …… 591
灯塔市 …… 551	二道区 …… 591
辽阳县 …… 552	绿园区 …… 591

双阳区	591
九台市	592
榆树市	593
德惠市	594
农安县	594
吉林市	594
船营区	604
昌邑区	604
龙潭区	605
丰满区	607
蛟河市	607
桦甸市	608
舒兰市	609
磐石市	610
永吉县	610
四平市	611
铁东区	612
公主岭市	612
双辽市	613
梨树县	613
伊通满族自治县	614
辽源市	615
东丰县	616
东辽县	616
通化市	617
东昌区	618
二道江区	618
梅河口市	618
集安市	619
通化县	620
辉南县	620
柳河县	621
白山市	621

浑江区	622
江源区	622
临江市	623
抚松县	623
靖宇县	623
长白朝鲜族自治县	624
松原市	624
宁江区	625
扶余市	625
长岭县	625
乾安县	626
前郭尔罗斯蒙古族自治县	626
白城市	627
洮北区	629
洮南市	629
大安市	629
镇赉县	630
通榆县	630
延边朝鲜族自治州	631
延吉市	632
图们市	633
敦化市	633
珲春市	634
龙井市	635
和龙市	635
汪清县	636
安图县	636
黑龙江省	639
哈尔滨市	650
道里区	660
南岗区	660

道外区 ………………… 660	鸡冠区 ………………… 680
平房区 ………………… 661	恒山区 ………………… 680
香坊区 ………………… 661	虎林市 ………………… 681
呼兰区 ………………… 661	密山市 ………………… 681
阿城区 ………………… 662	鸡东县 ………………… 681
双城市 ………………… 663	**鹤岗市** ………………… 682
尚志市 ………………… 663	萝北县 ………………… 683
五常市 ………………… 664	绥滨县 ………………… 683
依兰县 ………………… 665	**双鸭山市** ………………… 684
方正县 ………………… 665	集贤县 ………………… 685
宾县 ………………… 666	友谊县 ………………… 685
巴彦县 ………………… 666	宝清县 ………………… 686
木兰县 ………………… 666	饶河县 ………………… 686
通河县 ………………… 667	**大庆市** ………………… 687
延寿县 ………………… 668	萨尔图区 ………………… 691
齐齐哈尔市 ………………… 668	龙凤区 ………………… 691
建华区 ………………… 674	让胡路区 ………………… 692
龙沙区 ………………… 674	肇州县 ………………… 692
铁锋区 ………………… 674	肇源县 ………………… 692
昂昂溪区 ………………… 674	林甸县 ………………… 693
富拉尔基区 ………………… 674	杜尔伯特蒙古族自治县 …… 693
碾子山区 ………………… 675	**伊春市** ………………… 694
梅里斯达斡尔族区 ………………… 675	伊春区 ………………… 694
讷河市 ………………… 675	友好区 ………………… 694
龙江县 ………………… 676	西林区 ………………… 694
依安县 ………………… 676	翠峦区 ………………… 695
泰来县 ………………… 676	新青区 ………………… 695
甘南县 ………………… 677	金山屯区 ………………… 695
富裕县 ………………… 678	五营区 ………………… 695
克山县 ………………… 678	乌马河区 ………………… 695
克东县 ………………… 678	汤旺河区 ………………… 695
拜泉县 ………………… 679	带岭区 ………………… 696
鸡西市 ………………… 679	乌伊岭区 ………………… 696

红星区 …… 696	海伦市 …… 716
上甘岭区 …… 696	望奎县 …… 716
铁力市 …… 696	兰西县 …… 717
嘉荫县 …… 697	青冈县 …… 717
佳木斯市 …… 697	庆安县 …… 717
同江市 …… 700	明水县 …… 717
富锦市 …… 701	绥棱县 …… 718
桦南县 …… 702	**大兴安岭地区** …… 718
桦川县 …… 702	呼玛县 …… 721
汤原县 …… 702	塔河县 …… 721
抚远县 …… 702	漠河县 …… 722
七台河市 …… 703	
茄子河区 …… 703	**上海市** …… 723
勃利县 …… 703	黄浦区 …… 748
牡丹江市 …… 704	徐汇区 …… 750
东安区 …… 707	长宁区 …… 751
阳明区 …… 707	静安区 …… 751
绥芬河市 …… 707	普陀区 …… 752
海林市 …… 708	闸北区 …… 753
宁安市 …… 708	虹口区 …… 754
穆棱市 …… 708	杨浦区 …… 754
东宁县 …… 709	闵行区 …… 755
林口县 …… 709	宝山区 …… 757
黑河市 …… 709	嘉定区 …… 759
爱辉区 …… 710	浦东新区 …… 762
北安市 …… 711	金山区 …… 770
五大连池市 …… 712	松江区 …… 773
嫩江县 …… 712	青浦区 …… 778
逊克县 …… 713	奉贤区 …… 781
孙吴县 …… 713	崇明县 …… 786
绥化市 …… 713	
安达市 …… 715	**江苏省** …… 789
肇东市 …… 715	

南京市	802	新北区	870
玄武区	817	天宁区	871
秦淮区	817	钟楼区	871
建邺区	818	戚墅堰区	871
鼓楼区	818	武进区	872
浦口区	819	溧阳市	878
栖霞区	820	金坛市	878
雨花台区	820	**苏州市**	880
江宁区	821	姑苏区	885
六合区	825	虎丘区	885
溧水区	827	吴中区	886
高淳区	828	相城区	889
无锡市	829	吴江区	889
崇安区	833	常熟市	891
南长区	833	张家港市	897
北塘区	833	昆山市	899
锡山区	833	太仓市	903
惠山区	835	**南通市**	904
滨湖区	835	港闸区	906
江阴市	836	通州区	907
宜兴市	839	启东市	907
徐州市	841	如皋市	908
云龙区	851	海门市	909
鼓楼区	851	海安县	909
贾汪区	852	如东县	911
泉山区	852	**连云港市**	912
铜山区	853	新浦区	913
新沂市	854	连云区	913
邳州市	856	海州区	916
丰县	858	赣榆县	916
沛县	859	东海县	917
睢宁县	860	灌云县	918
常州市	862	灌南县	919

淮安市	920
清河区	921
淮阴区	922
涟水县	922
洪泽县	923
盱眙县	923
金湖县	924

盐城市	924
亭湖区	927
盐都区	927
东台市	927
大丰市	928
响水县	929
滨海县	930
阜宁县	930
射阳县	931
建湖县	932

扬州市	932
邗江区	936
广陵区	937
江都区	937
仪征市	939
高邮市	940
宝应县	941

镇江市	941
京口区	946
润州区	946
丹徒区	947
丹阳市	948
扬中市	950
句容市	951

泰州市	952
高港区	952
姜堰区	953
兴化市	953
靖江市	954
泰兴市	955

宿迁市	956
宿豫区	956
沭阳县	957
泗阳县	957
泗洪县	958

浙江省 …… 959
杭州市	970
拱墅区	983
上城区	984
下城区	984
江干区	985
西湖区	985
滨江区	986
萧山区	986
余杭区	992
建德市	995
富阳市	997
临安市	1000
桐庐县	1002
淳安县	1004

宁波市	1006
海曙区	1010
江东区	1010
北仑区	1010
镇海区	1010
鄞州区	1011
余姚市	1012

慈溪市	1013	上虞区	1054
奉化市	1014	诸暨市	1055
象山县	1015	嵊州市	1056
宁海县	1016	新昌县	1058

温州市 …… 1018　　**金华市** …… 1060

鹿城区	1022	婺城区	1063
龙湾区	1022	金东区	1064
瓯海区	1022	兰溪市	1064
瑞安市	1023	义乌市	1066
乐清市	1025	东阳市	1068
洞头县	1027	永康市	1070
永嘉县	1028	武义县	1071
平阳县	1029	浦江县	1073
苍南县	1031	磐安县	1074
文成县	1033		
泰顺县	1033		

衢州市 …… 1075

嘉兴市 …… 1034

南湖区	1036	柯城区	1077
秀洲区	1036	衢江区	1077
海宁市	1036	江山市	1078
平湖市	1038	常山县	1079
桐乡市	1039	开化县	1080
嘉善县	1040	龙游县	1081
海盐县	1041		

舟山市 …… 1082

湖州市 …… 1042

吴兴区	1044	定海区	1084
南浔区	1044	普陀区	1084
德清县	1045	岱山县	1085
长兴县	1046	嵊泗县	1086
安吉县	1046		

台州市 …… 1086

绍兴市 …… 1047

越城区	1050	椒江区	1088
柯桥区	1051	黄岩区	1089
		路桥区	1090
		温岭市	1091
		临海市	1092
		玉环县	1094

三门县 …………………… 1095
　　天台县 …………………… 1096
　　仙居县 …………………… 1097
丽水市 ……………………… 1098
　　莲都区 …………………… 1100
　　龙泉市 …………………… 1100
　　青田县 …………………… 1101
　　缙云县 …………………… 1102
　　遂昌县 …………………… 1103
　　松阳县 …………………… 1104
　　云和县 …………………… 1105
　　庆元县 …………………… 1106
　　景宁畲族自治县 ………… 1106

安徽省 ……………………… 1107
合肥市 ……………………… 1118
　　蜀山区 …………………… 1125
　　瑶海区 …………………… 1125
　　巢湖市 …………………… 1126
　　长丰县 …………………… 1127
　　肥东县 …………………… 1127
　　肥西县 …………………… 1127
　　庐江县 …………………… 1128
芜湖市 ……………………… 1128
　　鸠江区 …………………… 1131
　　镜湖区 …………………… 1131
　　弋江区 …………………… 1131
　　芜湖县 …………………… 1132
　　繁昌县 …………………… 1132
　　南陵县 …………………… 1133
　　无为县 …………………… 1133
蚌埠市 ……………………… 1134

　　蚌山区 …………………… 1136
　　龙子湖区 ………………… 1136
　　禹会区 …………………… 1136
　　淮上区 …………………… 1137
　　怀远县 …………………… 1137
　　五河县 …………………… 1137
　　固镇县 …………………… 1138
淮南市 ……………………… 1138
　　田家庵区 ………………… 1140
　　谢家集区 ………………… 1140
　　八公山区 ………………… 1140
　　潘集区 …………………… 1140
　　凤台县 …………………… 1140
马鞍山市 …………………… 1141
　　雨山区 …………………… 1144
　　花山区 …………………… 1144
　　当涂县 …………………… 1144
　　含山县 …………………… 1145
　　和县 ……………………… 1145
淮北市 ……………………… 1145
　　杜集区 …………………… 1147
　　濉溪县 …………………… 1148
铜陵市 ……………………… 1148
　　铜官山区 ………………… 1150
　　狮子山区 ………………… 1150
　　郊区 ……………………… 1150
　　铜陵县 …………………… 1150
安庆市 ……………………… 1151
　　大观区 …………………… 1153
　　迎江区 …………………… 1153
　　宜秀区 …………………… 1153
　　桐城市 …………………… 1153
　　怀宁县 …………………… 1154

枞阳县 …………………… 1155
　　潜山县 …………………… 1155
　　太湖县 …………………… 1156
　　宿松县 …………………… 1157
　　望江县 …………………… 1157
　　岳西县 …………………… 1157
　黄山市 ……………………… 1158
　　屯溪区 …………………… 1160
　　黄山区 …………………… 1160
　　徽州区 …………………… 1160
　　歙县 ……………………… 1161
　　休宁县 …………………… 1161
　　黟县 ……………………… 1162
　　祁门县 …………………… 1162
　滁州市 ……………………… 1163
　　琅琊区 …………………… 1165
　　南谯区 …………………… 1165
　　天长市 …………………… 1165
　　明光市 …………………… 1166
　　来安县 …………………… 1166
　　全椒县 …………………… 1167
　　定远县 …………………… 1167
　　凤阳县 …………………… 1167
　阜阳市 ……………………… 1168
　　界首市 …………………… 1170
　　临泉县 …………………… 1170
　　太和县 …………………… 1170
　　阜南县 …………………… 1170
　　颍上县 …………………… 1171
　宿州市 ……………………… 1171
　　埇桥区 …………………… 1172
　　砀山县 …………………… 1173
　　萧县 ……………………… 1174

　　灵璧县 …………………… 1175
　　泗县 ……………………… 1175
　六安市 ……………………… 1176
　　寿县 ……………………… 1178
　　霍邱县 …………………… 1178
　　舒城县 …………………… 1179
　　金寨县 …………………… 1180
　　霍山县 …………………… 1181
　亳州市 ……………………… 1181
　　谯城区 …………………… 1182
　　涡阳县 …………………… 1182
　　蒙城县 …………………… 1183
　　利辛县 …………………… 1183
　池州市 ……………………… 1183
　　贵池区 …………………… 1184
　　东至县 …………………… 1184
　　石台县 …………………… 1185
　　青阳县 …………………… 1185
　宣城市 ……………………… 1186
　　宣州区 …………………… 1187
　　宁国市 …………………… 1187
　　郎溪县 …………………… 1187
　　广德县 …………………… 1188
　　泾县 ……………………… 1188
　　绩溪县 …………………… 1189
　　旌德县 …………………… 1190

福建省 ……………………… 1191
　福州市 ……………………… 1204
　　鼓楼区 …………………… 1212
　　台江区 …………………… 1212
　　仓山区 …………………… 1213

马尾区	1213	丰泽区	1248
晋安区	1214	鲤城区	1248
福清市	1215	洛江区	1249
长乐市	1217	石狮市	1249
闽侯县	1219	晋江市	1250
连江县	1219	南安市	1251
罗源县	1222	惠安县	1252
闽清县	1223	安溪县	1254
永泰县	1224	永春县	1255
平潭县	1224	德化县	1255
厦门市	**1225**	**漳州市**	**1256**
思明区	1229	芗城区	1258
湖里区	1229	龙海市	1258
集美区	1229	云霄县	1259
同安区	1229	漳浦县	1259
翔安区	1231	诏安县	1259
莆田市	**1231**	长泰县	1260
涵江区	1234	东山县	1260
秀屿区	1234	南靖县	1260
仙游县	1235	平和县	1261
三明市	**1236**	华安县	1261
梅列区	1237	**南平市**	**1262**
永安市	1238	延平区	1263
明溪县	1239	邵武市	1263
清流县	1239	武夷山市	1264
宁化县	1240	建瓯市	1264
大田县	1241	建阳市	1265
尤溪县	1241	顺昌县	1265
沙县	1242	浦城县	1265
将乐县	1242	光泽县	1266
泰宁县	1242	松溪县	1266
建宁县	1243	政和县	1267
泉州市	**1243**	**龙岩市**	**1267**

新罗区 …………………… 1269	乐平市 …………………… 1306
漳平市 …………………… 1269	浮梁县 …………………… 1307
长汀县 …………………… 1269	**萍乡市** ………………… 1307
永定县 …………………… 1270	安源区 …………………… 1309
上杭县 …………………… 1271	湘东区 …………………… 1309
武平县 …………………… 1271	莲花县 …………………… 1310
连城县 …………………… 1272	上栗县 …………………… 1310
宁德市 ………………… 1272	芦溪县 …………………… 1310
蕉城区 …………………… 1274	**九江市** ………………… 1310
福安市 …………………… 1274	浔阳区 …………………… 1314
福鼎市 …………………… 1275	庐山区 …………………… 1314
霞浦县 …………………… 1276	瑞昌市 …………………… 1315
古田县 …………………… 1277	九江县 …………………… 1316
屏南县 …………………… 1277	武宁县 …………………… 1316
寿宁县 …………………… 1278	修水县 …………………… 1317
周宁县 …………………… 1278	永修县 …………………… 1318
柘荣县 …………………… 1278	德安县 …………………… 1318
	星子县 …………………… 1319
	都昌县 …………………… 1320
江西省 ………………… 1279	湖口县 …………………… 1320
南昌市 ………………… 1293	彭泽县 …………………… 1321
东湖区 …………………… 1300	**新余市** ………………… 1321
西湖区 …………………… 1300	渝水区 …………………… 1323
青云谱区 ………………… 1301	分宜县 …………………… 1324
湾里区 …………………… 1301	**鹰潭市** ………………… 1324
青山湖区 ………………… 1301	月湖区 …………………… 1326
南昌县 …………………… 1301	贵溪市 …………………… 1326
新建县 …………………… 1302	余江县 …………………… 1326
安义县 …………………… 1303	**赣州市** ………………… 1327
进贤县 …………………… 1303	章贡区 …………………… 1330
景德镇市 ……………… 1304	南康区 …………………… 1330
昌江区 …………………… 1306	瑞金市 …………………… 1330
珠山区 …………………… 1306	赣县 ……………………… 1332

信丰县	1332	万载县	1362
大余县	1333	上高县	1363
上犹县	1333	宜丰县	1363
崇义县	1334	靖安县	1366
安远县	1335	铜鼓县	1366
龙南县	1336	**抚州市**	**1367**
定南县	1336	临川区	1369
全南县	1336	南城县	1370
宁都县	1337	黎川县	1370
于都县	1338	南丰县	1371
兴国县	1341	崇仁县	1371
会昌县	1342	乐安县	1371
寻乌县	1343	宜黄县	1372
石城县	1343	金溪县	1372
吉安市	**1344**	资溪县	1373
青原区	1346	东乡县	1373
井冈山市	1346	广昌县	1373
吉安县	1347	**上饶市**	**1374**
吉水县	1347	信州区	1375
峡江县	1348	德兴市	1376
新干县	1348	上饶县	1377
永丰县	1349	广丰县	1378
泰和县	1350	玉山县	1378
遂川县	1350	铅山县	1379
万安县	1351	横峰县	1380
安福县	1351	弋阳县	1380
永新县	1352	余干县	1381
宜春市	**1353**	鄱阳县	1381
袁州区	1356	万年县	1383
丰城市	1356	婺源县	1383
樟树市	1358		
高安市	1359		
奉新县	1361	**山东省**	**1385**

济南市	1407	峄城区	1470
市中区	1418	台儿庄区	1470
历下区	1419	山亭区	1470
槐荫区	1419	滕州市	1471
天桥区	1419	**东营市**	1474
历城区	1420	东营区	1480
长清区	1420	河口区	1481
章丘市	1422	垦利县	1482
平阴县	1424	利津县	1484
济阳县	1425	广饶县	1485
商河县	1426	**烟台市**	1487
青岛市	1427	莱山区	1492
市北区	1436	芝罘区	1492
黄岛区	1436	福山区	1493
崂山区	1437	牟平区	1495
李沧区	1441	龙口市	1496
城阳区	1441	莱阳市	1496
胶州市	1442	莱州市	1497
即墨市	1444	蓬莱市	1499
平度市	1447	招远市	1499
莱西市	1449	栖霞市	1501
淄博市	1450	海阳市	1502
张店区	1458	长岛县	1502
淄川区	1459	**潍坊市**	1503
博山区	1460	奎文区	1506
临淄区	1461	潍城区	1506
周村区	1462	寒亭区	1506
桓台县	1462	坊子区	1507
高青县	1463	青州市	1507
沂源县	1464	诸城市	1508
枣庄市	1465	寿光市	1509
薛城区	1469	安丘市	1512
市中区	1469	高密市	1513

昌邑市	1514	莱城区	1560
临朐县	1515	**临沂市**	1560
昌乐县	1516	兰山区	1563
济宁市	1516	罗庄区	1564
任城区	1519	河东区	1564
兖州区	1521	沂南县	1565
曲阜市	1524	郯城县	1566
邹城市	1525	沂水县	1566
微山县	1529	苍山县	1568
鱼台县	1530	费县	1568
金乡县	1531	平邑县	1570
嘉祥县	1531	莒南县	1571
汶上县	1532	蒙阴县	1571
泗水县	1533	临沭县	1572
梁山县	1534	**德州市**	1573
泰安市	1534	德城区	1580
泰山区	1537	乐陵市	1580
岱岳区	1538	禹城市	1581
新泰市	1538	陵县	1581
肥城市	1540	宁津县	1582
宁阳县	1542	庆云县	1582
东平县	1543	临邑县	1583
威海市	1544	齐河县	1583
环翠区	1546	平原县	1584
文登市	1547	夏津县	1584
荣成市	1548	武城县	1585
乳山市	1549	**聊城市**	1586
日照市	1549	东昌府区	1589
东港区	1551	临清市	1590
岚山区	1551	阳谷县	1591
五莲县	1552	莘县	1592
莒县	1553	茌平县	1592
莱芜市	1555	东阿县	1593

冠县	1593	新郑市	1663
高唐县	1593	登封市	1665
滨州市	1594	中牟县	1668
滨城区	1596	**开封市**	1669
惠民县	1597	鼓楼区	1677
阳信县	1597	龙亭区	1677
无棣县	1598	顺河回族区	1677
沾化县	1598	禹王台区	1678
博兴县	1599	金明区	1678
邹平县	1600	杞县	1678
菏泽市	1600	通许县	1679
牡丹区	1602	尉氏县	1679
曹县	1603	开封县	1680
单县	1603	兰考县	1680
成武县	1604	**洛阳市**	1681
巨野县	1604	西工区	1691
郓城县	1605	老城区	1692
鄄城县	1606	瀍河回族区	1692
定陶县	1606	涧西区	1692
东明县	1606	吉利区	1692
		洛龙区	1693
河南省	1609	偃师市	1693
郑州市	1627	孟津县	1694
中原区	1647	新安县	1695
二七区	1650	栾川县	1696
管城回族区	1652	嵩县	1696
金水区	1654	汝阳县	1697
上街区	1655	宜阳县	1698
惠济区	1656	洛宁县	1698
巩义市	1659	伊川县	1699
荥阳市	1660	**平顶山市**	1699
新密市	1661	新华区	1702
		卫东区	1702

石龙区 …… 1702	原阳县 …… 1731
湛河区 …… 1703	延津县 …… 1731
舞钢市 …… 1703	封丘县 …… 1732
汝州市 …… 1704	长垣县 …… 1733
宝丰县 …… 1704	**焦作市** …… 1733
叶县 …… 1705	解放区 …… 1738
鲁山县 …… 1706	中站区 …… 1738
郏县 …… 1707	马村区 …… 1739
安阳市 …… 1707	山阳区 …… 1739
北关区 …… 1710	沁阳市 …… 1739
文峰区 …… 1711	孟州市 …… 1740
殷都区 …… 1711	修武县 …… 1741
龙安区 …… 1711	博爱县 …… 1742
林州市 …… 1711	武陟县 …… 1743
安阳县 …… 1713	温县 …… 1744
汤阴县 …… 1714	**濮阳市** …… 1745
滑县 …… 1716	华龙区 …… 1747
内黄县 …… 1716	清丰县 …… 1747
鹤壁市 …… 1718	南乐县 …… 1748
淇滨区 …… 1719	范县 …… 1748
鹤山区 …… 1719	台前县 …… 1748
山城区 …… 1719	濮阳县 …… 1749
浚县 …… 1719	**许昌市** …… 1750
淇县 …… 1720	魏都区 …… 1751
新乡市 …… 1721	禹州市 …… 1751
卫滨区 …… 1727	长葛市 …… 1752
红旗区 …… 1727	许昌县 …… 1753
凤泉区 …… 1727	鄢陵县 …… 1754
牧野区 …… 1728	襄城县 …… 1754
卫辉市 …… 1728	**漯河市** …… 1755
辉县市 …… 1729	源汇区 …… 1756
新乡县 …… 1730	召陵区 …… 1756
获嘉县 …… 1730	舞阳县 …… 1756

临颍县 …… 1757	平桥区 …… 1793
三门峡市 …… 1758	罗山县 …… 1793
湖滨区 …… 1760	光山县 …… 1793
义马市 …… 1760	新县 …… 1794
灵宝市 …… 1761	商城县 …… 1794
渑池县 …… 1764	固始县 …… 1795
陕县 …… 1764	潢川县 …… 1795
卢氏县 …… 1766	淮滨县 …… 1796
南阳市 …… 1767	息县 …… 1796
卧龙区 …… 1774	**周口市** …… 1797
宛城区 …… 1774	川汇区 …… 1799
邓州市 …… 1774	项城市 …… 1799
南召县 …… 1774	扶沟县 …… 1800
方城县 …… 1775	西华县 …… 1800
西峡县 …… 1776	商水县 …… 1801
镇平县 …… 1776	沈丘县 …… 1802
内乡县 …… 1776	郸城县 …… 1803
淅川县 …… 1777	淮阳县 …… 1803
社旗县 …… 1778	太康县 …… 1804
唐河县 …… 1779	鹿邑县 …… 1804
新野县 …… 1780	**驻马店市** …… 1805
桐柏县 …… 1781	驿城区 …… 1806
商丘市 …… 1781	西平县 …… 1806
梁园区 …… 1785	上蔡县 …… 1807
睢阳区 …… 1786	平舆县 …… 1808
永城市 …… 1786	正阳县 …… 1808
民权县 …… 1787	确山县 …… 1808
睢县 …… 1788	泌阳县 …… 1809
宁陵县 …… 1788	汝南县 …… 1809
柘城县 …… 1788	遂平县 …… 1810
虞城县 …… 1789	新蔡县 …… 1810
夏邑县 …… 1790	**省直辖县级行政区划** …… 1811
信阳市 …… 1790	济源市 …… 1811

湖北省 ······ 1813

武汉市 ······ 1825
- 江岸区 ······ 1840
- 江汉区 ······ 1840
- 硚口区 ······ 1841
- 汉阳区 ······ 1841
- 武昌区 ······ 1842
- 青山区 ······ 1843
- 洪山区 ······ 1843
- 东西湖区 ······ 1843
- 汉南区 ······ 1844
- 蔡甸区 ······ 1844
- 江夏区 ······ 1845
- 黄陂区 ······ 1846
- 新洲区 ······ 1848

黄石市 ······ 1850
- 下陆区 ······ 1853
- 黄石港区 ······ 1853
- 西塞山区 ······ 1853
- 铁山区 ······ 1853
- 大冶市 ······ 1853
- 阳新县 ······ 1855

十堰市 ······ 1856
- 茅箭区 ······ 1867
- 丹江口市 ······ 1867
- 郧县 ······ 1868
- 郧西县 ······ 1869
- 竹山县 ······ 1869
- 竹溪县 ······ 1870
- 房县 ······ 1871

宜昌市 ······ 1872
- 西陵区 ······ 1875
- 伍家岗区 ······ 1875
- 猇亭区 ······ 1876
- 夷陵区 ······ 1876
- 宜都市 ······ 1877
- 当阳市 ······ 1878
- 枝江市 ······ 1878
- 远安县 ······ 1880
- 兴山县 ······ 1881
- 秭归县 ······ 1881
- 长阳土家族自治县 ······ 1883
- 五峰土家族自治县 ······ 1884

襄阳市 ······ 1884
- 襄城区 ······ 1887
- 襄州区 ······ 1887
- 老河口市 ······ 1888
- 枣阳市 ······ 1889
- 宜城市 ······ 1890
- 南漳县 ······ 1890
- 谷城县 ······ 1891
- 保康县 ······ 1891

鄂州市 ······ 1892
- 鄂城区 ······ 1895

荆门市 ······ 1896
- 东宝区 ······ 1899
- 钟祥市 ······ 1899
- 京山县 ······ 1901
- 沙洋县 ······ 1902

孝感市 ······ 1903
- 孝南区 ······ 1905
- 应城市 ······ 1906
- 安陆市 ······ 1907
- 汉川市 ······ 1908
- 孝昌县 ······ 1910

大悟县 …… 1910	恩施市 …… 1945
云梦县 …… 1911	利川市 …… 1945
荆州市 …… 1912	建始县 …… 1946
沙市区 …… 1915	巴东县 …… 1947
荆州区 …… 1917	宣恩县 …… 1948
石首市 …… 1917	咸丰县 …… 1948
洪湖市 …… 1918	来凤县 …… 1949
松滋市 …… 1919	鹤峰县 …… 1950
公安县 …… 1920	**省直辖县级行政区划** …… 1951
监利县 …… 1921	仙桃市 …… 1951
江陵县 …… 1923	潜江市 …… 1953
黄冈市 …… 1925	天门市 …… 1955
黄州区 …… 1927	神农架林区 …… 1956
麻城市 …… 1928	
武穴市 …… 1929	**湖南省** …… 1959
团风县 …… 1930	**长沙市** …… 1976
红安县 …… 1930	岳麓区 …… 1987
罗田县 …… 1931	芙蓉区 …… 1988
英山县 …… 1931	天心区 …… 1988
浠水县 …… 1932	开福区 …… 1988
蕲春县 …… 1934	雨花区 …… 1988
黄梅县 …… 1935	望城区 …… 1989
咸宁市 …… 1936	浏阳市 …… 1990
咸安区 …… 1937	长沙县 …… 1993
赤壁市 …… 1937	宁乡县 …… 1994
嘉鱼县 …… 1938	**株洲市** …… 1995
通城县 …… 1939	天元区 …… 2000
崇阳县 …… 1939	荷塘区 …… 2000
通山县 …… 1940	芦淞区 …… 2001
随州市 …… 1941	石峰区 …… 2001
广水市 …… 1942	醴陵市 …… 2001
随县 …… 1942	株洲县 …… 2005
恩施土家族苗族自治州 …… 1943	

攸县 …………………… 2006	城步苗族自治县 …………… 2037
茶陵县 …………………… 2008	**岳阳市** …………………… 2038
炎陵县 …………………… 2010	岳阳楼区 …………………… 2042
湘潭市 …………………… 2011	云溪区 …………………… 2042
岳塘区 …………………… 2014	君山区 …………………… 2042
雨湖区 …………………… 2015	汨罗市 …………………… 2043
湘乡市 …………………… 2015	临湘市 …………………… 2043
韶山市 …………………… 2018	岳阳县 …………………… 2044
湘潭县 …………………… 2019	华容县 …………………… 2045
衡阳市 …………………… 2021	湘阴县 …………………… 2047
蒸湘区 …………………… 2024	平江县 …………………… 2048
珠晖区 …………………… 2025	**常德市** …………………… 2049
石鼓区 …………………… 2025	武陵区 …………………… 2055
南岳区 …………………… 2025	鼎城区 …………………… 2056
耒阳市 …………………… 2025	津市市 …………………… 2056
常宁市 …………………… 2026	安乡县 …………………… 2057
衡阳县 …………………… 2028	汉寿县 …………………… 2058
衡南县 …………………… 2028	澧县 …………………… 2058
衡山县 …………………… 2029	临澧县 …………………… 2059
衡东县 …………………… 2030	桃源县 …………………… 2059
祁东县 …………………… 2030	石门县 …………………… 2061
邵阳市 …………………… 2031	**张家界市** …………………… 2063
大祥区 …………………… 2032	永定区 …………………… 2064
双清区 …………………… 2032	武陵源区 …………………… 2064
北塔区 …………………… 2032	慈利县 …………………… 2064
武冈市 …………………… 2033	桑植县 …………………… 2065
邵东县 …………………… 2033	**益阳市** …………………… 2066
新邵县 …………………… 2034	沅江市 …………………… 2070
邵阳县 …………………… 2034	南县 …………………… 2071
隆回县 …………………… 2035	桃江县 …………………… 2071
洞口县 …………………… 2035	安化县 …………………… 2072
绥宁县 …………………… 2036	**郴州市** …………………… 2073
新宁县 …………………… 2036	北湖区 …………………… 2075

苏仙区	2076	靖州苗族侗族自治县	2102
资兴市	2076	通道侗族自治县	2103
桂阳县	2076	**娄底市**	2104
宜章县	2078	娄星区	2105
永兴县	2079	冷水江市	2105
嘉禾县	2080	涟源市	2106
临武县	2080	双峰县	2107
汝城县	2081	新化县	2107
桂东县	2081	**湘西土家族苗族自治州**	2108
安仁县	2081	吉首市	2112
永州市	2082	泸溪县	2112
冷水滩区	2085	凤凰县	2113
零陵区	2086	花垣县	2113
祁阳县	2086	保靖县	2114
东安县	2088	古丈县	2114
双牌县	2089	永顺县	2114
道县	2089	龙山县	2115
江永县	2090		
宁远县	2090	**广东省**	2117
蓝山县	2091	**广州市**	2131
新田县	2092	越秀区	2143
江华瑶族自治县	2092	荔湾区	2147
怀化市	2093	海珠区	2147
鹤城区	2095	天河区	2148
洪江市	2095	白云区	2150
中方县	2096	黄埔区	2152
沅陵县	2096	番禺区	2153
辰溪县	2099	花都区	2155
溆浦县	2100	萝岗区	2157
会同县	2100	增城市	2157
麻阳苗族自治县	2100	从化市	2158
新晃侗族自治县	2101	**韶关市**	2160
芷江侗族自治县	2101		

浈江区	2162	高明区	2195
武江区	2163	**江门市**	2199
曲江区	2163	新会区	2200
乐昌市	2163	台山市	2200
南雄市	2164	开平市	2202
始兴县	2165	鹤山市	2202
仁化县	2165	恩平市	2203
翁源县	2166	**湛江市**	2204
新丰县	2167	霞山区	2206
乳源瑶族自治县	2167	坡头区	2206
深圳市	2168	麻章区	2206
福田区	2171	廉江市	2206
罗湖区	2172	雷州市	2207
南山区	2172	吴川市	2208
宝安区	2172	遂溪县	2208
龙岗区	2174	徐闻县	2208
盐田区	2174	**茂名市**	2209
珠海市	2174	高州市	2209
香洲区	2176	化州市	2210
斗门区	2176	信宜市	2210
金湾区	2176	电白县	2210
汕头市	2177	**肇庆市**	2211
龙湖区	2179	端州区	2213
濠江区	2180	鼎湖区	2213
潮阳区	2180	高要市	2214
潮南区	2180	四会市	2214
澄海区	2181	广宁县	2215
南澳县	2182	怀集县	2216
佛山市	2182	封开县	2216
禅城区	2187	德庆县	2218
南海区	2187	**惠州市**	2219
顺德区	2192	惠城区	2220
三水区	2193	惠阳区	2220

博罗县 ······ 2220	佛冈县 ······ 2236
惠东县 ······ 2221	阳山县 ······ 2236
龙门县 ······ 2221	连山壮族瑶族自治县 ······ 2236
梅州市 ······ 2222	连南瑶族自治县 ······ 2236
梅江区 ······ 2224	**东莞市** ······ 2237
梅县区 ······ 2224	**中山市** ······ 2242
兴宁市 ······ 2225	**潮州市** ······ 2245
大埔县 ······ 2226	湘桥区 ······ 2246
丰顺县 ······ 2226	潮安区 ······ 2246
五华县 ······ 2227	饶平县 ······ 2246
平远县 ······ 2227	**揭阳市** ······ 2247
蕉岭县 ······ 2228	榕城区 ······ 2249
汕尾市 ······ 2228	揭东区 ······ 2250
城区 ······ 2229	普宁市 ······ 2250
陆丰市 ······ 2229	揭西县 ······ 2251
海丰县 ······ 2229	惠来县 ······ 2251
陆河县 ······ 2230	**云浮市** ······ 2252
河源市 ······ 2230	云城区 ······ 2256
源城区 ······ 2231	罗定市 ······ 2257
紫金县 ······ 2231	新兴县 ······ 2258
龙川县 ······ 2231	郁南县 ······ 2260
连平县 ······ 2232	云安县 ······ 2261
和平县 ······ 2232	
东源县 ······ 2232	**广西壮族自治区** ······ 2263
阳江市 ······ 2233	**南宁市** ······ 2276
阳春市 ······ 2233	青秀区 ······ 2282
阳西县 ······ 2234	兴宁区 ······ 2282
阳东县 ······ 2234	江南区 ······ 2282
清远市 ······ 2234	西乡塘区 ······ 2282
清城区 ······ 2235	邕宁区 ······ 2283
清新区 ······ 2235	武鸣县 ······ 2283
英德市 ······ 2235	隆安县 ······ 2283
连州市 ······ 2235	

马山县	2284	苍梧县	2307
上林县	2284	藤县	2307
宾阳县	2285	蒙山县	2308
横县	2285	**北海市**	2308
柳州市	2286	海城区	2310
柳北区	2289	银海区	2310
鱼峰区	2290	铁山港区	2310
柳南区	2290	合浦县	2310
柳江县	2290	**防城港市**	2311
柳城县	2290	防城区	2312
鹿寨县	2291	上思县	2312
融安县	2292	**钦州市**	2313
融水苗族自治县	2292	灵山县	2313
三江侗族自治县	2293	浦北县	2314
桂林市	2294	**贵港市**	2314
临桂区	2298	港南区	2315
叠彩区	2298	桂平市	2315
象山区	2299	平南县	2315
雁山区	2299	**玉林市**	2316
阳朔县	2299	玉州区	2317
灵川县	2299	北流市	2317
全州县	2300	容县	2318
兴安县	2300	陆川县	2318
永福县	2301	博白县	2319
灌阳县	2301	兴业县	2320
资源县	2302	**百色市**	2320
平乐县	2302	右江区	2321
荔浦县	2303	田阳县	2321
龙胜各族自治县	2303	田东县	2322
恭城瑶族自治县	2304	平果县	2322
梧州市	2305	德保县	2322
长洲区	2306	靖西县	2323
岑溪市	2306	那坡县	2323

凌云县	2323	宁明县	2338
乐业县	2323	龙州县	2338
田林县	2324	大新县	2339
西林县	2324	天等县	2340
隆林各族自治县	2324		

贺州市 …… 2325
 八步区 …… 2325
 昭平县 …… 2325
 钟山县 …… 2326
 富川瑶族自治县 …… 2326

河池市 …… 2327
 金城江区 …… 2328
 宜州市 …… 2328
 南丹县 …… 2329
 天峨县 …… 2329
 凤山县 …… 2330
 东兰县 …… 2330
 罗城仫佬族自治县 …… 2330
 环江毛南族自治县 …… 2331
 巴马瑶族自治县 …… 2331
 都安瑶族自治县 …… 2332
 大化瑶族自治县 …… 2332

来宾市 …… 2332
 兴宾区 …… 2333
 合山市 …… 2334
 忻城县 …… 2334
 象州县 …… 2335
 武宣县 …… 2336
 金秀瑶族自治县 …… 2336

崇左市 …… 2337
 江州区 …… 2337
 凭祥市 …… 2337
 扶绥县 …… 2337

海南省 …… 2341
 海口市 …… 2347
  龙华区 …… 2349
  琼山区 …… 2350
 三亚市 …… 2350
 省直辖县级行政区划 …… 2351
  五指山市 …… 2351
  琼海市 …… 2351
  儋州市 …… 2352
  文昌市 …… 2352
  万宁市 …… 2352
  东方市 …… 2352
  定安县 …… 2353
  屯昌县 …… 2353
  澄迈县 …… 2353
  临高县 …… 2354
  白沙黎族自治县 …… 2354
  昌江黎族自治县 …… 2354
  乐东黎族自治县 …… 2355
  陵水黎族自治县 …… 2355
  保亭黎族苗族自治县 …… 2355
  琼中黎族苗族自治县 …… 2355

重庆市 …… 2357
 渝中区 …… 2368
 万州区 …… 2369
 涪陵区 …… 2371

大渡口区 …………… 2372	酉阳土家族苗族自治县 …… 2396
江北区 ……………… 2372	彭水苗族土家族自治县 …… 2397
沙坪坝区 …………… 2373	
九龙坡区 …………… 2374	**四川省** ……………… 2399
南岸区 ……………… 2374	**成都市** ……………… 2413
北碚区 ……………… 2375	武侯区 ……………… 2431
綦江区 ……………… 2375	锦江区 ……………… 2431
大足区 ……………… 2376	青羊区 ……………… 2432
渝北区 ……………… 2378	金牛区 ……………… 2432
巴南区 ……………… 2379	龙泉驿区 …………… 2434
黔江区 ……………… 2379	青白江区 …………… 2435
长寿区 ……………… 2380	新都区 ……………… 2436
江津区 ……………… 2381	温江区 ……………… 2437
合川区 ……………… 2381	都江堰市 …………… 2438
永川区 ……………… 2382	彭州市 ……………… 2440
南川区 ……………… 2385	邛崃市 ……………… 2441
潼南县 ……………… 2385	崇州市 ……………… 2442
铜梁县 ……………… 2388	金堂县 ……………… 2443
荣昌县 ……………… 2389	双流县 ……………… 2443
璧山县 ……………… 2389	郫县 ………………… 2447
梁平县 ……………… 2390	大邑县 ……………… 2448
城口县 ……………… 2391	蒲江县 ……………… 2449
丰都县 ……………… 2391	新津县 ……………… 2449
垫江县 ……………… 2392	**自贡市** ……………… 2450
武隆县 ……………… 2392	自流井区 …………… 2455
忠县 ………………… 2393	贡井区 ……………… 2455
开县 ………………… 2394	大安区 ……………… 2456
云阳县 ……………… 2394	荣县 ………………… 2456
奉节县 ……………… 2395	富顺县 ……………… 2456
巫山县 ……………… 2395	**攀枝花市** …………… 2458
巫溪县 ……………… 2395	东区 ………………… 2462
石柱土家族自治县 ……… 2396	西区 ………………… 2462
秀山土家族苗族自治县 …… 2396	

仁和区	2462	剑阁县	2499
米易县	2463	苍溪县	2500
盐边县	2464	**遂宁市**	2501
泸州市	2465	蓬溪县	2504
江阳区	2467	射洪县	2505
纳溪区	2467	大英县	2507
泸县	2467	**内江市**	2510
合江县	2467	市中区	2515
叙永县	2468	东兴区	2515
古蔺县	2468	威远县	2516
德阳市	2469	资中县	2518
旌阳区	2470	隆昌县	2518
广汉市	2471	**乐山市**	2519
什邡市	2471	市中区	2522
绵竹市	2472	沙湾区	2522
中江县	2473	五通桥区	2522
罗江县	2474	金口河区	2523
绵阳市	2474	峨眉山市	2523
涪城区	2481	犍为县	2524
游仙区	2482	井研县	2530
江油市	2483	夹江县	2530
三台县	2484	沐川县	2532
盐亭县	2486	峨边彝族自治县	2534
安县	2486	马边彝族自治县	2535
梓潼县	2487	**南充市**	2535
平武县	2488	顺庆区	2538
北川羌族自治县	2489	高坪区	2539
广元市	2491	嘉陵区	2539
利州区	2493	阆中市	2539
昭化区	2493	南部县	2540
朝天区	2493	营山县	2540
旺苍县	2493	蓬安县	2541
青川县	2494	仪陇县	2541

西充县	2542
眉山市	2543
东坡区	2543
仁寿县	2543
彭山县	2544
洪雅县	2545
丹棱县	2546
青神县	2546
宜宾市	2547
翠屏区	2549
南溪区	2549
宜宾县	2549
江安县	2550
长宁县	2550
高县	2551
珙县	2551
筠连县	2551
兴文县	2552
屏山县	2553
广安市	2553
广安区	2554
华蓥市	2554
岳池县	2555
武胜县	2555
邻水县	2556
达州市	2557
通川区	2559
达川区	2559
万源市	2560
宣汉县	2562
开江县	2563
大竹县	2564
渠县	2564

雅安市	2565
雨城区	2567
名山区	2568
荥经县	2569
汉源县	2569
石棉县	2570
天全县	2572
芦山县	2573
宝兴县	2573
巴中市	2574
巴州区	2576
通江县	2577
南江县	2579
平昌县	2580
资阳市	2583
雁江区	2584
简阳市	2584
安岳县	2586
乐至县	2587
阿坝藏族羌族自治州	2590
马尔康县	2593
汶川县	2593
理县	2595
茂县	2595
松潘县	2596
九寨沟县	2596
金川县	2597
小金县	2598
黑水县	2598
壤塘县	2598
阿坝县	2598
若尔盖县	2599
红原县	2599

甘孜藏族自治州	2600
康定县	2601
泸定县	2603
丹巴县	2603
九龙县	2603
雅江县	2604
道孚县	2604
炉霍县	2604
甘孜县	2605
新龙县	2605
德格县	2606
白玉县	2606
石渠县	2606
色达县	2607
理塘县	2607
巴塘县	2607
乡城县	2607
稻城县	2608
得荣县	2608

凉山彝族自治州 2608
- 西昌市 2611
- 盐源县 2613
- 德昌县 2613
- 会理县 2613
- 会东县 2614
- 宁南县 2614
- 普格县 2615
- 布拖县 2615
- 金阳县 2615
- 昭觉县 2616
- 喜德县 2616
- 冕宁县 2616
- 越西县 2617
- 甘洛县 2617
- 美姑县 2618
- 雷波县 2618
- 木里藏族自治县 2619

贵州省 2621

贵阳市 2630
- 乌当区 2637
- 南明区 2638
- 云岩区 2638
- 花溪区 2638
- 白云区 2639
- 清镇市 2639
- 开阳县 2640
- 息烽县 2640
- 修文县 2642

六盘水市 2643
- 钟山区 2647
- 水城县 2647
- 盘县 2647
- 六枝特区 2648

遵义市 2649
- 汇川区 2654
- 红花岗区 2654
- 赤水市 2654
- 仁怀市 2654
- 遵义县 2655
- 桐梓县 2656
- 绥阳县 2657
- 正安县 2658
- 凤冈县 2658
- 湄潭县 2659

余庆县 …………………… 2659
习水县 …………………… 2659
道真仡佬族苗族自治县 …… 2660
务川仡佬族苗族自治县 …… 2661
安顺市 …………………… 2661
西秀区 …………………… 2663
平坝县 …………………… 2664
普定县 …………………… 2665
镇宁布依族苗族自治县 …… 2665
关岭布依族苗族自治县 …… 2665
紫云苗族布依族自治县 …… 2666
毕节市 …………………… 2666
大方县 …………………… 2670
黔西县 …………………… 2671
金沙县 …………………… 2671
织金县 …………………… 2672
纳雍县 …………………… 2673
赫章县 …………………… 2673
威宁彝族回族苗族自治县……
………………………… 2674
铜仁市 …………………… 2674
碧江区 …………………… 2678
万山区 …………………… 2678
江口县 …………………… 2679
石阡县 …………………… 2679
思南县 …………………… 2680
德江县 …………………… 2680
玉屏侗族自治县 ………… 2681
印江土家族苗族自治县 …… 2681
沿河土家族自治县 ………… 2681
松桃苗族自治县 ………… 2682
黔西南布依族苗族自治州 … 2683
兴义市 …………………… 2686

兴仁县 …………………… 2687
普安县 …………………… 2687
晴隆县 …………………… 2688
贞丰县 …………………… 2688
望谟县 …………………… 2688
册亨县 …………………… 2688
安龙县 …………………… 2689
黔东南苗族侗族自治州 …… 2689
凯里市 …………………… 2695
黄平县 …………………… 2695
施秉县 …………………… 2695
三穗县 …………………… 2696
镇远县 …………………… 2696
岑巩县 …………………… 2696
天柱县 …………………… 2697
锦屏县 …………………… 2697
剑河县 …………………… 2698
台江县 …………………… 2698
黎平县 …………………… 2699
榕江县 …………………… 2700
从江县 …………………… 2700
雷山县 …………………… 2700
麻江县 …………………… 2701
丹寨县 …………………… 2702
黔南布依族苗族自治州 …… 2702
都匀市 …………………… 2706
福泉市 …………………… 2707
荔波县 …………………… 2707
贵定县 …………………… 2707
瓮安县 …………………… 2708
独山县 …………………… 2708
平塘县 …………………… 2708
罗甸县 …………………… 2709

长顺县	2709	红塔区	2776
龙里县	2709	江川县	2777
惠水县	2710	澄江县	2779
三都水族自治县	2710	通海县	2780
		华宁县	2782
		易门县	2783

云南省 …… 2711

昆明市 …… 2726
 呈贡区 …… 2738
 五华区 …… 2740
 盘龙区 …… 2741
 官渡区 …… 2742
 西山区 …… 2745
 东川区 …… 2748
 安宁市 …… 2748
 晋宁县 …… 2750
 富民县 …… 2752
 宜良县 …… 2753
 嵩明县 …… 2753
 石林彝族自治县 …… 2755
 禄劝彝族苗族自治县 …… 2757
 寻甸回族彝族自治县 …… 2758

曲靖市 …… 2760
 麒麟区 …… 2762
 宣威市 …… 2763
 马龙县 …… 2764
 陆良县 …… 2765
 师宗县 …… 2766
 罗平县 …… 2767
 富源县 …… 2768
 会泽县 …… 2769
 沾益县 …… 2770

玉溪市 …… 2771
 红塔区 …… 2776
 江川县 …… 2777
 澄江县 …… 2779
 通海县 …… 2780
 华宁县 …… 2782
 易门县 …… 2783
 峨山彝族自治县 …… 2784
 新平彝族傣族自治县 …… 2788
 元江哈尼族彝族傣族自治县……
 …… 2790

保山市 …… 2792
 隆阳区 …… 2795
 施甸县 …… 2797
 腾冲县 …… 2798
 龙陵县 …… 2799
 昌宁县 …… 2800

昭通市 …… 2801
 昭阳区 …… 2803
 鲁甸县 …… 2803
 巧家县 …… 2804
 盐津县 …… 2805
 大关县 …… 2805
 永善县 …… 2806
 绥江县 …… 2806
 镇雄县 …… 2806
 彝良县 …… 2807
 威信县 …… 2807
 水富县 …… 2808

丽江市 …… 2808
 永胜县 …… 2811
 华坪县 …… 2812
 玉龙纳西族自治县 …… 2812
 宁蒗彝族自治县 …… 2812

普洱市	2813	禄丰县	2841
思茅区	2815	**红河哈尼族彝族自治州**	2842
宁洱哈尼族彝族自治县	2815	蒙自市	2844
墨江哈尼族自治县	2816	个旧市	2845
景东彝族自治县	2817	开远市	2846
景谷傣族彝族自治县	2819	弥勒市	2847
镇沅彝族哈尼族拉祜族自治县	2819	建水县	2848
江城哈尼族彝族自治县	2820	石屏县	2849
孟连傣族拉祜族佤族自治县	2821	泸西县	2850
澜沧拉祜族自治县	2821	元阳县	2850
西盟佤族自治县	2822	红河县	2851
临沧市	2822	绿春县	2851
临翔区	2824	屏边苗族自治县	2852
凤庆县	2825	金平苗族瑶族傣族自治县	2852
云县	2826	河口瑶族自治县	2853
永德县	2828	**文山壮族苗族自治州**	2853
镇康县	2829	文山市	2855
双江拉祜族佤族布朗族傣族自治县	2830	砚山县	2856
耿马傣族佤族自治县	2830	西畴县	2856
沧源佤族自治县	2831	麻栗坡县	2857
楚雄彝族自治州	2832	马关县	2857
楚雄市	2836	丘北县	2859
双柏县	2837	广南县	2859
牟定县	2837	富宁县	2860
南华县	2837	**西双版纳傣族自治州**	2860
姚安县	2838	景洪市	2863
大姚县	2839	勐海县	2863
永仁县	2840	勐腊县	2864
元谋县	2840	**大理白族自治州**	2865
武定县	2841	大理市	2870
		祥云县	2872
		宾川县	2875

弥渡县 …… 2876	墨竹工卡县 …… 2914
永平县 …… 2878	**昌都地区** …… 2914
云龙县 …… 2878	昌都县 …… 2914
洱源县 …… 2879	江达县 …… 2915
剑川县 …… 2880	贡觉县 …… 2915
鹤庆县 …… 2881	八宿县 …… 2915
漾濞彝族自治县 …… 2882	芒康县 …… 2915
南涧彝族自治县 …… 2883	**山南地区** …… 2915
巍山彝族回族自治县 …… 2884	乃东县 …… 2915
德宏傣族景颇族自治州 …… 2885	扎囊县 …… 2916
芒市 …… 2887	桑日县 …… 2916
瑞丽市 …… 2888	琼结县 …… 2916
梁河县 …… 2889	曲松县 …… 2916
盈江县 …… 2890	加查县 …… 2916
陇川县 …… 2891	错那县 …… 2916
怒江傈僳族自治州 …… 2891	**日喀则地区** …… 2917
泸水县 …… 2894	江孜县 …… 2917
福贡县 …… 2895	定日县 …… 2917
贡山独龙族怒族自治县 …… 2896	昂仁县 …… 2917
兰坪白族普米族自治县 …… 2896	谢通门县 …… 2918
迪庆藏族自治州 …… 2900	定结县 …… 2918
香格里拉县 …… 2902	亚东县 …… 2918
德钦县 …… 2904	吉隆县 …… 2918
维西傈僳族自治县 …… 2905	**那曲地区** …… 2918
	申扎县 …… 2918
西藏自治区 …… 2907	**阿里地区** …… 2919
拉萨市 …… 2913	噶尔县 …… 2919
城关区 …… 2913	普兰县 …… 2919
林周县 …… 2913	**林芝地区** …… 2920
曲水县 …… 2914	工布江达县 …… 2920
堆龙德庆县 …… 2914	米林县 …… 2920
达孜县 …… 2914	墨脱县 …… 2920

陕西省 …… 2921	太白县 …… 2972
西安市 …… 2936	**咸阳市** …… 2973
未央区 …… 2945	秦都区 …… 2977
新城区 …… 2946	杨陵区 …… 2978
碑林区 …… 2946	渭城区 …… 2978
莲湖区 …… 2947	兴平市 …… 2978
灞桥区 …… 2947	三原县 …… 2979
雁塔区 …… 2947	泾阳县 …… 2980
阎良区 …… 2948	乾县 …… 2980
临潼区 …… 2948	礼泉县 …… 2980
长安区 …… 2948	永寿县 …… 2981
蓝田县 …… 2949	彬县 …… 2981
周至县 …… 2949	长武县 …… 2981
户县 …… 2950	旬邑县 …… 2981
高陵县 …… 2951	淳化县 …… 2982
铜川市 …… 2951	武功县 …… 2982
耀州区 …… 2953	**渭南市** …… 2983
王益区 …… 2954	临渭区 …… 2984
印台区 …… 2954	韩城市 …… 2984
宜君县 …… 2954	华阴市 …… 2986
宝鸡市 …… 2955	华县 …… 2986
金台区 …… 2961	潼关县 …… 2987
渭滨区 …… 2961	大荔县 …… 2987
陈仓区 …… 2962	合阳县 …… 2987
凤翔县 …… 2964	澄城县 …… 2988
岐山县 …… 2965	蒲城县 …… 2988
扶风县 …… 2966	白水县 …… 2989
眉县 …… 2966	富平县 …… 2989
陇县 …… 2967	**延安市** …… 2990
千阳县 …… 2971	宝塔区 …… 2993
麟游县 …… 2971	延长县 …… 2993
凤县 …… 2972	延川县 …… 2994
	子长县 …… 2994

安塞县 …… 2994	子洲县 …… 3008
志丹县 …… 2994	**安康市** …… 3009
吴起县 …… 2995	汉阴县 …… 3011
甘泉县 …… 2995	石泉县 …… 3011
富县 …… 2995	宁陕县 …… 3011
洛川县 …… 2996	紫阳县 …… 3011
宜川县 …… 2996	岚皋县 …… 3012
黄龙县 …… 2997	平利县 …… 3012
黄陵县 …… 2997	镇坪县 …… 3012
汉中市 …… 2998	旬阳县 …… 3013
汉台区 …… 2999	白河县 …… 3013
南郑县 …… 2999	**商洛市** …… 3013
城固县 …… 3000	商州区 …… 3014
洋县 …… 3000	洛南县 …… 3015
西乡县 …… 3000	丹凤县 …… 3016
勉县 …… 3000	商南县 …… 3017
宁强县 …… 3000	山阳县 …… 3017
略阳县 …… 3001	镇安县 …… 3017
镇巴县 …… 3001	柞水县 …… 3018
留坝县 …… 3001	
佛坪县 …… 3001	**甘肃省** …… 3019
榆林市 …… 3002	**兰州市** …… 3029
榆阳区 …… 3003	城关区 …… 3040
神木县 …… 3003	七里河区 …… 3041
府谷县 …… 3004	西固区 …… 3041
横山县 …… 3005	安宁区 …… 3041
靖边县 …… 3005	红古区 …… 3041
定边县 …… 3006	永登县 …… 3042
绥德县 …… 3006	皋兰县 …… 3042
米脂县 …… 3007	榆中县 …… 3042
佳县 …… 3007	**嘉峪关市** …… 3043
吴堡县 …… 3008	**金昌市** …… 3044
清涧县 …… 3008	

金川区	3045	庄浪县	3064
永昌县	3045	静宁县	3064

白银市 …… 3046　　**酒泉市** …… 3065

白银区	3047	肃州区	3066
平川区	3047	玉门市	3066
靖远县	3047	敦煌市	3067
会宁县	3048	金塔县	3067
景泰县	3048	瓜州县	3068

天水市 …… 3048

肃北蒙古族自治县	3068
阿克塞哈萨克族自治县	3068

秦州区	3051		
麦积区	3051		

庆阳市 …… 3069

清水县	3051	西峰区	3071
秦安县	3051	庆城县	3071
甘谷县	3052	环县	3071
武山县	3052	华池县	3071
张家川回族自治县	3053	合水县	3072

武威市 …… 3053

		正宁县	3072
凉州区	3055	宁县	3072
民勤县	3056	镇原县	3073
古浪县	3056		
天祝藏族自治县	3056		

定西市 …… 3073

张掖市 …… 3057

		安定区	3074
甘州区	3059	通渭县	3074
民乐县	3059	陇西县	3074
高台县	3060	渭源县	3075
山丹县	3060	临洮县	3075
肃南裕固族自治县	3060	漳县	3075
		岷县	3075

平凉市 …… 3061　　**陇南市** …… 3076

崆峒区	3062	武都区	3076
泾川县	3063	成县	3076
灵台县	3063	文县	3076
崇信县	3063	宕昌县	3077
华亭县	3063	康县	3077

西和县	3077	大通回族土族自治县	3100
礼县	3078	**海东市**	3101
徽县	3078	乐都区	3101
两当县	3078	平安县	3101
临夏回族自治州	3078	民和回族土族自治县	3102
临夏市	3079	互助土族自治县	3102
临夏县	3079	化隆回族自治县	3102
康乐县	3080	循化撒拉族自治县	3102
永靖县	3080	**海北藏族自治州**	3103
广河县	3080	海晏县	3103
和政县	3080	祁连县	3103
东乡族自治县	3081	刚察县	3104
积石山保安族东乡族撒拉族自治县	3081	门源回族自治县	3104
甘南藏族自治州	3081	**黄南藏族自治州**	3105
合作市	3082	同仁县	3105
临潭县	3083	尖扎县	3105
卓尼县	3083	泽库县	3105
舟曲县	3083	河南蒙古族自治县	3105
迭部县	3083	**海南藏族自治州**	3106
玛曲县	3083	共和县	3106
碌曲县	3084	同德县	3106
夏河县	3084	贵德县	3106
		兴海县	3106
		贵南县	3106
青海省	3085	**果洛藏族自治州**	3107
西宁市	3096	玛沁县	3107
城中区	3098	班玛县	3107
城东区	3099	甘德县	3107
城西区	3099	达日县	3107
城北区	3099	久治县	3107
湟中县	3099	玛多县	3108
湟源县	3100	**玉树藏族自治州**	3108
		杂多县	3108

称多县	3108	彭阳县	3140
曲麻莱县	3108	**中卫市**	3141
海西蒙古族藏族自治州	3109	沙坡头区	3141
德令哈市	3109	中宁县	3142
格尔木市	3110	海原县	3142
乌兰县	3110		
都兰县	3111	**新疆维吾尔自治区**	3145
天峻县	3111	**乌鲁木齐市**	3164
		天山区	3170
宁夏回族自治区	3113	沙依巴克区	3171
银川市	3121	新市区	3171
金凤区	3126	水磨沟区	3171
兴庆区	3126	头屯河区	3171
西夏区	3126	达坂城区	3171
灵武市	3126	米东区	3171
永宁县	3127	乌鲁木齐县	3172
贺兰县	3128	**克拉玛依市**	3172
石嘴山市	3129	克拉玛依区	3173
大武口区	3131	独山子区	3173
惠农区	3132	白碱滩区	3174
平罗县	3132	乌尔禾区	3174
吴忠市	3133	**吐鲁番地区**	3174
利通区	3134	吐鲁番市	3175
红寺堡区	3134	鄯善县	3175
青铜峡市	3135	托克逊县	3175
盐池县	3136	**哈密地区**	3176
同心县	3137	哈密市	3177
固原市	3137	伊吾县	3178
原州区	3138	巴里坤哈萨克自治县	3178
西吉县	3139	**阿克苏地区**	3179
隆德县	3139	阿克苏市	3181
泾源县	3140	温宿县	3182

库车县 …………………… 3183	吉木萨尔县 ………………… 3195
沙雅县 …………………… 3183	木垒哈萨克自治县 ………… 3195
新和县 …………………… 3183	**博尔塔拉蒙古自治州** …… 3195
拜城县 …………………… 3183	博乐市 …………………… 3196
乌什县 …………………… 3184	精河县 …………………… 3197
阿瓦提县 ………………… 3184	温泉县 …………………… 3198
柯坪县 …………………… 3184	**巴音郭楞蒙古自治州** …… 3198
喀什地区 ………………… 3184	库尔勒市 ………………… 3199
喀什市 …………………… 3185	轮台县 …………………… 3200
疏附县 …………………… 3186	尉犁县 …………………… 3200
疏勒县 …………………… 3186	若羌县 …………………… 3201
英吉沙县 ………………… 3186	且末县 …………………… 3201
泽普县 …………………… 3186	和静县 …………………… 3201
叶城县 …………………… 3186	和硕县 …………………… 3202
麦盖提县 ………………… 3186	博湖县 …………………… 3202
岳普湖县 ………………… 3187	焉耆回族自治县 …………… 3203
伽师县 …………………… 3187	**克孜勒苏柯尔克孜自治州** … 3203
巴楚县 …………………… 3187	阿图什市 ………………… 3204
塔什库尔干塔吉克自治县……	阿克陶县 ………………… 3204
……………………………… 3187	阿合奇县 ………………… 3204
和田地区 ………………… 3188	乌恰县 …………………… 3205
和田市 …………………… 3189	**伊犁哈萨克自治州** ……… 3205
墨玉县 …………………… 3189	伊宁市 …………………… 3207
洛浦县 …………………… 3189	奎屯市 …………………… 3208
策勒县 …………………… 3189	伊宁县 …………………… 3209
于田县 …………………… 3190	霍城县 …………………… 3210
民丰县 …………………… 3190	巩留县 …………………… 3211
昌吉回族自治州 ………… 3190	新源县 …………………… 3211
昌吉市 …………………… 3191	昭苏县 …………………… 3212
阜康市 …………………… 3192	特克斯县 ………………… 3212
呼图壁县 ………………… 3192	尼勒克县 ………………… 3213
玛纳斯县 ………………… 3193	察布查尔锡伯自治县 ……… 3213
奇台县 …………………… 3194	**塔城地区** ………………… 3214

塔城市	3215	阿拉尔市	3226
乌苏市	3215	图木舒克市	3228
额敏县	3216	五家渠市	3228
沙湾县	3218	北屯市	3230
托里县	3219		
裕民县	3219		
和布克赛尔蒙古自治县	3219	**台湾省**	3231

阿勒泰地区 …… 3220

　　阿勒泰市 …… 3221　　　　**香港特别行政区** …… 3259

　　布尔津县 …… 3221

　　富蕴县 …… 3221　　　　**澳门特别行政区** …… 3261

　　福海县 …… 3222

　　哈巴河县 …… 3222　　　　**综合** …… 3263

　　青河县 …… 3223

　　吉木乃县 …… 3223　　　　**书名笔画索引** …… 3295

自治区直辖县级行政区划 …… 3224

　　石河子市 …… 3224　　　　**书名分类索引** …… 4005

北京市

009441437
北京志 财政志 送审稿
北京财政志编纂委员会编纂 北京 北京财政志编纂委员会 1999年 768页

010107883
北京志 对外经贸卷 对外经贸志 送审稿
北京志对外经贸卷对外经贸志编纂委员会编 北京 北京志对外经贸卷对外经贸志编纂委员会 2002年 452页

009437279
北京志 工业卷 电力工业志 1888—1998
北京志工业卷电力工业志编纂委员会编 天津 天津人民出版社 2002年 321页

013506552
北京志 共产党志 共产党卷
北京市地方志编纂委员会 北京 北京出版社 2012年 623页

010252924
北京志 广播电视志 送审稿
北京志广播电视志编委会编 北京 北京志广播电视志编委会 2003年 2册

010252926
北京志 广播电视志 1927—2001 征求意见稿 初审稿
北京志广播电视志编委会编 北京 北京志广播电视志编委会 2003年 2册

010138217
北京志 海关志 评审稿
北京志海关志编纂委员会编 北京 北京志海关志编纂委员会 2003年 299页

010107916
北京志 农业卷 水产业志 送审稿
北京市水产业志编纂委员会编 北京 北京市农业局种植业志办公室 2001年 437页

009553602

北京志 农业卷 种植业志 送审稿

北京市农业局种植业志办公室编 北京 北京市农业局 2001年 2册

009557470

北京志 青年组织志 征求意见稿

团市委北京志青年组织志编委会办公室编 北京 团市委北京志青年组织志编委会办公室 2003年 481页

009959481

北京志 人民团体卷 工会志 终审稿

北京市总工会工会志编辑部编 北京 北京市总工会 2001年 535页

010252893

北京志 外事志 讨论稿

北京志外事志编委会办公室编 北京 北京志外事志编委会办公室 2002年 610页

009557473

北京志 物价志 送审稿

北京志物价志编纂委员会编 北京 北京志物价志编纂委员会 2001年 541页

010252896

北京志 新闻出版广播电视卷 出版志 送审稿

北京市地方志编纂委员会编 北京 北京出版社 2002年 2册

008752691

北京志 政法卷 监狱管理 劳教志

北京市地方志编纂委员会编 北京 北京出版社 199u年 458页

010138219

北京志 政府志 初审稿

北京市政府志编纂委员会编 北京 北京市政府志编纂委员会 2002年 753页

010778336

北京志 综合卷 人民生活志

北京志综合卷人民生活志编纂委员会编 北京 北京志综合卷人民生活志编纂委员会 2004年

008385649

北京志 第1卷 畜牧志

北京市畜牧局编 北京 北京科学技术出版社 1994年 159页

008752247

北京志 第2卷 综合卷 建置志 地名志 区县概要

北京市地方志编纂委员会编 北京 北京出版社 2008年 615页

008752250

北京志 第3卷 综合卷 人口志

北京市地方志编纂委员会 李慕真主编 北京 北京出版社 2004年 388页

008752251

北京志 第4卷 综合卷 人民生活志

北京市地方志编纂委员会编 北京 北京出版社 2007年 597页

008752253

北京志 第6卷 地质矿产 水利 气象卷 地质矿产志

北京市地方志编纂委员会编 北京 北京出版社 2001年 544页

008665732

北京志 第7卷 地质矿产 水利 气象卷 水利志

北京市地方志编纂委员会编 北京 北京出版社 2000年 630页

008442984

北京志 第8卷 地质矿产 水利 气象卷 气象志

北京市地方志编纂委员会编 北京 北京出版社 1999年 366页

013625897

北京志 第10卷 中央机构卷 中央机构志

北京市地方志编纂委员会编 北京 北京出版社 2011年 614页

008752260

北京志 第11卷 政权政协卷 人民代表大会志

北京市地方志编纂委员会编 北京 北京出版社 2003年 581页

008752265

北京志 第14卷 政务卷 民政志

北京市地方志编纂委员会编 北京 北京出版社 2003年 692页

008752266

北京志 第15卷 政务卷 人事志

北京市地方志编纂委员会编 北京 北京出版社 2004年 580页

012713884

北京志 第16卷 政务卷 监察志

北京市地方志编纂委员会编 北京 北京出版社 2010年 446页

013789833

北京志 第19—21卷 党派 工商联卷 民革志 民盟志 民建志 民进志 农工党志 致公党志 九三学社志 台盟志 工商联志

北京市地方志编纂委员会编 北京 北京出版社 2012年 697页

009673087

北京志 第22卷 人民团体卷 工人组织志

北京市地方志编纂委员会编 北京 北京出版社 2005年 652页

008752683

北京志 第23卷 人民团体卷 青年组织志

北京市地方志编纂委员会编 北京 北京
　　出版社 2010 年 339 页

008752685
北京志 第 24 卷 人民团体卷 妇女组织志
北京市地方志编纂委员会编 尹玲珍主
　　编 北京 北京出版社 2007 年 488 页

009145093
北京志 第 25 卷 政法卷 公安志
北京市地方志编纂委员会编 北京 北京
　　出版社 2003 年 608 页

011563637
北京志 第 26 卷 政法卷 检察志
北京市地方志编纂委员会编 北京 北京
　　出版社 2007 年 530 页

011943100
北京志 第 27 卷 政法卷 审判志
北京市地方志编纂委员会编 北京 北京
　　出版社 2008 年 710 页

008752690
北京志 第 28 卷 政法卷 司法行政志
北京市地方志编纂委员会编 北京 北京
　　出版社 2005 年 284 页

008752693
北京志 第 30 卷 军事卷 军事志
北京市地方志编纂委员会编 北京 北京
　　出版社 2002 年 1014 页

008752695
北京志 第 31 卷 军事卷 人民武装警察志
北京市地方志编纂委员会编 北京 北京
　　出版社 2003 年 494 页

008752696
北京志 第 32 卷 军事卷 人民防空志
北京市地方志编纂委员会编 北京 北京
　　出版社 2001 年 451 页

008593415
北京志 第 33 卷 综合经济管理卷 计划志
北京市地方志编纂委员会编 北京 北京
　　出版社 2000 年 501 页

008442985
北京志 第 34 卷 综合经济管理卷 劳动志
北京市地方志编纂委员会编 北京 北京
　　出版社 1999 年 336 页

008752700
北京志 第 35 卷 综合经济管理卷 统计志
北京市地方志编纂委员会编 北京 北京
　　出版社 2002 年 571 页

008660592
北京志 第 36 卷 综合经济管理卷 财政志
北京市地方志编纂委员会编 北京 北京

出版社 2000年 716页

008752704

北京志 第37卷 综合经济管理卷 税务志

北京市地方志编纂委员会编 北京 北京出版社 2001年 410页

012679008

北京志 第38卷 综合经济管理卷 审计志

北京市地方志编纂委员会编 北京 北京出版社 2010年 339页

008752709

北京志 第39卷 综合经济管理卷 金融志

北京市地方志编纂委员会编 北京 北京出版社 2001年 651页

009692215

北京志 第40卷 综合经济管理卷 物价志

北京市地方志编纂委员会编 北京 北京出版社 2005年 466页

008752711

北京志 第41卷 综合经济管理卷 物资志

北京市地方志编纂委员会编 北京 北京出版社 2004年 427页

008752714

北京志 第42卷 综合经济管理卷 工商行政管理志

北京市地方志编纂委员会编 北京 北京出版社 2001年 379页

009692228

北京志 第43卷 综合经济管理卷 技术监督志

北京市地方志编纂委员会编 北京 北京出版社 2004年 517页

008752733

北京志 第45卷 城乡规划卷 测绘志

北京市地方志编纂委员会编 北京 北京出版社 2001年 438页

011321061

北京志 第47卷 城乡规划卷 建筑工程设计志

北京市地方志编纂委员会编 北京 北京出版社 2007年 651页

011578817

北京志 第47卷 城乡规划卷 市政工程设计志

北京市地方志编纂委员会编 北京 北京出版社 2009年 537页

008752746

北京志 第48卷 建筑卷 建筑志

北京市地方志编纂委员会编 北京 北京出版社 2003年 1085页

008593421
北京志 第49卷 市政卷 房地产志
北京市地方志编纂委员会编 北京 北京出版社 2000年 530页

008752751
北京志 第50卷 市政卷 供水志 供热志 燃气志
北京市地方志编纂委员会编 北京 北京出版社 2003年 671页

008752754
北京志 第51卷 市政卷 道桥志 排水志
北京市地方志编纂委员会编 北京 北京出版社 2002年 902页

008593410
北京志 第52卷 市政卷 园林绿化志
北京市地方志编纂委员会编 北京 北京出版社 2000年 570页

008752759
北京志 第53卷 市政卷 环境卫生志
北京市地方志编纂委员会编 北京 北京出版社 2002年 242页

008752761
北京志 第54卷 市政卷 环境保护志
北京市地方志编纂委员会编 北京 北京出版社 2004年 557页

008752765
北京志 第55卷 市政卷 公共交通志
北京市地方志编纂委员会编 北京 北京出版社 2002年 582页

008593426
北京志 第56卷 市政卷 道路交通管理志
北京市地方志编纂委员会编 北京 北京出版社 2000年 352页

008531713
北京志 第57卷 市政卷 公路运输志
北京市地方志编纂委员会编 北京 北京出版社 2000年 431页

010152717
北京志 第58卷 市政卷 铁路运输志
北京市地方志编纂委员会编 北京 北京出版社 2004年 628页

008593420
北京志 第59卷 市政卷 民用航空志
北京市地方志编纂委员会编 北京 北京出版社 2000年 466页

009250182
北京志 第60卷 市政卷 邮政志
北京市地方志编纂委员会编 北京 北京出版社 2004年 449页

008752771
北京志 第61卷 市政卷 电信志
北京市地方志编纂委员会编 北京 北京出版社 2004年 455页

009346449

北京志 第62卷 工业卷 黑色冶金工业志 有色金属工业志

北京市地方志编纂委员会编 北京 北京出版社 2005年 680页

008752861

北京志 第64卷 工业卷 电力工业志 建材工业志

北京市地方志编纂委员会编 北京 北京出版社 2001年 610页

013507638

北京志 第65卷 北京奥运会志

北京市地方志编纂委员会编 北京 北京出版社 2012年 2册

008752863

北京志 第65卷 工业卷 化学工业志 石油化学工业志

北京市地方志编纂委员会编 北京 北京出版社 2001年 657页

009851063

北京志 第66卷 工业卷 机械工业志 农机工业志

北京市地方志编纂委员会编 北京 北京出版社 2001年 700页

008752872

北京志 第67卷 工业卷 汽车工业志 机车车辆工业志

北京市地方志编纂委员会编 北京 北京出版社 2003年 719页

008752874

北京志 第68卷 工业卷 电子工业志 仪器仪表工业志

北京市地方志编纂委员会编 北京 北京出版社 2001年 748页

009315148

北京志 第69卷 工业卷 一轻工业志 二轻工业志

北京市地方志编纂委员会编 北京 北京出版社 2003年 655页

008752879

北京志 第70卷 工业卷 纺织工业志 工艺美术志

北京市地方志编纂委员会编 北京 北京出版社 2002年 672页

012678994

北京志 第71卷 工业卷 医药工业志 印刷工业志

北京市地方志编纂委员会编 北京 北京出版社 2011年 632页

008752888

北京志 第72卷 农业卷 农村经济综合志

北京市地方志编纂委员会编 北京 北京出版社 2008年 660页

008752891

北京志 第73卷 农业卷 种植业志

北京市地方志编纂委员会编 北京 北京出版社 2001年 449页

009188779

北京志 第74卷 农业卷 林业志

北京市地方志编纂委员会编 北京 北京出版社 2003年 456页

011312183

北京志 第75卷 农业卷 畜牧志

北京市地方志编纂委员会编 北京 北京出版社 2007年 374页

008752900

北京志 第76卷 农业卷 水产业志

北京市地方志编纂委员会编 北京 北京出版社 2003年 452页

008442986

北京志 第77卷 农业卷 国营农场志

北京市地方志编纂委员会编 北京 北京出版社 1999年 309页

008752903

北京志 第78卷 农业卷 乡镇企业志

北京市地方志编纂委员会编 北京 北京出版社 2004年 525页

009839167

北京志 第79卷 商业卷 日用工业品商业志

北京市地方志编纂委员会编 北京 北京出版社 2006年 472页

009145081

北京志 第79卷 商业志 副食品商业志

北京市地方志编纂委员会编 北京 北京出版社 2003年 378页

009145083

北京志 第79卷 商业卷 供销合作社商业志

北京市地方志编纂委员会编 北京 北京出版社 2003年 295页

009510344

北京志 第80卷 商业卷 粮油商业志

北京市地方志编纂委员会编 北京 北京出版社 2004年 421页

011890448

北京志 第80卷 商业卷 饮食服务志

北京市地方志编纂委员会编 北京 北京出版社 2008年 600页

011578838

北京志 第80卷 商业卷 石油商业志

北京市地方志编纂委员会编 北京 北京出版社 2008年 518页

009735408

北京志 第81卷 对外经贸卷 对外经贸志

北京市地方志编纂委员会编 北京 北京

出版社 2005 年 441 页

011295497

北京志 第 82 卷 对外经贸卷 检验检疫志

北京市地方志编纂委员会编 北京 北京出版社 2008 年 583 页

011943076

北京志 第 83 卷 开发区卷 中关村科技园区志

北京市地方志编纂委员会编 北京 北京出版社 2008 年 902 页

009959626

北京志 第 84 卷 旅游卷 旅游志

北京市地方志编纂委员会编 北京 北京出版社 2006 年 717 页

008753013

北京志 第 87 卷 教育卷 成人教育志

北京市地方志编纂委员会编 北京 北京出版社 2001 年 370 页

009735401

北京志 第 88 卷 科学卷 科学技术志

北京市地方志编纂委员会编 北京 北京出版社 2005 年 967 页

010280069

北京志 第 90 卷 文化艺术卷 文学创作志

北京市地方志编纂委员会编 北京 北京出版社 2007 年 394 页

011943093

北京志 第 90 卷 文化艺术卷 美术志 摄影志 书法篆刻志

北京市地方志编纂委员会编 北京 北京出版社 2009 年 560 页

008531708

北京志 第 91 卷 文化艺术卷 戏剧志 曲艺志 电影志

北京市地方志编纂委员会编 北京 北京出版社 2000 年 748 页

008753037

北京志 第 92 卷 文化艺术卷 音乐志 舞蹈志 杂技志

北京市地方志编纂委员会编 北京 北京出版社 2002 年 653 页

008753042

北京志 第 93 卷 文化艺术卷 群众文化志 图书馆志 文化艺术管理志

北京市地方志编纂委员会编 北京 北京出版社 2001 年 549 页

009153951

北京志 第 94 卷 档案卷 档案志

北京市地方志编纂委员会编 北京 北京出版社 2003 年 473 页

012679000

北京志 第 95 卷 著述卷 著述志

北京市地方志编纂委员会编 北京 北京出版社 2011 年 498 页

009863330

北京志 第 96 卷 文物卷 文物志

北京市地方志编纂委员会编 北京 北京出版社 2006 年 799 页

010007664

北京志 第 96 卷 文物卷 博物馆志

北京市地方志编纂委员会编 北京 北京出版社 2005 年 505 页

011943086

北京志 第 97 卷 世界文化遗产卷 长城志

北京市地方志编纂委员会编 北京 北京出版社 2008 年 606 页

009878607

北京志 第 97 卷 世界文化遗产卷 故宫志

北京市地方志编纂委员会编 北京 北京出版社 2005 年 814 页

009348522

北京志 第 97 卷 世界文化遗产卷 周口店遗址志

北京市地方志编纂委员会编 北京 北京出版社 2004 年 516 页

009510472

北京志 第 98 卷 世界文化遗产卷 颐和园志

北京市地方志编纂委员会编 北京 北京出版社 2004 年 562 页

009510355

北京志 第 98 卷 世界文化遗产卷 天坛志

北京市地方志编纂委员会编 北京 北京出版社 2006 年 386 页

010280074

北京志 第 100 卷 新闻出版广播电视卷 期刊志

北京市地方志编纂委员会编 北京 北京出版社 2006 年 791 页

008753186

北京志 第 101 卷 新闻出版广播电视卷 出版志

北京市地方志编纂委员会编 北京 北京出版社 2005 年 882 页

010007671

北京志 第 102 卷 新闻出版广播电视卷 广播电视志

北京市地方志编纂委员会编 北京 北京出版社 2006 年 783 页

009145087

北京志 第 103 卷 卫生卷 卫生志

北京市地方志编纂委员会编 北京 北京出版社 2003 年 647 页

008753199

北京志 第104卷 体育卷 体育志

北京市地方志编纂委员会编 北京 北京出版社 2004年 519页

009959633

北京志 第105卷 民族 宗教卷 民族志

北京市地方志编纂委员会编 北京 北京出版社 2006年 332页

008753206

北京志 第105卷 民族 宗教卷 宗教志

北京市地方志编纂委员会编 北京 北京出版社 2007年 615页

012540847

北京志 第110卷 商业卷 烟草商业志

北京市地方志编纂委员会编 北京 北京出版社 2009年 220页

010229384

北京志 公共交通志 北京地铁篇 1965.7—1994.4

北京地铁志编纂委员会编 1994年 87页

011313032

北京宗教志回族章 讨论稿

北京市民族事务委员会 北京市宗教事务局史志办公室编 北京 北京市宗教事务局 199u年 208页

011313028

北京道教志 讨论稿

北京市民族事务委员会 北京市宗教事务局史志办公室编 北京 北京市宗教事务局 199u年 16页

011313030

北京天主教志 讨论稿

北京市民族事务委员会 北京市宗教事务局史志办公室编 北京 北京市宗教事务局 199u年 59页

009561913

共青团中央团校中国青年政治学院志 1948—1998

共青团中央团校 中国青年政治学院编 北京 改革出版社 1998年 550页

010138124

北京工会志 二审稿

北京市总工会工会志编辑部编 北京 北京市总工会 2000年 682页

009839154

北京市教育工会志

北京市教育工会编 北京 北京市教育工会 2005年 494页

009988754

北京铁路分局工会志 1921.1—1999.12

北京铁路分局工会志委员会编 北京 北京铁路分局工会 2001年 313页

009959459

北京铁路局工会志稿

北京铁路局工会 北京铁路局路史办公室编 北京 北京铁路局 1993年

011477174

清华大学工会志 1950—2000

清华大学工会志编委会编 北京 清华大学出版社 2007年 381页

008380799

中国人民公安大学校志

王文林主编 李先觉 石毓城 张云识副主编 北京 中国人民公安大学出版社 1994年 518页〔北京高等学校校志丛书〕

009796832

北京人民警察学院校志 1949—1999

北京人民警察学院校志编纂委员会编 李庆祥主编 北京 北京人民警察学院校志编纂委员会 1999年 528页

012809947

创新为民的丰碑 中国科学院抗震救灾英模志

方新主编 北京 科学出版社 2010年 213页

012658574

国家质量监督检验检疫总局汶川特大地震抗震救灾志

国家质检总局编著 北京 化学工业出版社 2010年 589页

013129089

国务院侨务办公室汶川特大地震抗震救灾志

国务院侨务办公室编 马儒沛主编 广州 暨南大学出版社 2011年 432页

012678984

北京侨联志

北京市归国华侨联合会编著 北京 中国华侨出版社 2010年 425页

009310641

北京司法行政志

北京司法行政志编纂委员会编 北京 北京市司法局 2001年 790页

012956549

武警北京市总队志

北京市总队志编纂委员会编纂 北京 人民交通出版社 1992年 543页

010252868

武警交通部队志 审查本

武警交通指挥部编史办编纂 2001年 619页

013145501

铁道部北京物资办事处志

铁道部北京物资办事处编纂委员会编 北京 铁道部北京物资办事处编纂委员会 1995年 188页

010146987

中国铁道建筑总公司物资局志
1948—1995
物资局志地方志编审委员会编 中国铁道建筑总公司物资局 1998年 237页

012540841

北京科技园建设（集团）股份有限公司志 1999—2009
北京科技园建设（集团）股份有限公司志编纂委员会编 北京 北京科技园建设（集团）股份有限公司 2009年 263页

009332176

北京松下彩色显象管有限公司社志
1987.9—2000.12
北京松下彩色显象管有限公司社志编委会编 北京 北京松下彩色显象管有限公司社志编委会 2001年 207页

013925289

光辉岁月 中科大洋二十年志
1989—2009
中科大洋二十年志编委会编 2009年 130页

009839169

大成志 续编 1994—1998
北京市大成房地产开发总公司编 北京 北京市大成房地产开发总公司 1999年 196页

011294738

北京热力集团志
北京热力集团编 北京 北京热力集团 2004年 449页

009331984

北京市大成房地产开发总公司志
总公司志编审委员会编 北京 总公司志编审委员会 1994年 309页

008444038

北京市房地产开发经营总公司志
李发增主编 胡正平 张广禄 张欣副主编 北京 北京市房地产开发经营总公司 1993年 618页

009683351

北京市市政工程总公司志
北京市市政工程总公司志编纂委员会编 北京 中国市场出版社 2005年 1181页

012208631

中国农业科学院农业经济与发展研究所所志 1958—2008
中国农业科学院农业经济与发展研究所所志编辑委员会编 北京 中国农业科学院农业经济与发展研究所 2008年 370页

009045511

北京国营农场志 精简本
北京国营农场志编纂委员会编 北京 北

京出版社 2000 年 484 页

012758730
北京市双河劳教所(农场)志 1956—2005
北京市双河劳教所(农场)志编纂委员会编 北京 北京市双河劳教所(农场)志编纂委员会 2007 年 481 页

009157905
北京林业志
北京林业志编委会编 北京 中国林业出版社 1993 年 2 册

012758736
北京市十三陵林场志
北京市十三陵林场志编委会编 北京 北京市十三陵林场志编委会 1995 年 118 页

010252903
北京种植业志 简本
北京种植业志编辑委员会编 北京 北京种植业志编辑委员会 2002 年 343 页

009331043
中国农业科学院畜牧研究所志 1957—1997
中国农业科学院畜牧研究所志编辑委员会编 北京 中国农业科学院畜牧研究所志编辑委员会 1998 年 482 页

013323254
中国水产科学研究院长江水产研究所志 1958—2008
中国水产科学研究院长江水产研究所编 湖北 中国水产科学研究院长江水产研究所 2008 年 407 页

012175574
中国农业科学院农业自然资源和农业区划研究所所志 1979—1999
中国农业科学院农业自然资源和农业区划研究所所志编纂委员会编 北京 科学院农业自然资源和农业区划研究所所志编纂委员会 1999 年 180 页

013179289
北京市农村合作经济经营管理志
北京市农村合作经济经营管理站编 北京 中国农业出版社 2008 年 698 页

009124390
北焦厂志 1958—1988
北京炼焦化学厂编 北京 北京炼焦化学厂 198u 年 487 页

013227493
北京北辰实业集团公司志 1986—1997
北京北辰实业集团公司编 北京 北京出版社 2010 年 562 页〔北京建筑志系列丛书 7〕

012995268
北京城市开发集团有限责任公司志 1996—2005
北京城市开发集团有限责任公司编 北

京 中国城市出版社 2011年 604页

008827806
北京电力设备总厂志
北京电力设备总厂编 北京 北京电力设备总厂 1993年

008835151
北安公司志 1954—1991
北京市设备安装工程公司志编纂委员会编 北京 中国科学技术出版社 1993年 479页

008660619
北京东方化工厂十年志 1978—1988
朱起林主编 北京 北京东方化工厂 1988年 212页

010292607
北京钢琴厂志 1949—1992 送审稿
北京钢琴厂志编辑办公室编 北京 北京钢琴厂 1994年 276页

009385531
北京钢琴厂志 1949—1992
北京钢琴厂志编辑办公室编 北京 北京钢琴厂 1994年 305页

008443894
北京供电志 1888—1988
北京供电志编辑委员会编 北京 水利水电出版社 1993年 546页

008660609
北京黄金工业志
北京黄金工业志编纂委员会编 北京 北京市黄金公司 1996年 117页

013333776
北京建工集团志 1993—2010
北京建工集团有限责任公司编 北京 北京建工集团有限责任公司 2012年 1225页

011320493
北京乐器行业志 1949—1999
北京星海乐器有限责任公司志书编辑办公室编 北京 北京星海乐器有限责任公司志书编辑办公室 1999年 322页

009412503
北京煤矿机械厂志
北京煤矿机械厂编 北京 煤炭工业出版社 1995年 477页

009405808
北京市城市建设工程总公司志 1964—1990
北京城建集团总公司编 北京 中国建筑工业出版社 1996年 675页〔北京建筑志系列丛书 2〕

009042898
北京市电力工业志
北京市电力工业志编纂委员会编 北京

当代中国出版社 1995年 545页〔中国电力工业志丛书〕

013037881
北京市纺织纤维检验所志 1964—2009
北京市纺织纤维检验所编著 北京 北京市纺织纤维检验所 2009年 182页

009106163
北京市建筑工程总公司志 1953—1992
北京建工集团总公司编 北京 中国建筑工业出版社 1994年 924页〔北京建筑志系列丛书 1〕

007825517
北京市农村建设总公司志 1981—1991
北京市城乡建设集团总公司编 北京 中国建筑工业出版社 1996年 672页〔北京建筑志系列丛书 4〕

009348463
北京市住宅建设总公司志 1983—1992
北京住宅开发建设集团总公司编 北京 中国建筑工业出版社 1996年 813页〔北京建筑志系列丛书 3〕

011943057
北京送变电公司志
北京送变电公司编委会编 北京 北京送变电公司 2000年 647页

011293393
北京铜厂厂志概述 1956—1990
北京铜厂厂史编辑办公室编 北京 北京铜厂 1993年 294页

010291861
北京橡胶二厂志 未定稿
北京橡胶二厂志编写组编 北京 北京橡胶二厂 1992年 3册

007535968
北京烟草志
顾阿朝等编著 北京 中国出版社 1995年 375页

010777992
北京盐业志
中盐北京市盐业公司编 北京 中盐北京市盐业公司 2002年 422页

011293391
北京燕山石油化工公司合成橡胶厂志 1970—1990
合成橡胶厂志编纂委员会编 199u年 327页

009988776
北京燕山石油化工公司炼油厂志 1967—1990
炼油厂志编纂委员会编 199u年 570页

010278924
北京燕山石油化工公司化工一厂志 1973—1995
北京燕山石油化工公司化工一厂编 北

京 北京燕山石油化工公司化工一厂 1998年 597页

012096378
北京仪器仪表工业志 1999—2005
北京京仪集团有限责任公司编 北京 北京京仪集团有限责任公司 2008年 236页

008863912
北京印钞厂志
北京印钞厂志编辑委员会编 北京 中国金融出版社 1993年 644页〔中国印钞造币志丛书〕

011757320
北京印钞厂志 1991—2000
北京印钞厂志编纂委员会编 北京 中国金融出版社 2002年 455页〔中国印钞造币志丛书〕

008949693
北京中铁建筑工程公司志 1979—2000
北京中铁建筑工程公司志编纂委员会编 北京 中国铁道出版社 2001年 416页

008660569
北开志
北开志编辑组编 北京 新华出版社 1999年 767页

010252907
长城续志 1997—2001
长城续志编纂委员会编 北京 中国石化长城高级润滑油公司 2002年 275页

013771770
第九六〇厂厂志 1965—1986
第九六〇厂厂志编辑部编 第九六〇厂 2011年 472页

009397031
红星酒志 1949—1992
北京红星酿酒集团公司编 北京 北京红星酿酒集团公司 1999年 272页

009415168
华电国际电力股份有限公司志 1994—2003
华电国际电力股份有限公司志编纂委员会编 北京 人民日报出版社 2004年 347页

010278451
化纤地毯厂志 1970—1990
北京燕山石油化工公司编 北京 化纤地毯厂 1992年 301页

010193999
辉煌的十年 北京有色金属研究总院志续 1993—2002
北京有色金属研究总院编 北京 北京有色金属研究总院 2003年 188页

008444049

琉璃河水泥厂志 1939—1990

北京市琉璃河水泥厂志编纂委员会编 北京 中国建材工业出版社 1992 年 522 页

012251463

毛泽东号志 1946—2008

毛泽东号志编纂委员会编 北京 毛泽东号志编纂委员会 2008 年 217 页

011584796

轻工业部规划设计院志 1953—1992

轻工业部规划设计院志编纂委员会编 199u 年 262 页

010293526

铁道建筑研究设计院志 1958—1995

铁道建筑研究设计院志编审委员会编 北京 铁道建筑研究设计院志编审委员会 2000 年 354 页

012767140

新兴铸管集团志 2000—2010

新兴铸管集团志编纂委员会编 北京 新兴铸管集团 2010 年 613 页

010138214

燕化建筑安装工程公司志 1969—1999

北京燕化建安公司志办公室编 北京 北京燕化建安公司 2002 年 546 页

012003023

燕山石化工会志 1973—2007

中国石化燕山石化公司工会编 北京 燕山石化公司 2007 年 522 页

013630502

燕山石化图志

北京 中国石化集团北京燕山石化公司 2009—2010 年 4 册

009988779

燕山石化志

北京燕山石油化工有限公司编 北京 中国石化出版社 2005 年 585 页

009266341

冶金工业部钢铁研究总院院志 1952—1985

钢铁研究总院院志编纂委员会编 北京 钢铁研究总院 1986 年 493 页

012141562

中钞实业有限公司志 1996—2000

中钞实业有限公司志编纂委员会编 北京 中国金融出版社 2003 年 89 页 〔中国印钞造币志丛书〕

008528089

中国海洋石油总公司志

中国海洋石油总公司志编纂委员会编 北京 改革出版社 1999 年 574 页

009002290

中国建筑第二工程局志

中国建筑第二工程局编 北京 中国建筑工业出版社 2002年 732页〔中国建筑工程总公司企业志系列丛书 3〕

007825657

中国建筑第一工程局志 1953—1993

中国建筑第一工程局编 北京 中国建筑工业出版社 1996年 733页〔北京建筑志系列丛书 5〕

010147438

中国建筑工程总公司志 1982—1995

中国建筑工程总公司志编纂委员会编 北京 中国建筑工业出版社 2001年 818页〔中国建筑工程总公司企业志系列丛书 1〕

008873771

中国建筑物资公司志 1977—1995

中国建筑物资公司编 北京 中国建筑工业出版社 2000年 247页〔中国建筑工程总公司企业志系列丛书 15〕

013866331

中国石化北京燕化石油化工股份有限公司合成橡胶厂志 1991—2000

合成橡胶厂志(第二卷)编纂委员会编 北京 中国石化北京燕化石油化工股份有限公司合成橡胶厂 2004年 528页

013630789

中国石化北京燕山石油化工股份有限公司化工一厂志 1996—2002

化工一厂志编纂委员会编 北京 化工一厂志编纂委员会 2003年 515页

009783029

中国石化长城高级润滑油公司志 1958—1996

中国石化长城高级润滑油公司志编纂委员会编 北京 中国石化长城高级润滑油公司志编纂委员会 1998年 454页

012970970

中国石化润滑油公司志

中国石化润滑油公司志编纂委员会编 北京 中国石化出版社 2010年 425页

013901320

中国石化润滑油公司志

中国石化润滑油公司志编纂委员会编 北京 北京出版社 2012年 560页

008534490

中国石化销售公司华北公司志

中国石化销售公司华北公司志编委会编 北京 中国石化销售公司 1990年 227页

013630792

中国石油化工股份有限公司北京燕山

分公司物资装备中心志 2007—2011

中国石油化工股份有限公司北京燕山分公司物资装备中心物资装备中心志编纂委员会编 北京 物资装备中心志编纂委员会 2012年 204页

012690153

中国石油集团长城钻探工程有限公司苏里格气田项目部志 2005—2009

长城钻探工程有限公司苏里格气田项目部志编纂委员会编 北京 首都经济贸易大学出版社 2010年 326页

013190140

中国水利水电建设集团公司志 中国水利水电第八工程局卷 1952—2006

中国水利水电建设集团公司史志编辑委员会编 北京 中国电力出版社 2011年 759页

013190156

中国水利水电建设集团公司志 中国水利水电第七工程局卷 1965—2006

中国水利水电建设集团公司史志编辑委员会编 北京 中国电力出版社 2011年 465页

013134065

中国水利水电建设集团公司志 中国水利水电第十二工程局卷 1956—2006

中国水利水电建设集团公司史志编辑委员会编 北京 中国电力出版社 2011年 702页

013512115

中国水利水电建设集团公司志 中国水利水电第十四工程局卷 1954—2006

中国水利水电建设集团公司史志编辑委员会编 北京 中国电力出版社 2012年 904页

013190176

中国水利水电建设集团公司志 中国水利水电第十一工程局卷 1955—2006

中国水利水电建设集团公司史志编辑委员会编 北京 中国电力出版社 2011年 555页

011910424

中国水利水电建设集团公司志 中国水利水电第二工程局卷 1958—2006

中国水利水电建设集团公司史志编辑委员会编 北京 中国电力出版社 2008年 541页

012545818

中国水利水电建设集团公司志 中国水利水电第六工程局卷 1958—2006

中国水利水电建设集团公司史志编辑委员会编 北京 中国电力出版社 2009年 359页

012317336

中国水利水电建设集团公司志 中国水利水电第四工程局卷 1958—2006

中国水利水电建设集团公司史志编辑委员会编 北京 中国电力出版社

2009年 446页

009254214
中粮志
中国粮油食品进出口(集团)有限公司编 北京 中国粮油食品进出口(集团)有限公司 1999年 561页

013902031
中铁通信信号勘测设计(北京)有限公司志 1983—2012
中铁通信信号勘测设计(北京)有限公司史志编纂委员会编 北京 中国铁道出版社 2013年 549页

008378091
走向辉煌 北京矿冶研究总院院志 1956—1996
北京矿冶研究总院院志编纂委员会编 北京 冶金工业出版社 1996年 387页

010731618
走向辉煌 续一 北京矿冶研究总院院志 1996—2006
北京矿冶研究总院院志编纂委员会编 北京 冶金工业出版社 2006年 432页

007662409
北京工业志 燕山石化志
燕山石化志编撰委员会编 北京 中国科学技术出版社 1995年 720页

007662380
北京工业志 电力志
北京工业志编纂委员会编 北京 中国科学技术出版社 1995年 440页

010731591
北京工业志 煤炭流通志
煤炭流通志编委会编 北京 中国科学技术出版社 2006年 352页〔北京工业志丛书〕

008838290
北京工业志 第1卷 电子志
北京工业志编纂委员会编 北京 中国科学技术出版社 2001年 553页

008838358
北京工业志 第2卷 化工志
北京工业志编纂委员会编 北京 中国科学技术出版社 2001年 287页

008838367
北京工业志 第3卷 汽车志
北京工业志编纂委员会编 北京 中国科学技术出版社 2001年 658页

008838305
北京工业志 第4卷 印刷志
北京工业志编纂委员会编 北京 中国科学技术出版社 2001年 596页

008527684
北京工业志 第5卷 煤炭志

北京工业志编纂委员会编 北京 中国科学技术出版社 2000年 695页

008444071
北京工业志 第6卷 建材志
北京工业志建材志编委会编著 北京 中国科学技术出版社 1999年 512页

008444035
北京工业志 第7卷 北内志
北内志编纂委员会编 北京 中国科学技术出版社 1997年 712页

009189009
北京工业志 第8卷 综合志
北京市经济委员会编 北京 北京燕山出版社 2003年 999页

009346442
北京工业志 第9卷 仪器仪表志
北京工业志编纂委员会编 北京 中国科学技术出版社 2003年 491页

009060084
北京工业志 第10卷 二七车辆志
二七车辆志编委会编 北京 中国科学技术出版社 2002年 425页

009060241
北京工业志 第11卷 机械志
机械志编委会编 北京 中国科学技术出版社 2002年 522页

012099925
数字行业民俗志
周锦章著 北京 北京师范大学出版社 2009年 269页〔数字民俗文化遗产丛书〕

009348453
北京车辆段志 1938—1988
北京车辆段编 北京 北京车辆段 1991年 307页

013333770
北京车务段志 1896—2008
北京车务段志编纂委员会编 北京 北京车务段志编纂委员会 2008年 100页

009045514
北京工务段志 1897—2000
北京工务段编 北京 北京工务段 200u年 224页

009081798
北京南站志 1897—1997
北京南站志编委会编 北京 北京南站 1998年 218页

009988763
北京铁路建设集团有限公司志 1953—2003
北京铁路建设集团有限公司编 北京 北京铁路建设集团有限公司 2004年 515页

010253344

北京铁路局志 送审稿

北京铁路局续志编辑部编 北京 北京铁路局续志编辑部 2005年

010229523

北京铁路局志 1988—2004

北京铁路局志编纂委员会编 北京 方志出版社 2006年 940页

007590147

北京铁路局志 1881—1987

北京铁路局志编纂委员会编 北京 中国铁道出版社 1995年 2册 1713页

009385677

北京站志 1901—2000

北京站志编委会编 北京 中国铁道出版社 2003年 607页

010293040

电化局建筑工程处志 1974—1998 征求意见稿

建筑工程处史志办公室编 建筑工程处史志办公室 2000年 282页

010278950

电化局建筑工程处志 房建工程部分 1974—1998

建筑工程处史志办公室编 建筑工程处史志办公室 1998年 85页

008874741

铁道部第十六工程局志 1952—1996

铁道部第十六工程局史志编审委员会编 北京 中国铁道出版社 2000年 873页

009783157

铁道部电气化工程局第一工程处志 1962—1998 送审稿

中铁电气化局集团第一工程有限公司史志办公室编 北京 中铁电气化局集团第一工程有限公司史志办公室 2002年 528页

008874567

铁道部电气化工程局志 1958—1998

中铁电气化工程局史志编纂委员会编 北京 中国铁道出版社 2000年 1071页

009745128

铁道部建厂工程局志 1953—1995

中铁建厂工程局史志编辑委员会编 北京 中铁建厂工程局 2001年 636页

009783037

中国铁道建筑总公司志 1948—1995

中国铁道建筑总公司史志编审委员会编 北京 中国铁道出版社 1998年 942页

010146990

中国铁路工程总公司志 1950—2000 送

审稿

中国铁路工程总公司编 北京 中国铁道出版社 2000年 544页

009232381

中国铁路工程总公司志 1950—2000

中国铁路工程总公司史志编纂委员会编 北京 中国铁道出版社 2003年 604页〔中铁史志〕

010280065

中国铁路通信信号集团公司研究设计院院志 1953—2003

中国铁路通信信号集团公司研究设计院编 北京 中国铁路通信信号集团公司研究设计院 2005年 689页

011585023

铁道第五勘察设计院志 1996—2006

铁道第五勘察设计院志编审委员会编 北京 铁道第五勘察设计院志编审委员会 2007年 504页

009250278

北京公路志

北京市公路局编 北京 文津出版社 1995年 309页〔北京公路志丛书〕

011500866

中国国际航空股份有限公司志

中国国际航空股份有限公司志编审委员会编 北京 中国民航出版社 2007年 588页

012663864

中国民用航空志 华北地区卷

中国民用航空志华北地区卷编纂委员会编 北京 中国民航出版社 2012年 3册 2063页

013824978

中国民用航空总局空中交通管理局志

中国民用航空总局空中交通管理局志编纂委员会编 北京 方志出版社 2013年 470页

009783216

北京电话图志 1899—1999

北京市电话局编 北京 北京市电话局 2000年 154页

008527640

北京无线通信局图志 1976—1998

北京无线通信局编 北京 北京无线通信局 1999年 108页

008527598

北京无线通信局志 1976—1998

北京无线通信局编 北京 北京无线通信局 1999年 194页

009124402

北京日用工业品商业志稿

北京一商集团公司商业志编委会编 北京 北京一商集团公司 2002年 740页

011910406
中国石油天然气股份有限公司华东销售分公司志
中国石油天然气股份有限公司华东销售分公司编 曾祥浩 李可镜编 上海 上海人民出版社 2008年 486页

009411389
集团企事业单位部门志汇编
北京饮食服务集团有限责任公司企、事业单位部门志编纂委员会编 北京 北京饮食服务集团有限责任公司 1999年 2册 796页

009018283
北京海关志 1929—1999
北京海关志编纂委员会编 北京 北京建筑工业印刷厂印 2002年 492页

008444069
北京财政志
北京财政志编纂委员会编纂 北京 北京财政志编纂委员会 1998年 1151页

009412524
北京财政志 征求意见稿
北京财政志编纂委员会编 北京 北京财政志编纂委员会 1998年 909页

010778529
北京金融志 讨论稿
中国人民银行北京市分行金融研究所 北京金融志编辑委员会办公室编 北京 北京金融志编辑委员会办公室 1994年 2册

009683347
北京市农村信用合作社志
北京市农村信用合作社联合社编 北京 北京出版社 2005年 445页

010292153
建设银行北京西四支行志 1954—1990
中国人民建设银行北京西四支行编 北京 建设银行北京西四支行 1992年 271页

012506661
中国金币总公司志 1987—2007
中国金币总公司志编委会编 北京 北京新文时代金币文化传播有限公司 2007年 329页

009330582
[中国国际广播电台史志] 中国国际广播回忆录
中国国际广播电台史志办公室编 北京 中国国际广播出版社 2000年 439页 〔中国国际广播电台史志丛书 2〕

009397026
北京人民广播电台志 1949—1993
北京人民广播电台编 北京 北京人民广播电台 1999年 336页

009397027

北京人民广播电台志 补 1994—2001

北京人民广播电台编 北京 北京人民广播电台 2003年 191页

008982422

中国国际广播电台部门志

中国国际广播电台史志办公室编 北京 中国国际广播出版社 2001年〔中国国际广播电台史志丛书 4〕

008982420

中国国际广播电台志

中国国际广播电台史志丛书编委会编 北京 中国国际广播出版社 2001年 2册〔中国国际广播电台史志丛书 5〕

011296174

北京体育大学出版社社史与社志 1985.5.23—1996.12.31

北京 北京体育大学出版社 1997年 123页

008424605

中国文化馆志

中国艺术馆筹备处 北京华人经济技术研究所编 北京 专利文献出版社 1999年 1726页

007840130

中国群众艺术馆志

中国艺术馆筹备处 北京华人经济技术研究所编 北京 社会科学文献出版社 1997年 987页

009060042

北京科学技术志

北京市科学技术志编辑委员会编 北京 科学出版社 2002年 3册 2491页

010229378

北京科学技术志 科技资源与管理

北京市科学技术委员会编 1999年 2册

013771516

北京科学技术资料长编 1994—2000

北京市科学技术史志办公室编 2008年 2册

008949791

北京市科学技术协会志

北京市科学技术协会编 罗忠仁主编 北京 北京出版社 2002年 463页

012724114

中国社会科学院社会学研究所所志 1980—2010

中国社会科学院社会学研究所编 北京 中国社会科学院社会学研究所 2010年 420页

010254042

中国社会科学院哲学研究所所志 1996—2005

中国社会科学院哲学研究所编 北京 中

国社会科学院哲学研究所 2005 年 324 页

006871550
北京近代教育记事
耿申等编 北京 北京教育出版社 1991 年 384 页〔北京教育志丛书〕

008026728
北京名校录
邓清兰编 北京 北京出版社总发行 1992 年 511 页〔北京教育志丛书〕

009000381
北京普通教育志稿
北京市教育志编纂委员会编 北京 北京出版社 2003 年 2 册

012096355
北京市园林学校志
北京市园林学校志编写委员会编 北京 中国林业出版社 2008 年 180 页

012758741
北京外国语大学保卫志 1941—2001
北京外国语大学保卫部编 北京 北京外国语大学保卫部 2001 年 329 页

011430366
北京外国语大学总务志 1941—2001
北京外国语大学总务志编委会编 北京 北京外国语大学总务志编委会 2001 年 188 页

009332048
北方交通大学志 征求意见稿
北方交通大学志编纂委员会编 北京 北方交通大学志编纂委员会 2000 年 2 册

008838979
北方交通大学志
北方交通大学志编纂委员会编 北京 中国铁道出版社 2001 年 1078 页

012809897
北京第二外国语学院图志 1964—2009
北京第二外国语学院编 北京 北京第二外国语学院 2009 年 117 页

009060271
北京第二外国语学院志
北京第二外国语学院志编辑委员会编 北京 旅游教育出版社 1994 年 509 页〔北京高等学校校志丛书〕

009863303
北京第二外国语学院志 1994—2003
北京第二外国语学院志续编辑委员会编 北京 旅游教育出版社 2004 年 478 页

009348476
北京高等教育志
北京高等教育志编纂委员会编 北京 华艺出版社 2004 年 3 册 1929 页

010252629

北京高等教育志 大事记篇 征求意见稿

北京高等教育史志编纂委员会办公室编 北京 北京高等教育史志编纂委员会办公室 1998年 149页

010577213

北京高等教育志 人物篇 征求意见稿

北京高等教育史志编纂委员会办公室编 北京 北京高等教育史志编纂委员会办公室 1998年 2册

010138116

北京高等教育志 事业篇 征求意见稿

北京高等教育史志编纂委员会办公室编 北京 北京高等教育史志编纂委员会办公室 2001年 325页

010252631

北京高等教育志 学校篇 征求意见稿

北京高等教育史志编纂委员会办公室编 北京 北京高等教育史志编纂委员会办公室 1998年 394页

010252637

北京高等教育志 重大历史事件篇 征求意见稿

北京高等教育史志编纂委员会办公室编 北京 北京高等教育史志编纂委员会办公室 1998年 202页

012678983

北京工业大学建筑工程学院院志 1960—2010

北京工业大学建筑工程学院编 北京 北京工业大学建筑工程学院 2010年 208页

009783214

北京工业大学志 1960—1998

李荣发主编 北京 北京工业大学出版社 2000年 750页〔北京高等学校校志丛书〕

013818237

北京理工大学管理与经济学院院志 1980—2009

北京理工大学管理与经济学院院志编撰委员会编 北京 北京理工大学管理与经济学院院志编纂委员会 2010年 253页

008444073

北京理工大学志

北京理工大学志编纂委员会编 北京 北京理工大学出版社 1995年 710页〔北京高等学校校志丛书〕

009333337

北京联合大学校志 征求意见稿

校志编写办公室编 北京 北京联合大学校志编写办公室 1998年 2册

009673076

北京人文大学志 1984—2004

北京人文大学校志编辑委员会编 香港

中国文献出版社 2004年 682页

011430348
北京商学院志 1950—1998
张延生主编 北京商学院志编纂委员会编 北京 北京商学院 1998年 523页〔北京高等学校志丛书〕

010238147
北京外国语大学志
北京外国语大学编 北京 北京外国语大学 2001年 726页

013771523
北京外国语大学志 2001—2010
北京外国语大学校志编审委员会编 北京 北京外国语大学校志编审委员会 2011年 854页

012678991
北京物资学院志
北京物资学院建校三十年纪念丛书编委会编 北京 中国物资出版社 2010年 719页〔北京物资学院建校30年纪念丛书〕

013090978
对外经济贸易大学校志
对外经济贸易大学校志编委会编 北京 对外经济贸易大学出版社 2001年 796页

009266329
对外经济贸易大学校志 1954—1994
对外经济贸易大学校志编委会编 北京 对外贸易教育出版社 1994年 557页〔对外经济贸易大学校史丛书〕

013090985
对外经济贸易大学校志 2000—2010
对外经济贸易大学校志编委会编 北京 对外经济贸易大学出版社 2011年 783页

008729380
清华大学志
方惠坚 张思敬主编 北京 清华大学出版社 2001年 2册

008758543
清华园风物志
黄延复 贾金悦编 北京 清华大学出版社 2001年 344页

009378158
清华园风物志 清华大学新清华特辑
黄延复撰 北京 清华大学出版社 1988年 124页

009018080
中国金融学院院志
许其亚主编 刘亚副主编 北京 中国水利水电出版社 2002年 413页

008838250

北京教育学院院志 1956—1996

倪传荣主编 邵宝祥 贺乐凡副主编 北京 北京教育学院 1996年 234页

011943048

北京教育学院志 1953—2008

北京教育学院编 北京 北京出版社 2008年 522页

010107815

北京师范大学百年图志 1902—2002

马新国 刘锡庆主编 北京 北京师范大学出版社 2002年 475页〔北京师范大学百年校庆丛书〕

009310011

北京普通中等专业教育志稿

北京普通中等专业教育志编纂委员会编 北京 朝华少年儿童出版社 2001年 850页

012678989

北京市建筑材料工业学校志 1954.6—1999.7

北京市建筑材料工业学校志编纂委员会编 北京 中国建材工业出版社 2003年 480页

010730253

北京物资储备职工中等专业学校校志 1978—2000

北京物资储备职工中等专业学校校志编辑委员会编 北京 北京物资储备职工中等专业学校校志编辑委员会 2001年 142页

013220940

北京成人教育史志资料选辑

龙文主编 何祥生副主编 北京 中国建材工业出版社 1993年 3册

009561946

中华会计函授学校校志

中华会计函授学校校志编写组编 北京 中国财政经济出版社 1998年 530页

009153931

北京体育学院志

北京体育学院校志编写组编 北京 北京体育学院校志编写组 1994年 430页〔北京高等学校校志丛书〕

013348668

中国谚语集成 第28卷 北京卷

中国民间文学集成全国编辑委员会 中国民间文学集成北京卷编辑委员会编 北京 中国ISBN中心 2009年 856页

008706103

中国民间歌曲集成 第6卷 北京卷

中国民间歌曲集成全国编辑委员会 中国民间歌曲集成北京卷编辑委员会编 北京 中国ISBN中心 1994年 999页〔十部文艺集成志书〕

008592634
中国戏曲音乐集成　第 6 卷　北京卷
中国戏曲音乐集成编辑委员会　中国戏曲音乐集成北京卷编辑委员会编　北京　北京出版社　1992 年　2 册　1794 页〔十部文艺集成志书〕

009649237
中国民族民间器乐曲集成　第 18 卷　北京卷
中国民族民间器乐曲集成全国编辑委员会　中国民族民间器乐曲集成北京卷编辑委员会编　北京　中国 ISBN 中心出版　2003 年　2 册　2764 页

009015782
北京舞蹈学院志　1954—1992
北京舞蹈学院志编纂委员会编　北京　北京舞蹈学院　1997 年　399 页〔北京高等学校校志丛书〕

004457420
中国民族民间舞蹈集成　第 15 卷　北京卷
中国民族民间舞蹈集成编辑部编　北京　中国 ISBN 中心　1992 年　1026 页〔十部文艺集成志书〕

008707347
中国曲艺音乐集成　第 8 卷　北京卷
中国曲艺音乐集成全国编辑委员会　中国曲艺音乐集成北京卷编辑委员会编　北京　中国 ISBN 中心　1996 年　2 册　1770 页〔十部文艺集成志书〕

008704376
中国曲艺志　第 3 卷　北京卷
中国曲艺志全国编辑委员会　中国曲艺志北京卷编辑委员会编　北京　中国 ISBN 中心　1999 年　800 页〔十部文艺集成志书〕

008704076
中国戏曲志　第 28 卷　北京卷
中国戏曲志编辑委员会　中国戏曲志北京卷编辑委员会编　北京　中国 ISBN 中心　1999 年　2 册　1721 页〔十部文艺集成志书〕

008827800
北京电影学院志　1950—1995
北京电影学院院志编辑委员会编　北京　北京电影学院　2000 年　684 页

012831066
北京电影学院志　1996—2008
北京电影学院编　北京　北京电影学院　2010 年　714 页

012678986
北京市电影公司十年志　1994—2003
魏健主编　北京　北京市电影公司　2003 年　84 页

011804094
北京民族志

北京市民族事务委员会编 北京 北京市民族事务委员会 2000年 244页

011471201
北京史志文化备要
曹子西主编 北京 中国文史出版社 2008年 907页

012678156
北京师范大学名人志 大师篇
顾明远主编 王淑芳副主编 北京 北京师范大学出版社 2010年 463页

012678157
北京师范大学名人志 校长篇
顾明远主编 王淑芳副主编 北京 北京师范大学出版社 2010年 383页

012657597
北京师范大学名人志 学子篇
顾明远主编 王淑芳副主编 北京 北京师范大学出版社 2010年 479页

013994005
万安人物志
陈华林主编 北京 万安公墓 20uu年

008793070
燕京大学人物志
燕京研究院编 北京 北京大学出版社 2001年

011328368
北京医科大学人物志
徐天民 韩启德编 北京 北京医科大学 中国协和医科大学联合出版社 1997年 526页

009996976
当代中国统计人物志
国家统计局人事司当代中国统计人物志编写组编 李朝执笔 北京 中国统计出版社 1995年 439页

013794853
群师荟萃 北航建校初期师资人物志
北京航空航天大学党政办公室老教授协会编 北京 北京航空航天大学出版社 2012年 256页

007464404
人物志
清华大学校史组编 北京 清华大学出版社 1983年〔清华校史丛书〕

012889211
北京航空航天大学航空科学与工程学院人物志
林贵平 杨超主编 北京 北京航空航天大学 2009年 275页

008531685
中国中医研究院人物志
中国中医研究院主编 袁君 秦秋 邹乃俐编 北京 中医古籍出版社 1995年

012100980

中国中医研究院人物志 1955—2005

曹洪欣 李怀荣主编 北京 中医古籍出版社 2005年 578页〔中国中医研究院五十年历程 3〕

010291874

铁道部科学研究院人物志 1950—1987

铁道部科学研究院院史编辑部编 铁道部科学研究院院史编辑部 1991年 223页

012965188

北京内城寺庙碑刻志

董晓平 吕敏主编 北京 国家图书馆出版社 2011年 2册 883页

011430317

[北京风物图志]会馆

王熹 杨帆著 北京 北京出版社 2006年 200页〔北京地方志风物图志丛书〕

011430328

[北京风物图志]祭坛

姚安著 北京 北京出版社 2006年 190页〔北京地方志风物图志丛书〕

011430338

[北京风物图志]老字号

王红著 北京 北京出版社 2006年 204页〔北京地方志风物图志丛书〕

010148437

[北京风物图志]琉璃厂

马建农著 北京 北京出版社 2006年 244页〔北京地方志风物图志丛书〕

009804445

[北京风物图志]庙会

李鸿斌著 北京 北京出版社 2005年 145页〔北京地方志风物图志丛书〕

011430343

[北京风物图志]前门

罗保平 张惠岐著 北京 北京出版社 2006年 183页〔北京地方志风物图志丛书〕

009804281

[北京风物图志]什刹海

赵林著 段柄仁主编 北京 北京出版社 2005年 212页〔北京地方志风物图志丛书〕

009804274

[北京风物图志]天桥

刘仲孝著 段柄仁主编 北京 北京出版社 2005年 248页〔北京地方志风物图志丛书〕

009804278

[北京风物图志]王府

王梓著 北京 北京出版社 2005年 260页〔北京地方志风物图志丛书〕

009804286

[北京风物图志]王府井

王之鸿 姚德仁著 北京 北京出版社 2005年 136页〔北京地方志风物图志丛书〕

009310056

北京辽金史迹图志

梅宁华主编 陈果等责任编辑 北京 北京燕山出版社 2003—2004年 2册

012085337

北京元代史迹图志

北京辽金城垣博物馆编 北京 北京燕山出版社 2009年 340页

012099923

数字碑刻民俗志

鞠熙著 北京 北京师范大学出版社 2009年 455页〔数字民俗文化遗产丛书〕

001736930

北京风物志

北京 北京旅游出版社 1984年 336页〔中国风物志丛书〕

010731621

北京胡同志

段柄仁主编 北京 北京出版社 2007年 2册 1104页

009315134

北京街巷图志

王彬 徐秀珊著 北京 作家出版社 2004年 331页

009397038

北京市地名志

北京市地名志编纂委员会编 北京 北京出版社 1996年 3册

008949737

北京郊区古树名木志

施海主编 北京 中国林业出版社 1995年 206页

009106509

天坛公园志

于宝坤 姚安主编 天坛公园管理处编 北京 中国林业出版社 2002年 369页

010255459

颐和园志

颐和园管理处编 北京 中国林业出版社 2006年 490页

011757316

北京市行政区划图志

北京市民政局 北京市测绘设计研究院编制 北京 中国旅游出版社 2007年 193页

010107833
北京市地震监测志
北京市地震局编 北京 地震出版社 2006年 335页〔中国地震监测志系列〕

009769300
中国地震局地壳应力研究所地震监测志
中国地震局地壳应力研究所编 北京 地震出版社 2005年 80页〔中国地震监测志系列〕

013797327
中国地震局地壳应力研究所志
1966—2010
中国地震局地壳应力研究所志编纂委员会编 北京 地震出版社 2012年 549页

009769308
中国地震局地球物理勘探中心地震监测志
中国地震局地球物理勘探中心编 北京 地震出版社 2004年 199页〔中国地震监测志系列〕

009700491
中国地震局地球物理研究所地震监测志
中国地震局地球物理研究所编 北京 地震出版社 2006年 501页〔中国地震监测志系列〕

010230911
中国地震局地质研究所地震监测志
中国地震局地质研究所编 北京 地震出版社 2005年 80页〔中国地震监测志系列〕

009689145
中国地震局第一监测中心地震监测志
中国地震局第一监测中心编 北京 地震出版社 2005年 97页〔中国地震监测志系列〕

010732101
中国地震局分析预报中心地震监测志
李志雄主编 中国地震局分析预报中心编 北京 地震出版社 2007年 118页〔中国地震监测志系列〕

012100939
中国地震局综合观测中心地震监测志
中国地震局综合观测中心编 北京 地震出版社 2007年 171页〔中国地震监测志系列〕

012769631
中国地震局地震研究所志
中国地震局地震研究所志编委会编 北京 地震出版社 2007年 433页

001969223
北京气候志
北京市气象局气候资料室编著 北京 北京出版社 1987年 190页

010118641

华北地区军事气候志资料

中国人民解放军北京军区司令部编 北京 中国人民解放军北京军区司令部 1987年 675页

009804459

北京市区域地质志

北京市地质矿产局编 北京 地质出版社 1991年 598页〔地质专报 1 区域地质 第27号〕

013148936

中国地震局地球物理勘探中心志

1955—2005

祝志平等主编 中国地震局地球物理勘探中心 2006年 318页

012003146

中国科学院植物研究所志

中国科学院植物研究所志编纂委员会编 北京 高等教育出版社 2008年 1002页

009106167

北京植物园志

北京植物园管理处编 北京 中国林业出版社 2003年 385页

011310493

北京地区植物志 单子叶植物

北京师范大学生物系编 北京 北京人民出版社 1975年 355页

006439839

北京植物志

贺士元等编 北京 北京出版社 1984—1987年 2册 1517页

007938414

中国古生物志 华北月门沟群植物化石

李星学著 中国科学院地质古生物研究所 中国科学院古脊椎动物与古人类研究所编辑 北京 科学出版社 1963年 185页〔中国古生物志 总号第148册 新甲种 第6号〕

005080440

北京鸟类志

蔡其侃编 北京 北京出版社 1988年 644页

009332054

北京兽类志

陈卫 高武 傅必谦编著 北京 北京出版社 2002年 313页

013010693

汶川特大地震抗震救灾志医疗防疫志初稿

卫生部医疗防疫志编纂委员会编 北京 卫生部医疗防疫志编纂委员会 2011年 1071页

009796839

北京市第一清洁车辆场环境卫生志

1949—1990

北京 1994年 215页

009988744
北京军区总医院院志 1949—2003 送审稿
院志编写组编 北京 2004年 488页

013090726
北京市丰盛中医骨伤专科医院院志 1960—2010
北京 丰盛中医骨伤专科医院 2010年 159页

013680570
北京市建筑工人医院院志简编 1953—1993
北京市建筑工人医院办公室编印 北京 北京市建筑工人医院办公室 1994年 219页

013090746
北京肿瘤医院科室志
北京肿瘤医院 北京大学临床肿瘤学院 北京市肿瘤防治研究所编 北京 北京肿瘤医院 2011年 382页

010278456
燕化医院志 1971—1990
北京燕山石油化工公司职工医院编纂 黄良智主编 郭文忠 张绍军副主编 北京 北京燕山石油化工公司职工医院志编纂委员会 1993年 354页

009331544
中国人民解放军第三〇九医院院志 1958.11—1998.12
中国人民解放军第三〇九医院院志编纂委员会编 北京 长征出版社 2000年 347页

013134051
中国人民解放军第三〇九医院志 1999—2010
解放军第三〇九医院编 北京 解放军第三〇九医院 2011年 1108页

012256664
中国人民解放军小汤山医院志
中国人民解放军小汤山医院编 北京 中国人民解放军小汤山医院 2003年 144页

011320844
中国医学科学院中国协和医科大学皮肤病医院(研究所)院所志 1994—2003
中国医学科学院 中国协和医科大学皮肤病医院(研究所)院所志编委会编 长春 吉林文史出版社 2004年 148页

013726770
北大医院麻醉科科志 1951—2011 初定本
北大医院麻醉科编 2011年 92页

012678985

北京世纪坛医院志 1915—2009

北京世纪坛医院志编委会编 北京 中国铁道出版社 2010年 266页

009332056

北京卫生志

王康久主编 刘国柱总纂 北京卫生志编纂委员会编 北京 北京科学技术出版社 2001年 996页

006006442

中药志

中国医学科学院药物研究所等编著 北京 人民卫生出版社 1959年

009157508

中国农业科学院志 1957—1997

中国农业科学院编 北京 中国农业科学技术出版社 2001年 1009页

012317317

中国农业科学院研究生院志 1979—2009

中国农业科学院研究生院编 北京 中国农业科学技术出版社 2009年 217页

011445843

中国农业科学院土壤肥料研究所所志 1957—1996

中国农业科学院土壤肥料研究所 1998年 144页

012658186

北京市农业机械研究所志 1958—1999

马翠金主笔 北京 北京市农业机械研究所 1999年 126页

012998986

国家作物种质资源库圃志

中国农业科学院作物科学研究所编 北京 中国农业科学院作物科学研究所 2010年 644页

010475761

中国农业科学院植物保护研究所建所四十周年志略 1957—1997

中国农业科学院植物保护研究所编 中国农业科学院植物保护研究所 1997年 208页

010251092

北京蔬菜病情志

李明远 李固本 裘季燕著 北京 北京科学技术出版社 1987年 196页

011480633

中国农业科学院作物育种栽培研究所所志 1957—2002

所志编纂委员会编 辛志勇主编 北京 中国农业科学技术出版社 2007年 383页

012003178

中国农业科学院麻类研究所所志 1998—2007

中国农业科学院麻类研究所编 北京 中国农业科学技术出版社 2008 年 259 页

010252693
中国农业科学院麻类研究所志 1959—1997
中国农业科学院麻类研究所志编纂委员会编 湖南 1999 年 272 页

009799989
中国农业科学院蔬菜花卉研究所志 1958—1997
北京 中国农业科学院蔬菜花卉研究所 1998 年 198 页

008982580
北京果树志
曲泽洲主编 潘季淑 闪崇辉副主编 北京 北京出版社 1990 年 748 页

012679435
国家林业局森林病虫害防治总站站志 1964—2009
国家林业局森林病虫害防治总站站志编委会编 北京 国家林业局森林病虫害防治总站站志编委会 2009 年 261 页

012003169
中国农业科学院北京畜牧兽医研究所所志 1957—2007
郑友民 邓荫樟主编 北京 北京畜牧兽医研究所 2007 年 624 页

013625867
北京市动物疫病志 1990—2003
北京市畜牧兽医总站编 北京 北京市畜牧兽医总站 2005 年 235 页

010138126
北京市畜禽疫病志 1949—1989
北京市畜牧兽医工作站主编 北京 北京市畜牧兽医工作站 1990 年 402 页

013090735
北京市郊区家畜家禽疫病志
项大实 北京市畜牧局编 北京 北京市畜牧局 1988 年 263 页

013726970
蜂业科技发展的光辉历程 中国农业科学院蜜蜂研究所所志
吴杰主编 北京 中国农业科学技术出版社 2007 年 177 页

009818510
中国水产科学研究院志 1978—1997
中国水产科学研究院编 中国水产科学研究院 1997 年 792 页

012317323
中国水产科学研究院志 1998—2007
中国水产科学研究院志编辑委员会编 北京 中国水产科学研究院 2008 年 714 页

001770555

北京鱼类志

王鸿媛编著 北京 北京出版社 1984年 120页

010252059

燕化研究院志 1971—1991

中国石化北京燕化公司研究院编 北京 中国石化北京燕山石油化工公司研究院 1994年 726页

009145217

中国石化北京设计院志 1953—1992

中国石化北京设计院志编辑办公室编 北京 中国石化北京设计院志编辑办公室 1995年 434页

011995256

北京石油化工学院志 1978—2007

北京石油化工学院三十年校庆丛书编委会编 北京 中国石化出版社 2008年 376页〔北京石油化工学院三十年校庆丛书〕

012545411

西气东输工程志 西气东输工程掠影

西气东输工程志编委会编 北京 石油工业出版社 2012年 2册

012872310

钢铁研究总院院志 1986—2002

钢铁研究总院院志编委会编 北京 钢铁研究总院院志编委会 2010年 868页

009153927

壮志凌云 北京有色金属研究总院志 1952—1992

北京有色金属研究总院院志编辑委员会编 北京 北京有色金属研究总院 1993年 394页

012208605

中国电机工程学会会志 1934—2008

中国电机工程学会编 北京 中国电力出版社 2009年 336页

010118651

中国电力科学研究院志

中国电力科学研究院编 中国电力科学研究院 2001年

011312062

中国电力科学研究院志 2001—2005 初稿

中国电力科学研究院编 中国电力科学研究院 2006年 1册

012684776

铁道部科学研究院通信信号研究所志 1950.3—1987.12

通信信号研究所志编写组编 北京 铁道部科学研究院通信信号研究所 1989年 369页

009412531

北京化工研究院志 1958—1996

北京化工研究院志编委会编 北京 北京

化工研究院志编委会 1998年 556页

008838939
北京化工学院志 北京化工大学
1958—1992
周万祥主编 北京 化学工业出版社
 1996年 643页

011794298
中国皮革工业研究所所志 1959—1999
北京 中国皮革工业研究所 1999年
 167页

013940879
中国皮革和制鞋工业研究院院志
1959—2009
2009年 117页

012950419
北京建筑志设计资料汇编
北京建筑志设计志编纂委员会编 北京
 北京建筑志设计志编纂委员会 1994
 年 2册

012132434
北京城建设计研究总院院志简编
1958—2008
北京城建设计研究总院有限责任公司
 编 北京 北京城建设计研究总院有限
 责任公司 2008年 542页

012889208
北京城市规划图志 1949—2005

北京城市规划学会编 北京 北京市规划
 委员会 2006年 510页

008827799
北京城市建设开发集团总公司志
1977—1995
北京城市建设开发集团总公司编 北京
 中国建筑工业出版社 1997年 481页
 〔北京建筑志系列丛书 6〕

010107848
北京市市政工程总公司志 终审稿
北京 北京市市政工程总公司 2003年
 5册

012696235
北京私家园林志
贾珺著 北京 清华大学出版社 2009年
 582页〔清华大学学术专著〕

009839163
北京园林绿化志 征求意见稿
北京园林局编 北京 北京园林局 1995
 年 489页

008949785
香山公园志
香山公园管理处编 北京 中国林业出版
 社 2001年 492页

008527672
北京市市政工程设计研究总院志
1955—1995

北京市市政工程设计研究总院志编委会编　北京　中国科学技术出版社　1999年　454页

009173829

北京水利志稿

北京水利史志编辑委员会编　北京　北京水利史志编辑委员会　1987年

011327146

铁道部科学研究院金属及化学研究所志　1949.5—1987.12

金属及化学研究所编　北京　金属及化学研究所　1989年　195页

011321412

铁道部科学研究院铁道建筑研究所志　1941—1987.12

铁道建筑研究所编　北京　铁道建筑研究所　198u年　383页

010686871

铁道部科学研究院铁道运输及经济研究所志　1956.9—1987.12

铁道部科学研究院铁道运输及经济研究所编　北京　铁道部科学研究院铁道运输及经济研究所　1989年　197页

008487290

铁道部专业设计院志　1957—1994

铁道部专业设计院史志办公室编辑　北京　铁道部专业设计院　1997年　364页

012836439

铁道部科学研究院环形铁道试验基地志　1958.1—1987.12

铁道部科学研究院环形铁道试验基地编　北京　铁道部科学研究院环形铁道试验基地　1989年　102页

010138108

北京电铁通信信号勘测设计院志　1983—1998　送审稿

北京电铁通信信号勘测设计院史志编纂委员会编　北京　2003年　242页

012249969

风雨兼程　中国交通建设监理二十年志　1987—2007

中国交通建设监理二十年志编委会编　北京　人民交通出版社　2008年　253页

010293064

北京航空航天大学校志　1952—1992

北京航空航天大学校志编委会编　北京　北京航空航天大学出版社　2000年　670页〔北京市高等学校校志〕

东城区

009411404

北京市崇文区志

北京市崇文区地方志编纂委员会编　北京　北京出版社　2004年　1044页

010107861

北京市东城区地方志 文物篇

东城区文化文物局地方志办公室编 北京 北京市东城区文化文物局地方志办公室 1998年 113页

009015785

北京市东城区志 初稿

北京市东城区地方志编纂委员会编 北京 北京市东城区地方志编纂委员会 1995年 1406页

009988750

北京市东城区志

北京市东城区地方志编纂委员会编 北京 北京出版社 2005年 948页

010573191

东城区地方志 文化卷

张荫堂主编 周济主撰 王娅 杜染 张春梅撰稿 北京 北京市东城区文化文物局 1998年 178页

010107929

东城区志 文化卷 初稿

东城区文化文物局地志办编 北京 北京市东城区文化文物局地志办 1997年 163页

010107932

东城区志 文物篇

东城区文化文物局地方志办公室编 北京 北京市东城区文化文物局地方志办公室 1997年 96页

011995711

北京市东城区和平里街道志

和平里街道志编纂委员会编 北京 方志出版社 2008年 655页

008487031

前门街道简志

前门街道地方志编纂办公室编 北京 北宇印刷厂印制 1997年 406页

009310630

北京市东城区人民代表大会志 1950—1998

北京市东城区人民代表大会志编委会编 北京 奥林匹克出版社 2002年 317页

009060264

东城区人民防空志

东城区人民防空办公室编 北京 东城区人民防空办公室 1999年 460页

013625865

北京市崇文区军事志

北京市崇文区军事志编纂委员会编 北京 北京出版社 2012年 506页

009441438

北京市东城区建设工程质量监督站站志 1985—1995

北京市东城区建设工程质量监督站编

北京 北京市东城区建设工程质量监督站 199u 年 156 页

008531693

北京市崇文区饮食业资料汇编志

钱广金编 北京 北京市崇文区饮食行业协会 北京市先达饮食集团公司 1997 年 279 页

011563632

北京市东城区文化文物志

东城区文化文物局编 北京 东城区文化文物局 2000 年 376 页

010252064

东城区普通教育志 征求意见稿

东城区教育志编纂委员会编 北京 东城区教育志编纂委员会 1995 年 2 册

008383762

东城区普通教育志

席文启 于大利主编 叶钟玮 侯守峰 徐安德副主编 北京 北京出版社 1998 年 454 页〔北京市区县教育志丛书〕

009346473

北京市崇文区成人教育志

崇文区成人教育局 崇文区成人教育志编委会编 北京 崇文区成人教育志编委会 1996 年 273 页

007724528

北京市崇文区地名志

崇文区地名志编辑委员会编 北京 北京出版社 1992 年 492 页

009042907

北京市东城区地名录

东城区人民政府编 北京 东城区人民政府 1998 年 238 页

007724480

北京市东城区地名志

东城区地名志编辑委员会编 北京 北京出版社 1990 年 572 页

012575429

北京市西城区地名录

西城区人民政府编 西城区 西城区人民政府 1998 年 348 页

009331972

中山公园志

中山公园管理处编 北京 中国林业出版社 2002 年 384 页

009796856

东城区环境卫生志

东城区环境卫生志编辑委员会编 北京 东城区环境卫生志编辑委员会 1999 年 655 页

013646888

北京市东城区卫生志

北京市东城区卫生志编纂委员会编 北京 北京市东城区卫生志编纂委员会

2006年 201页

009018258
东城区规划志
东城区规划管理局编 北京 北京科学技术出版社 1993年 457页

009045524
东城区环境保护志
东城区环境保护局编 北京 东城区环境保护局 2000年 460页

西城区

011296476
北京市西城区志 初稿
北京市西城区地方志编纂委员会编 北京 北京市西城区地方志编纂委员会 1993年 1414页

010278870
北京市西城区志 送审稿
北京市西城区地方志编纂委员会编 北京 北京市西城区地方志编纂委员会 1998年 1110页

008442982
北京市西城区志
北京市西城区志编纂委员会编 北京 北京出版社 1999年 979页

009959450
北京市宣武区志 初稿
北京市宣武区地方志编纂委员会编 北京 北京市宣武区地方志编纂委员会 2002年 2册 1198页

009959454
北京市宣武区志 送审稿
北京市宣武区地方志编纂委员会编 北京 北京市宣武区地方志编纂委员会 2003年 2册 799页

009735386
北京市宣武区志
北京市宣武区地方志编纂委员会编 北京 北京出版社 2004年 950页

008531678
白纸坊街道志
北京市宣武区白纸坊街道志编纂委员会编 北京 北京市宣武区白纸坊街道志编纂委员会 1998年 422页

009735373
北京市宣武区广安门外街道志
北京市宣武区广安门外街道志编纂委员会编著 北京 北京出版社 2006年 427页

008383099
大栅栏街道志
北京市宣武区大栅栏街道志编审委员会编 北京 机械工业出版社 1996年 475页

009333345

广安门外街道志

北京市宣武区广安门外街道志编纂委员会编 北京 北京市宣武区广安门外街道志编纂委员会 2002年 413页

008382937

广内街志

北京市宣武区广内街道编 北京 广内街志编委会 1996年 385页

009045550

新编北京白云观志

李养正编著 北京 宗教文化出版社 2003年 793页

014026363

北京市西城区军事志

北京市西城区军事志编纂委员会编 北京 北京出版社 2013年 562页

014026367

北京市宣武区军事志

北京市宣武区军事志编纂委员会编 北京 北京出版社 2013年 732页

012048741

北京市西城区工商行政管理志

孙建生主编 乔世琦执行主编 北京 北京市工商行政管理局西城分局 2008年 574页

010293581

北京市西城区审计志 1984—2003

北京市西城区审计局编 北京 北京市西城区审计局 2003年 169页

009010645

中国人民银行印制科学技术研究所志 1991—2000

中国人民银行印制科学技术研究所志编纂委员会编 北京 中国金融出版社 2003年 126页〔中国印钞造币志丛书〕

008444081

广安门站志 1906—1990

王开利主编 北京 新华出版社 1991年 215页

009742338

广安门站志 1906—2004

广安门站编 北京 广安门站 2004年 241页

009741662

西直门车务段志 1905—2000

西直门车务段志编委会编 北京 西直门车务段 2004年 450页

008593305

北京市西城区财政志

北京市西城区财政局编 北京 北京出版社 1999年 559页

008487359

西城区普通教育志

北京 北京出版社 1998年 534页

011804097

北京市宣武区成人教育志

北京市宣武区成人教育志编纂委员会编 北京 北京出版社 2008年 339页

009385526

北京安徽会馆志稿

北京市宣武区档案馆编 王灿炽纂 北京 北京燕山出版社 2001年 501页

009512095

什刹海志

什刹海研究会 什刹海景区管理处编 北京 北京出版社 2003年 512页〔什刹海丛书〕

013002501

[北京风物图志]什刹海图志

北京市西城区地方志办公室编著 北京 北京出版社 2005年 204页〔北京地方志风物图志丛书〕

010263430

中国民俗文化志 第1卷 北京 宣武区卷

刘铁梁主编 岳永逸 曹荣副主编 北京 中央编译出版社 2006年 424页〔中国民间文化遗产抢救工程〕

009878613

北京街巷胡同分类图志

白宝泉 白鹤群著 北京市西城区档案馆编 北京 金城出版社 2006年 348页

007724520

北京市西城区地名志

西城区地名志编辑委员会编 北京 北京出版社 1992年 552页

009144739

北京市宣武区地名录

北京市宣武区人民政府编 北京 北京市宣武区人民政府 1982年 198页

007724521

北京市宣武区地名志

宣武区地名志编辑委员会编 北京 北京出版社 1993年 618页

008869574

北海景山公园志

北海景山公园管理处编 北京 中国林业出版社 2000年 468页

010476139

北京市西城环卫志

北京市西城区环境卫生服务中心环卫史志编研办公室编 北京 北京市西城区环境卫生服务中心 2005年

008444075

北京市西城环卫史志

北京市西城区环境卫生管理局编 北京 北京市西城区环境卫生管理局 1987年

008660615

北京市宣武环卫志

北京市宣武区环境卫生管理局编 北京 北京市宣武区环境卫生管理局 1993年

008593376

北京市宣武区中医医院院志 1968—1996

北京市宣武区中医医院院志编纂领导小组编 北京 北京市宣武区中医医院院志编纂领导小组 1997年 119页

010730495

北京市宣武区园林绿化志

宣武区园林市政管理局文史编委会编 北京 宣武区园林市政管理局 2006年 443页

009863274

宣武区园林绿化志长编稿

王殿清主编 北京市宣武区园林市政管理局编 北京 1993年 375页

朝阳区

010576460

北京市朝阳区志

北京市朝阳区地方志编纂委员会编 北京 北京出版社 2007年 792页

010252846

北京市朝阳区志 初审稿

北京市朝阳区地方志编纂委员会编 北京 北京市朝阳区地方志编纂委员会 2001年 2册

013883874

北甸东村志

中共北京市朝阳区孙河乡北甸东村支部委员会 中共北京市朝阳区孙河乡北甸东村村民委员会编 北京 北甸东村志编纂委员会 2012年 262页

013528632

北京市朝阳区崔各庄乡崔各庄村志

中共北京市朝阳区崔各庄乡崔各庄村支部委员会 北京市朝阳区崔各庄乡崔各庄村村民委员会编 崔各庄村 中共北京市朝阳区崔各庄乡崔各庄村支部委员会 2010年 208页

013818241

长店村志

顾问李建国 王振山主编 周丽芳副主编 袁涛执行主编 中共北京市朝阳区金盏乡长店村总支部委员会 北京市朝阳区金盏乡长店村村民委员会编 北京 中共北京市朝阳区金盏乡长店村总支部委员会 2010年 200页

013314285

大望京村志

大望京村党支部 大望京村村委会编 朝阳区 大望京村村委会 2011年 229页

013859368

东窑村志

王瑞生主编 王鹏和副主编 中共北京市朝阳区金盏乡东窑村总支部委员会 北京市朝阳区金盏乡东窑村民委员会主编 2010年 136页

013702870

东营村志

中共北京市朝阳区崔各庄乡东营村党支部 北京市朝阳区崔各庄乡东营村民委员会编 北京 中共北京市朝阳区崔各庄乡东营村党支部 北京市朝阳区崔各庄乡东营村民委员会 2009年 152页

013959421

孙河村志

吕栋主编 北京 孙河村志编纂委员会 2012年 231页

012635633

驼房营村志

吉明月主编 宋来福 董文利副主编 袁涛执行主编 北京 北京城乡社区志编委会 2009年 147页

009959493

垡头街志 1960—1995

北京市朝阳区垡头街道办事处编纂 北京 北京市朝阳区垡头街道办事处 1998年 345页

009557480

朝阳区统计志 1949—1995

朝阳区统计局编 北京 朝阳区统计局 1997年 426页〔朝阳区地方志丛书〕

009310659

朝阳区工会志

北京市朝阳区工会编 北京 北京市朝阳区工会 1988年 380页

009959446

北京市朝阳区人民防空志 1949—1995

北京市朝阳区人民防空办公室编 北京 北京市朝阳区人民防空办公室 1998年 213页

013402893

北京市朝阳区军事志

北京市朝阳区军事志编纂委员会编 北京 北京出版社 2011年 664页

009332598

朝阳林业志

朝阳区农林局编 北京 朝阳区农林局 1990年 154页

009145109
朝阳区水利志
北京市朝阳区水利志编辑委员会编 北京 北京市朝阳区水利志编辑委员会 1992年 225页〔北京市区县水利志丛书〕

012663908
中国制浆造纸研究院院志 1956—2006
中国制浆造纸研究院院志编辑委员会编 北京 中国制浆造纸研究院院志编辑委员会 2006年 160页

009144683
北京市朝阳区档案志 1949—1996
北京市朝阳区档案馆编 北京 北京市朝阳区档案局 1998年 148页

009348495
北京市朝阳区普通教育志 学校志 人物志
北京市朝阳区教育志编纂委员会编 北京 北京市朝阳区教育志编纂委员会 1996年 235页

012540940
东坝民俗文化志
北京民俗博物馆编 北京 民族出版社 2009年 258页〔朝阳区村落民俗文化志系列丛书〕

011312553
高碑店村民俗文化志 第1卷
北京民俗博物馆编 北京 民族出版社 2007年 295页〔朝阳区村落民俗文化志系列丛书〕

009144690
北京市朝阳区地名录
北京市朝阳区人民政府编 北京 北京市朝阳区人民政府 1982年 187页

009144684
北京市朝阳区地名录
朝阳区人民政府编 北京 朝阳区人民政府 2000年 404页

007724516
北京市朝阳区地名志
朝阳区地名志编辑委员会编 北京 北京出版社 1993年 1003页

011447183
中国制浆造纸工业研究所所志 1956—1996
中国制浆造纸工业研究所编 北京 中国制浆造纸工业研究所 1996年 186页

丰台区

010293016
北京市丰台区志 征求意见稿
北京市丰台区地方志编纂委员会编 北京 北京市丰台区地方志编纂委员会 1998年 715页

008825680
北京市丰台区志
北京市丰台区地方志编纂委员会编 北京 北京出版社 2001年 813页

013333822
北京市丰台区花乡乡志
中共北京市丰台区花乡委员会 北京市丰台区花乡人民政府编 北京 北京市丰台区花乡人民政府 2011年 440页

013940795
长辛店镇太子峪村志
长辛店镇太子峪村志编纂委员会编 北京 长辛店镇太子峪村志编纂委员会 2011年 183页

013091003
丰台区卢沟桥乡东管头村志
东管头村志编纂委员会编 北京 东管头村志编纂委员会 2009年 152页

013091005
丰台区卢沟桥乡六里桥村志
六里桥村志编纂委员会编 北京 六里桥村志编纂委员会 2009年 117页

012955145
丰台区卢沟桥乡卢沟桥村志
卢沟桥村志编纂委员会编 卢沟桥村 卢沟桥村志编纂委员会 2009年 180页

013091017
丰台区卢沟桥乡太平桥村志
太平桥村志编纂委员会编 北京 太平桥村志编纂委员会 2009年 171页

013091019
丰台区卢沟桥乡小屯村志
小屯村志编纂委员会编 北京 小屯村志编纂委员会 2009年 141页

012955164
丰台区卢沟桥乡小瓦窑村志
小瓦窑村志编纂委员会编 北京 小瓦窑村志编纂委员会 2009年 145页

013091023
丰台区卢沟桥乡岳各庄村志
岳各庄村志编纂委员会编 北京 岳各庄村志编纂委员会 2009年 223页

013091025
丰台区卢沟桥乡张仪村志
张仪村志编纂委员会编 北京 张仪村志编纂委员会 2009年 186页

012955149
丰台区卢沟桥乡郑常庄村志
郑常庄村志编纂委员会编 北京 郑常庄村志编纂委员会 2009年 185页

013859370
高立庄村志
张国岩主编 中共北京市丰台区花乡高

立庄村总支部委员会 北京市丰台区
花乡高立庄村村民委员会编 2011 年
167 页

013647490
果园村村志
中共北京市丰台区南苑乡果园村委员
会 北京市丰台区南苑乡果园村村民
委员会编 北京 北京市丰台区南苑乡
果园村委员会 2011 年 254 页

013507958
花乡葆台村志
花乡葆台村志编纂委员会编 北京 花乡
葆台村志编纂委员会 2011 年 156 页

013531009
花乡六圈村志
花乡六圈村志编纂委员会编 北京 花乡
六圈村志编纂委员会 2011 年 167 页

012251128
黄土岗村志
徐瑞芬主编 黄土岗村志编纂委员会编
北京 黄土岗村志编纂委员会 2009
年 495 页

013897695
看丹村志
赵国业主编 袁涛执行主编 中共北京市
丰台区花乡看丹村总支部委员会 北
京市丰台区花乡看丹村村民委员会
编 北京 北京市丰台区花乡看丹村村
民委员会 2011 年 218 页

013507420
卢沟桥乡志
卢沟桥乡地方志编纂委员会编 北京 当
代中国出版社 2012 年 619 页

012264219
三路居村志
三路居村志编修委员会编著 北京 北京
燕山出版社 2009 年 245 页

013002612
四合庄村志
四合庄村志编纂委员会编 四合庄村 四
合庄村志编纂委员会 2009 年 216 页

013797005
西王佐村志
赵志强主编 翟亚军 鲍海文副主编 曹
立霞 袁涛执行主编 北京 北京市丰
台区王佐镇西王佐村村民委员会
2011 年 181 页

013757113
新发地村志
中共北京市丰台区花乡新发地村委员
会 北京市丰台区花乡新发地村村民
委员会 程茹云主编 北京 中共北京
市丰台区花乡新发地村委员会 北京
市丰台区花乡新发地村村民委员会
2010 年 381 页

010292133

老庄子乡志 卢沟桥农场志 1700—1990

老庄子乡地方志编写小组编 老庄子乡 老庄子乡地方志编写小组 1992年 246页

013686429

羊坊村志

中共北京市丰台区花乡羊坊村总支部委员会 北京市丰台区花乡羊坊村村民委员会编 2011年 266页

010238561

北京市丰台区人民法院院志 1952—1992

北京市丰台区人民法院编 丰台区 北京市丰台区人民法院 199u年 100页

013751463

北京市丰台区军事志

北京市丰台区军事志编纂委员会编 北京 北京出版社 2011年 611页

011320458

丰台区综合经济管理志

郑金良主编 丰台区计划经济委员会编 北京 丰台区计划经济委员会 1996年 373页

010474396

北京市丰台区工商行政管理志

丰台区 1994年 321页

008593296

丰台区劳动志

丰台区劳动局编 北京 丰台区劳动局 1996年 221页

008982605

丰台供电段志 1979—2001

丰台供电段志编委会编 北京 丰台供电段志编委会 2002年 227页

009959495

丰台区水利志

北京市丰台区水利志编辑委员会编 北京 北京市丰台区水利志编辑委员会 1993年 241页〔北京市区县水利志丛书〕

010243517

国营第六一八厂厂志 1946—1990

1998年 670页〔中国兵器工业史丛书〕

008982600

丰台车辆段志 1902—2002

丰台车辆段志编委会编 北京 中国铁道出版社 2002年 521页

010153147

丰台电务段志 1944—2004

丰台电务段志编委会编 北京 丰台电务段 2004年 229页

008378055
丰台机务段志 1897—1997
丰台机务段志编纂委员会编 北京 中国铁道出版社 1997年 376页

008949784
丰台机械保温车辆段志 1956—2001
丰台机械保温车辆段志编委会编 北京 丰台保温段 2001年 313页

008444058
丰台西电力机务段志 1983—1997
丰台西电力机务段志编委会编 北京 中国铁道出版社 1998年 347页

010153150
丰台西电务段志 1956—2001
丰台西电务段志编委会编 北京 丰台西电务段志编委会 2003年 241页

008382916
丰台站站志 1895—1988
丰台站站志编委会编 北京 北京市地质局印刷厂 1989年 357页

008660613
北京市丰台区商业志 1948—1990
北京市丰台区商业志编纂委员会编 北京 北京市丰台区商业志编纂委员会 2000年 383页

010474187
北京市丰台区财政志 1949—1990
丰台区财政志编写组 北京 丰台区 1993年 216页

012658416
丰台区文化文物志
丰台区文化文物局编 1998年 154页

013045507
丰台区广播电视志
丰台区广播电视志编纂委员会编 北京 丰台区广播电视志编纂委员会 2006年 82页

008660611
丰台区科技志
北京市丰台区科技志编纂办公室编 北京 北京市丰台区科技志编纂办公室 1994年 466页

009144711
北京市丰台区地名录
丰台区人民政府编 北京 丰台区人民政府 1998年 332页

007724518
北京市丰台区地名志
丰台区地名志编辑委员会编 北京 北京出版社 1993年 602页

008380178
北京市丰台区街乡概况
丰台区地方志办公室编 北京 知识出版社 1994年 275页

石景山区

010252891

北京市石景山区志 送审稿

北京市石景山区地方志编纂委员会编 北京 北京市石景山区地方志编纂委员会 2002年 887页

009851118

北京市石景山区志

北京市石景山区志编纂委员会编 北京 北京出版社 2005年 954页

011067797

石景山发电总厂志

石景山发电总厂厂志办公室编 石景山 石景山发电总厂厂志办公室 1989年

011998276

石景山区水利志

北京市石景山区水利志编辑委员会编 北京 1996年 151页〔北京市区县水利志丛书〕

013795537

石景山区文物小志

石景山区文化文物局编 北京 石景山区文化文物局 1997年 96页

009144732

北京市石景山区地名录

石景山区人民政府编 北京 石景山区人民政府 1997年 133页

007724669

北京市石景山区地名志

石景山区地名志编辑委员会编 北京 北京科学技术出版社 1991年 586页

海淀区

009851117

北京市海淀区志 初审稿

北京市海淀区地方志编纂委员会编 北京 北京市海淀区地方志编纂委员会 2001年 1438页

009441442

北京市海淀区志

北京市海淀区地方志编纂委员会编 北京 北京出版社 2004年 1142页

012831087

[北京古镇图志]海淀

张宝章编著 北京 北京出版社 2010年 232页〔北京地方志古镇图志丛书〕

013923834

北安河村志

郭旭恩 李念清主编 北安河村志编纂委员会编 2011年 200页

013129984

北京市海淀区四季青镇门头村志

门头村志编辑委员会编 北京 门头村志编辑委员会 2009年 141页

013860462
东升乡志
北京市海淀区东升乡志编纂委员会编 北京 学苑出版社 2012年 714页

008949794
甘家口街道志
北京市海淀区甘家口街道志编纂委员会编 北京 北京市海淀区甘家口街道志编纂委员会 1993年 515页

013926318
后沙涧村志
王树正 李念清主编 李念清执行主编 刘玉军 齐新蕾副主编 后沙涧村志编纂委员会编 北京 后沙涧村志编纂委员会 2012年 233页

009445115
海淀区水利志
北京市海淀区水利志编辑委员会编 北京 北京市海淀区水利志编辑委员会 1993年 190页〔北京市区县水利志丛书〕

010777064
海淀区普通教育学校志(小学 幼儿园 少年之家部分)
海淀区教育局教育志办公室编 1992年 242页

011431587
海淀走读大学校志
海淀走读大学校志编委会编著 北京 中国广播电视出版社 2003年 600页

008679552
海淀古镇风物志略
王珍明主编 北京 学苑出版社 2000年 267页

008385911
北京市海淀区地名录
海淀区人民政府编 北京 海淀区人民政府 1980年 99页

009144714
北京市海淀区地名录
海淀区人民政府编 北京 海淀区人民政府 1996年 415页

007724519
北京市海淀区地名志
海淀区地名志编辑委员会编 北京 北京出版社 1992年 649页

012689935
圆明园百景图志
圆明园管理处编 北京 中国大百科全书出版社 2010年 523页〔圆明园丛书〕

009145173
海淀环卫志
海淀环卫志编纂委员会 安向红主编 北京 书目文献出版社 1993年 278页

008949756

北京市海淀区卫生志

海淀区卫生志编委会编 北京 海淀区卫生志编委会 2000年 525页

008838954

玉渊潭公园志

玉渊潭公园管理处编 北京 学苑出版社 2000年 237页

门头沟区

009405805

北京市门头沟区志 终审稿

北京市门头沟区志编纂委员会编 北京 北京市门头沟区志编纂委员会 2004年 729页

010007661

北京市门头沟区志

北京市门头沟区地方志编纂委员会编 北京 北京出版社 2006年 859页

012831113

[北京古镇图志]斋堂

师昌璞编著 北京 北京出版社 2010年 196页〔北京地方志古镇图志丛书〕

013333825

城子村志

北京市门头沟区龙泉镇城子村支部委员会编 北京 北京市门头沟区龙泉镇城子村支部委员会 2012年 176页

012264068

川底下村志

门头沟区档案史志局编 北京 中共党史出版社 2009年 244页

013179285

北京市门头沟区人民代表大会志 1948.12—2011.1

北京市门头沟区人民代表大会志编纂委员会编 北京 中央文献出版社 2011年 834页

012758732

北京市门头沟区军事志

北京市门头沟区军事志编纂委员会编 北京 北京出版社 2010年 524页

008444082

门头沟区水利志

北京市门头沟区水利志编辑委员会编 北京 北京市门头沟区水利志编辑委员会 1994年 274页〔北京市区县水利志丛书〕

012051822

三家店车务段志 1927—2000

三家店车务段编 三家店 三家店车务段 2004年 193页

009250248

门头沟公路志

北京市公路局 北京市公路局门头沟分局编 北京 文津出版社 1995年 142

页〔北京公路志丛书〕

011066959
门头沟文化志
门头沟区文化文物局编 北京 门头沟区文化文物局 1996年 201页

008382960
北京市门头沟区普通教育志
门头沟区教委教育志编写组编 北京 北京出版社 1998年 241页〔北京市区县教育丛书〕

008486819
门头沟区普通教育志
门头沟区教委教育志编写组编 北京 北京出版社 1998年 241页〔北京市区县教育志丛书〕

008982608
门头沟文物志
北京市门头沟区文化文物局编 北京 北京燕山出版社 2001年 439页〔北京文物志丛书〕

010263425
中国民俗文化志 第1卷 北京 门头沟区卷
刘铁梁主编 岳永逸副主编 北京 中央编译出版社 2006年 413页〔中国民间文化遗产抢救工程〕

011943051
北京门头沟村落文化志
北京门头沟村落文化志编委会编纂 北京 北京燕山出版社 2008年 4册 2094页

007724523
北京市门头沟区地名志
门头沟区地名志编辑委员会编 北京 北京出版社 1993年 387页

009335375
灵山志
灵山志编纂委员会编 北京 方志出版社 2002年 290页

011328175
门头沟区卫生志
李金山主修 王德印副主编 北京 北京市门头沟区卫生局卫生志办公室 1995年 435页

房山区

008442981
北京市房山区志
北京市房山区志编纂委员会编 北京 北京出版社 1999年 763页

012950399
〔北京古镇图志〕良乡
刘文江编著 北京 北京出版社 2010年 190页〔北京地方志古镇图志丛书〕

012950408

[北京古镇图志]琉璃河

李桂清编著 北京 北京出版社 2010年 168页〔北京地方志古镇图志丛书〕

013863611

三合村志

三合村志编纂委员会编 北京 国家行政学院出版社 2013年 167页〔北京市房山区村志系列〕

013145433

四马台村志

北京市房山区霞云岭乡四马台村村民委员会编 北京 方志出版社 2011年 308页

012956813

张坊村志

苏宝敦主编 北京 中国文史出版社 2011年 246页

013925185

房山区夏庄志

房山区夏庄志编纂委员会编 北京 中国时代经济出版社 2013年 230页

009441447

房山统计志

房山统计志编纂委员会编 房山 房山统计志编纂委员会 2004年 444页

008982616

中国共产党北京房山区历史大事记 1928—2000

北京市房山区史志办公室编 北京 北京出版社 2002年 472页〔中国共产党北京市区县历史大事记丛书〕

013625871

北京市房山区军事志

北京市房山区军事志编纂委员会编 北京 北京出版社 2012年 696页

008527666

房山区审计志 1983—1991

房山区审计志编纂委员会编 北京 房山区审计志编委会 1993年 171页

009045517

石楼车辆段志 1969—2000

石楼车辆段志编纂委员会编 北京 石楼车辆段 2002年 244页

008527575

房山公路志

北京市公路局 北京市公路局房山分局编 北京 文津出版社 1995年 264页〔北京公路志丛书〕

013819363

房山区教育志 2001—2010

北京市房山区教育委员会编 北京 北京市房山区教育委员会 2011年 826页

008527659

房山区普通教育志 1080—1990

北京市房山区教育志编纂委员会编 房山区 北京市房山区教育志编纂委员会 1996年 253页〔北京市区县教育志丛书〕

009878470

北京理工大学房山分校志 1985—2005

北京理工大学房山分校志编纂委员会编 北京 方志出版社 2005年 251页

013404085

房山区文联十年图志 2001—2011

房山区文联十年图志编委会编 北京 北京市房山区文学艺术界联合会 2011年 190页

013381806

北京考古志 房山卷

李伟敏著 上海 上海古籍出版社 2012年 336页

007724517

北京市房山区地名志

房山区地名志编辑委员会编 北京 北京出版社 1992年 539页

010730503

百花山志

百花山志编纂委员会编 北京 方志出版社 2006年 419页

012635579

北京市房山区卫生志

北京市房山区卫生志编纂委员会编 北京 中国博雅出版社 2008年 450页

通州区

010229391

通县志 初稿

通州区地方志编纂委员会编 通县 通州区地方志编纂委员会 1999年

009863293

通县志 送审稿

通州区地方志编纂委员会编 北京 通州区地方志编纂委员会 2001年 2册

010138248

通县志 终审稿

通州区地方志编纂委员会编 北京 通州区地方志编纂委员会 2002年 2册

009333347

通县志

通州区地方志编纂委员会编 北京 北京出版社 2003年 957页

012950415

[北京古镇图志]张家湾

孙连庆编著 北京 北京出版社 2010年 176页〔北京地方志古镇图志丛书〕

013661562
应寺村志
应寺村志编辑小组编 通州 应寺村志编辑小组 2007年 168页

012635634
北京市通州区军事志
北京市通州区军事志编纂委员会编 北京 北京出版社 2010年 616页

010251857
通县劳动志
北京市通县劳动志编纂领导小组编纂 北京 农业出版社 1993年 192页

011442101
通县水利志
北京市通县水利志编辑委员会编 北京 通县水利志编辑委员会 1993年 303页〔北京市区县水利志丛书〕

008531667
通县公路志
北京市公路局 北京市公路局通县分局编 北京 文津出版社 1995年 156页〔北京公路志丛书〕

011570851
通州文化志
北京市通州区文化委员会 北京市通州区文学艺术界联合会编 北京 文化艺术出版社 2007年 576页

010577011
通州文物志
北京市通州区文化委员会 北京市通州区文学艺术界联合会编 北京 文化艺术出版社 2006年 375页

007724529
北京市通县地名志
通县地名志编辑委员会编 北京 北京出版社 1992年 514页

010251799
通县卫生志
通县卫生志编纂委员会编 北京 农业出版社 1992年 364页

顺义区

011534050
顺义县志
顺义县地方志编纂委员会编 北京 北京出版社 2009年 877页

009741648
顺义县志 第二十一篇 卫生体育 第二十二篇 宗教生活 第二十三篇 人物 初稿
顺义县人民政府办公室编 顺义 顺义县人民政府办公室 1997年 1册

009741639
顺义县志 第十八篇 教育 第十九篇 文化 第二十篇 科学技术 初稿

顺义县人民政府办公室编 顺义 顺义县人民政府办公室 1997年 1册

013862823
临河村志
王海泉主编 阮春敏副主编 袁涛执行主编 中共北京市顺义区仁和地区临河村党支部委员会 北京市顺义区仁和镇临河村村民委员会编 北京 中共北京市顺义区仁和地区临河村党支部委员会 2012年 217页

012132439
北京市顺义区人民代表大会志 1949—1989
北京市顺义区人民代表大会常务委员会编 北京 顺义区人大 1991年 462页

009796887
顺义区房屋土地管理局局志
顺义区房屋土地管理局编 顺义区 顺义区房屋土地管理局 2001年 2册

010686791
顺义县林业志
顺义县林业局编 顺义 顺义县林业局 1991年 220页

010007674
顺义县水利志
北京市顺义县水利志编辑委员会编 北京 北京市顺义县水利志编辑委员会 1995年 175页

009250251
顺义公路志
北京市公路局 北京市公路局顺义分局编 北京 文津出版社 1995年 215页〔北京公路志丛书〕

010686948
顺义县财政志 至1990
赵振海主笔 金文勇等编 顺义 顺义县财政局 1992年 450页

013531182
顺义教育志 北石槽卷
顺义教育志编委会编 北京 顺义教育志编委会 2007年 175页

013531184
顺义教育志 北务卷
顺义教育志编委会编 北京 顺义教育志编委会 2007年 152页

013603039
顺义教育志 北小营卷
顺义教育志编委会编 北京 顺义教育志编委会 2007年 186页

013603042
顺义教育志 城区卷
顺义教育志编委会编 北京 顺义教育志编委会 2007年 687页

013603045

顺义教育志 大孙各庄卷

顺义教育志编委会编 北京 顺义教育志编委会 2007年 204页

013603046

顺义教育志 高丽营卷

顺义教育志编委会编 北京 顺义教育志编委会 2007年 321页

013603047

顺义教育志 后沙峪卷

顺义教育志编委会编 北京 顺义教育志编委会 2007年 346页

013603049

顺义教育志 李桥卷

顺义教育志编委会编 北京 顺义教育志编委会 2007年 214页

013603051

顺义教育志 李遂卷

顺义教育志编委会编 北京 顺义教育志编委会 2007年 163页

013603055

顺义教育志 龙湾屯卷

顺义教育志编委会编 北京 顺义教育志编委会 2007年 245页

013603060

顺义教育志 马坡卷

顺义教育志编委会编 北京 顺义教育志编委会 2007年 194页

013603061

顺义教育志 木林卷

顺义教育志编委会编 北京 顺义教育志编委会 2007年 189页

013603063

顺义教育志 南彩卷

顺义教育志编委会编 北京 顺义教育志编委会 2007年 226页

013603071

顺义教育志 南法信卷

顺义教育志编委会编 北京 顺义教育志编委会 2007年 122页

013603076

顺义教育志 牛栏山卷

顺义教育志编委会编 北京 顺义教育志编委会 2007年 290页

013603077

顺义教育志 仁和卷

顺义教育志编委会编 北京 顺义教育志编委会 2007年 197页

013603080

顺义教育志 天竺卷

顺义教育志编委会编 北京 顺义教育志编委会 2007年 201页

013603085

顺义教育志 杨镇卷

顺义教育志编委会编 北京 顺义教育志编委会 2007年 665页

013603087

顺义教育志 张镇卷

顺义教育志编委会编 北京 顺义教育志编委会 2007年 218页

013603089

顺义教育志 赵全营卷

顺义教育志编委会编 北京 顺义教育志编委会 2007年 147页

013603092

顺义教育志 综述卷

顺义教育志编委会编 北京 顺义教育志编委会 2007年 363页

013225650

人物志 杨镇一中

北京 杨镇第一中学 2008年

007724526

北京市顺义县地名志

顺义县地名志编辑委员会编 北京 北京出版社 1993年 669页

013788273

北京京顺医院院志 2006—2010

北京京顺医院院志编辑委员会编 2011年 90页

昌平区

010138222

昌平县志 初稿

北京市昌平区志编纂委员会编 北京 北京市昌平区志编纂委员会 2001年 1375页

011321062

昌平县志

昌平县志编纂委员会编 北京 北京出版社 2007年 1066页

012831092

[北京古镇图志]南口

李国棣 李慕禅编著 北京 北京出版社 2010年 139页〔北京地方志古镇图志丛书〕

012831099

[北京古镇图志]沙河

卢水著编著 北京 北京出版社 2010年 180页〔北京地方志古镇图志丛书〕

013859332

八仙庄村志

刘凤元主编 刘志海 刘志民 任广福副主编 中共北京市昌平区北七家镇八仙庄村支部委员会 北京市昌平区北七家镇八仙庄村村民委员会主编 2012年 202页

013646823
白庙村志
中共北京市昌平区北七家镇白庙村支部委员会 北京市昌平区北七家镇白庙村村民委员会编 北京 中共北京市昌平区北七家镇白庙村支部委员会 北京市昌平区北七家镇白庙村村民委员会 2011年 192页

013104367
北七家庄村志
中共北京市昌平区北七家镇北七家庄村支部委员会 北京市昌平区北七家镇北七家庄村村民委员会编 昌平 中共北京市昌平区北七家镇北七家庄村支部委员会 2011年 135页

013898366
岭上村志
赵正忠主编 赵振华副主编 袁涛执行主编 中共北京市昌平区北七家镇岭上村党支部委员会 北京市昌平区北七家镇岭上村村民委员会编 北京 中共北京市昌平区北七家镇岭上村党支部委员会 2010年 232页

012719220
流村镇志
张涛 邓瑞全等编著 北京 人民出版社 2011年 2册

013689043
南口镇志
中共北京市昌平区南口镇委员会 北京市昌平区南口镇人民政府编 昌平 北京市昌平区南口镇人民政府 2012年 649页

013899625
桃林村志
村志编委领导小组编 海阳 桃林村志编纂委员会 1996年 1304页

012837881
郑各庄村志
郑各庄村志编纂委员会编 昌平区 郑各庄村志编纂委员会 2010年 293页

013630805
中滩村志
张亮主编 姚海明副主编 袁涛执行主编 中共北京市昌平区东小口镇中滩村支部委员会 北京市昌平区东小口镇中滩村村民委员会编 北京 中共北京市昌平区东小口镇中滩村支部委员会 北京市昌平区东小口镇中滩村村民委员会 2010年 246页

009145099
昌平县统计志 第6卷
李福年主编 于桂谦副主编 昌平 昌平县统计局 199u年 229页〔昌平地方志丛书〕

013090825
昌平劳动和社会保障志 1996.1—

2009.9
昌平区人力资源和社会保障局编 昌平 昌平区人力资源和社会保障局 2011年 452页

012713905
昌平县计划志
北京市昌平县计划委员会编 北京 北京市昌平县计划委员会 1993年 240页〔昌平地方志丛书〕

013506560
昌平区人事志
昌平区人事局编 昌平 昌平区人事局 2009年 302页

012191513
昌平县城乡建设志
朱增援主编 杨庆会副主编 昌平 昌平县城乡建设委员会 2002年 351页〔昌平地方志丛书〕

009333314
昌平县房地产志 第7卷
张玉泉主编 北京 北京出版社 1995年 222页〔昌平地方志丛书〕

009378153
昌平县市政志 第8卷
王清山主编 北京 北京燕山出版社 1993年 238页〔昌平地方志丛书〕

009250493
昌平县林业志
昌平县林业局编 昌平 昌平县林业局 1988年 201页

009796898
昌平县水利志
北京市昌平县水利志编辑委员会编 昌平 昌平县统计局 199u年 286页〔北京市区县水利志丛书〕

008486270
昌平县交通志 第3卷
韦振华主编 北京 人民交通出版社 1993年 271页〔昌平地方志丛书〕

009250249
昌平公路志
北京市公路局 北京市公路局昌平分局编 北京 文津出版社 1994年 129页〔北京公路志丛书〕

008486256
昌平县公路志 第5卷
北京市公路局昌平分局史志领导小组编 任汝良主编 北京 北京出版社 1993年 212页〔昌平地方志丛书〕

008486272
昌平县粮食志 第4卷
王之彦主编 梅凤翔 董明义副主编 北京 北京出版社 1992年 544页〔昌平地方志丛书〕

009783220

昌平县财政志 第9卷

郭守庚主编 刘兴文 马永顺副主编 北京 中国财政经济出版社 1995年 493页〔昌平地方志丛书〕

009385597

昌平县档案志

北京市昌平区档案局编 北京 北京市昌平县档案局 1999年 350页

008444092

昌平县科学技术志 第10卷

张建瑞主编 北京 北京出版社 1996年 357页〔昌平地方志丛书〕

008593373

昌平县普通教育志

昌平县教育志编委会编 北京 北京出版社 1999年 601页〔北京市区县教育志丛书〕

012951864

昌平文物志

北京市昌平区文化委员会编 北京 燕山出版社 2010年 348页

008195160

北京市昌平县地名志

昌平县地名志编辑委员会编 北京 北京出版社 1997年 1311页

008486259

昌平县环境保护志 第2卷

孙仁福主编 北京 北京燕山出版社 1993年 190页〔昌平地方志丛书〕

大兴区

009188790

大兴县志

大兴县志编纂委员会编 北京 北京出版社 2002年 972页

009557488

大兴县志 人物 征求意见稿

大兴县委史志办公室编 大兴 大兴县委史志办公室 1992年 1册

013788332

梨花村志

张俊臣主编 刘有志副主编 袁涛执行主编 北京 北京市大兴区庞各庄镇梨花村村民委员会 2012年 391页

008848222

青云店镇志资料

青云店镇人民政府编印 北京 青云店镇人民政府 1992年 240页

010138252

榆垡镇志 征求意见稿

榆垡镇志编纂委员会编 榆垡镇 榆垡镇志编纂委员会 2003年 279页

013707209

周村村志

中共北京市大兴区黄村镇周村村支部委员会 北京市大兴区黄村镇周村村民委员会编 北京 中共北京市大兴区黄村镇周村村支部委员会 北京市大兴区黄村镇周村村民委员会 2011年 249页

013819243

大兴区统计志 2001—2010

北京市大兴区统计局 国家统计局大兴调查队 北京市大兴区经济社会调查队编 北京 北京市大兴区统计局 2012年 415页

010252979

大兴县统计志

大兴县统计局编 大兴 大兴县统计局 2004年 350页

009015815

中国共产党北京市大兴县大事记 1948—1990

中共大兴县委史志办公室 大兴县档案局编著 北京 中共大兴县委史志办公室 1998年 528页

013140890

北京市大兴区军事志

北京市大兴区军事志编纂委员会编 北京 北京出版社 2011年 678页

009959486

大兴县水利志

北京市大兴县水利志编辑委员会编 大兴 北京市大兴县水利志编辑委员会 1994年 346页〔北京市区县水利志丛书〕

008531644

大兴公路志

北京市公路局 北京市公路局大兴分局编 北京 文津出版社 1995年 177页〔北京公路志丛书〕

013681522

大兴县税务志

张连和主编 李清瑞副主编 大兴 北京市税务局大兴县分局 1992年 477页

010777113

大兴县普通教育志 征求意见稿

大兴县教育志编纂委员会编 大兴 大兴县教育局 1994年 231页

008383783

大兴县普通教育志

大兴县教育志编委会编 北京 北京出版社 1998年 338页〔北京市区县教育丛书〕

009144701

北京市大兴县地名录

大兴县人民政府编 北京 北京市大兴县人民政府 1982年 126页

009144699

北京市大兴县地名录

大兴县人民政府编 北京 大兴县人民政府 1997年 279页

007724527

北京市大兴县地名志

大兴县地名志编辑委员会编 北京 北京出版社 1992年 512页

怀柔区

008444079

怀柔县志

怀柔县志编纂委员会编 北京 北京出版社 2000年 890页

010245194

怀柔县人大志 1954—2002

怀柔县人大志编纂委员会办公室编 怀柔 怀柔县人大志编纂委员会办公室 2004年 517页

013625894

北京市怀柔区军事志

北京市怀柔区军事志编纂委员会编 北京 北京出版社 2012年 582页

009333127

北京市怀柔县林业志

北京市怀柔县林业局编 北京 北京市怀柔县林业局 1988年 165页

009250291

怀柔公路志

北京市公路局 北京市公路局怀柔分局编 北京 文津出版社 1994年 230页〔北京公路志丛书〕

009333131

怀柔县财政志

怀柔县财政局编 北京 中国财政经济出版社 1993年 303页

009557495

怀柔县普通教育志 1380—1990

怀柔县普通教育志编纂委员会编 怀柔 怀柔县普通教育志编纂委员会 1996年 189页

007724522

北京市怀柔县地名志

怀柔县地名志编辑委员会编 北京 北京出版社 1993年 807页

平谷区

008827797

平谷县志

平谷县志编纂委员会编 北京 北京出版社 2001年 764页

009699282

平谷县志 概述 大事记 地理篇 初稿

平谷县志编纂委员会编 平谷 平谷县志编纂委员会 198u年 306页

009699286

平谷县志 经济编 初稿

平谷县志编纂委员会编 平谷 平谷县志编纂委员会 198u 年 577 页

009887064

平谷县志 社会编 人物编 初稿

平谷县志编纂委员会编 平谷 平谷县志编纂委员会 198u 年 332 页

009741628

平谷县志 文化编 初稿

平谷县志编纂委员会编 平谷 平谷县志编纂委员会 198u 年 342 页

009887066

平谷县志 政治编 军事编 初稿

平谷县志编纂委员会编 平谷 平谷县志编纂委员会 198u 年 297 页

013324573

大华山镇志

平谷区大华山镇志编纂委员会编 北京 方志出版社 2011 年 717 页

013342431

平谷人大志

北京市平谷区人大志编委会编 北京 平谷人大志编委会 2010 年 553 页

012614289

平谷政协志

北京市平谷区政协志编委会编 北京 政协北京市平谷区委员会 2009 年 513 页

013140896

北京市平谷区军事志

北京市平谷区军事志编纂委员会编 北京 北京出版社 2011 年 540 页

011763232

平谷桃志

呼和浩特 内蒙古人民出版社 2007 年 414 页

011441179

平谷县水利志

北京市平谷县水利志编辑委员会编 北京 平谷县水利志编辑委员会 1997 年 253 页〔北京市区县水利志丛书〕

008531647

平谷公路志

北京市公路局 北京市公路局平谷分局编 北京 文津出版社 1995 年 183 页〔北京公路志丛书〕

009605538

平谷文物志

北京市平谷区文化委员会编 北京 民族出版社 2005 年 309 页〔北京文物志丛书〕

007724525

北京市平谷县地名志

平谷县地名志编辑委员会编 北京 北京出版社 1993年 489页

密云县

008378114
密云县志
密云县志编纂委员会编 北京 北京出版社 1998年 693页

012831082
[北京古镇图志]不老屯
李东明编著 北京 北京出版社 2010年 163页〔北京地方志古镇图志丛书〕

012831084
[北京古镇图志]古北口
李东明编著 北京 北京出版社 2010年 246页〔北京地方志古镇图志丛书〕

013991535
司马台村志 一个长城脚下山村的历史
随福民编著 北京 中华书局 2013年 467页

014026362
北京市密云县军事志
北京市密云县军事志编纂委员会编 北京 北京出版社 2013年 808页

011329770
北京市工商行政管理局密云分局志 1992—2001
密云工商分局编写委员会编 北京 密云工商分局编写委员会 2001年 573页

009198048
密云县国营林场志
密云县林业局编 密云 密云县林业局 1992年 96页

010577346
密云县水利志
密云县水利志编辑委员会编 密云 密云县水利志编辑委员会 1992年 261页〔北京市区县水利志丛书〕

009250294
密云公路志
北京市公路局 北京市公路局密云分局编 北京 文津出版社 1995年 206页〔北京公路志丛书〕

008593357
密云县普通教育志
密云县教育志编委会编 北京 北京出版社 2000年 431页〔北京市区县教育志丛书〕

007724524
北京市密云县地名志
密云县地名志编辑委员会编 北京 北京出版社 1992年 556页

010730410
密云县园林绿化志

北京市密云县园林绿化服务中心编 北京 北京市密云县园林绿化服务中心 2005年 299页

010251366
密云水库志
北京市密云水库管理处编 北京 北京市密云水库管理处 1990年 116页

延庆区

013308888
八达岭特区志 1981—2011
八达岭特区办事处编 北京 社会科学文献出版社 2011年 538页

010243525
延庆县志 征求意见稿
延庆县地方志编纂委员会办公室编 延庆 延庆县地方志编纂委员会办公室 1998年

010007677
延庆县志
延庆县志编纂委员会编 北京 北京出版社 2006年 898页

012831103
[北京古镇图志]永宁
张夙起编著 北京 北京出版社 2010年 234页〔北京地方志古镇图志丛书〕

014026370
北京市延庆县军事志
北京市延庆县军事志编纂委员会编 北京 北京出版社 2013年 722页

011762332
延庆县农村合作经济经营管理志
1950—2002
延庆县农村合作经济经营管理志编纂委员会编 延庆 延庆县农村合作经济经营管理志编纂委员会 2006年 383页

010292141
延庆县粮食志
延庆县粮食局编 延庆 延庆县粮食局 1993年 267页〔延庆县地方志丛书〕

009250282
延庆公路志
北京市公路局 北京市公路局延庆分局编 北京 文津出版社 1995年 145页〔北京公路志丛书〕

012613181
延庆文化文物志 文化卷
延庆文化文物志编委会 延庆县文化委员会编 北京 北京出版社 2010年 381页

012613170
延庆文化文物志 文物卷

延庆文化文物志编委会 延庆县文化委员会编 北京 北京出版社 2010年 267页

009234360
延庆县普通教育志
延庆县教育志编委会编 北京 北京出版社 2000年 509页〔北京市区县教育志丛书〕

013343377
延庆乡村文化志 八达岭镇卷
延庆县文化委员会编 北京 新华出版社 2012年 317页

013375735
北京考古志 延庆卷
盛会莲著 上海 上海古籍出版社 2012年 233页

007724479
北京市延庆县地名志
延庆县地名志编辑委员会编 北京 北京出版社 1993年 710页

011296184
延庆县卫生志 征求意见稿
延庆县卫生局卫生志编辑委员会编 延庆 延庆县卫生局卫生志编辑委员会 2000年 895页

010468482
延庆土壤志
延庆土壤普查队编 北京 延庆土壤普查队 1983年 143页

天津市

008598209

天津通志

天津市地方志编修委员会编著 天津 天津社会科学院出版社 1994 年

008696617

天津通志 蓝本

天津通志编委会编 天津 天津通志编委会 1997 年

008827842

天津通志 公安志 旧警察卷 蓝本

天津市公安局编 天津 天津市公安局 1998 年 335 页

008827849

天津通志 公安志 人民公安卷 蓝本

天津通志公安志编修委员会办公室编 天津 天津通志公安志编修委员会办公室 1991 年 524 页

010280099

天津通志 民俗志

天津市地方志编修委员会办公室 天津市老城博物馆编著 天津 天津社会科学院出版社 2006 年 527 页

008533142

天津通志 第 1 卷 港口志 蓝本

港口志编委会编 天津 港口志编委会 1997 年 609 页

007478011

天津通志 第 1 卷 商业志 粮食卷

天津市地方志编修委员会编著 郭凤岐总纂 天津 天津社会科学院出版社 1994 年 614 页

007478022

天津通志 第 2 卷 大事记

天津市地方志编修委员会编著 天津 天津社会科学院出版社 1994 年 572 页

008533153

天津通志 第 2 卷 邮电志 电信卷 评审稿

天津市邮电管理局文史办公室编 天津 天津市邮电管理局文史办公室 1998 年 344 页

008533155

天津通志 第 2 卷 邮电志 邮政卷 评审稿

天津市邮电管理局文史办公室编 天津 天津市邮电管理局文史办公室 1998 年 391 页

008533152

天津通志 第 3 卷 防空志 蓝本

天津通志防空志编委会编 天津 天津通志防空志编委会 1996 年 550 页

007488684

天津通志 第 3 卷 体育志

天津市地方志编修委员会编著 天津 天津社会科学院出版社 1994 年 699 页

007493525

天津通志 第 4 卷 金融志

天津市地方志编修委员会编著 天津 天津社会科学院出版社 1995 年 777 页

008844077

天津通志 第 4 卷 民政志 蓝本

天津市地方志编修委员会编著 天津 天津市地方志编修委员会 1996 年 377 页

007657589

天津通志 第 5 卷 附志 租界

天津市地方志编修委员会编著 天津 天津社会科学院出版社 1996 年 572 页

007806545

天津通志 第 6 卷 地震志

天津市地方志编修委员会编著 天津 天津社会科学院出版社 1995 年 568 页

007837988

天津通志 第 7 卷 城乡建设志

天津市地方志编修委员会编著 天津 天津社会科学院出版社 1996 年 2 册

007837762

天津通志 第 8 卷 政权志 政府卷

天津市地方志编修委员会编著 天津 天津社会科学院出版社 1996 年 445 页

007927713

天津通志 第 8 卷 政权志 人民代表大会卷

天津市地方志编修委员会编著 天津 天津社会科学院出版社 1997 年 556 页

007927716

天津通志 第 9 卷 人民防空志

天津市地方志编修委员会编著 天津 天津社会科学院出版社 1998 年 545 页

009678537
天津通志 第10卷 财税志
天津市地方志编修委员会编著 天津 天津社会科学院出版社 1996年 564页

008487272
天津通志 第11卷 卫生志
天津市地方志编修委员会编著 天津 天津社会科学院出版社 1999年 992页

008487269
天津通志 第12卷 档案志
天津市地方志编修委员会编著 天津 天津社会科学院出版社 1999年 590页

008487278
天津通志 第13卷 照片志
天津市地方志编修委员会编著 天津 天津人民美术出版社 1999年 958页

008593564
天津通志 第15卷 政协 民主党派志
天津市地方志编修委员会编著 天津 天津社会科学院出版社 2000年 527页

008601097
天津通志 第16卷 科学技术志
天津市地方志编修委员会编 郭凤岐总纂 天津 天津社会科学院出版社 1998年 1196页

008601101
天津通志 第17卷 信访志
天津市地方志编修委员会编著 天津 天津社会科学院出版社 1997年 488页

008298355
天津通志 第18卷 物价志
天津市地方志编修委员会编著 郭凤岐总纂 天津 天津社会科学院出版社 1997年 849页

008533066
天津通志 第19卷 港口志
天津市地方志编修委员会编著 天津 天津社会科学院出版社 1999年 643页

008640043
天津通志 第20卷 保险志
天津市地方志编修委员会编著 郭凤岐总纂 天津 天津社会科学院出版社 1999年 994页

008640044
天津通志 第21卷 审判志
天津市地方志编修委员会编著 郭凤岐总纂 天津 天津社会科学院出版社 1999年 644页

008646005
天津通志 第22卷 基础教育志
天津市地方志编修委员会编著 郭凤岐总纂 天津 天津社会科学院出版社 2000年 771页

008640039

天津通志 第 23 卷 审计志

天津市地方志编修委员会编著 郭凤岐总纂 天津 天津社会科学院出版社 1998 年 517 页

008646006

天津通志 第 24 卷 民政志

天津市地方志编修委员会编著 天津 天津社会科学院出版社 2001 年 550 页

008827850

天津通志 第 25 卷 公安志

郭凤岐主编 天津市地方志编修委员会编著 天津 天津人民出版社 2001 年 980 页

008827853

天津通志 第 26 卷 人事志

天津市地方志编修委员会编著 郭凤岐总主编 张经柱 高中启分主编 天津 天津社会科学院出版社 2001 年 569 页

008873861

天津通志 第 27 卷 出版志

天津市地方志编修委员会编著 天津 天津人民出版社 2001 年 661 页

009008683

天津通志 第 28 卷 邮电志

天津市地方志编修委员会编著 天津 天津社会科学院出版社 2002 年 656 页

009007129

天津通志 第 29 卷 商检志

天津市地方志编修委员会编著 天津 天津社会科学院出版社 2002 年 656 页

008873863

天津通志 第 30 卷 外贸志

天津市地方志编修委员会编著 天津 天津社会科学院出版社 2001 年 611 页

009769229

天津通志 第 31 卷 劳改劳教志

天津市地方志编修委员会编著 天津 天津社会科学院出版社 2004 年 698 页

008873858

天津通志 第 32 卷 军事志

天津市地方志编修委员会编著 天津 天津社会科学院出版社 2001 年 740 页

009769154

天津通志 第 33 卷 气象志

天津市地方志编修委员会办公室 天津市气象局编著 天津 天津社会科学院出版社 2005 年 337 页

009769221

天津通志 第 34 卷 二商志

天津市地方志编修委员会办公室 天津二商集团有限公司编著 天津 天津社会科学院出版社 2005 年 928 页

009840287

天津通志 第35卷 鸟类志

王凤琴主编 天津市地方志编修委员会办公室 天津通志鸟类志编修委员会编著 天津 天津社会科学院出版社 2006年 240页

009190538

天津通志 第36卷 水利志

天津市地方志编修委员会编著 天津 天津社会科学院出版社 2005年 878页

009408108

天津通志 第37卷 土地管理志

天津市地方志编修委员会编著 天津 天津社会科学院出版社 2004年 787页

009700503

天津通志 第38卷 标准 计量志

天津市地方志编修委员会编著 天津 天津社会科学院出版社 2004年 583页

009769207

天津通志 第39卷 铁路志

天津市地方志编修委员会办公室等编著 天津 天津社会科学院出版社 2006年 885页

009769217

天津通志 第40卷 工商行政管理志

天津市地方志编修委员会办公室 天津市工商行政管理局编 天津 天津社会科学院出版社 2005年 363页

009840286

天津通志 第41卷 计划志

天津市地方志编辑委员会办公室 天津市计划志编委会编著 天津 天津社会科学院出版社 2005年 744页

011312135

天津通志 第42卷 公路运输志

天津市地方志编修委员会办公室 天津市交通集团有限公司编著 天津 天津社会科学院出版社 2007年 430页

009840292

天津通志 第43卷 文化艺术志

天津市地方志编修委员会办公室 天津市文化局编著 天津 天津社会科学院出版社 2007年 1159页

011478652

天津通志 第44卷 中国共产党天津志

天津市地方志编修委员会 中国共产党天津志编修委员会编著 北京 中共党史出版社 2007年 939页

009769211

天津通志 第45卷 武警志

天津市地方志编修委员会办公室 武警天津总队编著 天津 武警天津总队 2001年 388页

011837678

天津通志 第46卷 检察志

天津市地方志编修委员会编著 天津 天

津社会科学院出版社 2002 年 717 页

009769213
天津通志 第 47 卷 农业志
天津市地方志编修委员会编著 天津 天津社会科学院出版社 2008 年 1026 页

012051978
天津通志 第 48 卷 监察志
天津市地方志编修委员会办公室、天津市监察局编著 天津 天津社会科学院出版社 2008 年 503 页

012099977
天津通志 第 49 卷 海事志
天津市地方志编修委员会编 中华人民共和国天津海事局编著 天津 天津古籍出版社 2008 年 558 页

012174944
天津通志 第 50 卷 烟草志
天津市地方志编修委员会办公室 天津市烟草专卖局编著 天津 天津古籍出版社 2009 年 536 页

012140359
天津通志 第 51 卷 大事记 1979—2008
天津市地方志编修委员会编 天津 天津社会科学院出版社 2009 年 754 页

009769215
天津通志 第 52 卷 司法行政志
天津市地方志编修委员会办公室 天津市司法局编著 天津 天津社会科学院出版社 2008 年 368 页

012542999
天津通志 第 53 卷 规划志
天津市地方志编修委员会办公室 天津市规划局编著 天津 天津科学技术出版社 2009 年 501 页

012543007
天津通志 第 54 卷 统计志
天津市地方志编修委员会办公室 天津市统计局编著 天津 天津社会科学院出版社 2009 年 789 页

009769175
天津通志 第 55 卷 成人教育志
天津市地方志编修委员会办公室 天津市教育委员会编著 天津 天津社会科学院出版社 2011 年 702 页

004344709
天津简志
天津市地方志编修委员会编 天津 天津人民出版社 1991 年 1469 页

008533238
天津市志 档案志 送审稿
天津市志档案志编委会编 天津 天津市志档案志编委会 1997 年 5 册

013822783
天津市志 外事志
天津市地方志编修委员会办公室 天津市人民政府外事办公室编著 北京 光明日报出版社 2013年 560页

008533222
天津政府志 1404—1990 蓝本
天津市人民政府办公厅修志办公室编 天津 天津市人民政府办公厅修志办公室 1995年 496页

009123735
天津市机构编制志
吴钟俭 孙嘉铭主编 魏建一常务副主编 天津 天津社会科学院出版社 1998年 384页

009962442
天津经济技术开发区简志
天津经济技术开发区地方志编修办公室编 北京 方志出版社 2005年 269页

009688695
天津经济技术开发区志
天津经济技术开发区地方志编修委员会编 北京 中华书局 2004年 733页

013822788
铁道部天津物资办事处志 1887—1990
铁道部天津物资办事处处志编纂委员会编 天津 铁道部天津物资办事处 1997年 240页

008533239
天津城建志试写稿选编
天津城市建设志总编室编 天津 天津城市建设志总编室 1990年 174页

008533084
天津城市建设志略
乔虹编著 北京 中国科学技术出版社 1994年 145页

008598634
天津房地产志
天津市房地产管理局编 天津 天津社会科学院出版社 1999年 1051页〔天津市地方志丛书〕

013510614
天津市土地管理志 蓝本
天津市土地管理志编纂指导委员会 天津市土地管理局编 天津 天津市土地管理局 2000年 2册

009769150
天津市农林志
天津市农林局编 天津 天津人民出版社 1995年 539页

012208265
天津市农业机械化志
天津市农业机械化志编委会编 天津 天津市农业机械局 1992年 276页

009313339

渤海油田志

渤海油田志编纂委员会编 天津 天津人民出版社 1993年 413页

006356503

长芦盐志

长芦场志编修委员会编 天津 百花文艺出版社 1992年 499页

009854395

大沽化工厂志 1939—1987

大沽化工厂志编委会编 天津 天津人民出版社 1989年 327页

012051974

天津渤天化工有限责任公司志 2001—2005

天津 天津渤天化工有限责任公司 2007年 276页

012613857

天津城西供电志 1995.8—2005.7

天津市电力公司城西供电分公司编 天津 天津市电力公司城西供电分公司 2008年 534页

011442090

天津电话设备厂厂志 1932—2002

天津电话设备厂编 天津 天津电话设备厂 2002年 217页

013002631

天津电力建设公司志 1964—1994

天津电力建设公司志编辑委员会编 天津 天津电力建设公司志编辑委员会 1994年 201页

012506239

天津电力建设公司志 1999—2008

天津电力建设公司志编辑委员会编 天津 天津电力建设公司志编辑委员会 2009年 117页

013822774

天津化工厂志 1938—1985

天津化工厂志编写委员会编 天津 天津化工厂 1988年 285页

013822777

天津化工厂志 1995—2000

天津化工厂志办公室编 天津 天津化工厂 2001年 276页

008380801

天津碱厂志 1917—1992

天津碱厂志编修委员会编 天津 天津人民出版社 1992年 798页

009025835

天津碱厂志 1993—2002

天津碱厂志编修委员会编 天津 天津社会科学院出版社 2002年 434页

013822779
天津科器史志
天津市科学器材集团公司编 天津 天津市科学器材集团公司 1994年 314页

006105440
天津石化通志 1962—1988
天津石化通志编委办公室编 天津 天津科学技术出版社 1990年 534页

008599905
天津市电力工业志
天津市电力工业志编辑委员会编 北京 中国铁道出版社 1993年 508页〔中国电力工业志丛书〕

013822782
天津市电力工业志 1991—2002
天津电力公司编 北京 中国电力出版社 2012年 471页〔中国电力工业志丛书〕

012613852
天津市电力公司供电设备修造厂志 1994—2003
天津市电力公司供电设备修造厂编委会编 天津 天津市电力公司供电设备修造厂编委会 2003年 280页

012877258
天津市电力科学研究院院志 1995—2000
韩玉薇主编 天津 天津市电力科学研究院 2001年 266页

013343633
中国建筑第六工程局志 1980—1995
中国建筑第六工程局编 北京 中国建筑工业出版社 2002年 560页〔中国建筑工程总公司企业志系列丛书 7〕

012317327
中国水电基础局有限公司志 1959—2009
中国水电基础局有限公司志编纂委员会编 北京 中国电力出版社 2009年 438页

013630801
中国水利水电建设集团公司志 中国水利水电第十三工程局卷 1962—2006
中国水利水电建设集团公司史志编辑委员会编 北京 中国电力出版社 2012年 487页

011480718
中建设备材料公司志 1953—1995
中建设备材料公司编 北京 中国建筑工业出版社 1995年 295页〔中国建筑工程总公司企业志系列丛书 17〕

012662336
天津铁路分局志 1881—1990
天津铁路分局路史编辑委员会编 天津 天津铁路分局路史编辑委员会 2003年 2册

008838501

铁道部第十八工程局志 1958—1998

铁道部第十八工程局史志编审委员会编　北京　中国铁道出版社　2000 年　1014 页

008874658

铁道部第十三工程局志 1948—1995

铁道部第十三工程局史志编审委员会编　黄元海主编　北京　中国铁道出版社　2000 年　676 页

011294634

铁道部电气化工程局电气化勘测设计研究院院志 1955—1998 **送审稿**

中铁电气化勘测设计研究院史志编纂委员会编　天津　中铁电气化勘测设计研究院史志编纂委员会　2002 年　311 页

012814267

天津海事志

天津海事局编　天津　天津海事局　2008 年　441 页

007990294

天津邮政志

天津市邮政局史志编辑委员会编　仇润喜主编　天津　天津社会科学院出版社　1998 年　557 页

008533230

天津物价志　蓝本

天津市物价局编著　天津　天津市物价局　1994 年　638 页

012814264

天津海关志

天津海关编志室编　天津　天津海关编志室　1993 年　448 页

008827890

天津口岸统计志 1949—1999

天津市人民政府口岸管理委员会编　天津　天津人民出版社　2001 年　542 页

010239141

天津文化简志稿

天津市文化局文化史志编修委员会编　天津　天津市文化局文化史志办公室　1988 年　302 页

008298363

天津市图书馆志

天津市图书馆志编修委员会编著　天津　天津人民出版社　1996 年　516 页〔天津市地方志系列丛书〕

013510611

天津市科学技术协会志

天津市科学技术协会编纂　天津　天津市科学技术协会　2001 年　412 页

009414684

中华学府志　第 3 卷　天津卷

中华学府志编辑委员会编　北京　中共中

央党校出版社 2004年 1483页

011328554
天津外国语学院四十周年校志 1964—2004
天津外国语学院校志编委会编 天津 天津外国语学院 2004年 260页

013145477
天津外国语学院志
天津外国语学院志编纂委员会编 张学海主编 天津 天津外国语学院志编纂委员会 1999年 195页

013096523
天津科技大学校志 1958—2008
天津科技大学校志编委会编 天津 天津科技大学校志编委会 2008年 534页

013630133
天津职业大学志 1978.7—2001.12
天津 天津职业大学 2002年 582页

012174948
天津职业大学志 2002.1—2008.9
天津 天津职业大学 2008年 624页

012584304
中国谚语集成 第25卷 天津卷
中国民间文学集成全国编辑委员会 中国民间文学集成天津卷编辑委员会编 北京 中国ISBN中心 2007年 855页

011762222
中国民间歌曲集成 第28卷 天津卷
中国民间歌曲集成全国编辑委员会 中国民间歌曲集成天津卷编辑委员会编 北京 中国ISBN中心 2004年 704页

005584689
中国曲艺音乐集成 第6卷 天津卷
中国曲艺音乐集成全国编辑委员会 中国曲艺音乐集成天津卷编辑委员会编 北京 中国ISBN中心 1993年 1309页〔十部文艺集成志书〕

010022789
中国戏曲音乐集成 天津卷 唱腔资料选编 评剧
陈钧编 中国戏曲音乐集成天津卷编辑部编 北京 中国ISBN中心 1995年 239页

006130944
中国戏曲音乐集成 第7卷 天津卷
中国戏曲音乐集成编辑委员会 中国戏曲音乐集成天津卷编辑委员会编 北京 中国ISBN中心 1994年 998页〔十部文艺集成志书〕

013178398
中国民族民间器乐曲集成 第28卷 天津卷
中国民族民间器乐曲集成全国编辑委员会 中国民族民间器乐曲集成天津

卷编辑委员会编 北京 中国 ISBN 中心 2008 年 2 册 1517 页

002497444
中国民族民间舞蹈集成 第 16 卷 天津卷
中国民族民间舞蹈集成编辑部编 北京 中国舞蹈出版社 1990 年 557 页〔十部文艺集成志书〕

010117853
中国戏曲志天津卷资料汇编
中国戏曲志天津卷编辑部编 天津 中国戏曲志天津卷资料汇编编纂委员会 1984 年

002779781
中国戏曲志 第 18 卷 天津卷
中国戏曲志编辑委员会编 北京 文化艺术出版社 1990 年 573 页〔十部文艺集成志书〕

008350479
天津大学人物志
左森主编 尹明丽等副主编 天津 天津大学出版社 1993 年 534 页

011442087
天津当代曲艺人物志
鲁学政 孙福海主编 天津 百花文艺出版社 2003 年 385 页

001737964
天津风物志
本社编 天津 天津人民出版社 1985 年 144 页〔中国风物志丛书〕

008700875
天津市地名志
天津市地名志总编纂委员会编 天津 天津人民出版社 1994 年

009700484
天津市地震监测志
天津市地震局编 北京 地震出版社 2005 年 348 页〔中国地震监测志系列〕

008378560
海河志
海河志编纂委员会编 北京 中国水利水电出版社 1997 年

008453103
海河志 大事记
海河志编纂委员会编 北京 中国水利水电出版社 1995 年 350 页

009818052
天津市区域地质志
天津市地质矿产局编 北京 地质出版社 1992 年 259 页〔地质专报 1 区域地质 第 29 号〕

009348292
天津植物志
刘家宜主编 天津 天津科学技术出版社 2004年 999页

013226337
天津市食品药品监管分局志
天津市食品药品监督管理局编著 天津 天津市食品药品监督管理局 2010年 610页

012722557
天津市食品药品监管志
天津市食品药品监督管理局编著 天津 天津市食品药品监督管理局 2010年 586页

008533077
天津动植物检疫志
杨维长主编 天津动植物检疫志编修委员会编著 天津 天津社会科学院出版社 1999年 230页

009799574
[天津铁路中心天津市第四中心医院]院志
天津铁路中心天津市第四中心医院志编纂委员会编 天津 天津铁路中心天津市第四中心医院志编纂委员会 2000年 226页

009799582
[天津市]第一医院志 1930—1990
天津市第一医院志编纂委员会 天津市卫生志编修委员会编 天津 天津市卫生志编修委员会 1990年 258页〔天津卫生史料专辑 4〕

012831385
[天津市]儿童医院志 1873—1992
天津市儿童医院志编纂委员会编 天津 天津市儿童医院志编纂委员会 1995年 436页〔天津卫生史料专辑 7〕

014052277
天津市口腔医院志 1947—2007
天津市口腔医院志编修委员会编 天津 天津市口腔医院志编修委员会 2007年 255页〔天津卫生史料专辑 13〕

012837521
天津市胸科医院院志
朱占来主编 张英俊副主编 天津市胸科医院院志编纂委员会编 天津 天津市胸科医院院志编纂委员会 1995年 339页

011320753
天津市药品检验所所志
天津 天津市药品检验所 2002年 172页

012836422
天津市第一中心医院院志 1949—1994
天津市第一中心医院院志编写委员会编 天津 天津市第一中心医院院志编

写委员会 1996 年 452 页〔天津卫生史料专辑 10〕

009445127
天津市肿瘤医院志 1861—2003
天津市肿瘤医院志编修委员会编 天津 天津市肿瘤医院 2004 年 429 页〔天津卫生史料专辑 11〕

011500695
天津医科大学总医院院志 1946—2006
天津医科大学总医院编 天津 天津医科大学总医院 2006 年 385 页

013510598
天津泌尿外科史志
孙光主编 天津 天津科学技术出版社 2009 年 191 页

014052275
天津电力设计院志 1954—2006
天津电力设计院编 2007 年 350 页

012658561
国家药品监督管理局天津药物研究院院志 1996—2000
国家药品监督管理局天津药物研究院编 天津 国家药品监督管理局天津药物研究院 2001 年 342 页

012658558
国家医药管理局天津药物研究院院志
1955—1990
国家医药管理局天津药物研究院院志编纂领导小组编 天津 国家医药管理局天津药物研究院院志编纂领导小组 1992 年 389 页

012658559
国家医药管理局天津药物研究院院志
1991—1995
国家医药管理局天津药物研究院编 天津 国家医药管理局天津药物研究院 1999 年 211 页

008385259
天津市城市规划志
天津市城市规划志编纂委员会编著 天津 天津科学技术出版社 1994 年 501 页〔天津市地方志丛书〕

013936419
天津市市政工程设计研究院简志
1949—2004
邱志明主编 天津 天津市市政工程设计研究院简志编纂委员会 2004 年 522 页

013510605
天津市勘察院志 天津市勘察院建院三十周年纪念 1979—2009
天津市勘察院志编辑委员会编 2009 年 168 页

009890505
天津水利志

天津市水利局水利志编纂委员会编 天津 天津科学技术出版社 1998—1999年 4册

013072540
天津水利志 于桥水库志
天津市水利局水利志编纂委员会编 天津 天津科学技术出版社 1997年 139页

008534183
滦河志
水利部海河水利委员会海河志编纂委员会编 石家庄 河北人民出版社 1994年 306页

008487280
铁道部第三勘测设计院志 1953—1993
铁道部第三勘测设计院志编写委员会 王明才主编 李克让副主编 毕荣先等编 铁道部第三勘测设计院志 1995年 528页

河西区

008593573
河西区志 蓝本
河西区地方志编修委员会编著 天津 河西区地方志编修委员会 1998年 982页

008698364
河西区志

天津市河西区地方史志编修委员会编著 天津 天津社会科学院出版社 1998年 936页

009408114
天津市河西区教育志
河西区教育志编修委员会编 天津 天津市证照厂印 1992年 235页

008828137
天津市地名志 第3卷 河西区
河西区地名志编纂委员会编 孙淑环主编 天津 天津人民出版社 1999年 481页

和平区

009677906
和平区志
天津市和平区地方志编修委员会编著 北京 中华书局 2004年 2册 1349页

010146791
和平区志
天津市和平区地方志编修委员会编著 天津 天津市和平区地方志编修委员会 2004年 2册 1247页

013091104
和平区人民法院志
天津市和平区人民法院编 天津 天津市和平区人民法院 1996年 423页

011148042

中国民间文学集成 天津卷 和平分册

张志玉 扈其震主编 天津 天津和平区人民政府文化办公室 1989年 299页

008828153

天津市地名志 第1卷 和平区

和平区地名志编纂委员会编 何铁冰主编 天津 天津人民出版社 1998年 424页

河东区

008949797

河东区志

天津市河东区地方志编修委员会编著 天津 天津社会科学院出版社 2001年 1213页

008298411

河东区房地产志

河东区房地产管理局编 天津 天津社会科学院出版社 1996年 349页〔天津房地产志丛书 天津市河东区地方志丛书〕

008298426

天津市地名志 第2卷 河东区

河东区地名志编纂委员会编 齐泉林主编 天津 天津人民出版社 1996年 518页

南开区

008533090

南开区志

天津市南开区地方志编修委员会编著 天津 天津社会科学院出版社 1998年 1037页

013660353

天津市南开区志分志 南开区商业志

天津市南开区商业志编辑部编 南开区 天津市南开区商业志编辑部 1996年 225页

008298408

南开区房地产志

南开区房地产管理局编 天津 天津社会科学院出版社 1997年 308页〔天津房地产志丛书〕

011837635

天津市南开区教育志

天津市南开区教育局教育志编辑委员会编 天津 天津市南开区教育局教育志编辑委员会 1991年 279页

008492525

南开人物志

王文俊主编 天津 南开大学出版社 1999年

008828146

天津市地名志 第4卷 南开区

南开区地名志编纂委员会编 黄志敏主编 天津 天津人民出版社 1998年 635页

河北区

009332552
河北区志
天津市河北区地方志编修委员会编著 天津 天津社会科学院出版社 2003年 1301页

011500691
天津市河北区人事志
天津市河北区人事局编著 天津 天津市河北区人事局 2002年 543页〔天津市河北区地方志丛书〕

008487261
河北区房地产志
河北区房地产管理局编 天津 天津社会科学院出版社 1995年 441页〔天津房地产志丛书 天津市河北区地方志丛书〕

010138590
天津市河北区教育志
天津市河北区教育委员会编 天津 天津市河北区教育委员会 1999年 223页〔天津市河北区地方志丛书〕

012252706
天津市地名志 第5卷 河北区

河北区地名志编纂委员会编 任彦林主编 天津 天津人民出版社 2002年 627页

009157207
天津市河北区地名志
河北区人民政府编 天津 天津市河北区人民政府 1987年 742页

011311467
天津市河北区城市建设志
天津市河北区城市建设委员会编 天津 天津人民出版社 1999年 467页〔河北区志丛书〕

红桥区

008827906
红桥区志
天津市红桥区地方志编修委员会编著 天津 天津古籍出版社 2001年 1049页

008486593
红桥区房地产志
红桥区房地产管理局编 天津 天津社会科学院出版社 1995年 263页〔天津房地产志丛书〕

008298388
红桥区民用公房经营管理志
红桥区房产总公司编 天津 天津社会科学院出版社 1995年 239页〔天津房

地产志丛书〕

008298507
天津市地名志 第 6 卷 红桥区
红桥区地名志编纂委员会编 邢克文主编 天津 天津人民出版社 1997 年 513 页

013321025
天津市红桥医院院志 1965.12—2010.12
天津市红桥医院院志编纂委员会编 天津 天津市红桥医院 2010 年 394 页

东丽区

008257570
东丽区志
天津市东丽区地方志编修委员会编著 天津 天津社会科学院出版社 1996 年 1011 页

013702929
赤土村志
赤土村志编修委员会编 天津 天津社会科学院出版社 2011 年 257 页〔天津市东丽区地方志系列丛书〕

009009893
胡张庄村志
东丽区胡张庄村志编修委员会编著 天津 天津古籍出版社 2001 年 211 页〔天津市东丽区地方志系列丛书〕

009190526
新立村志
东丽区新立村志编修委员会编著 天津 天津古籍出版社 2002 年 403 页〔天津市东丽区地方志系列丛书〕

009393529
东丽区计划生育志
东丽区计划生育委员会编 天津 天津古籍出版社 1999 年 288 页

008298397
东丽区房地产志
东丽区房地产管理局编 天津 天津社会科学院出版社 1998 年 258 页〔天津房地产志丛书〕

008533101
东丽区土地管理志
东丽区土地管理志编纂委员会编著 天津 天津社会科学院出版社 1998 年 318 页〔天津市土地管理系列志书〕

008298511
天津市地名志 第 10 卷 东丽区
东丽区地名志编纂委员会编 刘玉生主编 天津 天津人民出版社 1997 年 323 页

008828209
天津水利志 第 9 卷 东丽区水利志
东丽区水利志编纂委员会编 天津 天津科学技术出版社 1996 年 148 页

西青区

009398804
西青区志
天津市西青区地方志编修委员会编著 天津 天津社会科学院出版社 2003年 1314页

008298368
大蒋庄村志
刘新国主编 天津 天津社会科学院出版社 1995年 271页〔天津市地方志丛书〕

008640004
大寺镇志
大寺镇地方志编修委员会编著 天津 天津社会科学院出版社 1998年 598页〔西青区地方志丛书〕

008828091
李七庄乡志
天津市西青区李七庄乡地方志编修委员会编著 天津 天津社会科学院出版社 1999年 485页〔西青区乡镇志丛书〕

010009264
南河镇志
天津市西青区南河镇地方志编修委员会编 天津 天津社会科学院出版社 2005年 507页〔西青区乡镇志丛书〕

008640009
上辛口乡志
上辛口乡地方志编修委员会编 天津 天津社会科学院出版社 1997年 428页〔西青区乡镇志系列丛书〕

007657582
王稳庄乡志
王稳庄乡地方志编修委员会编著 天津 天津社会科学院出版社 1996年 515页〔西青区地方志丛书〕

011585366
张家窝镇志
天津市西青区张家窝镇地方志编修委员会编著 天津 天津社会科学院出版社 2007年 409页

008593576
中北斜乡志
天津市西青区中北斜乡地方志编修委员会编著 天津 天津社会科学院出版社 1999年 473页〔西青区乡镇志系列丛书〕

010279010
西青区政府志
西青区政府志编修委员会编 天津 天津古籍出版社 1999年 370页〔天津市西青区系列分志〕

008593582
西青区公安志

天津市公安局西青分局史志办公室编 天津 天津古籍出版社 2000年 508页

009769246
西青区检察志
西青区检察志编修委员会编 天津 天津古籍出版社 1999年 264页〔天津市西青区系列分志〕

008298402
西青区房地产志
西青区房地产管理局编 天津 天津社会科学院出版社 1997年 217页〔天津房地产志丛书 天津市西青区地方志丛书〕

009769245
西青区城乡建设志
西青区城乡建设志编修委员会编著 天津 天津社会科学院出版社 2001年 678页

008533098
西青区土地管理志
西青区土地管理志编纂委员会编著 天津 天津社会科学院出版社 1999年 383页〔天津市土地管理系列志书〕

012878860
杨柳青发电厂志 1958—1988
杨柳青发电厂编 天津 杨柳青发电厂 1991年 271页

009769248
[西青区]交通运输管理志
天津市西青区交通运输管理志编修委员会编 天津 天津市社会科学院出版社 1997年 244页〔天津市西青区系列分志〕

008298513
天津市地名志 第11卷 西青区
西青区地名志编纂委员会编 怀禹主编 天津 天津人民出版社 1994年 277页

008828205
天津水利志 第11卷 西青区水利志
西青区水利志编纂委员会编 天津 天津科学技术出版社 1997年 317页

津南区

008593551
津南区志
天津市津南区地方志编修委员会编著 李忠诚主编 天津 天津社会科学院出版社 1999年 966页

011442096
葛沽镇志
津南区葛沽镇志编修委员会编 天津 葛沽镇志编修委员会 1993年 392页

008828224
天津市传字营村志 1999

天津 传字营村委员会 2000年 171页

010577325
小站镇志
小站镇志编修委员会编 天津 小站镇志编修委员会 1993年 553页

008533099
津南区土地管理志
津南区土地管理志编纂委员会编 天津 天津社会科学院出版社 1998年 307页〔天津土地管理系列志书〕

013093024
津南区农林志
天津市津南区农林局编 津南区 津南区农林局 1994年 343页

013508430
津南区税务志 1948—1990
天津市税务局津南分局编 天津 1994年 314页〔津南方志丛书〕

008298517
天津市地名志 第12卷 津南区
津南区地名志编纂委员会编 宋兴良 商庆祥主编 天津 天津人民出版社 1996年 362页

013820502
津南区卫生志
天津市津南区卫生局编 天津 天津市津南区卫生局 1993年 309页

008533132
天津水利志 第10卷 津南区水利志
天津市水利局水利志编纂委员会编 天津 天津科学技术出版社 1996年 276页

北辰区

008593570
北辰区志
天津市北辰区地方志编修委员会编著 宋联洪主编 天津 天津古籍出版社 2000年 1249页

013334563
大张庄镇志
北辰区大张庄镇志编修委员会编 天津 北辰区大张庄镇志编修委员会 2002年 550页〔天津市北辰区地方志丛书〕

012999177
霍庄子镇志 1404—1994
霍庄子镇志编修委员会编 霍庄子镇 霍庄子镇志编修委员会 2001年 541页〔天津市北辰区霍庄子地方志丛书〕

009799918
南王平镇志
南王平镇地方志编修委员会编著 天津 南王平镇地方志编修委员会 2001年 378页〔天津市北辰区地方志丛书〕

012252306

青光镇志

天津市北辰区青光镇地方志编纂委员会编著 青光镇 天津市北辰区青光镇地方志编纂委员会 2005年 747页〔天津市北辰区地方志丛书〕

009554079

双街镇志

北辰区双街镇志编修委员会编 天津 北辰区双街镇志编修委员会 2002年 411页〔天津市北辰区地方志丛书〕

013333766

双口镇志

北辰区双口镇志编修委员会编 天津 天津市北辰区双口一村印刷厂 2003年 381页〔天津市北辰区地方志丛书〕

013936416

天津市北辰区北仓镇志

北仓镇志编修委员会编著 天津 天津天新纸制品有限公司 2002年 525页〔天津市北辰区地方志丛书〕

012099986

天穆村志

天穆村地方志编修委员会编 天穆村 天穆村志编修委员会 2007年 427页〔天津市北辰区地方志丛书〕

010475801

天穆镇志

马明基主编 天津 天穆镇地方志编修委员会 1999年 673页〔天津市北辰区地方志丛书〕

014052281

天穆镇志

天穆镇志编修委员会编著 北京 线装书局 2013年 656页〔天津市北辰区地方志丛书〕

012052404

西堤头镇志

天津市北辰区西堤头镇志编修委员会编 天津 天津市北辰区西堤头镇志编修委员会 2004年 426页〔天津市北辰区地方志丛书〕

013506548

北辰区人大志

天津市北辰区人大志编修委员会编 天津 天津市北辰区人大志编修委员会 1997年 222页

008533096

北辰区土地管理志 第3卷

北辰区土地管理志编纂委员会编著 天津 天津社会科学院出版社 1999年 353页〔天津市土地管理系列志书〕

010253038

北辰区农业志

北辰区农业志编修委员会编 北辰区 北辰区农业志编修委员会 2005年 2册

〔天津市北辰区地方志丛书〕

010117850
北辰区供销合作社志
天津市北辰区供销社地方志编委会编著 北辰区 天津市北辰区供销社 2004年 301页〔天津市北辰区地方志丛书〕

013369110
北辰区文化志
天津市北辰区文化志编修委员会编辑 北辰区 天津市北辰区文化局 2003年 383页〔天津市北辰区地方志丛书〕

011430301
北辰区文联志
北辰区文联志编修委员会编 北辰区 北辰区文联志编修委员会 2005年 195页〔天津市北辰区地方志丛书〕

012096337
北辰区档案志
北辰区档案局地方志编修委员会编著 天津 北辰区档案局地方志编修委员会 2004年 570页〔天津市北辰区地方志丛书〕

012658114
北辰区科技志
北辰区科技志编修委员会编 2001年 426页〔天津市北辰区地方志丛书〕

011583559
天津津辰史迹
杨光祥编著 天津 天津古籍出版社 2007年 376页〔天津地方志资料丛书 专辑1〕

008298520
天津市地名志 第13卷 北辰区
北辰区地名志编辑部编 冯义东主编 天津 天津人民出版社 1996年 314页

008828218
天津水利志 第12卷 北辰区水利志
北辰区水利志编纂委员会编 天津 天津科学技术出版社 1999年 260页

武清区

003796277
武清县志
武清县地方史志编修委员会编著 天津 天津社会科学院出版社 1991年 907页

009796977
武清县志 1991—2000
武清区地方史志编修委员会编 天津 天津社会科学院出版社 2004年 735页

011890543
东马圈镇志
天津市武清区东马圈镇地方志编修委员会编 天津 天津社会科学院出版社

2008年 575页

012832054
后蒲棒村志
武清县档案局编印 武清 武清县档案局 1999年 242页

008533137
王庆坨镇志
王庆坨镇地方史志编修委员会编著 天津 天津古籍出版社 1996年 561页

013822978
西南庄村志
西南庄村志编修委员会编 天津 西南庄村志编修委员会 2011年 228页

008593568
武清县土地管理志
武清县土地管理志编纂委员会编著 天津 天津社会科学院出版社 1998年 306页〔天津市土地管理系列志书〕

008298524
天津市地名志 第15卷 武清县
武清县地名志编纂委员会编 李本贵主编 天津 天津人民出版社 1995年 586页

011809271
武清中医院志 1988—2005
武清区中医院院志编委会编著 天津 武清区中医院院志编委会 2006年

548页

008828197
天津水利志 第3卷 武清县水利志
武清县水利志编纂委员会编 天津 天津科学技术出版社 1998年 303页

宝坻区

008533164
宝坻县志 蓝本
宝坻县志编修委员会编 宝坻 宝坻县志编修委员会 1992年 1110页

007482036
宝坻县志
宝坻县志编修委员会编著 吴静顺主编 天津 天津社会科学院出版社 1995年 1020页

012809893
宝坻县志 1990—2001
宝坻县志编修委员会编著 天津 天津社会科学院出版社 2010年 825页

008828105
宝坻县土地管理志 第9卷
宝坻土地管理志编纂委员会编 天津 天津社会科学院出版社 2000年 406页〔天津市土地管理系列志书〕

009890514
天津水利志 第2卷 宝坻县水利志

宝坻县水利志编纂委员会编 天津 天津科学技术出版社 2001年 391页

滨海新区

008533241
大港区志 蓝本
天津市大港区地方史志编修委员会编 天津 天津市大港区地方史志编修委员会 1990年 4册

007477983
大港区志
天津市大港区地方史志编修委员会编著 天津 天津社会科学院出版社 1994年 975页

008533215
汉沽区志 蓝本
汉沽区地方志编修委员会编 天津 汉沽区地方志编修委员会 1992年 944页

007488671
汉沽区志
天津市汉沽区地方志编修委员会编著 天津 天津社会科学院出版社 1995年 1122页

007969470
塘沽区志
天津市塘沽区地方志编修委员会编著 天津 天津社会科学院出版社 1996年 959页

008486471
汉沽区房地产志
汉沽区房地产管理局编 天津 天津社会科学院出版社 1999年 241页〔天津房地产志丛书〕

008298394
塘沽区房地产志
塘沽区房地产管理局编 天津 天津社会科学院出版社 1998年 232页〔天津房地产志丛书〕

008593578
大港区土地管理志 第7卷
大港区土地管理志编纂委员会编著 天津 天津社会科学院出版社 2000年 263页〔天津市土地管理系列志书〕

008533105
汉沽区土地管理志 第6卷
汉沽区土地管理志编纂委员会编著 天津 天津社会科学院出版社 1999年 341页〔天津市土地管理系列志书〕

008593590
塘沽区土地管理志
塘沽区土地管理志编纂委员会编著 天津 天津社会科学院出版社 1999年 369页〔天津市土地管理系列志书〕

008298367
长芦汉沽盐场志
汉沽盐场场志编纂委员会编 天津 百花

文艺出版社 1991 年 374 页

009398802
大港油田志 1964—1993
大港油田志编纂委员会编 北京 石油工业出版社 1997 年 596 页

011441927
轻工业部制盐工业科学研究所所志 1955—1990
轻工业部制盐工业科学研究所编 轻工业部制盐工业科学研究所 1993 年 157 页

013706520
塘沽盐场志
塘沽盐场志编写委员会编 天津 天津科学技术出版社 1993 年 368 页

007981691
中国石油地质志 第 4 卷 大港油田
大港油田石油地质志编辑委员会编 北京 石油工业出版社 1991 年 436 页

009800057
中海物探公司志 1965—1997
中海物探公司志编纂委员会编著 中海物探公司 1999 年 436 页

010011472
塘沽广播电视志 1956—2004
塘沽区广播电视局编 北京 中国广播电视出版社 2004 年 189 页

008298510
天津市地名志 第 7 卷 塘沽区
塘沽区地名志编纂委员会编 何宝堂主编 天津 天津人民出版社 1994 年 366 页

009018451
天津市地名志 第 8 卷 汉沽区
汉沽区地名志编纂委员会编 刘增主编 天津 天津人民出版社 1997 年 518 页

008828162
天津市地名志 第 9 卷 大港区
大港区地名志编纂委员会编 杨钟璟主编 天津 天津人民出版社 1998 年 298 页

010292611
[大港石油管理局石油地质勘探开发研究院]地质研究院志 1964.1—1994.1
大港石油管理局石油地质勘探开发研究院志编审委员会编 大港 大港石油管理局 199u 年 335 页

011804197
大港石油管理局职工总医院志 1964—1993
大港石油管理局职工总医院志编辑委员会编 天津 大港石油管理局职工总医院 1994 年 229 页

013190299
中国油气田开发志 第 4 卷 大港油气

区卷

中国油气田开发志总编纂委员会编 北京 石油工业出版社 2011年 344页

014061177

中国油气田开发志 第4卷 大港油气区油气卷

中国油气田开发志总编纂委员会编 北京 石油工业出版社 2011年 2册

008533130

天津水利志 第6卷 塘沽区水利志

塘沽区水利志编纂委员会编 天津 天津科学技术出版社 1995年 239页

008828203

天津水利志 第7卷 汉沽区水利志

汉沽区水利志编纂委员会编 天津 天津科学技术出版社 2000年 216页

008828215

天津水利志 第8卷 大港区水利志

大港区水利志编纂委员会编 天津 天津科学技术出版社 2000年 283页

宁河县

003796272

宁河县志

宁河县地方史志编修委员会编著 天津 天津社会科学院出版社 1991年 829页

011320761

宁河政协志

天津市宁河政协志编修委员会编著 天津 天津人民出版社 2002年 625页

008593587

宁河县土地管理志

宁河县土地管理志编纂委员会编著 天津 天津社会科学院出版社 1999年 317页〔天津市土地管理系列志书〕

008385390

芦台农场志

河北省芦台农场地方志编纂委员会著 北京 海潮出版社 1997年 674页

008828145

天津市地名志 第14卷 宁河县

宁河县地名志编纂委员会编 于深主编 天津 天津人民出版社 1998年 248页

008533111

天津水利志 第4卷 宁河县水利志

宁河县水利志编纂委员会编 天津 天津科学技术出版社 1996年 246页

静海县

008533160

静海县志 兰本

静海县地方志编修委员会编 静海 静海县地方志编修委员会 1993年 827页

007425714

静海县志

静海县志编修委员会编著 天津 天津社会科学院出版社 1995年 911页

008533104

静海县土地管理志

静海县土地管理志编纂委员会编 天津 天津社会科学院出版社 1999年 294页〔天津土地管理系列志书〕

013508495

静海县工业志

刘鸿友主编 静海县工业志编纂委员会编 静海 静海县工业志编纂委员会 2010年 692页

012899471

天津静海实验中学校志 2002—2007

天津 天津静海实验中学 2007年 130页

011965423

天津静海旧话

王敬模编著 天津 天津古籍出版社 2007年 255页〔天津地方志资料丛书 专辑1〕

008298548

天津市地名志 第16卷 静海县

静海县地名志编纂委员会编 李凤舞主编 天津 天津人民出版社 1994年 373页

008444055

第一地质调查处志 1973—1991

物探局第一地质调查处志编纂办公室编 天津 第一地质调查处 1994年 478页

009890519

天津水利志 第5卷 静海县水利志

静海县水利志编纂委员会编 天津 天津科学技术出版社 1998年 305页

蓟县

007289951

蓟县志

蓟县志编修委员会编著 天津 南开大学出版社 1991年 1056页

008828128

蓟县土地管理志

蓟县土地管理志编纂委员会编著 天津 天津社会科学院出版社 2001年 304页〔天津市土地管理系列志书〕

009881541

蓟州风物志

金振东 刘春 董秀娜编著 天津 天津古籍出版社 2006年 400页

009769209

盘山志

盘山志编辑办公室编 蓟县 盘山志编辑办公室 2006年 353页

008067433
天津黄崖关长城志
天津市"爱我中华修我长城"赞助活动指导委员会办公室编 方放主编 韩嘉谷执笔 魏克晶 张一苓摄影 贾兵武 戚福林 孙培茹绘图 天津 天津古籍出版社 1988年 192页

008828176
天津水利志 第1卷 蓟县水利志
蓟县水利志编纂委员会编 天津 天津科学技术出版社 1998年 231页

河北省

005804154
河北省志
河北省地方志编纂委员会编 石家庄 河北人民出版社 1994 年

008534171
河北省志 共产党志
河北省志共产党志编纂委员会编 北京 中央文献出版社 1999 年 962 页

013091116
河北省志 人口志 初稿
河北省志人口志编委会编 河北 河北省志人口志编委会 2010 年 499 页

006067496
河北省志 第 1 卷 大事记 约 100 万年前—1988
河北省地方志编纂委员会编 石家庄 河北大学出版社 1992 年 551 页

007994440
河北省志 第 2 卷 建置志
河北省地方志编纂委员会编 石家庄 河北人民出版社 1993 年 328 页

007902382
河北省志 第 3 卷 自然地理志
河北省地方志编纂委员会编 石家庄 河北科学技术出版社 1993 年 485 页

006384391
河北省志 第 4 卷 海洋志
河北省地方志编纂委员会编 石家庄 河北人民出版社 1994 年 536 页

008685528
河北省志 第 5 卷 测绘志
河北省地方志编纂委员会编 石家庄 河北人民出版社 1998 年 420 页

011312664
河北省志 第 6 卷 地名志

河北省地方志编纂委员会编 石家庄 河
北人民出版社 2007 年 598 页

006384485

河北省志 第 7 卷 地质矿产志

河北省地方志编纂委员会编 石家庄 河
北人民出版社 1991 年 249 页

007589102

河北省志 第 8 卷 气象志

河北省地方志编纂委员会编 北京 方志
出版社 1996 年 306 页

006767745

河北省志 第 9 卷 地震志

河北省地方志编纂委员会编 石家庄 河
北人民出版社 1993 年 375 页

012541660

河北省志 第 10 卷 自然灾害志

河北省地方志编纂委员会编 北京 方志
出版社 2009 年 397 页

008192063

河北省志 第 11 卷 环境保护志

河北省地方志编纂委员会编 北京 方志
出版社 1997 年 347 页

006067493

河北省志 第 12 卷 人口志

河北省地方志编纂委员会编 石家庄 河
北人民出版社 1991 年 215 页

008593837

河北省志 第 13 卷 经济实力志

河北省地方志编纂委员会编 北京 中国
统计出版社 2000 年 874 页

010008329

河北省志 第 14 卷 经济体制改革志

河北省地方志编纂委员会编 石家庄 河
北人民出版社 2000 年 340 页

008534176

河北省志 第 15 卷 计划管理志

河北省地方志编纂委员会编 石家庄 河
北人民出版社 1999 年 707 页

007589096

河北省志 第 16 卷 农业志

河北省地方志编纂委员会编 王武代主
编 北京 中国农业出版社 1995 年
632 页

008593825

河北省志 第 17 卷 林业志

河北省地方志编纂委员会编 石家庄 河
北人民出版社 1998 年 536 页

006384423

河北省志 第 18 卷 畜牧志

河北省地方志编纂委员会编 石家庄 河
北大学出版社 1993 年 400 页

007589095

河北省志 第 19 卷 水产志

河北省地方志编纂委员会编 天津 天津人民出版社 1996年 282页

007589103
河北省志 第20卷 水利志
河北省地方志编纂委员会编 石家庄 河北人民出版社 1995年 450页

010252967
河北省志 第21卷 电子工业志
河北省地方志编纂委员会编 北京 电子工业出版社 2003年 502页

013688738
河北省志 第22卷 市县区域志
河北省地方志编纂委员会编 石家庄 河北人民出版社 2012年 970页

013708172
河北省志 第22卷 文学志
河北省地方志编纂委员会编 石家庄 河北大学出版社 2012年 514页

008195157
河北省志 第23卷 纺织工业志
河北省地方志编纂委员会编 北京 方志出版社 1996年 434页

008195158
河北省志 第24卷 化学工业志
河北省地方志编纂委员会编 北京 方志出版社 1996年 455页

009310345
河北省志 第25卷 武警志
河北省地方志编纂委员会编 石家庄 河北人民出版社 2001年 480页

007989877
河北省志 第26卷 盐业志
河北省地方志编纂委员会编 北京 中国书籍出版社 1996年 391页

010253314
河北省志 第27卷 国民党志
河北省地方志编纂委员会编 北京 中华书局 2005年 615页

008192043
河北省志 第28卷 煤炭工业志
河北省地方志编纂委员会编 石家庄 河北人民出版社 1995年 465页

009852664
河北省志 第29卷 监狱志
河北省地方志编纂委员会编 北京 中国对外翻译出版公司 2002年 582页

007589104
河北省志 第30卷 电力工业志
河北省地方志编纂委员会编 石家庄 河北人民出版社 1996年 477页

008486562
河北省志 第31卷 冶金工业志
河北省地方志编纂委员会编 北京 冶金

工业出版社 1994年 432页

008593829
河北省志 第32卷 机械工业志
河北省地方志编纂委员会编 北京 中国社会出版社 2000年 628页

008195169
河北省志 第34卷 国防科技工业志
河北省地方志编纂委员会编 北京 中国书籍出版社 1995年 307页

009332556
河北省志 第36卷 建筑业志
河北省地方志编纂委员会编 石家庄 河北人民出版社 2003年 711页

009024804
河北省志 第37卷 城乡建设志
河北省地方志编纂委员会编 石家庄 河北人民出版社 2002年 651页

008840120
河北省志 第38卷 土地志
河北省地方志编纂委员会编 北京 方志出版社 1997年 325页

007902384
河北省志 第39卷 交通志
河北省地方志编纂委员会编 石家庄 河北人民出版社 1992年 435页

008840127
河北省志 第40卷 铁道志
河北省地方志编纂委员会编 北京 中国铁道出版社 1997年 347页

008685601
河北省志 第41卷 邮电志
河北省地方志编纂委员会编 石家庄 河北人民出版社 1998年 457页

007902383
河北省志 第42卷 财政志
河北省地方志编纂委员会编 石家庄 河北人民出版社 1992年 463页

008192064
河北省志 第43卷 金融志
河北省地方志编纂委员会编 北京 中国书籍出版社 1997年 812页

009310342
河北省志 第44卷 商业志
河北省地方志编纂委员会编 石家庄 河北人民出版社 1999年 419页

006384397
河北省志 第45卷 供销合作社志
河北省地方志编纂委员会编 石家庄 河北人民出版社 1994年 388页

007589097
河北省志 第46卷 物资志
河北省地方志编纂委员会编 石家庄 河

北人民出版社 1996 年 453 页

013708169

河北省志 第 47 卷 粮食志

河北省地方志编纂委员会编 北京 中国城市出版社 1994 年 376 页

007674860

河北省志 第 48 卷 对外贸易经济合作志

河北省地方志编纂委员会编 石家庄 河北人民出版社 1995 年 646 页

006767800

河北省志 第 49 卷 旅游志

河北省地方志编纂委员会编 石家庄 河北人民出版社 1994 年 382 页

006384390

河北省志 第 50 卷 物价志

河北省地方志编纂委员会编 石家庄 河北人民出版社 1994 年 463 页

006384394

河北省志 第 51 卷 工商行政管理志

河北省地方志编纂委员会编 石家庄 河北人民出版社 1994 年 368 页

006384395

河北省志 第 52 卷 统计志

河北省地方志编纂委员会编 石家庄 河北人民出版社 1994 年 387 页

007589105

河北省志 第 53 卷 审计志

河北省地方志编纂委员会编 曹春编 北京 中国审计出版社 1996 年 460 页

006384392

河北省志 第 54 卷 标准计量志

河北省地方志编纂委员会编 石家庄 河北人民出版社 1994 年 248 页

007731521

河北省志 第 56 卷 民主党派志

河北省地方志编纂委员会编 北京 中国档案出版社 1997 年 438 页

007589098

河北省志 第 57 卷 工会志

河北省地方志编纂委员会编 北京 中国档案出版社 1996 年 825 页

009147343

河北省志 第 58 卷 共青团志

河北省地方志编纂委员会编 石家庄 河北教育出版社 2003 年 804 页

008840131

河北省志 第 59 卷 妇女运动志

河北省地方志编纂委员会编 北京 中国档案出版社 1997 年 688 页

006384398

河北省志 第 60 卷 政治协商会议志

河北省地方志编纂委员会编 石家庄 河

北人民出版社 1993 年 326 页

007902456

河北省志 第 61 卷 人民代表大会志

河北省地方志编纂委员会编 北京 人民出版社 1993 年 366 页

008841025

河北省志 第 62 卷 政府志

河北省地方志编纂委员会编 北京 人民出版社 2000 年 868 页

012638851

河北省志 第 63 卷 民政志

河北省地方志编纂委员会编 石家庄 河北人民出版社 2010 年 650 页

007589099

河北省志 第 64 卷 劳动志

河北省地方志编纂委员会编 北京 中国档案出版社 1996 年 539 页

006802902

河北省志 第 65 卷 人事志

河北省地方志编纂委员会编 石家庄 河北人民出版社 1991 年 333 页

008593833

河北省志 第 66 卷 监察志

河北省地方志编纂委员会编 石家庄 河北人民出版社 1999 年 415 页

008685587

河北省志 第 67 卷 民族志

河北省地方志编纂委员会编 北京 民族出版社 1995 年 489 页

007589100

河北省志 第 68 卷 宗教志

河北省地方志编纂委员会编 北京 中国书籍出版社 1995 年 557 页

007674865

河北省志 第 69 卷 外事志

河北省地方志编纂委员会编 石家庄 河北人民出版社 1995 年 305 页

008027945

河北省志 第 70 卷 侨务志

河北省地方志编纂委员会编 石家庄 河北人民出版社 1995 年 336 页

008685538

河北省志 第 71 卷 公安志

河北省地方志编纂委员会编 北京 中华书局 1993 年 305 页

008192051

河北省志 第 72 卷 检察志

河北省地方志编纂委员会编 北京 中国书籍出版社 1996 年 517 页

006384396

河北省志 第 73 卷 审判志

河北省地方志编纂委员会编 石家庄 河

北人民出版社 1994 年 358 页

009310337
河北省志 第 75 卷 军事志
河北省地方志编纂委员会编 北京 军事科学出版社 2000 年 884 页

007589101
河北省志 第 76 卷 教育志
河北省地方志编纂委员会编 北京 中华书局 1995 年 757 页

006067485
河北省志 第 77 卷 科学技术志
河北省地方志编纂委员会编 北京 中华书局 1993 年 851 页

008486564
河北省志 第 78 卷 哲学社会科学志
河北省地方志编纂委员会编 北京 中华书局 1996 年 819 页

008982937
河北省志 第 79 卷 文化志
河北省地方志编纂委员会编 北京 方志出版社 2001 年 758 页

013708168
河北省志 第 81 卷 长城志
河北省地方志编纂委员会编 北京 文物出版社 2011 年 802 页

008685598
河北省志 第 82 卷 新闻志
河北省地方志编纂委员会编 北京 中华书局 1995 年 463 页

008027881
河北省志 第 83 卷 出版志
河北省地方志编纂委员会编 石家庄 河北人民出版社 1996 年 526 页

009310346
河北省志 第 84 卷 著述志
河北省地方志编纂委员会编 北京 中国对外翻译出版公司 1999 年 674 页

008486567
河北省志 第 85 卷 档案志
河北省地方志编纂委员会编 石家庄 河北人民出版社 1994 年 314 页

008027873
河北省志 第 86 卷 卫生志
河北省地方志编纂委员会编 北京 中华书局 1995 年 562 页

006067484
河北省志 第 87 卷 体育志
河北省地方志编纂委员会编 北京 人民体育出版社 1992 年 386 页

010008486
河北省志 第 89 卷 方言志
河北省地方志编纂委员会编 北京 方志

出版社 2005年 653页

009887132
河北省志 第91卷 人物志
河北省地方志编纂委员会编 北京 人民出版社 2005年 3册

010108716
燕赵人口勘察志 河北省第三次人口普查摄影集锦
河北省第三次人口普查领导小组办公室编 石家庄 河北省第三次人口普查领导小组办公室 1984年 1册

013990681
华北油田团志 1976—1998
华北油田团志编写组编 任丘 华北油田团志编写组 1999年 285页

011294238
河北省海员工会志
河北省海员工会志编纂委员会编 天津 河北省海员工会志编纂委员会 1995年 353页

010252674
河北省交通工会志
河北省交通工运史志编纂委员会编 河北 河北省交通工会 1999年 2册

009397206
河北省改革志
许振彪主编 石家庄 河北人民出版社

2003年 1086页

009441865
河北省驻京办事处志
胡天月主编 石家庄 河北省人民政府办公厅 1995年 304页

013901309
中国人民政治协商会议河北省委员会志 送审稿
中国人民政治协商会议河北省委员会办公厅编 石家庄 河北省政协 1993年 492页

013512084
中国民主促进会河北省会志
中国民主促进会河北省委员会编 中国民主促进会河北省委员会 1988年 162页

010138615
河北省审判志
河北省高级人民法院编 石家庄 河北省高级人民法院 1993年 408页

010292218
河北省工商行政管理志
芮志贤 樊洪纪 陈万松主编 北京 民族出版社 1993年 547页

010278500
河北省畜牧志
刘树常主编 北京 北京农业大学出版社

1993年 448页

008298339
河北省电力工业志
河北省电力工业志编纂委员会编 北京 当代中国出版社 1996年 440页〔中国电力工业志丛书〕

013222117
河北省电力工业志 1991—2002
河北省电力工业史志编纂委员会编 北京 中国电力出版社 2011年 613页〔中国电力工业志丛书〕

008377893
河北省黄金工业志
河北省黄金工业志编辑委员会编 石家庄 河北省黄金管理局 1993年 474页

011579920
河北省机电设备公司简志 1962—1986
河北省机电设备公司编 河北 河北省机电设备公司 1986年 251页

009000540
河北省勘察设计志
河北省勘察设计志编纂委员会编 北京 中国对外翻译出版公司 2003年 506页

008377768
河北省水利志
河北省水利厅水利志编辑办公室编 石家庄 河北人民出版社 1996年 1103页〔河北省水利史志丛书〕

011579923
河北省烟草志 送审稿
2006年 2册

011890792
河北省烟草志
河北省烟草志编纂委员会编 石家庄 河北人民出版社 2008年 838页

008486615
华北电力工业志
华北电管局史志办公室编 北京 中国科学技术出版社 1997年 502页〔中国电力工业志丛书〕

011294816
华北电力工业志 1991—2002 初稿
华北电网有限公司编 北京 华北电网有限公司 2006年 2册 306页

012611111
华北电力工业志 1991—2002
北京 中国电力出版社 2010年 632页〔中国电力工业志丛书〕

010280168
华北电力工业志资料汇编 1991—2002
北京 中国电力出版社 2006年 483页

010138612
河北省供销合作社志
河北省地方志编纂委员会编 石家庄 河北科技出版社 1993年 735页

006071800
河北省粮食志
河北省粮食志编纂委员会编纂 北京 中国城市出版社 1994年 376页

012049444
河北省医药商业志
河北省医药公司编 河北 河北省医药公司 1996年 271页

009397058
河北石油商业志
郭定宏主编 石家庄 河北人民出版社 2002年 283页

010239116
河北省商业志
河北省商业志编纂委员会编 石家庄 河北人民出版社 1988年 665页

009684383
河北建设银行志 1954—1990
李俊英主编 石家庄 河北人民出版社 1994年 583页

010251891
河北农村金融志
河北省农业银行金融志编纂委员会编纂 石家庄 河北人民出版社 1994年 494页

005276162
河北省城市金融志
河北省工商银行金融志编纂委员会编纂 北京 中国金融出版社 1992年 582页

011584811
热河金融志 1840—1955
热河金融志编辑室编 承德 热河金融志编辑室 1987年 290页

012816257
中国银行河北省分行志 1976—2005
中国银行河北省分行志编写组编 河北 中国银行河北省分行 2009年 440页

007829257
河北省保险志
河北省保险志编纂委员会编 石家庄 河北科学技术出版社 1990年 465页

008422427
河北出版史志资料选辑
河北省出版史志编辑部编 河北 河北省出版史志编辑部 19uu年

008534163
河北省出版志
河北省新闻出版局出版史志编委会编 石家庄 河北人民出版社 1996年

555 页

011579916

河北高等院校学报志

何锡源 刘亚民 夏巨敏主编 石家庄 河北教育出版社 1996 年 440 页

013647548

河北金融学院校志

陈尊厚 万素英主编 石家庄 河北大学出版社 2012 年 890 页

011761787

中国歌谣集成 第 15 卷 河北卷

中国民间文学集成全国编辑委员会 中国歌谣集成编辑委员会编 北京 中国 ISBN 中心 2004 年 591 页

004449207

中国谚语集成 第 3 卷 河北卷

中国民间文学集成全国编辑委员会 中国民间文学集成河北卷编辑委员会编 北京 中国社会科学出版社 1992 年 1002 页〔十部文艺集成志书〕

007562223

中国民间歌曲集成 第 5 卷 河北卷

中国民间歌曲集成全国编辑委员会 中国民间歌曲集成河北卷编辑委员会编 北京 中国 ISBN 中心 1995 年 2 册 1390 页〔十部文艺集成志书〕

011762045

中国曲艺音乐集成 第 21 卷 河北卷

中国曲艺音乐集成全国编辑委员会 中国曲艺音乐集成河北卷编辑委员会编 北京 中国 ISBN 中心 2005 年 2 册

008707915

中国戏曲音乐集成 第 12 卷 河北卷

中国戏曲音乐集成全国编辑委员会 中国戏曲音乐集成河北卷编辑委员会编 北京 中国 ISBN 中心 1998 年 2 册 1870 页〔十部文艺集成志书〕

007908850

中国民族民间器乐曲集成 第 3 卷 河北卷

中国民族民间器乐曲集成全国编辑委员会 中国民族民间器乐曲集成河北卷编辑委员会编 北京 中国 ISBN 中心出版 1997 年 2 册〔十部文艺集成志书〕

009397059

中华舞蹈志 第 5 卷 河北卷

中华舞蹈志编辑委员会编 蓝凡主编 上海 学林出版社 2002 年 272 页

013996054

中华舞蹈志 第 5 卷 河北卷

中华舞蹈志编辑委员会编 上海 学林出版社 2014 年 267 页

002497328

中国民族民间舞蹈集成 第 14 卷 河北卷

中国民族民间舞蹈集成编辑部编 北京 中国舞蹈出版社 1989 年 1175 页〔十部文艺集成志书〕

009649617

中国曲艺志 第 9 卷 河北卷

中国曲艺志全国编辑委员会 中国曲艺志河北卷编辑委员会编 北京 中国 ISBN 中心 2000 年 720 页

004864459

中国戏曲志 第 14 卷 河北卷

中国戏曲志编辑委员会 中国戏曲志河北卷编辑委员会编 北京 中国 ISBN 中心 1993 年 875 页〔十部文艺集成志书〕

009879148

河北抗日战争简志

河北省地方志办公室编 董经纬 杨洪进主编 北京 中国大百科全书出版社 2005 年 607 页

012541653

河北地名文化志 千年古县

程鸿飞主编 北京 当代中国出版社 2007 年 674 页

008380069

河北货币图志

张弛著 石家庄 河北人民出版社 1997 年 680 页〔钱币文化丛书 2〕

001738326

河北风物志

本社编 石家庄 河北人民出版社 1985 年 502 页〔中国风物志丛书〕

010290921

河北名胜志

河北省地名委员会办公室编 石家庄 河北科学技术出版社 1987 年 365 页〔地理地名丛书〕

001737431

河北政区沿革志

河北省地名办公室编 石家庄 河北科学技术出版社 1985 年 348 页〔地理地名丛书〕

008379225

河北科学技术志

张妥主编 北京 中国科学技术出版社 1993 年 1377 页

009879173

河北省地震监测志

河北省地震局编 北京 地震出版社 2005 年 372 页〔中国地震监测志系列〕

009310353

河北野生资源植物志

杜怡斌主编 石家庄 河北大学出版社 2000年 436页

001631542
河北植物志
河北植物志编辑委员会 贺士元主编 石家庄 河北科学技术出版社 1986年

010138621
河北野生花卉志
张金轩主编 石家庄 河北科学技术出版社 2002年 259页

006018129
华北经济植物志要
崔友文编著 中国科学院植物研究所编辑 上海 中国科学院 1954年 640页

012264975
河北动物志 半翅目 异翅亚目
刘国卿 卜文俊主编 北京 中国农业科学技术出版社 2009年 536页

012811384
河北动物志 甲壳类
宋大祥 杨思谅主编 石家庄 河北科学技术出版社 2009年 804页

012264985
河北动物志 鳞翅目 小蛾类
李后魂 王淑霞等编 北京 中国农业科学技术出版社 2009年 625页

011762034
河北动物志 蚜虫类
乔格侠等编著 石家庄 河北科学技术出版社 2009年 648页

009796965
河北动物志 鱼类
王所安等编 石家庄 河北科学技术出版社 2001年 366页

009796968
河北动物志 蜘蛛类
宋大祥 朱明生 陈军编著 石家庄 河北科学技术出版社 2001年 530页

009799874
华北灯下蛾类图志
杨集昆主编 北京 华北农业大学 1977年 3册

009348632
河北省人民医院院志 1959—1993
河北省人民医院编 河北 河北省人民医院 1994年 222页

009240439
河北土种志
丁鼎治主编 石家庄 河北科学技术出版社 1992年 1169页

009864548
河北稻区飞虱图志
张玉江编著 北京 中国农业出版社

2004年 86页

010291655
河北省农田杂草志
河北省农林科学院粮油动物研究所编 石家庄 河北科学技术出版社 1989年 246页

010265767
河北省水(陆)稻品种志
河北省廊坊地区农业科学研究所编 廊坊 河北省廊坊地区农业科学研究所 1984年 105页

011432674
河北谷子品种志
河北 河北省农林科学院谷子研究所 1986年 120页

011432686
河北食用豆类品种志
河北省农林科学院粮油作物研究所编 河北 河北省农林科学院粮油作物研究所 1985年 127页

011432678
河北棉花品种志
河北 河北省农林科学院棉花研究所 1986年 61页

013772813
河北棉花品种志
崔瑞敏主编 石家庄 河北科学技术出版社 2013年 374页

010138616
河北蔬菜品种志
河北省农林科学院蔬菜研究所编 石家庄 河北省农林科学院蔬菜研究所 1990年 368页

009796963
河北省果树志
河北省农业科学院果树研究所主编 石家庄 河北人民出版社 1959年 640页

009405900
河北省苹果志
河北省农林科学院编辑 河北省农林科学院昌黎果树研究所主编 北京 农业出版社 1986年 722页〔河北省果树志 第3卷〕

012967623
河北古树志
河北省林学会编著 石家庄 河北科学技术出版社 1995年 147页

008223022
华北树木志
华北树木志编写组编 北京 中国林业出版社 1984年 746页

012542967
太行山树木志

郭玉生主编 天津 天津科学技术出版社 2010年 741页

012872407
河北省家畜家禽品种志
刘肇清主编 北京 中国农业出版社 2009年 86页

013074874
中国油气田开发志 华北中国石化油气区油气田卷
中国油气田开发志总编纂委员会编 北京 石油工业出版社 2010年 151页

013190325
中国油气田开发志 第5卷 冀东油气区卷
中国油气田开发志总编纂委员会编 北京 石油工业出版社 2011年 349页

013630119
中国油气田开发志 第5卷 冀东油气区油气田卷
中国油气田开发志总编纂委员会编 北京 石油工业出版社 2011年 364页

013668153
中国油气田开发志 第6卷 华北中国石油油气区卷
中国油气田开发志总编纂委员会编 北京 石油工业出版社 2011年 458页

013630124
中国油气田开发志 第6卷 华北中国石油油气区油气田卷
中国油气田开发志总编纂委员会编 北京 石油工业出版社 2011年 2册

013666994
中国油气田开发志 第25卷 华北（中国石化）油气区卷
中国油气田开发志总编纂委员会编 北京 石油工业出版社 2011年 226页

009310330
河北酒文化志
梁勇 梁清华编著 北京 中国对外翻译出版公司 1998年 331页

008289638
河北水利大事记
河北省水利厅水利志编辑办公室编 天津 天津大学出版社 1993年 184页〔河北省水利史志丛书〕

007505384
河北地方志提要
来新夏主编 河北省地方志编委会办公室 南开大学地方志文献研究室编 天津 天津大学出版社 1992年 552页

石家庄市

007585877

石家庄地区志

石家庄地区地方志编纂委员会编 北京 文化艺术出版社 1994年 1215页

007588014

石家庄市志

石家庄市地方志编纂委员会编 北京 中国社会出版社 1995年

009412717

石家庄市志 简本

石家庄市地方志编纂委员会 石家庄市地方志办公室编 石家庄 河北人民出版社 2004年 418页

009174316

石家庄地区五十年大事记

石家庄地区地方志办公室编 石家庄 石家庄地区地方志办公室 1988年 157页

008288908

石家庄地区集镇志

石家庄地区工商行政管理局 石家庄地区地名办公室编 石家庄 河北人民出版社 1988年 210页

011763488

石家庄市统计志 1947—1990

石家庄市统计局编 石家庄 石家庄市统计局 1993年 239页

011320051

石家庄市公路运输工会志

中国公路运输工会石家庄市工作委员会编 石家庄 中国公路运输工会石家庄市工作委员会 1989年 660页

010778635

石家庄市政协志 1952—2007

政协石家庄市委员会编 北京 中国文史出版社 2007年 1114页

009380893

石家庄市民政志

石家庄市民政志编纂委员会编 北京 中国社会出版社 1993年 575页

013901297

中国民主同盟石家庄市志

中国民主同盟石家庄市委员会编 石家庄 河北人民出版社 2013年 578页

012256657

中国农工民主党石家庄史志 1981.10—2004.10

农工党石家庄市委员会编 石家庄 农工党石家庄市委员会 2004年 215页

013629889
石家庄市司法行政志 送审稿
石家庄市司法局编 石家庄 石家庄市司法局 1993年 2册

011809267
武警石家庄指挥学校志 1983.1—1998.12
石家庄 武警石家庄指挥学校 1999年 206页

008382873
[石家庄市]防空志
石家庄市人民防空办公室编 石家庄 石家庄市人民防空办公室 1990年 503页

012099918
石家庄市人民防空志 1947—2007
石家庄市人民防空办公室编 石家庄 河北人民出版社 2008年 506页

008377988
石家庄市工商行政管理志
石家庄市工商行政管理志编纂委员会编 石家庄 河北人民出版社 1993年 398页〔石家庄市地方志系列丛书〕

010254106
中国包装进出口河北公司志 1973—1993
陈士福编委主任编 天津 中国包装进出口河北公司 1993年 86页

010139905
石家庄市城乡建设局志
张宗超主编 北京 新华出版社 1995年 374页

009310422
石家庄市土地志
石家庄市土地志编纂委员会编 石家庄 河北人民出版社 2001年 442页

008382983
第一印染厂志 1958—1988
石家庄第一印染厂志编纂委员会纂 北京 中国展望出版社 1990年 316页

007801693
奋进之路 石家庄铝厂史志 1970—1990
石家庄铝厂史志编委会编 北京 中国档案出版社 1995年 285页〔中华企业发展史丛书 河北卷〕

013897239
河北电力建设监理有限责任公司志 1993—2012
河北电力建设监理有限责任公司编纂委员会编 河北 河北电力建设监理有限责任公司 2013年 400页

008379050
华北制药厂厂志 1953—1990
纪昭海主编 陈秀兰 王洪兴 严开先副主编 严开先等编 石家庄 河北人民出版社 1995年 449页

011586324
经纬天地谱春秋 国营石家庄第二棉纺织厂史志 1954—1990
王恒山 张殿文主编 北京 光明日报出版社 1992年 557页〔中华企业发展史丛书 河北卷〕

013706324
棉五厂志
国营石家庄第五棉纺织厂厂志编纂领导小组编 石家庄 国营石家庄第五棉纺织厂厂志编纂领导小组 1991年 246页

011998245
石泵厂志 1954—1989
石家庄水泵厂编 石家庄 石家庄水泵厂 1989年 266页

009310410
石家庄地区水利志
石家庄地区水利志编审委员会 赵士舜主编 石家庄 河北人民出版社 2000年 597页〔河北省水利史志丛书〕

008534639
石家庄热电厂志 1954—1988
石家庄热电厂志编委会编 石家庄 石家庄热电厂志编委会 1994年 216页

008378001
石家庄市纺织工业志 1921—1990
石家庄市纺织工业志编纂委员会编 石家庄 河北人民出版社 1998年 517页〔石家庄市地方志系列丛书〕

013342570
石家庄拖拉机厂厂志
河北省石家庄拖拉机厂编 石家庄 河北省石家庄拖拉机厂 1990年 375页

008863914
石家庄印钞厂志
石家庄印钞厂志编辑委员会编 北京 中国金融出版社 1993年 454页〔中国印钞造币志丛书〕

011763495
石家庄印钞厂志 1991—2000
石家庄印钞厂志编辑委员会编 北京 中国金融出版社 2002年 559页〔中国印钞造币志丛书〕

011957407
中国南车集团石家庄车辆厂志 1905—2004
中国南车集团石家庄车辆厂志编审委员会编 石家庄 中国南车集团石家庄车辆厂 2005年 730页

010252360
石家庄车辆段段志
石家庄车辆段志编纂委员会编 北京 中国铁道出版社 1997年 336页

008487157
石家庄铁路分局志 1897—1990
石家庄铁路分局志编辑委员会编 北京 中国铁道出版社 1997年 658页

012758740
北京铁路局石家庄物资供应段志 1939—2007
石家庄物资供应段编 石家庄 石家庄物资供应段 2008年 479页

008487150
石家庄地区公路志
河北省石家庄地区行政公署交通局编 北京 人民日报出版社 1991年 466页〔河北公路交通史志丛书〕

008378027
石家庄市公路交通志
李金玉主编 潘书琴副主编 北京 人民日报出版社 1994年 445页〔河北交通史志丛书 石家庄市地方志丛书〕

010577238
石家庄邮政高等专科学校志 1956—1993
石家庄邮政高等专科学校志编纂委员会编 石家庄 石家庄邮政高等专科学校志编纂委员会 1996年 489页

008378034
石家庄市电信志 1906—1990
石家庄市电信志编纂委员会编 石家庄 河北科学技术出版社 1993年 263页〔石家庄市地方志丛书〕

008377945
石家庄市邮政志
石家庄市邮政志编纂委员会编 石家庄 河北人民出版社 1995年 462页

008377956
石家庄市粮食志
石家庄市粮食志编纂委员会编 石家庄 河北人民出版社 1998年 392页〔石家庄市地方志系列丛书〕

010138592
河北省纺织品进出口(集团)公司志 续 1991—2001
河北省纺织品进出口(集团)公司志编审委员会编 河北 河北省纺织品进出口(集团)公司 2003年 322页

010138609
河北省纺织品进出口公司对外贸易志
河北省纺织品进出口公司对外贸易志编委会编 河北 河北省纺织品进出口公司 1993年 108页

010577203
石家庄市财经学校校志 1963—1999
石家庄市财经学校校志编纂委员会编 石家庄 石家庄市财经学校 2000年 321页

008377950

石家庄市财政志

石家庄市财政志编纂委员会编 石家庄 河北人民出版社 1994年 344页

012722358

石家庄市财政志 1991—2007

石家庄市财政志编纂委员会编 北京 经济科学出版社 2010年 476页

008378008

石家庄市税务志

石家庄市税务局编 北京 学苑出版社 1994年 395页

012968100

[中国农业银行石家庄市东方支行] 金融志 1991—2001

中国农业银行石家庄市东方支行编 石家庄 中国农业银行石家庄市东方支行 2001年 318页

013793383

农行石家庄分行第一营业部金融志

农行石家庄分行第一营业部金融志编纂委员会编 1996年 148页

008378047

石家庄工商银行志

工商银行石家庄分行编辑 石家庄 工商银行石家庄分行 1991年 398页

010252168

石家庄农村金融志

石家庄农村金融志编纂委员会编 北京 中国审计出版社 1996年 473页

008384886

中国人民建设银行石家庄中心支行志

中国人民建设银行石家庄中心支行行志编纂委员会编 石家庄 中国人民建设银行石家庄中心支行行志编纂委员会 1991年 206页

008377996

河北省石家庄地区文化志

石家庄市文化局编 石家庄 石家庄市文化局 1995年 508页

009380888

石家庄市文化志

石家庄市文化局编 石家庄 石家庄市文化局 1992年 357页〔石家庄市地方志系列丛书〕

010278313

石家庄市文化志 征求意见稿

石家庄市文化局文化志编辑办公室编 石家庄 石家庄市文化局文化志编辑办公室 1991年 3册

011584965

石家庄市档案志

石家庄市档案局编 石家庄 石家庄市档案局 1995年 381页

013373955

河北省社会科学院志 初稿

河北省社会科学院院志编辑部编 石家庄 河北省社会科学院院志编辑部 2007年 418页

012872417

河北省社会科学院志

河北省社会科学院编 石家庄 河北人民出版社 2011年 566页

007561128

石家庄市教育志 1902—1988

石家庄市教育志编纂委员会编 石家庄 河北教育出版社 1992年 542页

012877175

石家庄市第二中学志 1998—2008

石家庄市第二中学校志编委会编 石家庄 河北教育出版社 2008年 503页

012099916

石家庄市第一中学校志 1947—2007

石家庄 石家庄市第一中学 2007年 315页

010577350

石家庄铁道学院院志 1950—1991 初稿

石家庄铁道学院院志编写组编 石家庄 石家庄铁道学院院志编写组 1992年 560页

009959798

河北教育学院志

河北教育学院志编纂委员会编 石家庄 河北教育出版社 1999年 416页

013772815

河北师范大学汇华学院志 2001—2011

河北师范大学汇华学院志编纂委员会编 石家庄 河北师范大学汇华学院 2011年 449页

009310347

河北师范大学志 1906—1995

石家庄 河北人民出版社 1996年 862页

009959800

河北师范学院志 1902—1994

彭子光主编 北京 教育科学出版社 1994年 787页〔河北教育史志丛书〕

012722352

石家庄科技工程职业学院志 1924—2010

吴书林主编 石家庄 河北教育出版社 2010年 300页

012049438

河北化工学校校志

河北化工学校九十周年校庆筹备委员会编 河北 河北化工学校 1999年 179页

013706326

石家庄电力工业学校志

石家庄电力工业学校志编辑委员会编 石家庄 石家庄电力工业学校志编纂委员会 1995年

010279138

石家庄工程技术学校校志 1952—2000

石家庄工程技术学校校志编委会编 石家庄 家庄工程技术学校校志编委会 2002年 189页

012208213

石家庄市第一商业学校校志 1970—1999

石家庄市第一商业学校校志编纂委员会编 石家庄 第一商业学校 2009年 340页

008383061

河北职工大学志 1972—1988

职工大学志编纂领导小组编 保定 职工大学志编纂领导小组 1990年 104页

013462581

石家庄市特殊教育学校志 1957—2007

丁红兵主编 石家庄 河北人民出版社 2011年 356页

011432681

河北师范大学体育学院志 1931—2006

河北师范大学体育学院志编写组编 石家庄 河北人民出版社 2007年 274页

013145413

石家庄地区体育志

石家庄地区体育史志编委会编 石家庄 河北人民出版社 1995年 388页

009240409

石家庄地区方言志

李藏柱 刘建洲主编 石家庄地区地方志办公室编 香港 香港金陵出版社 1993年 308页

010022579

中国民间文学集成 石家庄地区谚语卷

河北省石家庄地区民间文学三套集成编委会编 石家庄 河北省石家庄地区民间文学三套集成编委会 1988年 308页

013131235

石家庄风物志

石家庄政协文史资料研究委员会 石家庄市地名办公室编 石家庄 1985年 175页

011763481

石家庄地区地名录

石家庄地区行政公署地名办公室编 石家庄 河北科学技术出版社 1990年 271页〔河北省地名录全集 5〕

008533981
石家庄市地名志
石家庄市地名办公室编 石家庄 河北人民出版社 1986年 688页

009959815
石家庄地区科学技术志
石家庄地区科学技术志编纂委员会 刘录清 陈凤敏主编 北京 新华出版社 1991年 529页

008378053
石家庄市科学技术志
石家庄市科学技术志编纂委员会编 石家庄 河北科学技术出版社 1991年 535页

009959799
河北省农林科学院志
河北省农林科学院编 马梦祥主编 石家庄 河北科学技术出版社 1998年 430页

009992155
河北地质学院志 1953—1991
阎凤鸣主编 赵淑兰编 武汉 中国地质大学出版社 1993年 267页

013792209
河北省石家庄市地质矿产志
河北省地质矿产勘查开发局 勘查院 石家庄综合地质大队编 石家庄 河北省地质矿产勘查开发局 1997年 215页

012139177
河北医科大学第二医院志 1918—2004
河北医科大学第二医院编 河北 河北医科大学第二医院 2007年 736页

009310356
河北医学院院志 1915—1991
赵荣伦主编 郭敬圃等副主编 石家庄 河北科学技术出版社 1995年 591页

010251362
石家庄地区卫生志
石家庄地区卫生志编纂委员会编 石家庄 河北人民出版社 1990年 594页

008378044
石家庄市卫生志
石家庄市卫生志编纂委员会编 石家庄 河北科学技术出版社 1993年 408页

010577204
武警河北省总队医院院志 1969.8—1998.12
中国人民警察武装部队河北省总队医院院志编纂委员会编 河北 中国人民警察武装部队河北省总队医院院志编纂委员会 2000年 158页

010278802
冶河灌区志
冶河灌区志编纂委员会编 北京 中国物价出版社 1996年 274页〔河北省水利史志丛书〕

010292621

石家庄铁道学院志 1950—1996

石家庄铁道学院史志编审委员会编 北京 教育科学出版社 1994年 362页 〔河北教育史志丛书〕

008377939

石家庄市环境保护志

石家庄市环境保护志编纂委员会编 北京 中国画报出版社 1995年 134页

长安区

010577295

石家庄市长安区志 征求意见稿

长安区人民政府地方志编纂委员会编 石家庄 长安区人民政府地方志编纂委员会 1994年 4册〔石家庄市地方志系列丛书 1〕

008006144

石家庄市长安区志

石家庄市长安区地方志编纂委员会编 北京 中国社会出版社 1997年 675页

012638824

石家庄市长安区志 1991—2005

石家庄市长安区地方志编纂委员会编 北京 新华出版社 2010年 688页

010278909

石家庄市公安局长安分局志 1956—1996

石家庄市公安局长安分局编 长安区 长安分局 1997年 270页

012249698

长安区人民法院志 1958.4—1994.6

石家庄市长安区人民法院编 石家庄 石家庄市长安区人民法院 1994年 399页

010278913

长安区人民检察院志 1958—1997

石家庄市长安区人民检察院编 长安区 长安区人民检察院 1997年 304页

桥东区

005559215

桥东区志

石家庄市桥东区志编委会编 北京 中国社会出版社 1993年 817页

013629884

[石家庄市桥东区]检察志

张同胜主编 卢燕津副主编 石家庄市桥东区人民检察院编 石家庄 石家庄市桥东区人民检察院 1997年 166页

013795532

桥东区教育志 1903—1991

桥东区教育志编辑组编 石家庄 桥东区文教局 1991年 476页

010061692
茶坊区民间文学集成
茶坊区民间文学三套集成办公室编 张家口 茶坊区民间文学三套集成办公室 1989年 254页

桥西区

010252716
石家庄市桥西区国家税务局志
石家庄市桥西区国家税务局 石家庄市桥西区档案馆编 石家庄 石家庄市桥西区国家税务局 2000年 425页

009310418
石家庄市桥西区教育志
石家庄市桥西区教育志编纂委员会编 石家庄 石家庄市桥西区教育志编纂委员会 1997年 247页

新华区

011890969
[石家庄市新华区]检察志
周保生主编 张卫民副主编 石家庄市新华区人民检察院编 石家庄 石家庄市新华区人民检察院 1995年 156页

008974102
石家庄市新华区教育志
石家庄市新华区教育局编 石家庄 河北人民出版社 2001年 179页

井陉矿区

011295627
石家庄市井陉矿区志
井陉矿区地方志编纂委员会编 北京 新华出版社 2007年 1018页

012503905
东王舍村志
东王舍村志编纂委员会编 石家庄 东王舍村志编纂委员会 2008年 525页

009684594
贾庄村志
贾庄村志编纂委员会编 石家庄 贾庄村志编纂委员会 1998年 298页

012613892
石家庄市井陉矿区人大志
石家庄市井陉矿区人大志编纂委员会编 石家庄 石家庄市井陉矿区人民大会常务委员会 2009年 747页

012174081
井陉矿区政协志 1984—2002
政协石家庄市井陉矿区委员会编 井陉 政协石家庄市井陉矿区委员会 2002年 365页

012639163
井陉矿区财政志
田瑞生主编 石家庄市井陉矿区财政局编 井陉 石家庄市井陉矿区财政局

1997年 186页

012639170
井陉矿区城建志
史路成主编 石家庄市井陉矿区城乡建设局编 石家庄 石家庄市井陉矿区城乡建设局 1996年 434页

裕华区

007792964
石家庄市郊区志
石家庄市郊区志编纂委员会编 北京 中国社会出版社 1995年 484页

011066965
石家庄市郊区财政志 1948—1995
石家庄市郊区财政局档案室编 石家庄市郊区 石家庄市郊区财政局 1996年 200页

013185784
石家庄市郊区教育志 1941—1989
郊区教育志编纂组编 石家庄 石家庄市郊区教育志编纂组 1992年 244页

013706335
石家庄市裕华区塔冢志
塔冢志编纂委员会编 石家庄 河北人民出版社 2012年 3册

辛集市

007591349
辛集市志
辛集市地方志编纂委员会编纂 北京 中国书籍出版社 1996年 1199页

009060687
辛集市志
王忍之总编 王登普主编 北京 方志出版社 1999年 409页〔新编中国优秀地方志简本丛书〕

013706951
辛集市志 1986—2005
辛集市志编纂委员会编 北京 中华书局 2012年 1071页

010254032
辛集市志稿
辛集市地方志编纂委员会 王登普主编 辛集 辛集市地方志编纂委员会 1994年 3册

009125463
辛集市城乡建设志
郑萍信 刘进田主编 封永默副主编 北京 中国建筑工业出版社 1994年 44页〔中华人民共和国地方志 河北省〕

009397074
辛集市土地管理志

辛集市土地管理局编 北京 中国农业科技出版社 1995年 225页

008403458
辛集皮毛志
辛集皮毛志编纂委员会编 北京 中国书籍出版社 1996年 248页

009381304
辛集市交通志
辛集市交通局交通史志编写组编 辛集 河北省辛集市交通局印 1990年 236页

008379279
辛集市邮电志
辛集市邮电志编纂委员会编 北京 中国对外翻译出版公司 1998年 279页

012506378
辛集市财政志
辛集市财政局编 北京 新华出版社 1990年 352页

012888350
辛集市教育志
郑建华主编 石家庄 河北教育出版社 2008年 611页

008533769
束鹿县地名资料汇编
河北省束鹿县地名办公室编 束鹿 河北省束鹿县地名办公室 1983年 314页

009380919
辛集市科学技术志
辛集市科学技术志编纂委员会编 石家庄 河北科学技术出版社 1992年 392页

藁城市

007057414
藁城县志
藁城市地方志编纂委员会编 北京 中国大百科全书出版社 1994年 730页
〔中国地方志丛书〕

012831126
北席村志
北席村村志编纂委员会编 北席村 北席村村志编纂委员会 2001年 128页

013925260
藁城人口和计划生育志
樊海江主编 北京 中国人口出版社 2012年 442页

011804360
藁城市土地志
姚文海 米志科 于俊艳主编 河北 藁城市土地志编纂委员会 2000年 333页
〔河北省土地志系列丛书〕

009310328
藁城市邮电志
藁城市邮电志编纂委员会编 北京 人民

邮电出版社 2000 年 364 页

008983082
藁城教育志
藁城教育志编纂委员会编 石家庄 河北人民出版社 2002 年 537 页

008533264
藁城县地名资料汇编
河北省藁城县地名办公室编 藁城 河北省藁城县地名办公室 1983 年 235 页

晋州市

007493651
晋县志
河北省晋州市地方志编纂委员会编纂 张喜聚主编 北京 新华出版社 1995 年 1047 页

013335433
晋州市交通志
晋州市交通志编纂委员会编 晋州 晋州市交通志运输局 2011 年 630 页

008486680
晋州市邮电志
晋州市邮电志编纂委员会编 王翊东主编 北京 中国对外翻译出版公司 1998 年 360 页

009310366
晋州市教育志

晋州市教育志编纂委员会编纂 石家庄 河北人民出版社 2001 年 384 页

008913858
晋县地名资料汇编
河北省晋县地名办公室编 晋县 晋县地名办公室 1982 年 162 页

新乐市

014052856
新乐市志 1993—2005
新乐市地方志编纂委员会编 长春 吉林人民出版社 2011 年 866 页

007930921
新乐县志
新乐县志编纂委员会编 韩书林主编 北京 中国对外翻译出版公司 1997 年 790 页

008380782
新乐市人民法院志 1950—1996
新乐市人民法院编 新乐 新乐市人民法院 1997 年 289 页

008379622
新乐县水利志
王灵彦主编 新乐县水利志编纂委员会编 新乐 新乐县水利志编纂委员会 1997 年 246 页〔河北省水利史志丛书〕

008383465
新乐县交通志
新乐县交通局编 新乐 新乐县交通局 1990年 147页〔河北地方史志丛书〕

008533306
新乐县地名资料汇编
河北省新乐县地名办公室编 新乐 河北省新乐县地名办公室 1983年 203页

鹿泉市

008593599
获鹿县志
鹿泉市史志编纂委员会编 北京 中国档案出版社 1998年 888页

013461630
鹿泉市志 1991—2005
鹿泉市史志编纂委员会编 北京 中国文史出版社 2012年 793页

013925165
东焦村志
东焦村志编委会编 鹿泉 鹿泉市宜安镇东焦东队村民委员会 2013年 298页

013932471
岭底村志
鹿泉市岭底村志编委会编 鹿泉 铜冶镇岭底村委会 2013年 177页

009397197
鹿泉市政协志
中国人民政治协商会议鹿泉市委员会编 鹿泉 政协鹿泉市委员会 2003年 229页

008793891
获鹿县水利志
杨兰柱主编 鹿泉市水利志编纂委员会编 获鹿 鹿泉市水利志编纂委员会 1999年 211页〔河北省水利史志丛书〕

010577341
获鹿县教育志
获鹿县教育委员会编 获鹿 获鹿县教育委员会 1992年 291页

007696461
获鹿方言志
陈淑静主编 石家庄 河北人民出版社 1990年 243页

008533302
获鹿县地名资料汇编
获鹿县地名办公室编 获鹿 河北省获鹿县地名办公室 1984年 220页

井陉县

003801445
井陉县志
井陉县志编纂委员会编 石家庄 河北人

民出版社 1986年 830页

012638879
虎皮庄村志
王泽主编 井陉 虎皮庄村志编委会 2008年 425页

009959816
微水村志
微水村志编纂委员会编 北京 新华出版社 2005年 728页

011534067
辛庄乡志
井陉县辛庄乡志编纂委员会编 辛庄乡 井陉县辛庄乡志编纂委员会 2007年 853页

009227294
中国共产党河北省井陉县组织史资料 1925—1987
中共井陉县委组织部 中共井陉县委党史县志办公室 井陉县档案局编 石家庄 河北省出版局 1988年 564页

013508485
井陉县人大志
井陉县人大志编纂委员会编 北京 中国文史出版社 2011年 620页

008593685
井陉县政协志 1983—1999
井陉县政协志编纂委员会编 石家庄 河北人民出版社 1999年 444页

012758876
河北省井陉县人民法院院志 1938—1997
井陉县人民法院编 井陉 井陉县人民法院 1997年 261页

010577214
井陉县建设志 讨论稿
井陉县建设局编印 井陉 井陉县建设局 1998年 3册

008593752
井陉县建设志
井陉县建设志编委会编著 北京 中国档案出版社 2000年 401页〔中华人民共和国地方志〕

012639173
井陉矿务局第三矿志
井陉矿务局第三矿志编纂委员会编 井陉 井陉矿务局第三矿志编纂委员会 2006年 724页

008469007
井陉矿务局志
井陉矿务局志编审委员会编 石家庄 河北人民出版社 1993年 460页

012541961
井陉矿务局志 1989—2007
井陉矿务局志编纂委员会编 河北 井陉

矿务局志编纂委员会 2008 年 632 页

012097651
井陉县水利志
井陉县水利志编纂委员会编 北京 新华出版社 2008 年 396 页

012140432
微水发电厂志 1943—1988
微水发电厂厂志办公室编 北京 新华出版社 1992 年 222 页

011805446
井陉县交通志
井陉县交通志编纂委员会编 石家庄 河北人民出版社 2008 年 516 页

013897672
井陉县公路工程志 1949—2011
井陉县公路工程志编撰委员会编著 石家庄 河北人民出版社 2013 年 440 页

009992170
井陉县财政志
井陉县财政志编纂委员会编 石家庄 河北人民出版社 2005 年 558 页

012613286
井陉县财政志 2004—2008
井陉县财政志编纂委员会编 石家庄 河北人民出版社 2009 年

010008500
井陉县教育志
崔治先主编 李全贵副主编 石家庄 河北人民出版社 1991 年 281 页

013792584
井陉县教育志 1991—2010
井陉县教育志编纂委员会编 北京 中国文史出版社 2012 年 659 页

011188413
井陉民间文学集成
井陉县三集成办公室编 井陉 井陉县三集成办公室 1986 年

010307164
井陉县地名资料汇编
井陉县地名办公室编 井陉 井陉县地名办公室 1984 年 287 页

正定县

003183765
正定县志
河北省正定县地方志编纂委员会编纂 北京 中国城市出版社 1992 年 1013 页〔中华人民共和国地方志丛书〕

012612903
正定县志 1986—2005
正定县志编纂委员会编 北京 新华出版社 2009 年 1085 页

012769581

正定县人民法院院志 1938—1997

正定县人民法院编 正定 正定县人民法院 1998年 333页

009412686

正定县土地志

正定县土地管理局编纂 石家庄 河北人民出版社 2001年 573页

012970786

正定农村金融志

正定农村金融志编纂委员会编 正定 正定农村金融志编纂委员会 1997年 322页

012545721

正定广播电视志

正定 正定县广播电视局 2008年 331页

009397203

正定教育志

正定县教育委员会编 石家庄 河北教育出版社 1996年 406页

008533795

正定县地名资料汇编

河北省正定县地名办公室编 正定 河北省正定县地名办公室 1983年 243页

栾城县

007488667

栾城县志

河北省栾城县地方志编纂委员会编 北京 新华出版社 1995年 1165页〔中华人民共和国地方志丛书〕

012680458

栾城县志 1993—2005

栾城县地方志编纂委员会编 北京 中央文献出版社 2010年 864页

011312027

窦妪镇志 1939—2005

栾城县窦妪镇志编纂委员会编 窦妪镇 窦妪镇志编纂委员会 2007年 579页

011328627

栾城县政协志

栾城县政协志编纂委员会编 栾城 栾城县政协志编纂委员会 2006年 597页

011321247

栾城县殡仪馆志

栾城县殡仪馆志编纂委员会编 栾城 栾城县殡仪馆志编纂委员会 2007年 355页

009020860

栾城县电力志

栾城县电力志编纂委员会编 栾城 栾城县供电局 2005年 542页

008216449

栾城县水利志

栾城县水利志编纂委员会编 周梦江主编 石家庄 河北人民出版社 1997年 248页〔河北省水利史志丛书〕

011805590

栾城县交通志

栾城县交通志编纂委员会编 栾城 栾城县交通志编纂委员会 2008年 585页

009380950

栾城县交通志 1900—1985

河北省栾城县交通史志编写组编 栾城 河北省栾城县交通史志编写组 1987年 206页

010278926

栾城县邮电志

栾城县邮电局编印 栾城 栾城县邮电局 1998年 243页

008380826

栾城农村金融志

栾城农村金融志编委会 周明主编 栾城 中国农业银行栾城县支行 1997年 155页

009251009

栾城县教育志 1992—2000

栾城县教育志编纂委员会编 崔振林主编 北京 中央文献出版社 2003年 413页

008378646

栾城县教育志 1301—1991

栾城县教育志编纂领导小组编 石家庄 河北教育出版社 1994年 327页

008533296

栾城县地名资料汇编

河北省栾城县地名办公室编 栾城 河北省栾城县地名办公室 1983年 182页

行唐县

008622934

行唐县志

行唐县地方志编纂委员会编 王永德主编 北京 中国对外翻译出版公司 1998年 822页

012814440

行唐县志 1991—2005

行唐县地方志编纂委员会编 石家庄 河北人民出版社 2010年 861页

009380997

行唐县交通志

行唐县交通局编 石家庄 河北人民出版社 1990年 359页〔河北地方史志丛书〕

011294642

行唐县邮电志

行唐县邮电志编纂委员会编 行唐 行唐县邮电局 2002年 303页

008593871

行唐县地名志

河北省行唐县地名办公室编 行唐 河北省行唐县地名办公室 1984年 355页

灵寿县

007290009

灵寿县志

灵寿县地方志编纂委员会 牛玉珂主编 北京 新华出版社 1993年 872页

008533246

灵寿县地名资料汇编

河北省灵寿县地名办公室编 灵寿 河北省灵寿县地名办公室 1983年 271页

高邑县

005591348

高邑县志

河北省高邑县地方志编纂委员会编 北京 新华出版社 1993年 825页〔中华人民共和国地方志丛书〕

009380983

高邑县交通志

河北省高邑县交通局编 高邑 河北省高邑县交通局 1990年 112页〔河北省地方史志丛书〕

009240604

高邑县邮政志

高邑县邮政志编纂委员会编 郭增岐主编 北京 中国对外翻译出版公司 2003年 478页

011890665

高邑县财政志

高邑县财政志编纂委员会编 石家庄 河北人民出版社 2008年 367页

009675217

高邑县教育志

高邑县教育志编纂委员会编 石家庄 河北人民出版社 2004年 342页

008533793

高邑县地名资料汇编

高邑 河北省高邑县地名办公室 1983年 125页

深泽县

010577348

深泽县志 修订稿

深泽县地方志编纂委员会编 深泽 深泽县地方志编纂委员会 1992年 4册

007969476

深泽县志

深泽县地方志编纂委员会编 北京 方志出版社 1997年 667页

008913874
深泽县地名资料汇编
河北省深泽县地名办公室编 深泽 河北省深泽县地名办公室 1983 年 134 页

赞皇县

008593596
赞皇县志
河北省赞皇县地方志编纂委员会编 甄民一主编 北京 方志出版社 1998 年 767 页

013824298
赞皇县志 1991—2005
赞皇县地方志编纂委员会编 石家庄 河北人民出版社 2013 年 812 页

013723714
赞皇县南关村志
南关村志编纂委员会编 石家庄 河北人民出版社 2013 年 350 页

012758880
河北省赞皇县人民法院志 1949—1997
李振杰主编 河北省赞皇县人民法院编 赞皇 赞皇县人民法院 1997 年 205 页

013606511
赞皇县林业志
吕爱文 秦文平主编 张淑江 刘景如副主编 石家庄 河北大学出版社 2011 年 636 页

010138622
河北赞皇机械厂志 1958—1993 卷一
河北赞皇机械厂志编委会编 赞皇 河北赞皇机械厂 1993 年 276 页

010278970
赞皇县工业志
河北省赞皇县工业志编纂委员会 张保安主编 北京 中华书局 1999 年 627 页

013045575
河北赞皇兴华饮食二厂志 1984—1994
河北赞皇兴华饮食二厂编委会 张庆书主编 赞皇 河北赞皇兴华饮食二厂编委会 1994 年 176 页

012689970
赞皇县地名志
张金乾 阎瑞廷 翟国朝主编 冯国庆副主编 北京 中国社会出版社 2010 年 363 页

008533791
赞皇县地名资料汇编
河北省赞皇县地名办公室编 赞皇 河北省赞皇县地名办公室 1983 年 260 页

无极县

007342716
无极县志
无极县地方志编纂委员会编 北京 人民出版社 1993 年 828 页

009743449
无极县邮政志
无极县邮政志编纂委员会编 石家庄 河北人民出版社 2005 年 393 页

011585079
无极县财政志
无极县财政局编 无极 无极县财政局 2005 年 405 页

013959478
无极县国家税务局税务志
无极县国家税务局编印 无极 无极县国家税务局 2004 年 453 页

009391075
无极县教育志
无极县教育志编纂委员会编 石家庄 河北人民出版社 2004 年 444 页

008533275
无极县地名资料汇编
河北省无极县地名办公室编 无极 河北省无极县地名办公室 1983 年 156 页

平山县

008195155
平山县志
平山县地方志编纂委员会编 北京 中国书籍出版社 1996 年 1028 页

010252645
平山县人民法院志 1950—1997
平山县人民法院编 平山 平山县人民法院 1998 年 211 页

011809279
西柏坡电力志
河北西柏坡发电有限责任公司编 石家庄 河北教育出版社 2008 年 573 页

010291913
平山县科学技术志
阎书章等顾问 左更书主审 王明亭副主审 王文学主编 石家庄 河北科学技术出版社 1991 年 291 页

009412689
平山县教育志
平山县教育志编纂委员会编 石家庄 河北人民出版社 2003 年 431 页

008533289
平山县地名资料汇编
平山县地名办公室编 平山 平山县地名办公室 1983 年 547 页

元氏县

007590154
元氏县志
元氏县志编纂委员会编 李英辰主编 北京 中国和平出版社 1995年 614页

009381098
元氏县交通志
河北省元氏县交通局编 元氏 河北省元氏县交通局 1990年 139页〔河北地方史志丛书〕

012175219
元氏县邮电志
元氏县邮电局编 元氏 元氏县邮电局 1998年 209页

012612993
元氏县财政志
元氏县财政志编纂委员会编 石家庄 河北人民出版社 2009年 563页

014053016
元氏县教育志 41—2002
元氏县教育局编 杜青竹主编 石家庄 河北大学出版社 2011年 382页

013866244
元氏方言志
吕路平 吕巧平编 北京 对外经济贸易大学出版社 2013年 210页

008533800
元氏县地名资料汇编
元氏县地名办公室编 元氏 元氏县地名办公室 1983年 208页

赵县

007900111
赵县志
河北省赵县地方志编纂委员会编纂 北京 中国城市出版社 1993年 785页〔中华人民共和国地方志丛书〕

013236367
赵县志 1987—2005
赵县地方志编纂委员会编 长春 吉林人民出版社 2011年 824页

011809810
赵县政协志 1940—2002
政协赵县委员会编著 赵县 政协赵县委员会 2003年 311页

013940800
赵县土地志
白保华 郑清杰主编 赵县土地志编纂委员会编 赵县 赵县土地志编纂委员会 2001年 247页〔河北省土地志系列丛书〕

010252669
赵县公路交通志
米拴国 魏松辉主编 北京 同心出版社

1998年 200页

011585377
赵县税务志
赵县税务志编纂委员会编 赵县 赵县税务志编纂委员会 2002年 443页

009380943
赵县金融志
赵县金融志编纂委员会编 石家庄 河北人民出版社 1995年 358页

009887145
赵县教育志
赵县教育委员会编 石家庄 河北人民出版社 1991年 401页

008533716
赵县地名资料汇编
河北省赵县地名办公室编 赵县 河北省赵县地名办公室 1984年 343页

唐山市

010160612
唐山市志 送审稿
唐山市地方志办公室编 唐山 唐山市地方志办公室 1995年

008818546
唐山市志
唐山市地方志编纂委员会编 靳宝峰 孟祥林主编 北京 方志出版社 1999年 5册 3579页

013940828
中共唐山市委办公厅志 1987—2005
中共唐山市委办公厅编 鲁颖主编 李顺贤执行主编 北京 方志出版社 2013年 353页

011442084
唐山工会志 1919—1988
王守谦主编 叶笃章 胡庆余副主编 唐山 唐山市总工会工运史志征编委员会 1992年 300页

009380867
唐山交通工会志
刘旭阳主编 石家庄 河北科学技术出版社 1993年 247页

013756270
唐山民政志 1978—1988
唐山市民政局编纂 唐山 唐山市民政局 1990年 476页

013775714
唐山市国土资源志

唐山市国土资源志编纂委员会编　北京　中国文史出版社　2013 年　501 页

012836412
唐山市土地志
崔光华主编　唐山市土地志编纂委员会编　唐山　唐山市土地志编纂委员会　2000 年　540 页〔河北省土地志系列丛书〕

011328462
唐山市水产志
杨学诚主编　天津　天津人民出版社　2002 年　307 页

010139910
唐山市畜牧志
王银生主编　刘印华副主编　北京　农业出版社　1992 年　204 页

009560782
唐山市农业资源区划志　1979—2003
唐山市农业区划委员会办公室编著　北京　中国大地出版社　2004 年　344 页

010138579
长芦大清河盐场志
河北省长芦大清河盐场编　唐山　河北省长芦大清河盐场　1992 年　345 页

013129725
惠达志　1982—2007
唐山惠达陶瓷（集团）股份有限公司　惠达志编纂委员会编　唐山　唐山惠达陶瓷（集团）股份有限公司　惠达志编纂委员会　2008 年　267 页

009042874
冀东油田志　1988—1997
冀东油田志编纂委员会编　北京　石油工业出版社　2002 年　479 页

008869283
开滦煤矿志　1878—1988
开滦矿务局史志办公室编　北京　新华出版社　1992—1995 年　2 册

013628028
开滦煤矿志　1989—2008
开滦矿务局史志办公室编　北京　新华出版社　2011 年　1020 页

008382940
南堡盐场志
南堡盐场志编委会编　天津　百花文艺出版社　1996 年　484 页

008186374
唐钢沧桑　唐山钢铁公司史志　1943—1989
张学主编　孙维凡　张亚旺副主编　北京　书目文献出版社　1993 年　519 页〔中华企业发展史丛书　河北卷〕

008660622
唐山发电总厂志　1989—1996

唐山发电总厂史志编纂委员会编 天津 天津人民出版社 2000 年 396 页

011955651
唐山供电公司志 1989—2006
唐山供电公司志编纂委员会编著 北京 中国电力出版社 2008 年 529 页

008873844
唐山机车车辆厂志 1881—1992
唐山机车车辆厂志编审委员会编 北京 中国铁道出版社 1999 年 330 页

009412674
唐山市水利志
刘进举主编 唐山市水利局水利志编辑办公室编 石家庄 河北人民出版社 1990 年 433 页〔河北省水利史志丛书〕

012877216
唐山市水利志 1987—2006
唐山市水利志编纂委员会编 北京 中国水利水电出版社 2011 年 679 页

010473918
唐山陶瓷公司志 征求意见稿
唐山 唐山陶瓷公司 1990 年 2 册

013686620
中国二十二冶志 1978.2—1998.2
中国二十二冶志编纂委员会编 2000 年 539 页

009745124
铁道部第一工程局志 1950—1995
铁道部第一工程局志编纂委员会编 西安 西安地图出版社 2000 年 521 页

009380908
唐山市财政志
唐山市财政局编 唐山 唐山市财政局 19uu 年 821 页

009380871
唐山工商银行志
中国工商银行唐山分行金融志编纂委员会编纂 北京 红旗出版社 1997 年 396 页

010293532
中国农业银行唐山分行志 1989—1998
中国农业银行唐山分行志编纂委员会编 唐山 中国农业银行唐山分行志编纂委员会 2000 年 520 页

008913931
中国人民银行唐山分行志
中国人民银行唐山分行志编委会编著 北京 原子能出版社 1992 年 289 页

009684735
唐山建行志 1951—1988
阮如君主编 齐德林等副主编 北京 原子能出版社 1992 年 409 页

009380880
唐山市金融志
唐山市金融志编纂委员会编著 北京 原子能出版社 1992年 499页

013072513
唐山市文化志 资料汇编
唐山市文化局文化志办公室编 唐山 文化局文化志办公室 1991年

009125455
唐山市教育志 1840—1990
唐山市教育志编委会编 北京 教育科学出版社 1993年 818页

012140342
唐山市开滦二中志 1947—2007
唐山市开滦二中编 唐山 唐山市开滦二中 2007年 517页

009381006
河北理工学院校志 1958—1995
河北理工学院校志编辑委员会编 唐山 河北理工学院校志编辑委员会 1996年 359页

011311312
唐山师范专科学校志 河北唐山教育学院志
刘允正等顾问 王士立 郑禾主编 刘志敏 侯志高 李继林副主编 唐山 唐山师范专科学校 1996年 159页

011328659
华北煤炭医学院志 1926—2006
华北煤炭医学院志编写组编 唐山 华北煤炭医学院志编写组 2006年 346页

002555707
唐山市地名志
唐山市地名办公室编 石家庄 河北省新华书店发行 1986年 660页

009380875
唐山市科学技术志
孔繁志主编 刘惠民等副主编 天津 天津科学技术出版社 1988年 503页

009380877
唐山工人医院志
唐山工人医院编 唐山 唐山工人医院 1993年 192页

009699417
滦河下游灌区志
郑国良主编 天津 天津人民出版社 1992年 210页〔河北省水利史志丛书〕

010577357
唐山城市建设志
唐山城市建设志编纂委员会编 天津 天津人民出版社 1992年 341页

009380897
陡河水库志

邵裕年主编 石家庄 河北人民出版社 1993年 197页〔河北省水利史志丛书〕

路北区

008487253
唐山市路北区志
唐山市路北区地方志编纂委员会编 北京 中华书局 1999年 882页〔中华人民共和国地方志丛书〕

路南区

009441868
唐山市路南区志
唐山市路南区地方志编纂委员会编纂 北京 海潮出版社 2000年 887页

古冶区

008487252
东矿区志
东矿区地方志编纂委员会编 北京 中国和平出版社 1994年 630页

开平区

008534435
开平区志
唐山市开平区地方志编纂委员会编 李述主编 天津 天津人民出版社 1998年 669页

012132425
开平区志附书
唐山市开平区地方志编纂委员会 李述编著 天津 天津人民出版社 2010年 272页

丰南区

009618628
丰南县续志 1986—1993 审定稿
丰南县续志编纂委员会编 丰南 丰南县续志编纂委员会 2002年 19册

007288717
丰南县志
丰南县志编纂委员会编纂 北京 新华出版社 1990年 837页〔中国地方志丛书〕

009319759
丰南县续志 1986—1993
丰南县续志编纂委员会编 李继隆主编 北京 方志出版社 2003年 1174页

008533721
丰南县地名资料汇编
河北省丰南县地名办公室编 丰南 河北省丰南县地名办公室 1983年 311页

013143600
丰南中医院院志

丰南市中医医院编志组 臧宝丽主编 丰南 丰南中医医院编志组 1995年 89页

丰润区

009622000
丰润县志 初稿
丰润县志编纂委员会编 丰润 丰润县志编纂委员会 1991年 6册

007479131
丰润县志
丰润县地方志编纂委员会 王从政主编 王建之 马玉文副主编 北京 中国社会科学出版社 1993年 824页

012899467
唐山市丰润区志 1978—2005
唐山市丰润区地方志编委会编 北京 方志出版社 2011年 2册

009621877
唐山市新区志 送审稿
唐山市新区地方志编纂委员会办公室编 唐山 唐山市新区地方志编纂委员会办公室 1990年 2册

006356691
唐山市新区志
唐山市新区地方志编纂委员会编纂 北京 中华书局 1993年 499页

009381016
丰润县教育志 1898—1987
丰润县文教局教育志编写办公室编 丰润 丰润县文教局 1988年 270页

009441871
河北丰润车轴山中学志
河北丰润车轴山中学志编辑委员会编 北京 中国文联出版社 2003年 605页

012051967
唐山市丰润区第二中学志 1956—2006
唐山市丰润区第二中学志编辑委员会编 唐山 唐山市丰润区第二中学志编辑委员会 2006年 512页

010143358
唐山市丰润区图志
河北省唐山市丰润区地方志编纂委员会编 潘贵存主审 孙雅丽主编 石家庄 河北人民出版社 2006年 330页

008533809
丰润县地名资料汇编
河北省丰润县地名办公室编 丰润 河北省丰润县地名办公室 1984年 334页

013987649
丰润县土壤志
赵荣先主编 丰润县农业区划办公室土壤组 河北省丰润县农林局编 1984年 190页

009412682

邱庄水库志

刘满囤主编 石家庄 河北人民出版社 1996年 163页〔河北省水利史志丛书〕

曹妃甸区

007932066

唐海县志

唐海县地方志编纂委员会编 孟祥川 王凤龙主编 天津 天津人民出版社 1997年 755页

009380929

唐海县水利志

郭先平 王德庆主编 石家庄 河北人民出版社 1993年 341页〔河北省水利史志丛书〕

008533812

唐海县地名资料汇编

唐海县地名办公室编 唐海 唐海县地名办公室 1984年 134页

遵化市

007288718

遵化县志

遵化县志编纂委员会编 石家庄 河北人民出版社 1990年 714页

008533309

遵化县地名资料汇编

河北省遵化县地名办公室编 遵化 河北省遵化县地名办公室 1985年 427页

迁安市

009618554

迁安县志 征求意见稿

迁安县地方志编纂委员会办公室编 迁安 迁安县地方志编纂委员会办公室 198u年 6册

007479138

迁安县志

迁安县地方志编纂委员会办公室编 北京 中国社会出版社 1994年 707页

012099721

迁安工商行政管理志 1948—2005

迁安工商行政管理志编修委员会编 迁安 迁安工商行政管理志编修委员会 2008年 418页

009959811

迁安市土地志

郝可军主编 迁安市土地志编纂委员会编 迁安 迁安市土地志编纂委员会 2000年 307页〔河北省土地志系列丛书〕

009380934

迁安县水利志

燕宝恒主编 迁安县水利志编辑办公室编 石家庄 河北人民出版社 1990年 242页〔河北省水利史志丛书〕

008676492
迁安县地名资料汇编
河北省迁安县地名办公室编 迁安 河北省迁安县地名办公室 1984年 360页

滦县

009622010
滦县志 征求意见稿
滦县地方志编纂委员会编 滦县 滦县地方志编纂委员会 1990年 6册

007477985
滦县志
滦县志编纂委员会编 石家庄 河北人民出版社 1993年 884页

010576631
滦县志 1986—2003
滦县地方志编纂委员会编 北京 方志出版社 2006年 1011页

008629179
滦县土地志
滦县土地管理局编 北京 地质出版社 2000年 267页

008380822
滦县交通志

刘德岩主编 滦县交通局编印 滦县 滦县交通局 1989年 233页〔河北公路交通史志丛书〕

008379226
滦县税务志
滦县税务局编 滦县 滦县税务局 1988年 282页

008379121
滦县文化志
滦县文化志编纂委员会编 滦县 滦县文化志编纂委员会 1990年 316页

014047679
滦县教育志 1886—1986
滦县教育志编辑组编 滦县 滦县二中印刷厂 1987年 204页

013129107
河北滦县一中校志 1913—2008
朱天祜主编 邹瑞春副主编 滦县 河北滦县一中 2008年 687页

008380821
滦县地名志
滦县地名委员会办公室编 北京 中国对外翻译出版公司 1997年 536页〔河北省县级地名志丛书〕

009046115
滦县卫生志
滦县卫生志编纂委员会编 王绍田主编

韩中成副主编 天津 天津人民出版社 1999 年 455 页

滦南县

008486796
滦南县志
河北省滦南县地方志编纂委员会编 北京 生活·读书·新知三联书店 1997 年 1029 页

010572639
滦南县志 送审稿
滦南县志地方志编委会编 滦南 滦南县志地方志编委会 1997 年 27 册

012813971
滦南县志 1979—2005
滦南县地方志编纂委员会编 刘占才主编 保定 新华书店发行 2010 年 1260 页

009959810
滦南县土地志
何俊林 刘永茂主编 滦南县土地志编纂委员会编 滦南 滦南县土地志编纂委员会 2001 年 364 页〔河北省土地志系列丛书〕

008533734
滦南县地名资料汇编
河北省滦南县地名办公室编 滦南 河北省滦南县地名办公室 1983 年 315 页

009380924
滦南县水利志
袁洪峰主编 石家庄 河北人民出版社 1991 年 303 页〔河北省水利史志丛书〕

乐亭县

007057484
乐亭县志
乐亭县地方志编纂委员会编著 北京 中国大百科全书出版社 1994 年 915 页

013704422
乐亭县军事志
乐亭县军事志编纂委员会编 北京 军事科学出版社 2011 年 428 页

008533268
乐亭县地名资料汇编
河北省乐亭县地名办公室编 乐亭 乐亭县地名办公室 1985 年 398 页

迁西县

007289958
迁西县志
迁西县地方志编纂委员会编 潘秀华 孙万忠主编 北京 中国科学技术出版社 1991 年 854 页

013775132
迁西县志 1987—2005
迁西县地方志编纂委员会编 孙万忠主编 北京 方志出版社 2012 年 1111 页

008533269
迁西县地名资料汇编
河北省迁西县地名办公室编 迁西 河北省迁西县地名办公室 1983 年 488 页

玉田县

007809555
玉田县志
玉田县志编纂委员会编 北京 中国大百科全书出版社 1993 年 643 页

009380902
玉田县金融志
玉田县金融志办公室编 玉田 玉田县金融志办公室 1989 年 232 页

008533271
玉田县地名资料汇编 玉田县地名志
河北省玉田县地名办公室编 玉田 河北省玉田县地名办公室 1985 年 550 页

秦皇岛市

007480672
秦皇岛市志
秦皇岛市地方志编纂委员会编纂 天津 天津人民出版社 1994 年 10 册

009060683
秦皇岛市志
王忍之总编 齐家璐 董耀会主编 北京 方志出版社 1999 年 454 页〔新编中国优秀地方志简本丛书〕

012814150
秦皇岛市志 1979—2002
秦皇岛市人民政府地方志办公室编 北京 方志出版社 2009 年 3 册 2007 页

008869536
秦皇岛港纪事
黄景海主编 交通部秦皇岛港务局史志办公室 秦皇岛港纪事编写组编 大连 大连海运学院出版社 1989 年 364 页

013705572
秦皇岛机关党建志
中共秦皇岛市委市直机关工作委员会编 北京 中央文献出版社 2011 年 440 页

008379086

秦皇岛市人民代表大会志 1949—1990

人大志编写组编 秦皇岛 人大志编写组 1992年 100页

010139892

秦皇岛法院志

河北省秦皇岛市中级人民法院编 秦皇岛 河北省秦皇岛市中级人民法院 1993年 422页

009511212

秦皇岛经济技术开发区志 1984—2003

秦皇岛经济技术开发区地方志编纂委员会编 深圳 海天出版社 2004年 407页

008382758

[秦皇岛市]医药志

秦皇岛市医药志编纂委员会编 秦皇岛 秦皇岛市医药志编纂委员会 1993年 401页 〔秦皇岛市地方志丛书〕

007532441

秦皇岛市水利志

安洪声主编 秦皇岛市水利志编审委员会编 天津 天津人民出版社 1993年 358页 〔河北省水利史志丛书〕

007493559

耀华玻璃厂志

耀华玻璃厂志编纂委员会编 北京 中国建筑材料工业出版社 1992年 592页

010278328

秦皇岛市交通志

秦皇岛市交通局编 石家庄 河北科学技术出版社 1992年 331页 〔河北交通史志丛书 秦皇岛市地方志丛书〕

010278575

秦皇岛港口近代史图志

秦皇岛港口近代史图志编委会编著 北京 中国企业管理出版社 1994年 146页 〔中国知名企业丛书〕

009553710

秦皇岛港口志

王庆普主编 大连 大连海事大学出版社 1996年 519页 〔秦皇岛市地方志丛书〕

012814147

秦皇岛港口志 1996—2005

秦皇岛港务集团有限公司史志编审委员会编 北京 方志出版社 2010年 408页

009391068

南戴河旅游志

单明礼主编 孙焕仁副主编 石家庄 河北科学技术出版社 1996年 200页

010732060

南戴河旅游志 1995—2005

南戴河旅游度假区管理委员会编 单明礼主编 白广义副主编 秦皇岛 南戴

河旅游度假区管理委员会 2005 年 275 页

009560764
秦皇岛邮电志 1884—1990
秦皇岛邮电志编纂委员会编 天津 天津人民出版社 1997 年 369 页

008379092
[秦皇岛市]供销社志
秦皇岛市供销合作联合社志编纂领导小组编 秦皇岛 秦皇岛市供销合作联合社志编纂领导小组 1991 年 177 页〔秦皇岛市地方志丛书〕

008382954
[秦皇岛市]商业志
秦皇岛市商业志编纂领导小组编 秦皇岛 秦皇岛市商业志编纂领导小组 1990 年 325 页〔秦皇岛市地方志丛书〕

008949804
秦皇岛商检志
秦皇岛商检志编纂委员会编 天津 天津人民出版社 2000 年 443 页

009684724
秦皇岛市物价志
秦皇岛市物价志编纂委员会编 天津 天津人民出版社 1993 年 393 页

011763255
秦皇岛海关志
秦皇岛海关志编辑室编 秦皇岛 秦皇岛海关志编辑室 1992 年 183 页

013377010
秦皇岛市财政志
秦皇岛市财政局编 秦皇岛 秦皇岛市财政局 1990 年 168 页〔秦皇岛市地方志丛书〕

008378667
秦皇岛市金融志
秦皇岛市金融志编纂委员会编 石家庄 河北人民出版社 1993 年 343 页〔秦皇岛市地方志丛书〕

012766411
秦皇岛市档案志
秦皇岛市档案局编 2000 年 207 页〔秦皇岛市地方志丛书〕

008382854
秦皇岛市科学技术志
陈玉成主编 北京 中国科学技术出版社 1994 年 597 页

008378581
秦皇岛教育志 1436—1985
秦皇岛市教育委员会编 秦皇岛 秦皇岛市教育委员会 1992 年 482 页〔秦皇岛市地方志丛书〕

008382754

[秦皇岛市]体育志

秦皇岛市体育志编纂领导小组编 秦皇岛 秦皇岛市体育志编纂领导小组 1989年 145页〔秦皇岛市地方志丛书〕

009879161

秦皇岛地区抗日战争志

中共秦皇岛市委宣传部 秦皇岛市地方志办公室编 北京 中共党史出版社 2005年 230页

012542780

秦皇岛人物志

马誉峰主编 北京 中央文献出版社 2009年 380页

008533312

秦皇岛市地名资料汇编

秦皇岛市地名办公室编 秦皇岛 秦皇岛市地名办公室 1983年 454页

011477160

秦皇岛鸟类图志

孙继胜主编 香港 香港文汇出版社 2005年 168页

008379140

[秦皇岛市]卫生志

秦皇岛市卫生志编纂委员会编 石家庄 河北人民出版社 1990年 295页〔秦皇岛市地方志丛书〕

008469080

秦皇岛市城建志 1381—1985

秦皇岛市城乡管理委员会地方志办公室编 秦皇岛 秦皇岛市城乡管理委员会地方志办公室 1991年 266页

海港区

008378557

海港区志

秦皇岛市海港区地方志编纂委员会编 秦皇岛 秦皇岛市海港区地方志编纂委员会 1990年 756页〔中华人民共和国地方志丛书〕

012140217

秦皇岛市海港区志 1983—2002

秦皇岛市海港区地方志编 北京 方志出版社 2009年 826页

013404389

海港区村镇志

秦皇岛市海港区地方志编纂委员会编 北京 方志出版社 2011年 484页

012049421

海港区地名志

秦皇岛市海港区地名办公室编 石家庄 河北科学技术出版社 1993年 359页〔河北县级地名志丛书〕

山海关区

013794841
秦皇岛市山海关区志 1979—2004
山海关区人民政府地方志办公室编 北京 方志出版社 2011年 894页

007528458
铁道部山海关桥梁工厂志
本书编委会编 沈阳 辽宁人民出版社 1994年 631页

013131179
山海关一中校志 1921—2006
山海关一中校志编委会编 秦皇岛 山海关一中校志编委会 2007年 353页

011066589
山海关图志
时晓峰主编 秦皇岛市山海关区人民政府山海关图志编纂委员会编 香港 香港文汇出版社 2006年 273页〔山海关史料丛书 1〕

009243705
山海关长城志
郭述祖 河北省地名办公室编 河北 河北省地名办公室 1984年 133页

北戴河区

007488656
北戴河志
秦皇岛市北戴河区地方志编纂委员会编纂 天津 天津人民出版社 1994年 679页

011943030
北戴河志 1988—2003
北戴河区地方志编纂委员会编 北京 方志出版社 2008年 825页

013091109
河北省北戴河管理处志
河北省北戴河管理处编 北戴河区 河北省北戴河管理处 2004年 122页

昌黎县

005536232
昌黎县志
昌黎县地方志编纂委员会 陈雨时主编 北京 中国国际广播出版社 1992年 804页

013771539
昌黎县志 1986—2002
昌黎县地方志编纂委员会办公室编 北京 方志出版社 2011年 986页

004420172
昌黎方言志
河北省昌黎县县志编纂委员会 中国科学院语言研究所合编 北京 科学出版社 1960年 295页

001643013
昌黎方言志
河北省昌黎县县志编纂委员会 中国社会科学院语言研究所合编 上海 上海教育出版社 1984年 295页

008533285
昌黎县地名资料汇编
河北省昌黎县地名办公室编 昌黎 河北省昌黎县地名办公室 1983年 600页

抚宁县

007289931
抚宁县志
抚宁县志编纂委员会编 石家庄 河北人民出版社 1990年 735页〔中华人民共和国地方志丛书〕

012714217
抚宁县志 1979—2002
抚宁县地方志编纂委员会编 北京 方志出版社 2010年 829页

010138588
抚宁县国土资源志
抚宁县国土资源志编审委员会编 抚宁 抚宁县国土资源志编审委员会 2005年 389页

009381114
抚宁县交通志
抚宁县交通局史编 北京 人民日报出版社 1991年 251页〔河北交通史志丛书〕

010138584
抚宁县教育志 1979—2003
抚宁县教育局教育志编写组 赵大海主编 倪倩华 赵兴华 张凯撰稿 抚宁 抚宁县教育局 2005年 271页

010138585
抚宁县地名志
河北省抚宁县地名办公室编 抚宁 河北省抚宁县地名办公室 1983年 577页

008533278
抚宁县地名资料汇编
河北省抚宁县地名办公室编 抚宁 河北省抚宁县地名办公室 1983年 577页

卢龙县

007482428
卢龙县志
卢龙县志编纂委员会编纂 彭勃主编 天津 天津人民出版社 1994年 804页

009397061
卢龙县政协志 1981—2003
中国人民政治协商会议卢龙县委员会编 卢龙 中国人民政治协商会议卢龙县委员会 2003年 476页

008533286
卢龙县地名资料汇编
河北省卢龙县地名办公室编 卢龙 河北省卢龙县地名办公室 1984年 391页

青龙满族自治县

007674781
青龙满族自治县志
青龙满族自治县志编纂委员会编纂 胡广利主编 北京 中国城市出版社 1997年 1050页

012722160
青龙满族自治县志 1979—2004
青龙满族自治县地方志编委会编 北京 方志出版社 2010年 852页

008533362
青龙县地名资料汇编
河北省青龙县地名办公室编 青龙 河北省青龙县地名办公室 1983年 403页

邯郸市

007289983
邯郸市志
邯郸市地方志编纂委员会编 北京 新华出版社 1992年 1031页

008378822
邯郸市情
邯郸市地方志编纂委员会办公室编 邯郸 邯郸市地方志编纂委员会办公室 1988年 485页

011310835
邯郸市工会志 初稿
邯郸市总工会工运史志研究室编 邯郸 邯郸市总工会工运史志研究室 1990年 3册

008379232
邯郸市工会志 1898—1988
邯郸市总工会编 合肥 黄山书社 1991年 445页

012173852
邯郸人大志
程连星主编 张剑军副主编 北京 中国档案出版社 1995年 430页

010476147
邯郸民进会志 1981—2005
中国民主促进会河北省邯郸市委员会编　邯郸　中国民主促进会　2005 年　221 页

013897206
邯郸政法志 1949—2009
中共邯郸市委政法委员会编　邯郸　中共邯郸市委政法委员会　2010 年　733 页

013404412
邯郸市武警志
邯郸市武警志编审委员会编　石家庄　河北人民出版社　2001 年　258 页

007587963
邯郸市建设志
邯郸市建设志编纂委员会编　北京　中国建筑工业出版社　1994 年　829 页〔中华人民共和国地方志　河北省〕

012898465
邯郸市建设志 1991—2007
邯郸市建设志编纂委员会编　北京　中国建筑工业出版社　2009 年　667 页〔中华人民共和国地方志　河北省〕

013369934
邯郸市自来水公司志
邯郸市自来水公司编　邯郸　邯郸市自来水公司　1998 年　346 页

012191920
邯郸市土地志
高建平主编　范建刚　贾天华副主编　邯郸市土地志编纂委员会编　邯郸　邯郸市土地志编纂委员会　2000 年　275 页〔河北省土地志系列丛书〕

012999018
邯郸市粮食志 1890—1985
邯郸市粮食志办公室编　邯郸　邯郸市粮食志办公室　1990 年　286 页

008378743
邯郸市畜牧水产志
邯郸市畜牧水产志编纂委员会编　北京　中国城市出版社　1991 年　258 页

009159331
邯郸电力工业志 1916—1988
邯郸电力工业志编纂委员会编　邯郸　邯郸电力工业志编纂委员会　1993 年　474 页

009397201
邯郸电力工业志 1989—1999
邯郸电力工业志编纂委员会编　北京　方志初版社　2003 年　564 页

008382871
邯郸供电志
邯郸供电志编纂委员会编　董佑民主编　北京　新华出版社　1997 年　347 页

012967616
邯郸供电志 1995—2005
邯郸供电公司编 北京 中国电力出版社 2011年 525页

012638832
邯郸矿业集团志 1991—2006
邯郸矿业集团史志编审委员会编 邯郸 邯郸矿业集团史志编审委员会 2008年 933页

011579912
邯郸市纺织工业志 1945—1985
邯郸市纺织工业公司编 邯郸 邯郸市纺织工业公司 1988年 558页

013897204
邯郸市国防工业志 1963—1988
邯郸市国防工业志编审委员会编 北京 兵器工业出版社 1992年 183页

012999044
邯郸四棉厂志 1956—1985
邯郸四棉厂志编辑办公室编辑 邯郸 邯郸四棉厂志编辑办公室 1988年 399页

012999047
邯郸陶瓷志 新石器时期—1989
邯郸市陶瓷总公司编纂 合肥 安徽新华印刷厂 1990年 723页

010253973
邯钢志 1957—1984
邯钢志编纂委员会编 邯郸 邯钢志编纂委员会 198u年 484页

012264957
邯钢志 新闻媒体报道邯钢经验选编
邯钢志编纂委员会编 邯郸 邯钢志编纂委员会 2008年 501页

012999056
邯棉一厂志 1950—1985
国营邯郸第一棉纺织厂编 邯郸 国营邯郸第一棉纺织厂 1988年 330页

013335287
邯邢冶金矿山志 1951—1985
冶金工业部邯邢冶金矿山管理局编 汉川 湖北省汉川县印刷厂 1987年 431页

010254035
军钢志 1971—1985
中国人民解放军第二六七二工程指挥部编 中国人民解放军第二六七二工程指挥部 198u年 505页

009818523
马头发电厂厂志 1958—2000
河北马头发电有限责任公司编 邯郸 马头发电厂 2005年 463页

009852658

前进中的邯钢 邯郸钢铁总厂史志 1957—1990

前进中的邯钢编纂委员会编 北京 光明日报出版社 1992年 361页〔中华企业发展史丛书 河北卷〕

008534689

邯郸邮电志

郭其林主编 邯郸市邮电局邮电志编委会编 北京 中国城市出版社 1992年 361页

012658577

邯郸供销社志 1949—2000

邯郸供销社志编纂委员会编 邯郸 邯郸供销社志编纂委员会 2001年 356页

008378765

邯郸市财政志 1723—1985

邯郸市财政局编 邯郸 邯郸市财政局 1990年 208页

010469356

邯郸市税务志 1911—1985

邯郸 邯郸市税务局 1988年 308页

011579886

邯郸城市金融志 1945—1989

邯郸城市金融志编纂委员会编 北京 中国经济出版社 1994年 460页

009699411

邯郸师范教育志

辛彦怀 李广主编 石家庄 河北人民出版社 2005年 561页

011294714

邯郸师范专科学校校志

辛彦怀主编 李广 郭秀芬副主编 石家庄 河北大学出版社 2003年 540页

008379179

邯郸市地名录

邯郸市地名办公室编 石家庄 河北科学技术出版社 1991年 168页〔河北省地名录全集 8〕

011811224

河北省地名志 邯郸分册

河北省邯郸地区地名办公室编 河北 河北省邯郸地区地名办公室 1987年 461页

008533720

邯郸市地名资料汇编

河北省邯郸市地名办公室 邯郸 河北省邯郸市地名办公室 1983年 295页

009397212

邯郸市抗击非典志

邯郸市抗击非典志编纂委员会编 石家庄 河北人民出版社 2004年 663页

013990656
邯郸市传染病医院志 1963—2013
赵斗贵主编 李友生等副主编 刘建军执行主编 2013年 417页

013335283
邯郸市卫生志 1814—1985
邯郸市卫生志编委会编 邯郸 邯郸市卫生志编辑委员会 1987年 451页

008593791
滏阳河灌区志
邯郸滏阳河灌区志编纂委员会编 北京 中国档案出版社 1999年 265页〔河北省水利史志丛书〕

008819746
邯郸市城市建设志
邯郸市城市建设志编纂委员会编 北京 中国建筑工业出版社 1996年 477页〔中华人民共和国地方志 河北省〕

010201732
民有灌区志
张婧主编 武汉 武汉水利电力大学出版社 1999年 249页〔河北省水利史志丛书〕

011328459
跃峰渠志
跃峰渠志编纂委员会编 北京 中华书局 2001年 273页

丛台区

008193992
丛台区志
邯郸市丛台区地方志编纂委员会编 王学臣主编 北京 新华出版社 1998年 538页

邯山区

007290038
邯山区志
河北省邯郸市邯山区地方志编纂委员会编 合肥 安徽人民出版社 1991年 534页

复兴区

008486467
复兴区志
河北省邯郸市复兴区地方志编纂委员会编 卢双强主编 韩鸿博 岳红军副主编 北京 中国县镇年鉴社 1999年 534页

峰峰矿区

007969341
峰峰志
峰峰矿区地方志编纂委员会编 侯廷臻主编 北京 新华出版社 1996年 1140页〔中华人民共和国地方

志丛书〕

012638835
邯郸市峰峰矿区志 1991—2006
邯郸市峰峰矿区志编纂委员会编 郑州 中州古籍出版社 2009年 708页

010118640
峰峰矿区水利志
峰峰矿区水利志编纂委员会编 北京 中国档案出版社 2000年 195页

013183421
峰峰煤矿志
峰峰煤矿志编纂委员会编 北京 新华出版社 1995年 965页

012264226
峰峰煤矿志
峰峰煤矿志编纂委员会编 北京 新华出版社 2009年 951页

012999157
黄沙矿志 1989—2009
冀中能源峰峰集团黄沙矿志编纂委员会编 河北 冀中能源峰峰集团黄沙矿志编纂委员会 2010年 278页

013128897
峰峰矿务局总医院志
峰峰矿务局总医院院志编审委员会编 邯郸 峰峰矿务局总医院院志编审委员会 1998年 386页

武安市

003807943
武安县志
武安市地方志编纂委员会编 北京 中国广播电视出版社 1990年 1051页

013784467
白沙村志 1520—2010
武安市白沙村志编纂委员会编 2011年 429页

009554449
磁山村志
磁山村志编委会编 磁山村 磁山村志编委会 1990年 346页

009348656
固镇村志
刘北方编 北京 中国社会出版社 2003年 468页〔新世纪农村志系列丛书〕

013225752
沙洺村志
沙洺村志编纂委员会编 沙洺村 沙洺村志编纂委员会 2011年 440页

013010955
新固镇村志
刘北方主编 固镇村 1997年 561页

009147338
中国共产党武安市纪律检查志

中共武安市纪律检查委员会编 北京 中国方正出版社 1997年 286页

009412666
武安市人大志
武安市人大志编委会编 石家庄 河北人民出版社 2003年 613页

011066575
武安市政协志 1955—2005
武安市政协志编委会编 石家庄 河北人民出版社 2006年 564页

012140473
武安市民政志 续 1989—2007
武安市民政志编辑小组编 武安 武安市民政志编辑小组 2008年 467页

011293514
武安市城乡建设志
武安市城乡建设志编纂委员会编 北京 中国科学技术出版社 1993年 295页〔中华人民共和国地方志 河北省〕

012208336
武安市土地志
郭学良主编 武安市土地志编纂委员会编 武安 武安市土地志编纂委员会 2000年 217页〔河北省土地志系列丛书〕

012100056
武安电力志 1957—2007
武安市供电公司电力志编委会编 武安 武安市供电公司电力志编委会 2007年 535页

012506295
武安水利志
武安水利志编纂委员会编 郑州 中州古籍出版社 2009年 642页

009996585
新兴铸管志 军钢志续集 1986—2000
毛广钦主编 武安 新兴铸管集团公司 2002年 1072页

011570931
武安工业志
武安市经济委员会编 北京 新华出版社 1990年 493页〔河北省地方专业志丛书〕

013689611
武安职业教育志
武安职业教育志编纂委员会编 北京 中国财富出版社 2012年 564页

011147207
中国民间文学集成 武安民间故事卷
河北省武安县民间文学集成编委会编 1987年 608页

008533977
武安县地名志
河北省武安县地名办公室编 武安 河北

省武安县地名办公室 1984 年 863 页

012722967
武安市医院志
武安市医院志编纂委员会编 北京 方志出版社 2010 年 575 页

邯郸县

006105441
邯郸县志 第 1 卷
邯郸县地方志编纂委员会编 北京 中国人事出版社 1993 年 741 页〔中国地方志丛书〕

009313557
邯郸县志 第 2 卷 1986—2002
邯郸县地方志编纂委员会编 北京 方志出版社 2003 年 972 页

013772721
邯郸县房产志
邯郸县城乡建设局编 2001 年 330 页

012191927
邯郸县土地志
曹印璞主编 檀居云 李净副主编 邯郸县土地志编纂委员会编 邯郸 邯郸县土地志编纂委员会 2000 年 259 页〔河北省土地志系列丛书〕

011473129
邯郸县交通志
邯郸县交通局编 北京 中国文史出版社 2007 年 226 页

009380959
邯郸县公路交通志
邯郸县交通局编 邯郸 邯郸县交通局 1990 年 132 页

010253972
邯郸县教育志
邯郸县教育志编辑组编 邯郸 邯郸县教育志编辑组 1989 年 184 页

008533715
邯郸县地名志
河北省邯郸县地名办公室编 邯郸 河北省邯郸县地名办公室 1984 年 431 页

临漳县

008486761
临漳县志
河北省临漳县地方志编纂委员会编 北京 中华书局 1999 年 935 页

012639756
临漳县土地志
吕金平主编 临漳县土地志编纂委员会编 临漳 临漳县土地志编纂委员会 2000 年 210 页〔河北省土地志系列丛书〕

009381091
临漳县交通志
临漳县交通志编写组纂修 邯郸 邯郸地区行政公署交通局 1988年 225页

012719207
临漳一中志
临漳一中志编纂委员会编 郑州 中州古籍出版社 2010年 760页

008533295
临漳县地名资料汇编
河北省临漳县地名办公室编 临漳 河北省临漳县地名办公室 1983年 314页

成安县

007513982
成安县志
河北省成安县地方志编纂委员会编 北京 新华出版社 1996年 896页〔中华人民共和国地方志丛书〕

013506621
成安县人口和计划生育志
成安县人口和计划生育志编纂委员会编 郑州 中州古籍出版社 2012年 318页

013506622
成安政协志
政协成安县七届委员会编 成安 政协成安县七届委员会 2011年 500页

012191543
成安县土地志
齐保忠主编 成安县土地志编纂委员会编 成安 成安县土地志编纂委员会 2000年 221页〔河北省土地志系列丛书〕

010151017
成安县电力志
成安县电力志编纂委员会编 北京 方志出版社 2005年 328页

009381289
成安县交通志
成安县交通局交通志编写组编 成安 成安县交通局交通志编写组 1989年 208页

008533999
成安县地名志
成安县地名办公室编 成安 成安县地名办公室 1984年 211页

大名县

005696920
大名县志
大名县县志编纂委员会编 北京 新华出版社 1994年 874页

009397168
文集村志
文兆祯编纂 文集村 河北省大名县文集

村委会 2000 年 118 页

013726886
大名县人民代表大会志 1949.10—2012.1
大名县人民代表大会常务委员会编 大名 大名县人民代表大会常务委员会 2013 年 751 页

013179388
大名县政协志 1956.2—2010.12
政协大名县委员会编 大名 政协大名县委员会 2010 年 382 页

012191720
大名县土地志
贾志钧主编 裴相和副主编 大名县土地志编纂委员会编 大名 大名县土地志编纂委员会 2000 年 221 页〔河北省土地志系列丛书〕

013334555
大名县水利志
河北省大名县水利志编纂委员会编 大名 大名县水利局 1992 年 266 页〔河北省水利史志丛书〕

013647282
大名县交通志
大名县交通局史志编写办公室编纂 大名 河北省大名县交通局 1988 年 265 页〔河北省交通史志丛书〕

013859500
大名师范志
邯郸学院大名分院编 石家庄 河北人民出版社 2013 年 872 页

010138583
大名县回族志 1245—1990
大名县民族宗教事务委员会编 大名 大名县民族宗教事务委员会 1992 年 162 页

008533776
大名县地名资料汇编
河北省大名县地名办公室编 大名 河北省大名县地名办公室 1983 年 396 页

涉县

008001437
涉县志
涉县地方志编纂委员会编 北京 中国对外翻译出版公司 1998 年 1068 页

013756052
涉县志 1991—2011
涉县地方志编纂委员会编 北京 中华书局 2012 年 997 页〔中华人民共和国地方志丛书〕

009009901
更乐镇志
更乐镇志编纂委员会编 北京 新华出版社 2001 年 348 页

012543042
王金庄村志
王树梁主编 河北 王金庄村志编纂委员会 2009年 509页

010778369
西戌村志
西戌村志编纂委员会编 北京 民族出版社 2005年 326页

012266316
涉县人事劳动志
涉县人事劳动和社会保障局编 北京 新华出版社 2009年 665页

008534598
涉县电力志
涉县电力志编纂委员会编 王虎文 赵玉堂主编 北京 新华出版社 1997年 236页

012662265
涉县供销合作社志 1939.9—2009.12
涉县供销合作社志编纂委员会编 北京 新华出版社 2010年 657页

009159325
涉县教育志
涉县教育志编纂委员会编 北京 中华书局 2003年 618页

008533980
涉县地名志
涉县地名办公室编 涉县 涉县地名办公室 1984年 650页

013731342
涉县植物资源志
涉县农业区划办公室编 涉县 涉县农业区划办公室 1987年 509页

磁县

008593202
磁县志
河北省磁县地方志编纂委员会编 孙作家主编 北京 新华出版社 2001年 1145页

013090931
磁县政协志
磁县政协志编委会编 磁县 磁县政协志编委会 2009年 570页

009839230
磁县民政志
磁县民政志编纂委员会编 北京 新华书局 2005年 473页

008593759
磁县水利志
磁县水利志编纂委员会编 北京 中华书局 2000年 327页〔中华人民共和国地方志丛书〕

008534587

磁县交通志

董云波主编 磁县交通局史志编写办公室编 磁县 磁县交通局史志编写办公室 1989年 237页

009082546

磁县教育志

磁县教育志编纂委员会编 北京 中华书局 2002年 468页

008533719

磁县地名资料汇编

河北省磁县地名办公室编 磁县 河北省磁县地名办公室 1983年 341页

肥乡县

013894610

肥乡县政协志

政协肥乡县委员会编 肥乡 政协肥乡县委员会 2012年 507页

012249958

肥乡县土地志

肥乡县土地志编纂委员会编 肥乡 肥乡县土地志编纂委员会 2000年 217页

008533292

肥乡县地名资料汇编

河北省肥乡县地名办公室编 肥乡 河北省肥乡县地名办公室 1982年 158页

永年县

009189729

永年县志

永年县地方志编纂委员会编 北京 中华书局 2002年 1029页

013990664

河北铺村志

河北铺村志编纂委员会 赵海京主编 北京 北京图书出版社 2014年 747页

013901062

永年县政协志 1959.2—2011.3

政协永年县第九届委员会编 永年 政协永年县第九届委员会 2011年 558页

012970751

永年太极拳志

永年太极拳志编纂委员会编 北京 人民体育出版社 2006年 679页

008533976

永年县地名志

河北省永年县地名委员会编 永年 河北省永年县地名委员会 1984年 479页

邱县

008866696

邱县志

邱县地方志编纂委员会编 张敏主编 北

京 方志出版社 2001年 1230页

011295622
邱县人大志
河北省邱县人大志编纂委员会编 曹广法主编 北京 新华出版社 2007年 728页

009334822
邱县电力志
邱县电力志编纂委员会编 北京 方志出版社 2003年 378页

009382244
邱县交通志
邱县交通局交通志编纂委员会编 邱县 邱县交通局交通志编纂委员会 1988年 189页

009348184
邱县农村信用合作志
邱县农村信用合作社联合社社志编纂委员会编 北京 方志出版社 2003年 487页

008533979
邱县地名志
河北省邱县地名办公室编 邱县 河北省邱县地名办公室 1984年 218页

鸡泽县

008819779
鸡泽县志
河北省鸡泽县地方志编纂委员会编 李振江主编 北京 方志出版社 2002年 941页〔中国地方志丛书〕

012202867
鸡泽县土地志
张运方主编 鸡泽县土地志编纂委员会编 鸡泽 鸡泽县土地志编纂委员会 2000年 278页〔河北省土地志系列丛书〕

009380962
鸡泽县交通志
窦庆坤编 河北省鸡泽县交通局编 鸡泽 河北省鸡泽县交通局 1990年 133页

008533287
鸡泽县地名资料汇编
鸡泽县地名办公室编 鸡泽 鸡泽县地名办公室 1982年 150页

广平县

007512931
广平县志
河北省广平县地方志编纂委员会编 李金国主编 刘增才副主编 北京 文化艺术出版社 1995年 733页

009380954

广平县交通志

河北省广平县交通局编印 广平 广平县交通局史志编写办公室 1988 年 257 页

008533365

广平县地名资料汇编

河北省广平地名领导小组编 广平 河北省广平地名领导小组 1984 年 125 页

馆陶县

008486413

馆陶县志

河北省馆陶县地方志编纂委员会编 任润刚主编 北京 中华书局 1999 年 942 页

012191848

馆陶县土地志

崔银峰主编 馆陶县土地志编纂委员会编 馆陶 馆陶县土地志编纂委员会 2000 年 230 页〔河北省土地志系列丛书〕

009381300

馆陶县交通志

馆陶县交通局交通志编写组编 馆陶 馆陶县交通局交通志编写组 1989 年 184 页

011954052

馆陶县交通志

馆陶县交通志编纂委员会编 北京 方志出版社 2008 年 506 页

013897144

馆陶县教育志

申华祥主编 馆陶县文化教育体育局编 邯郸 邯郸新华印刷厂 2006 年 471 页

008533788

馆陶县地名资料汇编

河北省馆陶县地名办公室编 馆陶 河北省馆陶县地名办公室 1983 年 190 页

魏县

009020852

魏县志

魏县地方志编纂委员会编 王学贵主编 北京 方志出版社 2003 年 1286 页

012814294

魏县志

魏县志编纂委员会编 郑州 中州古籍出版社 2010 年 1014 页

013706864

魏县水利志

梁东湖主编 蒋金锁副主编 石家庄 河北人民出版社 1990 年 297 页〔河北省水利史志丛书〕

009381085
魏县交通志
魏县交通局史志编写委员会编 魏县 魏县交通局史志编写委员会 1989 年 259 页

008487317
魏县邮电志
段新林主编 北京 方志出版社 1998 年 418 页

008383427
魏县财政志
杨旭如主编 北京 新华出版社 1996 年 265 页

013000305
梨乡水城 魏都建设志
梨乡水城魏都建设志编纂委员会编 北京 中国文化出版社 2011 年 630 页

008533991
魏县地名志
魏县地名办公室编 魏县 魏县地名办公室 1984 年 234 页

曲周县

007993401
曲周县志
曲周县地方志编纂委员会编 侯建国 李修文主编 北京 新华出版社 1997 年 845 页〔中华人民共和国地方志丛书〕

012766434
曲周电力志 1963—2009
曲周电力志编纂委员会编 郑州 中州古籍出版社 2010 年 510 页

009380967
曲周县交通志
河北省曲周县交通局编 曲周 曲周县交通局 1990 年 217 页

008660253
曲周县地名资料汇编
河北省曲周县地名办公室编 曲周 曲周县地名办公室 1984 年 326 页

邢台市

008845019
邢台市志 前 17 世纪—1993.6
邢台市地方志编纂委员会编 北京 中国对外翻译出版公司 2001 年 2 册 1331 页

009553718
邢台市人民代表大会志
邢台市人民代表大会志编纂委员会编 邢台 人大 2001 年 385 页

013775998

邢台市政协志

政协河北省邢台市委员会编 北京 中国文史出版社 2012年 886页

010275945

邢台市公安志

邢台市公安局编 邢台 邢台市公安局 1990年 412页

013072726

邢台民进志 1981—2006

中国民主促进会邢台市委员会编 邢台 中国民主促进会邢台市委员会 2006年 203页

009240441

邢台市建设志

邢台市建设志编纂委员会编 北京 中国对外翻译出版公司 2001年 615页

009743444

河北兴泰发电有限责任公司志 1987—2002

河北兴泰发电有限责任公司编 北京 中国广播电视出版社 2005年 440页

013752538

冀中能源股份公司志 1978—2011

冀中能源股份公司志编纂委员会编 北京 煤炭工业出版社 2012年 966页

009996566

金隆集团志

河北金隆集团经典文汇丛书编辑部编 邢台 金隆集团 2004年 507页〔金隆经典文汇丛书〕

009397211

晶牛志 1970—2000

河北晶牛集团有限责任公司编 河北 河北晶牛集团有限责任公司 2000年 207页

012140845

邢台发电厂志

彭念宣主编 北京 中国物资出版社 1992年 315页

011292168

邢台矿务局志

邢台矿务局志编纂委员会编 邢台 邢台矿务局志编纂委员会 1985年 166页

008600290

邢台地区公路史

徐庆主编 邢台地区公路交通史志编纂委员会编 北京 人民交通出版社 1992年 560页〔河北省公路交通史志丛书〕

009310431

河北省邢台市财政志 1993—2000

邢台市财政局编 邢台 邢台市财政局 2002年 530页

011444092
邢台报社志
甄德圣主编 北京 中国环境科学出版社 1999年 786页

009319541
邢台教育志
河北省邢台市教育局编 常中秋主编 北京 人民日报出版社 2003年 1010页

013045571
河北机电职业技术学院志 1956.7.23—2006.6.30
河北机电职业技术学院志编纂委员会编 邢台 河北机电职业技术学院志编纂委员会 2006年 197页

008533983
邢台市地名志
邢台市地名委员会编 邢台 河北省邢台市地名委员会 1984年 416页

007516621
桥东区志
王聚泰主编 李书岩主笔 北京 中国工人出版社 1992年 693页〔中华人民共和国地方志丛书〕

南宫市

007493535
南宫市志
河北省南宫市地方志编纂委员会编 张春起主编 赵希文 乞志岩副主编 石家庄 河北人民出版社 1995年 969页

008793890
南宫县水利志
刘录仓主编 苗树庄副主编 石家庄 河北人民出版社 1991年 200页〔河北省水利史志丛书〕

008186366
南宫市地名志
河北省南宫市地名委员会办公室编 石家庄 河北科学技术出版社 1989年 482页

008533873
南宫县地名资料汇编
河北省南宫县地名办公室编 南宫 河北省南宫县地名办公室 1983年 369页

沙河市

007493567
沙河市志
河北省沙河市地方志编纂委员会编 张月民主编 北京 生活·读书·新知三联书店 1994年 931页〔中国地方志丛书〕

009397076
册井村志 2002
北京 中国对外翻译出版公司 2002年

376 页〔河北沙河市地方志丛书〕

009415137
渡口村志
石华主编 北京 人民日报出版社 2002 年 559 页〔河北沙河市地方志丛书〕

009397176
李石岗村志 1506—1997
李宗爱编 李石岗村 1999 年 332 页〔河北沙河市地方志丛书〕

009397077
南汪村志
刘芳彬主编 沙河 2001 年 535 页〔河北沙河市地方志丛书〕

009699436
窑坡村志
冀彤军主编 大连 大连出版社 2004 年 401 页〔河北沙河市地方志丛书〕

012639013
沙河市人大志
沙河市人大志编纂委员会编 石家庄 沙河市人大 2009 年 726 页

013067072
沙河市政协志
沙河市政协志编委会编 沙河 沙河市政协志编委会 2009 年 574 页

013373952
河北省沙河市人民法院志 1950—1995
河北省沙河市人民法院编 沙河 河北省沙河市人民法院志编纂委员会 1995 年 152 页

010140740
沙河农场志 1954—1985
沙河农场编审委员会编 黑龙江 沙河农场 2001 年 225 页

011998147
沙河市煤炭志 1052—2005
戴召民主编 沙河市煤炭安全监察局编 沙河 沙河市煤炭安全监察局 2006 年 305 页

011067002
沙河市教育志
沙河市教育委员会编 北京 教育科学出版社 1994 年 263 页〔河北教育史志丛书〕

008533941
沙河县地名资料汇编
河北省沙河县地名办公室编 沙河 河北省沙河县地名办公室 1983 年 264 页

邢台县

008037801
邢台县志
邢台县地方志编纂委员会编 北京 新华

出版社 1993 年 774 页〔中华人民共和国地方志丛书〕

013604266
邢台县志 1979—2009
邢台县地方志编纂委员会编 石家庄 河北人民出版社 2012 年 711 页

011585157
邢台县教育志
邢台县教育志编辑组编 邢台 邢台县教育志编辑组 1987 年 319 页

008533984
邢台县地名志
河北省邢台县地名办公室编 邢台 河北省邢台县地名办公室 1983 年 475 页

临城县

008622859
临城县志
临城县地方志编纂委员会编 杨生林主编 北京 团结出版社 1996 年 898 页

013129100
郝庄村志
郝庄村志编撰委员会编 郝庄村 郝庄村志编撰委员会 2009 年 339 页

011325013
临城县文物志
河北省临城县文物保管所编 临城 河北省临城县文物保管所 1983 年 84 页

008533874
临城县地名资料汇编
河北省临城县地名办公室编 临城 河北省临城县地名办公室 1983 年 196 页

内邱县

008195178
内邱县志
河北省内邱县地方志编纂委员会编 张进斌总纂 北京 中华书局 1996 年 1112 页

010293910
内邱县志 夏—2000
河北省内邱县地方志编纂委员会编 李俊良主修 韩秋长 张进斌主编 牛志斌等副主编 北京 方志出版社 2006 年 1341 页〔中华人民共和国地方志丛书〕

008793384
内邱县水利志
梁大友主编 内邱县水利志编纂委员会编 内邱 内邱县水利志编纂委员会 1993 年 170 页〔河北水利史志丛书〕

010139888
内邱县文物志
孙剑华主编 北京 北京燕山出版社

1999年 157页〔北方文丛〕

008533922
内邱县地名资料汇编
河北省内邱县地名办公室编 内邱 河北省内邱县地名办公室 1983年 274页

柏乡县

008470860
柏乡县志
柏乡县地方志编纂委员会编 赵志均主编 北京 方志出版社 2000年 929页

008533995
柏乡县地名资料汇编
柏乡县地名办公室编 柏乡 柏乡县地名办公室 1984年 151页

隆尧县

008486784
隆尧县志
隆尧县地方志编纂委员会编 董树仁主编 北京 生活·读书·新知三联书店 1998年 1029页

009397063
隆尧县人民代表大会志
隆尧县人大常委会编 隆尧 隆尧县人大常委会 2002年 551页

009411487
隆尧县电力志
闫长平 董树仁主编 隆尧县电力志编纂委员会编 香港 香港天马出版社 2001年 284页

009310399
隆尧县财政志
董树仁 董计峰主编 香港 天马出版社 2001年 468页

008533940
隆尧县地名资料汇编
河北省隆尧县地名办公室编 隆尧 河北省隆尧县地名办公室 1983年 225页

任县

008839929
任县志
任县地方志编纂委员会编 王勤格策划 陈振斌主编 北京 中华书局 2000年 783页〔中华人民共和国地方志丛书〕

011805841
任县风物志
政协任县委员会编 任县 政协任县委员会 2007年 169页〔任县文史资料第1辑〕

008533877
任县地名资料汇编

河北省任县地名办公室编 任县 河北省任县地名办公室 1983年 170页

南和县

007672807
南和县志
杨一明 任书香主编 河北省南和县地方志编纂委员会编 北京 方志出版社 1996年 735页

008533962
南和县地名资料汇编
河北省南和县地名办公室编 南和 河北省南和县地名办公室 1983年 182页

宁晋县

008492821
宁晋县志
宁晋县地方志编纂委员会编 张枫林总编 北京 中华书局 1999年 1124页

011320870
宁晋县政协史志 1956.12—2006.12
中国人民政治协商会议宁晋县委员会编 宁晋 中国人民政治协商会议河北省宁晋县委员会 2006年 256页

012832243
晶龙志 1996—2008
晶龙志编纂委员会编 晶龙志编纂委员会 2010年 401页

008533952
宁晋县地名志
宁晋县地名办公室编 宁晋 宁晋县地名办公室 1984年 305页

巨鹿县

008818681
巨鹿县志
巨鹿县志编纂委员会编 北京 文化艺术出版社 1994年 831页

009992171
巨鹿县水利志
孟令玉 信绍聘主编 石家庄 河北人民出版社 1993年 164页〔河北省水利史志丛书〕

008533963
巨鹿县地名资料汇编
河北省巨鹿县地名办公室编 巨鹿 河北省巨鹿县地名办公室 1982年 223页

新河县

008622929
新河县志
新河县地方志编纂委员会编 安志辉主编 北京 方志出版社 2000年 718页

008793908

新河县水利志

田恒通主编 新河县水利志编纂委员会办公室编辑 新河 新河县水利志编纂委员会办公室 1988年 215页

008533817

新河县地名资料汇编

河北省新河县地名办公室编 新河 河北省新河县地名办公室 1983年 165页

广宗县

008486421

广宗县志

河北省广宗县地方志编纂委员会 刘保华主编 杨振朋执行主编 周连淼副主编 北京 方志出版社 1999年 787页〔中华人民共和国地方志丛书〕

009332541

广宗县电力志

广宗县电力志编纂委员会 贾金锐主编 北京 方志出版社 2003年 270页

008533997

广宗县地名志

河北省广宗县地名办公室编 广宗 河北省广宗县地名办公室 1984年 231页

平乡县

009852672

平乡县志 评审稿

平乡县地方志办公室编 平乡 平乡县地方志办公室 1999年 906页

008470847

平乡县志

平乡县地方志编纂委员会编 夏存为主编 马继军副主编 北京 方志出版社 1999年 998页

009852668

平乡县财政志

平乡县财政志编纂委员会编 大连 大连出版社 2005年 536页〔邢台市地方志丛书〕

012542760

平乡县第一中学校志

平乡县第一中学校志编纂委员会编 李万印主编 北京 新华出版社 2009年 626页

008533916

平乡县地名资料汇编

河北省平乡县地名办公室编 平乡 河北省平乡县地名办公室 1983年 187页

威县

008302253
威县志
威县地方志编纂委员会编 张桂菊主编 北京 方志出版社 1998年 1049页

013660374
威县人大志 2005—2011
威县人大志编纂委员会编 威县 威县人大志编纂委员会 2011年 198页

012208289
威县人民代表大会志
威县人大志编纂委员会编 北京 社会科学文献出版社 2006年 266页

012662376
威县政协志
威县政协志编纂委员会编 北京 中央文献出版社 2008年 353页

008533978
威县地名志
河北省威县地名办公室编 威县 河北省威县地名办公室 1983年 407页

清河县

006350796
清河县志
河北省清河县地方志编纂委员会编纂 北京 中国城市出版社 1993年 846页〔中华人民共和国地方志丛书〕

013377025
清河县志 1979—2005
清河县地方志编纂委员会编纂 北京 中华书局 2011年 1106页

008593728
清河县电力志
清河县电力志编纂委员会编 沈世远主编 北京 中国档案出版社 2000年 500页〔中国地方志丛书〕

010108705
清河县水利志
清河县水利志编写组编 北京 北京科学技术出版社 1991年 186页〔河北省水利史志丛书〕

009020830
清河县羊绒志
清河县羊绒志编委会编 北京 方志出版社 2001年 511页〔中国地方志丛书〕

010108709
清河县造纸厂志
王金福主编 北京 中国档案出版社 2002年 308页〔河北省工业史志丛书〕

008983086

清河县邮电志

沈世远 沈琳英主编 北京 人民日报出版社 2002年 294页〔邢台市地方志丛书〕

009116242

清河县财政志

焦满堂 沈世远主编 清河县财政志编纂委员会编 北京 方志出版社 1998年 434页

014049945

清河县金融志

沈世远 姜新秋主编 清河县金融志编委会编 香港 中国新闻联合出版社 2010年 811页

013753789

清河县育才小学校志

沈世远 沈泽宇主编 清河县育才小学校志编委会编 清河 清河县育才小学校志编委会 2008年 359页

008533818

清河县地名资料汇编

河北省清河县地名办公室编 清河 河北省清河县地名办公室 1984年 249页

临西县

007672887

临西县志

临西县地方志编纂委员会编纂 李夫燕 方海滨主编 北京 中国书籍出版社 1996年 962页

011320840

临西县电力志

临西县电力志编纂委员会编 临西 临西县电力志编纂委员会 2004年 325页

008492880

临西县水利志

徐登阶主编 天津 天津大学出版社 1994年 241页〔河北省水利史志丛书〕

011954605

临西金融志

孙小林主编 临西金融志编辑委员会编 临西 临西金融志编辑委员会 2005年 221页

008828603

临西图志

临西图志编委会编 李夫燕 方海滨主编 北京 中国对外翻译出版公司 2000年 147页

008533921

临西县地名志

河北省临西县地名办公室编 临西 河北省临西县地名办公室 1983年 265页

保定市

008864044
保定市志 讨论稿
保定市地方志办公室编 保定 保定市地方志办公室 1996—1997年 8册

008486204
保定市志
保定市地方志编纂委员会编 北京 方志出版社 1999年 4册

012950390
保定市简志
保定市人民政府办公室编 保定 保定市人民政府 1994年 105页

012713876
保定佛教文化志
保定市佛教协会编著 北京 中国文史出版社 2010年 620页

012636559
中国共产党保定市组织志 1922—1988
中共保定市委组织部编 石家庄 河北大学出版社 1992年 332页

013402837
保定市人民代表大会志
保定市人大常委会办公室编 保定 保定市人大常委会办公室 1992年 256页

011756477
保定市人事志
保定市人事局编纂 保定 保定市人事局 1989年 275页

013037870
保定市殡仪馆志
保定市殡葬管理处编 保定 保定市殡葬管理处 2010年 495页

011756473
保定市民政志
保定市民政志编纂委员会编 北京 新华出版社 1990年 382页

011756457
保定市工商行政管理志
朱宾廉主编 保定市工商局编 保定 保定市工商局 1989年 370页〔保定市地方志丛书〕

009413410
保定市审计志
保定市审计志编辑委员会编 北京 中国审计出版社 1992年 313页

012971643
保定市物资志
河北省保定市物资局编 王保义 段正英主编 北京 书目文献出版社 1989年 445页

009198358
保定市土地志
保定市土地志编纂委员会编著 北京 方志出版社 2002年 687页〔保定市土地志系列丛书〕

008863903
保定钞票纸厂志
保定钞票纸厂志编辑委员会编 北京 中国金融出版社 1993年 410页〔中国印钞造币志丛书〕

011756423
保定钞票纸厂志 1991—2000
保定钞票纸厂志编辑委员会编 北京 中国金融出版社 2002年 466页〔中国印钞造币志丛书〕

009124852
保定地区水利志
保定地区水利志编纂委员会编 北京 中国社会出版社 1994年 611页〔河北省水利史志丛书〕

010577419
保定第一棉纺织厂志 1958—1987
保定一棉志编纂委员会编 保定 保定第一棉纺织厂 1988年 302页

013179282
保定电力修造厂志 1956—1988
保定电力修造厂志编纂委员会编 北京 新华出版社 1993年 463页

008190754
保定供电志 1917—1988
保定供电志编审委员会编 北京 新华出版社 1991年 362页

008378537
保定化工
保定市石油化工办公室编 北京 书目文献出版社 1989年 236页〔保定市政府地方志丛书〕

012503642
保定市石油化学工业志
保定市石油化学工业志编纂委员会编 北京 新华出版社 1991年 332页

009796940
保定市水利志
保定市水利志编纂委员会编 白德斌主编 北京 中国和平出版社 1994年 319页〔河北省水利史志丛书〕

010138313
保定烟草志
保定烟草志编辑室编 北京 书目文献出版社 1990年 288页

008378559

保定医药志

崔兴无主编 高继政等副主编 刘敬慈 王洪斌常务编辑 北京 中国文史出版社 1992年 614页

010195486

河北保定电力工业志

宰树栋主编 北京 新华出版社 1992年 348页

009046109

保定邮电志 960—1988

保定邮电局史志编纂委员会编 北京 中国文史出版社 1991年 521页

011757285

保定市物价志

保定市物价局编 石家庄 河北人民出版社 1991年 438页

011756443

保定地区对外经济贸易志

保定地区对外经济贸易局编纂 北京 中国文史出版社 1992年 399页

009397166

保定名优特新高产品志

保定名优特新高产品志编辑委员会编 北京 方志出版社 1998年 184页

012871829

保定财政志

保定市财政局财政志编纂委员会编 保定 保定市财政局财政志编纂委员会 2002年 831页

008534579

保定市财政志

白勇翔主编 保定市财政志编纂委员会编 北京 方志出版社 1996年 307页

011756484

保定市税务志

李书田 张玉山副主编 北京 新华出版社 1990年 486页

013333756

保定建行志 1952—1986

保定建行志编纂委员会编 保定 保定建行志编纂委员会 1989年 313页

011756450

保定金融志

保定金融志编纂委员会编 保定 保定金融志编纂委员会 1989年 489页

008378543

保定报志

保定市报社编 刘梦蛟主编 王晨旭副主编 苑战国撰稿 苑战国 杨志军采访 保定 保定市报社 1991年 249页

013506545

保定地区科学技术志

保定地区科学技术志编办室编 保定 保

定地区科学技术志编办室 1989 年 332 页

010278324
保定市科学技术志
霍振彩主编 保定市科学技术志编纂委员会编 北京 新华出版社 1991 年 744 页

011320335
河北林学院院志 1909—1993
金柏年主编 季行 吕思潮 郜祥娃 沈淑芳副主编 保定 河北大学出版社 1994 年 461 页

011293106
河北农业大学校志 1902—1988
张璞 苏润之主编 北京 社会科学文献出版社 1992 年 752 页

009009855
河北农业大学校志 1902—2002
刘大群 刘继亭 张璞主编 徐树平 国万忠 刘和平编 北京 中国文联出版社 2002 年 775 页

013704167
河北农业大学校志 2002—2012
王志刚主编 北京 中国文史出版社 2012 年 983 页

012995253
保定电力学校志 1957—1988
保定电力学校志编纂委员会编 保定 保定电力学校志编纂委员会 1992 年 327 页

013002641
铁道部电气化工程局党校职工学校志
铁道部电气化工程局党校职工学校志编纂委员会编 铁道部电气化工程局党校职工学校志编纂委员会 1999 年 80 页

011794319
中国戏曲音乐集成 河北卷 老调分卷
河北省保定地区老调分卷编辑部编 1987 年 2 册

013333757
保定人物志
保定人物志编辑委员会编 北京 中央文献出版社 2011 年 768 页

012995255
保定军校人物志略
任牧辛编 保定 保定军校研究会 2010 年 351 页

008378547
保定市文物志
保定市文物志编辑委员会 穆强主编 北京 中国社会科学出版社 1990 年 211 页

008533443
保定市地名资料汇编
河北省保定市地名办公室编 保定 河北省保定市地名办公室 1984年 608页

012096330
保定会馆志
梁连起主编 石家庄 河北大学出版社 2009年 73页

013045572
河北省第六人民医院河北省精神卫生中心医院院志 2007
河北 河北省第六人民医院河北省精神卫生中心医院 2007年 171页

013045573
河北省第六人民医院河北省精神卫生中心医院院志 2008
河北 河北省第六人民医院河北省精神卫生中心医院 2008年 194页

011757280
保定市卫生志
保定市卫生志编纂委员会编 北京 新华出版社 1992年 565页

013883847
保定市土壤志
保定市农林局编 保定 保定市农林局 1983年 76页

013343442
[中国乐凯胶片集团公司研究院]研究所志 1960—1999
中国乐凯胶片集团公司研究院编 保定 研究所志编纂领导小组 2002年 365页

009124961
保定市城市建设志
李松欣主编 梁翔南等副主编 北京 中国建筑工业出版社 1999年 596页〔中华人民共和国地方志 河北省〕

011756469
保定市供水节水志
保定市自来水公司 保定市节约用水办公室编 安志刚主编 谢立国副主编 北京 中国文史出版社 1991年 164页

新市区

008377598
保定市新市区志
刘继敏总编 保定 新市区地方志编纂委员会 1989年 364页〔中华人民共和国地方志丛书〕

008845010
保定市新市区土地志 第5卷
保定市新市区土地志编纂委员会编 新市区 保定市新市区土地管理局 2001年 620页〔保定市土地志系列丛书〕

北市区

008409619

保定市北市区志

北市区志编纂委员会编 北京 新华出版社 1991年 654页

009018181

保定市北市区土地志

保定市北市区土地志编纂委员会编 北市区 保定市北市区土地局 2001年 281页〔保定市土地志系列丛书〕

011320076

保定市北市区地名志

保定市北市区地名志委员会办公室 陈宪庚 吴金贵著 石家庄 河北科学技术出版社 1990年 547页〔河北县级地名志丛书〕

南市区

007464924

保定市南市区志

保定市南市区志编纂委员会编 白晓津主编 北京 新华出版社 1990年 378页〔中华人民共和国地方志丛书〕

008593862

保定市南市区土地志 第4卷

保定市南市区土地志编纂委员会编 南市区 保定市南市区土地局 2000年 281页〔保定市土地志系列丛书〕

009684370

保定市南市区地名志

保定市南市区地名委员会办公室编 石家庄 河北科学技术出版社 1991年 309页〔河北县级地名志丛书〕

涿州市

008486407

古今涿州志要

杨少山主编 北京 新华出版社 1990年 721页

008906314

涿州志 送审稿

涿州市地方志办公室编 涿州 涿州市地方志办公室 1995年 6册

008906318

涿州志 送审稿 六校

涿州市地方志编纂委员会编 河北 河北省涿州志地方志办公室 1997年 5册

007790999

涿州志

涿州市地方志编纂委员会编 北京 方志出版社 1997年 855页

008844918

涿州市公安志

薛焕民编著 涿州市公安志编纂委员会

编 石家庄 河北人民出版社 1992年 345页

008593855
涿州市土地志
涿州市土地志编纂委员会编 涿州 涿州市土地管理局 2000年 309页〔保定市土地志系列丛书〕

013791130
东方地球物理公司研究院志 1999—2008
东方地球物理公司研究院志编纂委员会编 2009年 629页

008864004
河北省涿州市二轻集体工业志 第一稿
涿州市二轻工业局编 涿州 涿州市二轻工业局 1992年 140页

009790073
华铝志 1977—1997
华北铝业有限公司编 河北 华北铝业有限公司 1998年 553页

009415069
石油物探局志 1961—1997
中国石油集团地球物理勘探局志编纂委员会编 北京 石油工业出版社 2002年 1083页

008192176
涿州市水利志
涿州市水利志编纂委员会编 石家庄 河北人民出版社 1993年 285页〔河北省水利史志丛书〕

008094520
涿州商业志
张娟编著 涿州商业志编纂委员会编 石家庄 河北人民出版社 1991年 491页

007843372
涿州教育志
涿州市教育委员会涿州教育志编纂组编 北京 新华出版社 1992年 273页

010153063
涿州文物志
涿州市旅游文物局编 北京 北京燕山出版社 2005年 316页〔涿州历史文化丛书〕

007976498
涿州市地名志
涿州市地名委员会办公室编 石家庄 河北科学技术出版社 1992年 399页〔河北县级地名志丛书〕

定州市

008864097
定州市志 送审稿
定州市地方志办公室编 定州 定州市地方志办公室 1996年 8册

008486310

定州市志

定州市地方志编纂委员会编纂 北京 中国城市出版社 1998 年 1225 页〔中华人民共和国地方志丛书〕

007290035

定州市建设志

定州市城乡建设编纂委员会编 北京 中国城市出版社 1993 年 329 页

009009909

定州市土地志

定州市土地志编纂委员会编 定州 定州市土地管理局 2002 年 483 页〔保定市土地志系列丛书〕

013045497

定州市农业机械化志

郭建祥主编 北京 社会科学文献出版社 1991 年 157 页

008593770

定州市水利志

定州市水利志编纂委员会编 定州 定州市水利志编纂委员会 1998 年 300 页〔河北省水利史志丛书〕

012714087

定州电厂志 2000—2010

定州电厂志编纂委员会编 定州 定州电厂志编纂委员会 2010 年 356 页

009684374

定州市科学技术志

盛志杰主编 北京 社会科学文献出版社 1990 年 270 页

008534682

定州市教育志

定州市教育志编纂委员会编纂 北京 中国城市出版社 1994 年 308 页〔中华人民共和国地方志丛书〕

013373950

河北农业大学中兽医学院院志 1956—2006

王建永 钟秀会主编 董健修 褚景生 刘占民副主编 定州 河北农业大学中兽医学院 2006 年 377 页

011311309

河北中兽医学校校志 1956—1996

王振生主编 李新民主审 1996 年 234 页

012809972

定州人物志

张继宗主编 北京 海洋出版社 2010 年 723 页

013751651

定州风物志

定州风物志编纂委员会编 定州 定州风物志编纂委员会 2001 年 444 页

008533472

定县地名资料汇编

河北省定县地名办公室编 定县 河北省定县地名办公室 1983年 452页

安国市

011430252

安国工商行政管理志

安国市工商行政管理局编 安国 安国市工商行政管理局 2006年 667页

008793378

安国市水利志

安国市水利志编纂委员会编 安国 安国市水利志编纂委员会 1998年 271页〔河北省水利史志丛书〕

008533688

安国县地名资料汇编

安国县地名办公室编 安国 安国县地名办公室 1983年 171页

007508802

祁州中药志

杨见瑞主编 袁德根 马兆民副主编 裕载勋等顾问 马兆民等编撰 石家庄 河北科学技术出版社 1987年 376页

高碑店市

008051778

高碑店市志

高碑店市地方志编纂委员会编 北京 新华出版社 1997年 894页〔中华人民共和国地方志丛书〕

013332313

白沟志

平白主编 北京 中国经济出版社 2011年 850页

008593847

高碑店市土地志 第2卷

高碑店市土地志编纂委员会编 高碑店 高碑店市土地管理局 2000年 321页〔保定市土地志系列丛书〕

008533368

新城县地名资料汇编

河北省新城县地名办公室编 新城 河北省新城县地名办公室 1984年 255页

满城县

008192121

满城县志

满城县地方志编纂委员会编 北京 中国建材工业出版社 1997年 1075页

011475500
满城县检察志 1951—1991
满城县检察志编辑组编 满城 满城县检察志编辑组 1991年 215页

009018148
满城县土地志
满城县土地志编纂委员会编 满城 满城县土地志编纂委员会 2001年 344页〔保定市土地志系列丛书〕

008593761
满城县水利志
满城县水利志编纂委员会编 满城 满城县水利志编纂委员会 1999年 235页〔河北省水利史志丛书〕

008533439
满城县地名资料汇编
满城县地名办公室编 满城 满城县地名办公室 1986年 238页

清苑县

004018784
清苑县志
清苑县地方志编纂委员会编纂 张僧元主编 北京 新华出版社 1991年 867页〔中华人民共和国地方志丛书〕

013898974
清苑县志
清苑县地方志编纂委员会编 北京 中央文献出版社 2013年 862页

008593809
清苑县土地志
清苑县土地志编纂委员会编 清苑 清苑县土地局 1999年 278页〔保定市土地志系列丛书〕

008593732
清苑县水利志
河北省清苑县水利志编纂委员会编 清苑 河北省清苑县水利志编纂委员会 1999年 226页〔河北省水利史志丛书〕

008533706
清苑县地名资料汇编
河北省清苑县地名办公室编 清苑 河北省清苑县地名办公室 1984年 282页

涞水县

008863938
涞水县志 评审稿
涞水县志编纂委员会编 1994年 8册

008622858
涞水县志
涞水县地方志编纂委员会编 北京 北京燕山出版社 2000年 999页

008828339
涞水县三坡志

张永主编 保定 涞水县地方志编纂委员会办公室 1986年 105页

008838907
涞水县土地志
涞水县土地志编纂委员会编 保定 2001年 334页〔保定市土地志系列丛书〕

008593767
涞水县水利志
涞水县水利志编纂委员会编 涞水 涞水县水利志编纂委员会 1998年 243页〔河北省水利史志丛书〕

008828337
涞水县民族志
涞水县民族事务委员会编 涞水 涞水县民族事务委员会 1991年 146页

008533429
涞水县地名资料汇编
河北省涞水县地名办公室编 涞水 河北省涞水县地名办公室 1983年 286页

阜平县

008863922
阜平县志 送审稿
阜平县地方志办公室编 阜平 阜平县地方志办公室 1997年 3册

008819768
阜平县志
阜平县地方志编纂委员会编 高明乡主编 北京 新华出版社 1999年 922页

009009907
阜平县土地志
阜平县土地志编纂委员会编 阜平 阜平县土地志编纂委员会 2002年 345页〔保定市土地志系列丛书〕

008380792
阜平县水利志
河北省阜平县水利志编纂委员会编 北京 方志出版社 1998年 166页〔河北省水利史志丛书〕

010293028
阜平县公路交通志
阜平县交通局编 石家庄 河北人民出版社 1992年 226页〔河北公路交通史志丛书〕

009107211
阜平县现代人物志
阜平县现代人物志编纂委员会编 阜平 阜平县现代人物志编纂委员会 2000年

008533646
阜平县地名资料汇编
河北省阜平县地名办公室编 阜平 河北省阜平县地名办公室 1983年 214页

徐水县

008863930
徐水县志 送审稿
徐水县地方志编纂委员会办公室编 徐水 徐水县地方志编纂委员会办公室 1995 年 3 册

008622937
徐水县志
徐水县地方志编纂委员会编 王国祥主编 北京 新华出版社 1998 年 864 页〔中华人民共和国地方志丛书〕

008593858
徐水县土地志
河北省徐水县土地志编纂委员会编 徐水 徐水县土地局 2000 年 254 页〔保定市土地志系列丛书〕

008793893
徐水县水利志
河北省徐水县水利志编纂委员会编 徐水 河北省徐水县水利志编纂委员会 1995 年 194 页〔河北省水利史志丛书〕

008533430
徐水县地名资料汇编
河北省徐水县地名办公室编 徐水 河北省徐水县地名办公室 1984 年 333 页

定兴县

007992175
定兴县志
河北省定兴县地方志编纂委员会编 王重朴主编 北京 方志出版社 1997 年 772 页〔中国地方志丛书〕

009348643
定兴县土地志
定兴县土地志编纂委员会编 定兴 定兴县国土资源管理局 2003 年 336 页〔保定市土地志系列丛书〕

008793896
定兴县水利志
定兴县水利志编纂委员会编 定兴 定兴县水利志编纂委员会 1998 年 169 页〔河北省水利史志丛书〕

008533417
定兴县地名资料汇编
河北省定兴县地名办公室编 定兴 河北省定兴县地名办公室 1984 年 205 页

唐县

008864215
唐县志 讨论稿
唐县地方志编纂委员会办公室编 唐县 唐县地方志编纂委员会办公室 1994 年 9 册

008622912

唐县志

河北省唐县地方志编纂委员会编 张孝琳主编 张永庆副主编 石家庄 河北人民出版社 1999年 881页

010139917

唐县志 地理 草稿

唐县地方志编纂委员会办公室编 唐县 唐县地方志编纂委员会办公室 1989年 217页

009198361

唐县土地志

唐县土地志编纂委员会编 唐县 唐县土地管理局 2002年 335页〔保定市土地志系列丛书〕

009332565

唐县电力志

河北省唐县电力志编纂委员会编 唐县 河北省唐县电力志编纂委员会 2003年 299页

008793393

唐县水利志

河北省唐县水利志编纂委员会编 唐县 河北省唐县水利志编纂委员会 1998年 249页〔河北省水利史志丛书〕

013183485

河北省唐县中学志

唐县中学志编纂委员会编 唐县 唐县中学志编纂委员会 2001年 313页

010294035

唐县文物志

薛香芹 苑永涛主编 石家庄 河北美术出版社 2006年 179页

008533679

唐县地名资料汇编

河北省唐县地名办公室编 唐县 河北省唐县地名办公室 1984年 305页

高阳县

008622847

高阳县志

高阳县地方志编纂委员会 张增德主编 北京 方志出版社 1999年 1191页

008838920

高阳县土地志

高阳县土地志编纂委员会编 高阳 高阳县土地管理局 2001年 322页〔保定市土地志系列丛书〕

013528912

高阳县水利志

河北省高阳县水利志编纂委员会编 1998年 162页〔河北省水利史志丛书〕

013528909

高阳县教育志

续玉虎主编 石家庄 河北大学出版社 2008年 1069页

008533425
高阳县地名资料汇编
河北省高阳县地名办公室编 高阳 河北省高阳县地名办公室 1984年 210页

容城县

008864027
容城县志 初稿
容城县志办公室编 容城 容城县志办公室 1993年 6册

008593876
容城县志
容城县志编辑委员会编 北京 方志出版社 1999年 654页

008533693
容城县地名资料汇编
河北省容城县地名办公室编 容城 河北省容城县地名办公室 1984年 125页

涞源县

008534182
涞源县志
河北省涞源县地方志编纂委员会编 北京 新华出版社 1998年 870页〔中华人民共和国地方志丛书〕

013335473
涞源县土地志
苏奇峰主编 涞源 涞源县土地志编纂委员会 2001年 263页〔保定市土地志系列丛书〕

013531162
涞源县水利志
涞源县水利志编纂委员会编 1994年 210页〔河北省水利史志丛书〕

008533416
涞源县地名资料汇编
涞源县地名办公室编 涞源 涞源县地名办公室 1985年 295页

望都县

010577385
望都县志 送审稿
望都 1989年 3册

008534441
望都县志
望都县地方志编纂委员会编 栾振生 韩增寿主编 北京 方志出版社 2000年 908页

008533714
望都县地名资料汇编
望都县地名办公室编 望都 望都县地名办公室 1982年 113页

安新县

008593806
安新县志
安新县地方志编纂委员会编 高俊杰主编 北京 新华出版社 2000年 1200页

012871834
北冯村志
刘岱编著 刘晓平助理 北冯村 北冯村公所 北冯村史馆 2007年 535页

012173649
安新县土地志
安新县土地管理局编 安新 安新县土地管理局 1999年 272页

008844725
安新县水利志
安新县水利志编纂委员会编 1995年 204页〔河北省水利史志丛书〕

011430290
安新县教育志
安新县教育志编纂委员会编 河北 安新县教育志编纂委员会编 2002年 454页

008533370
安新县地名资料汇编
河北省安新县地名办公室编 安新 河北省安新县地名办公室 1984年 171页

008385623
白洋淀志
安新县地方志办公室编纂 北京 中国书店 1996年 658页

易县

008593801
易县志
易县地方志编纂委员会编 陈瑞泉主编 北京 中央编译出版社 2000年 1255页

009018169
易县土地志
易县土地志编纂委员会编 保定 2001年 365页〔保定市土地志系列丛书〕

008593755
易县水利志
河北省易县水利志编纂委员会编 易县 易县水利志编纂委员会 1998年 194页〔河北省水利史志丛书〕

008533413
易县地名资料汇编
河北省易县地名办公室编 易县 河北省易县地名办公室 1983年 394页

曲阳县

008534178
曲阳县志
曲阳县志编纂委员会编纂 韩爱营主编 北京 新华出版社 1998年 795页

009198363
曲阳县土地志
曲阳县土地志编纂委员会编 曲阳 曲阳县国土资源局 2002年 366页〔保定市土地志系列丛书〕

008593764
曲阳县水利志
河北省曲阳县水利志编纂委员会编 曲阳 曲阳县水利志编纂委员会 1999年 275页〔河北省水利史志丛书〕

013630147
王快水电厂厂志 1973—1993
王快水电厂编纂小组编 曲阳 王快水电厂厂志 1996年 131页

008533471
曲阳县地名资料汇编
河北省曲阳县地名办公室编 曲阳 河北省曲阳县地名办公室 1983年 264页

蠡县

008819697
蠡县志
河北省蠡县地方志编纂委员会编 鲁春芳主编 北京 中华书局 1999年 991页

009198368
蠡县土地志
蠡县土地志编纂委员会编 蠡县 蠡县土地志编纂委员会 2002年 396页〔保定市土地志系列丛书〕

008593740
蠡县水利志
蠡县水利志编纂委员会编 蠡县 蠡县水利志编纂委员会 1999年 184页〔河北省水利史志丛书〕

008533437
蠡县地名资料汇编
河北省蠡县地名办公室编 蠡县 河北省蠡县地名办公室 1984年 105页

顺平县

008474903
顺平县志
河北省顺平县地方志编纂委员会编 北京 中华书局 1999年 1124页〔中华人民共和国地方志丛书〕

009198371
顺平县土地志
顺平县土地志编纂委员会编 顺平 编者 2002年 372页〔保定市土地志系列丛书〕

008839011
顺平县水利志
河北省顺平县水利志编纂委员会编 顺平 编者 1998年 238页〔河北省水利史志丛书〕

008534596
顺平现代人物志
邹瓒主编 顺平县档案局 顺平县方志编委会编 郑州 河南省郑州信息工程所印 1997年 687页

008533469
完县地名资料汇编
河北省完县地名办公室编 完县 河北省完县地名办公室 1984年 215页

博野县

008069156
博野县志
博野县志编纂委员会编 程玉波主编 北京 新华出版社 1996年 690页〔中国地方志系列丛书〕

008838914
博野县土地志
博野县土地志编纂委员会编 博野 博野县土地管理局 2001年 297页〔保定市土地志系列丛书〕

013528640
博野县畜牧志 1949—2009
博野县畜牧志编纂委员会编 石家庄 河北大学出版社 2012年 656页

008593743
博野县水利志
河北省博野县水利志编纂委员会编 博野 河北省博野县水利志编纂委员会 1999年 194页〔河北省水利史志丛书〕

008533684
博野县地名资料汇编
河北省博野县地名办公室编 博野 河北省博野县地名办公室 1985年 124页

雄县

007290033
雄县志
李凤昆主编 北京 中国社会科学出版社 1992年 648页〔保定地区地方志系列丛书〕

009060284
雄县土地志
雄县土地志编纂委员会编 雄县 雄县国土资源局 2003年 398页〔保定市土

地系列丛书〕

008533712
雄县地名资料汇编
河北省雄县地名办公室编 雄县 河北省雄县地名办公室 1983年 157页

张家口市

008338508
张家口市志
张家口市地方志编纂委员会编 北京 中国对外翻译出版公司 1998年 2册

009348653
张家口人民代表大会志
张家口人民代表大会志编纂委员会编 北京 中国民主法制出版社 2004年 1085页

013994265
张家口市政协志 1949—2013
张家口市政协志编纂委员会编 北京 中国文史出版社 2013年 703页

012878928
张家口市土地志
吕福昌主编 史桂枝副主编 张家口市土地志编纂委员会编 张家口 张家口市土地志编纂委员会 2001年 475页 〔河北省土地志系列丛书〕

011068339
张家口地区煤炭志
张家口地区煤炭工业公司编 张家口 张家口地区煤炭工业公司 1989年 177页

011327726
张家口地区水利志
岳愚主编 天津 天津大学出版社 1993年 470页 〔河北省水利史志丛书〕

012878926
张家口电业志 1917—1988
张家口供电局编 张家口 张家口供电局 2003年 542页

012956817
张家口供电志 1989—2008
河北人民出版社编 石家庄 河北人民出版社 2011年 625页

008378810
张家口地区公路运输志
张家口地区公路运输史志编纂委员会编 石家庄 河北科学技术出版社 1992年 404页 〔河北公路交通史志丛书〕

010251348
张家口地区公路志
河北省张家口地区行政公署交通局编 石家庄 河北科学技术出版社 1989年 319页〔河北公路交通史志丛书〕

009560772
张家口邮电志
张家口邮电志编纂委员会编 张家口 张家口邮电志编纂委员会 1989年 282页

010735935
河北省张家口地区供销合作社志 1949—1985
石令贤主编 李之普 管崇英副主编 贺宝义 刘建业编 张家口 河北省张家口地区供销合作社 198u年 452页

010278503
张家口市粮食志
河北省张家口市粮食志编纂委员会编 北京 世界知识出版社 1993年 669页

010280170
张家口财政志 1948—2005
张家口财政志编纂委员会编 北京 中国财政经济出版社 2006年 3册

009864543
张家口建行志 1988—1993
中国人民建设银行张家口中心支行行志编纂委员会编 张家口 中国人民建设银行张家口中心支行 1994年 191页

011585360
张家口金融志 1840—1988
张家口金融志编纂委员会编 张家口 张家口金融志编纂委员会 1993年 352页

010577329
张家口农村金融志
中国农业银行张家口中心支行编 张家口 中国农业银行张家口中心支行 1993年 334页

010279102
张家口市卫生学校志 1991—2000
张家口市卫生学校编 张家口 张家口市卫生学校 2000年 256页

011146452
中国民间文学集成 张家口地区谚语卷
张家口地区三套集成办公室编 1987年 279页

012003091
张家口人物志 当代卷
郝秉华主编 北京 党建读物出版社 2008年 381页

009992175
张家口人物志 古代 近现代卷

刘海林主编 北京 党建读物出版社 2005年 487页

011571267
张家口市风物志
张家口市地名办公室 张家口市文化局编 张家口 张家口市文化局 1984年 82页

009796989
张家口市地名志
河北省张家口市地名志办公室编 张家口 河北省张家口市地名志办公室 1984年 522页

008533773
张家口市地名资料汇编
河北省张家口市地名办公室编 张家口 河北省张家口市地名办公室 1984年 482页

010577548
张家口地市行政区划沿革志
张家口地区民政局编 张家口 张家口地区民政局 1989年 294页

013145719
小五台山植物志
赵建成 郭书彬 李盼威主编 北京 科学出版社 2011年 2册 1395页

010251096
河北鼠类图志
河北省植保总站 河北省鼠疫防治所 张家口地区植保站编著 石家庄 河北科学技术出版社 1987年 223页

013072866
张家口农业高等专科学校校志 1923—1992
张家口农业高等专科学校校志办公室编 张家口 张家口农业高等专科学校 1993年 381页

桥西区

008406610
张家口市桥西区志
河北省张家口市桥西区地方志编纂委员会编 张家口 张家口市桥西区地方志编纂委员会 1991年 727页

宣化区

008793922
宣化区志
宣化区地方志编纂委员会编纂 西安 三秦出版社 1998年 830页

011295643
宣化区志 1994—2003
宣化区地方志编纂委员会编 韩铁主编 北京 中国广播电视出版社 2007年 1098页

012900116

宣化区土地志

张万义主编 2000年 147页〔河北省土地志系列丛书〕

下花园区

013145646

下花园区志

下花园区地方志编纂委员会编 北京 中国戏剧出版社 2007年 978页

012903492

张家口市下花园区土地志

张晓虎主编 2000年 152页〔河北省土地志系列丛书〕

011292532

下花园发电总厂志 1937—1988

张家口 下花园发电总厂志编纂委员会 1991年 374页

宣化县

007289968

宣化县志

宣化县地方志编纂委员会编 石家庄 河北人民出版社 1993年 1045页

012877329

宣化县志 1989—2006

宣化县地方志编纂委员会编 石家庄 河北人民出版社 2011年 859页

009310446

中国共产党宣化县地方史 1937—1949

中共宣化县委党史研究室编著 北京 中共党史出版社 1999年 540页

008378800

宣化县粮食志

宣化县粮食局编 宣化 宣化县粮食局 1992年 279页

012900122

宣化县土地志

田中主编 2000年 223页〔河北省土地志系列丛书〕

008379096

宣化县水利志

宣化县水利水保局编 宣化 宣化县水利水保局 1996年 174页

008378522

宣化县交通志

宣化县交通局交通志编纂委员会编 宣化 宣化县交通局交通志编纂委员会 1993年 252页

008378751

河北省宣化县供销商业志

宣化县商业局编纂领导小组编 宣化 宣化县商业局 1986年 2册

008379111

宣化县教育志

宣化县教育委员会编 宣化 宣化县教育委员会 1996年 334页

008533920

宣化县地名资料汇编

河北省宣化县地名办公室编 宣化 河北省宣化县地名办公室 1983年 353页

张北县

008818685

张北县志

尹自先主编 赵仲副主编 北京 中国社会科学出版社 1994年 719页〔中国地方志丛书〕

012612956

张北县志 1989—2006

张北县地方志编纂委员会编 石家庄 河北人民出版社 2010年 2册

012878924

张北县土地志

马逵主编 张北县土地志编纂小组编 张北 张北县土地志编纂小组 2001年 384页〔河北省土地志系列丛书〕

008793903

张北县水利志

左万英主编 张北县水利志编纂委员会编 张北 张北县水利局 1995年 186页

011328429

张北县文化志

张北县文化局编 张北 张北县文化局 1999年 226页

013994258

张北县地名志

张北县地名志编纂委员会编 郑铭主编 北京 中国社会出版社 2011年 559页

008533972

张北县地名资料汇编

河北省张北县地名办公室编 张北 河北省张北县地名办公室 1983年 307页

康保县

006795822

康保县志

河北省康保县志编纂委员会编纂 于伯良主编 北京 新华出版社 1991年 1154页〔中国地方志丛书〕

013224514

康保县志 1988—2005

康保县地方志编纂委员会编 李亮主编 长春 吉林人民出版社 2010年 1353页

012873002
康保县土地志
施俊英主编 康保县土地志编纂委员会编 康保 康保县土地志编纂委员会 2000年 310页〔河北省土地志系列丛书〕

008533879
康保县地名资料汇编
河北省康保县地名办公室编 康保 河北省康保县地名办公室 1984年 241页

013335444
康保县卫生志 1949—2009
李殿光主编 北京 中国文史出版社 2011年 495页

沽源县

012872343
沽源县土地志
张国英主编 沽源县土地志编纂委员会编 沽源 沽源县土地志编纂委员会 2000年 255页〔河北省土地志系列丛书〕

012610598
河北省沽源县林业志 1950—1991
沽源县林业局编 沽源 沽源县林业局 1992年 354页

012609859
沽源县水利志
沽源县水利志编纂委员会编 北京 气象出版社 1995年 240页〔河北省水利史志丛书〕

008533967
沽源县地名资料汇编
河北省沽源县地名办公室编 沽源 河北省沽源县地名办公室 1984年 237页

尚义县

008338518
尚义县志
尚义县地方志编纂委员会编 徐有祥主编 北京 方志出版社 1999年 1100页

012899408
尚义县土地志
徐有祥主编 2000年 232页〔河北省土地志系列丛书〕

008793389
尚义县水利志
河北省尚义县水利志编纂委员会编 天津 天津大学出版社 1993年 160页〔河北省水利史志丛书〕

008533859
尚义县地名资料汇编
河北省尚义县地名办公室编 尚义 河北省尚义县地名办公室 1984年 165页

蔚县

008406604
蔚县志
蔚县地方志编纂委员会编 北京 中国三峡出版社 1995年 848页

008487316
蔚县续志
蔚县地方志编纂委员会编 张家口 蔚县地方志编纂委员会 1996年 228页

010278954
蔚县人民代表大会志
本书编写组编 北京 中国民主法制出版社 1998年 461页

013939358
蔚县土地志
吕志强主编 蔚县土地志编纂委员会编 蔚县 蔚县土地志编纂委员会 2000年 336页〔河北省土地志系列丛书〕

008533861
蔚县地名资料汇编
河北省蔚县地名办公室编 蔚县 河北省蔚县地名办公室 1984年 487页

阳原县

007969317
阳原县志
阳原县地方志编纂委员会编 北京 中国大百科全书出版社 1997年 900页

013379367
阳原县志 1994—2005
阳原县地方志编纂委员会编 石家庄 河北人民出版社 2011年 1121页

009240430
阳原县土地志
王萃主编 阳原县土地志编纂委员会编纂 阳原 阳原县土地志编纂委员会 2001年 267页〔河北省土地志系列丛书〕

006898722
泥河湾文化志
刘志河编 石家庄 河北人民出版社 1989年 61页

008533866
阳原县地名资料汇编
河北省阳原县地名办公室编 阳原 河北省阳原县地名办公室 1984年 292页

008377876
阳原县卫生志 477—1987
阳原县卫生志编辑办公室编辑 阳原 阳原县卫生局 1988年 423页

怀安县

007479132
怀安县志
河北省怀安县志地方志编纂委员会编 北京 中国社会出版社 1994 年 773 页〔河北省地方史志丛书〕

012718955
怀安县志 1989—2003
怀安县地方志编纂委员会编 北京 新华出版社 2010 年 1125 页

013222253
怀安县人民代表大会志
怀安县人民代表大会志编纂委员会编 北京 北京燕山出版社 2012 年 421 页

013752457
怀安县政协志 1982—2012
怀安县政协志编纂委员会编 北京 中国文史出版社 2012 年 422 页

012898625
怀安县土地志
李全玉主编 2001 年 338 页〔河北省土地志系列丛书〕

012251107
怀安人物志
政协怀安县委会编 怀安 政协怀安县委会 2000 年 491 页〔怀安县文史资料 第 8 辑〕

008533974
怀安县地名资料汇编
河北省怀安县地名办公室编 怀安 河北省怀安县地名办公室 1984 年 241 页

万全县

004102833
万全县志
万全县志编纂委员会编 北京 新华出版社 1992 年 1093 页〔中华人民共和国地方志丛书〕

013145615
万全县志 1989—2005
万全县地方志编纂委员会编 长春 吉林人民出版社 2011 年 938 页

009397070
万全县土地志
靳殿元主编 万全县土地志编纂委员会编纂 万全 万全县土地志编纂委员会 2001 年 232 页〔河北省土地志系列丛书〕

010776978
万全县水利志
万全县水利志编委会 张日东主编 北京 气象出版社 1995 年 226 页〔河北省水利史志丛书〕

008533860
万全县地名资料汇编
河北省万全县地名办公室编 万全 河北省万全县地名办公室 1983 年 197 页

怀来县

008949807
怀来县志
河北省怀来县地方志编纂委员会编 北京 中国对外翻译出版公司 2001 年 944 页

002701167
怀来新志
怀来新志编辑委员会编 天津 百花文艺出版社 1959 年 168 页

012898638
怀来县土地志
陈孝主编 怀来 怀来县土地志编纂委员会 2000 年 186 页〔河北省土地志系列丛书〕

011890890
怀来交通志
河北省怀来县交通局编 河北 怀来县交通局 2004 年 283 页

010293836
怀来县财政志
怀来县财政志编纂委员会编 怀来 怀来县财政志编纂委员会 2004 年 544 页

012251109
怀来县文化艺术志
河北省怀来县文化体育局编 怀来 河北省怀来县文化体育局 2000 年 315 页

010576690
怀来县戏曲志
张玉生著 北京 中国戏剧出版社 2006 年 275 页〔艺苑秋实丛书〕

008533857
怀来县地名资料汇编
河北省怀来县地名办公室编 怀来 河北省怀来县地名办公室 1983 年 275 页

涿鹿县

007290012
涿鹿县志 第 1 卷
涿鹿县志编纂委员会编 石家庄 河北人民出版社 1994 年 744 页

008983032
涿鹿县志 第 2 卷 续修版
刘纪平等主编 涿鹿县地方志编纂委员会编印 涿鹿 涿鹿县地方志编纂委员会 2002 年 828 页

013221113
矾山志
林建忠 李国雷主编 涿鹿 涿鹿县矾山镇地方志编纂委员会 2010 年 514 页

008983038
涿鹿县民政志
涿鹿县民政志编纂委员会编 涿鹿 涿鹿县民政志编纂委员会 1995年 276页

008983043
涿鹿县工商行政管理志
王永校 李怀全主编 涿鹿县工商行政管理局 涿鹿县地方志办公室编印 涿鹿 涿鹿县地方志办公室 1998年 281页

008379958
涿鹿县房地产志
涿鹿县房地产志编纂委员会编 涿鹿 涿鹿县房地产志编纂委员会 1995年 214页

009472348
涿鹿县林业志
吴玉根 李怀全主编 涿鹿县林业志编纂委员会编 涿鹿 涿鹿县林业志编纂委员会 2004年 173页

012903647
涿鹿县土地志
涿鹿县土地志编纂委员会编 2000年 245页

012636496
涿鹿县电力志 1939.6—2005.12
边树亮主编 涿鹿 涿鹿县电力局 2003年 289页

009699448
涿鹿县水务志
河北城涿鹿县水务志编纂委员会编 涿鹿 河北城涿鹿县水务志编纂委员会 2004年 347页

009472350
涿鹿县烟草志
连贞库 李怀全主编 河北省涿鹿县烟草志编纂委员会编 涿鹿 河北省涿鹿县烟草志编纂委员会 2003年 137页

008377732
涿鹿县交通志
河北省涿鹿县交通志编纂委员会编 涿鹿 河北省涿鹿县交通志编纂委员会 1996年 331页

008379948
涿鹿县粮食志
涿鹿县粮食志编纂委员会编 涿鹿 涿鹿县粮食志编纂委员会 1996年 343页

008848155
涿鹿县文体旅游志
河北省涿鹿县文体旅游志编纂委员会编 涿鹿 河北省涿鹿县文体旅游志编纂委员会 1998年 394页

008469031
涿鹿县教育志 1902—1985
涿鹿县教育委员会编 涿鹿 涿鹿县教育委员会 1990年 231页

012612863
涿鹿风土人物志
李怀全主编 涿鹿县地名方志办公室编印 涿鹿 涿鹿县地名方志办公室 1992年 213页

008533870
涿鹿县地名资料汇编
涿鹿县地名办公室编 涿鹿 涿鹿县地名办公室 1983年 357页

008377722
涿鹿县卫生志
涿鹿县卫生志编纂委员会编 涿鹿 涿鹿县卫生局 1994年 335页

赤城县

005285269
赤城县志
河北省赤城县地方志编纂委员会办公室编 北京 改革出版社 1992年 708页〔中国地方志丛书〕

013751579
赤城县志 1991—2007
赤城县地方志编纂委员会编 石家庄 河北人民出版社 2012年 1140页

013702919
赤城县人民代表大会志
赤城县人民代表大会志编纂办公室编 赤城 赤城县人民代表大会志编纂办公室 2008年 358页

009397065
赤城县土地志
赤城县土地志编纂委员会编纂 赤城 2001年 263页〔河北省土地志系列丛书〕

011472211
赤城县农业志
赤城县农业志编写组编 赤城 赤城县农业局农业志编写组 1987年 1册

011995388
赤城县水利志
赤城县水利志编委会 李全主编 北京 气象出版社 1996年 301页

011804168
赤城县供销合作社志
赤城县供销合作社联合社编 赤城 赤城县供销合作社联合社 1988年 333页

011320510
赤城县教育志
赤城县教育志编辑委员会 张明主编 赤城 赤城县教育局 1999年 496页

008533864
赤城县地名资料汇编
赤城县地名办公室编 赤城 河北省赤城县地名办公室 1984年 400页

011472218
赤城县土壤志
河北省赤城县土壤肥料工作站编 河北 河北省赤城县土壤肥料工作站 1984年 46页

崇礼县

007505464
崇礼县志
崇礼县地方志编纂委员会编 北京 中国社会出版社 1995年 733页

012898266
崇礼县土地志
黄祝福主编 2000年 232页〔河北省土地志系列丛书〕

011293527
崇礼县水利志
武占功主编 北京 当代中国出版社 1994年 175页〔河北省水利史志丛书〕

009380990
河北省崇礼县公路交通志
河北省崇礼县交通局公路交通志编写组编 崇礼 河北省崇礼县交通局公路交通志编写组 1987年 99页

008533966
崇礼县地名资料汇编
河北省崇礼县地名办公室编 崇礼 河北省崇礼县地名办公室 1984年 269页

011325007
崇礼县土壤志
崇礼县土地资源调查办公室编 崇礼 崇礼县土地资源调查办公室 1985年 71页

承德市

012191566
承德市志
承德市地方志编纂委员会编纂 北京 新华出版社 2009年 4册

011579918
河北省承德地区交通工会志
承德地区交通工会志编委会编 承德 承德地区交通工会志编委会 1992年 317页

010473847
承德市计划志 1949—1988
承德市计划编纂委员会编 承德 承德市计划志编纂委员会 1990年 538页

008873889

承德供水志

承德供水志编纂委员会编 郑宝华主编 刘素芬副主编 北京 中国建筑工业出版社 2001年 328页〔中华人民共和国地方志 河北省〕

008818689

承德市城乡建设志

承德市城乡建设志编纂委员会编 陈宝森主编 陈秉礼副主编 北京 中国建筑工业出版社 1993年 288页〔中华人民共和国地方志丛书〕

013702916

承德市房地产志

李德成编 石家庄 河北人民出版社 2012年 256页

008534438

承德电业志 1918—1988

承德电业志编委会 王根运 刘雷杰主编 北京 水利电力出版社 1993年 347页

012809913

承德供电公司志 1998—2008

承德供电公司志编纂委员会编 北京 中国电力出版社 2010年 556页

013626190

承钢志 1929—1985

承钢志编委会编 承德 承钢志编委会 1986年 347页

009743452

承德车务段志 1933—2000

承德车务段志编委会编 承德 承德车务段 2004年 351页

008383067

承德地区公路运输志

承德地区交通局史志编写委员会编 北京 人民交通出版社 1992年 259页〔河北省公路交通史志丛书〕

009412652

承德地区公路志

承德地区交通局史志编写委员会编 北京 人民交通出版社 1993年 407页〔河北省公路交通史志丛书〕

011067734

承德地区医药行业志 1950—1989 讨论稿

承德地区行署医药管理局编 承德 承德地区行署医药管理局 1990年 2册

011430425

承德金融志 1956—1988

李瑞华主编 中国人民银行承德分行编 河北 中国人民银行承德分行 1993年 436页

011757475

承德民族师范高等专科学校志

王建主编 张德锤副主编 沈阳 辽宁民族出版社 2007年 748页

010577467
承德戏曲全志
承德戏曲全志编辑部编 承德 承德戏曲全志编辑部 1986年

008533960
承德市地名资料汇编
河北省承德市地名办公室编 承德 承德市地名办公室 1985年 308页

010278346
承德市科学技术志
刘仲发主编 北京 中国科学技术出版社 1992年 530页

011496872
承德地区习见木本植物志
承专林业调查队编 承德 承专林业调查队 1959年 173页

010278476
承德医学院附属医院院志 1949—1990
承德医学院附属医院院志编写组编 承德 承德医学院附属医院 1993年 119页

009311138
承德石油高等专科学校志 1903—2003
丁德全主编 北京 石油工业出版社 2003年 630页

鹰手营子矿区

011444083
兴隆矿务局工会志 1955—1999
兴隆矿务局工会志编审委员会编 兴隆 兴隆矿务局工会 2000年 382页

010139919
兴隆矿务局志 1956—1988
兴隆矿务局志编审委员会编纂 兴隆 兴隆矿务局 1991年 418页

承德县

008380104
承德县志
李欣主编 河北省承德县地方志编纂委员会编 赤峰 内蒙古科学技术出版社 1998年 689页〔中国地方志丛书〕

012173706
承德县土地志
张玉华主编 梁君福 张立新副主编 承德县土地志编纂委员会编 承德 承德县土地志编纂委员会 2001年 413页〔河北省土地志系列丛书〕

011430433
承德县地名志
河北省承德县地名地方志委员会办公室编 石家庄 河北科学技术出版社 1989年 513页

008533816
承德县地名资料汇编
河北省承德县地名办公室编 承德 河北省承德县地名办公室 1983年 449页

兴隆县

009553705
兴隆县志
赵珊 王庆生主编 兴隆县志编纂委员会编 北京 新华出版社 2004年 1137页

013732493
兴隆县人大志
兴隆县人大志编纂委员会编 兴隆 兴隆县人大志编纂委员会 2011年 475页

011809487
兴隆县政协志
王庆生主编 兴隆县政协志编纂委员会编 兴隆 兴隆县政协志编纂委员会 2008年 535页

008533955
兴隆县地名资料汇编
河北省兴隆县地名办公室编 兴隆 河北省兴隆县地名办公室 1983年 374页

平泉县

008470874
平泉县志
河北省平泉县地方志编纂委员会编 北京 作家出版社 2000年 1194页

013225534
平泉县志 1993—2005
平泉县地方志编纂委员会编 北京 方志出版社 2011年 1010页

013144636
平泉县妇女志 1941—2009
平泉县妇女志编纂委员会编 平泉 平泉县妇女志编纂委员会 2010年 378页

012661710
平泉县民政志
平泉县民政局编 平泉 平泉县民政局 2007年 307页

010577209
平泉县土地志
平泉县土地志编纂委员会编 平泉 平泉县土地志编纂委员会 2001年 380页 〔河北省土地志系列丛书〕

008533872
平泉县地名资料汇编
平泉县地名办公室编 平泉 平泉县地名办公室 1983年 435页

滦平县

007930912
滦平县志

张文升 计俊录 杨秀林主编 河北省滦平县地方志编纂委员会编 沈阳 辽海出版社 1997年 1087页 〔中国地方志丛书〕

010476433
滦平县志 1991—2002
滦平县地方志编纂委员会编 石家庄 河北人民出版社 2006年 726页

012505357
滦平县农业银行志
中国农业银行滦平县支行编 滦平 中国农业银行滦平县支行 1991年 320页

008533935
滦平县地名资料汇编
滦平县地名办公室编 滦平 滦平县地名办公室 1983年 530页

隆化县

009472334
隆化县志
隆化县地方志编纂委员会编 石家庄 河北人民出版社 2001年 1085页 〔中国地方志丛书〕

011534021
隆化文物志
姜振利主编 北京 中国文史出版社 2007年 426页

008533936
隆化县地名资料汇编
隆化县地名办公室编 隆化 隆化县地名办公室 1984年 425页

丰宁满族自治县

008034097
丰宁满族自治县志
丰宁满族自治县地方志编纂委员会编纂 马铁松主编 北京 中国和平出版社 1994年 1268页 〔中华人民共和国地方志丛书〕

010244092
丰宁满族自治县志 1991—2000
丰宁满族自治县地方志编纂委员会编纂 马铁松主编 香港 世界文艺出版社 2006年 1043页 〔中华人民共和国地方志丛书〕

011579747
丰宁满族自治县土地志
于瑞杰主编 马铁松副主编 丰宁满族自治县土地志编纂委员会编 丰宁 丰宁满族自治县土地志编纂委员会 2002年 189页 〔河北省土地志系列丛书〕

008377403
丰宁水利志
丰宁满族自治县水利水保局编 屈志成 叶国春主编 北京 团结出版社 1995年 373页 〔河北省水利史志丛书〕

009380978

丰宁县交通志 初稿

丰宁县交通局史志编写组编 丰宁 河北省丰宁县公路编史组 1987年 252页

011327639

丰宁满族自治县财政志 1645—1990

丰宁满族自治县财政局编 丰宁 丰宁满族自治县财政局 1992年 408页

012096669

丰宁满族自治县教育志 1988—2002

丰宁满族自治县教育志编纂委员会编制 丰宁 丰宁满族自治县教育志编纂委员会 2004年 455页〔河北教育史志丛书〕

009244743

丰宁文物志

白瑞杰 张汉英主编 呼和浩特 内蒙古人民出版社 1998年 383页〔百合丛书〕

008533929

河北省丰宁县地名资料汇编

丰宁县地名办公室编辑 丰宁 河北省丰宁县地名办公室 1983年 689页

009790070

丰宁木本植物志

北京 北京科学技术出版社 1993年 405页

011293095

丰宁满族自治县卫生志 1840—1990

丰宁满族自治县卫生局编 河北 丰宁满族自治县卫生局 1992年 284页

宽城满族自治县

007289927

宽城县志

宽城县志编纂委员会编 石家庄 河北人民出版社 1990年 502页

012954968

宽城县民族志

宽城县民族志编委会编 宽城 宽城县民族志编委会 1989年 98页

008533957

宽城县地名资料汇编

宽城县地名办公室编 宽城 宽城县地名办公室 1983年 272页

围场满族蒙古族自治县

008067699

围场满族蒙古族自治县志

围场满族蒙古族自治县地方志编纂委员会编纂 杨振国主编 姜晓华副主编 沈阳 辽海出版社 1997年 647页〔中华人民共和国地方志丛书〕

012252727
围场满族蒙古族自治县志 1991—2005
围场满族蒙古族自治县志编纂委员会
　王金生主编 孙兆岭副主编 石家庄
　河北人民出版社 2009 年 1093 页

013795604
围场县农业志
河北省围场县农业局 河北省围场志办
　公室编 1984 年 100 页

013660376
围场满族蒙古族自治县税务志 1912
—1989
马俊明主编 围场 围场满族蒙古族自治
　县税务局 1990 年 335 页

011327740
围场满族蒙古族自治县教育志
围场满族蒙古族自治县教育志编纂委
　员会编 围场 围场满族蒙古族自治县
　教育志编纂委员会 1992 年 286 页

008534010
围场县地名资料汇编
围场县地名办公室编 围场 围场县地名
　办公室 1983 年 576 页

012049443
河北木兰围场植物志
赵建成 孔照普主编 北京 科学出版社
　2008 年 2 册 784 页

013860743
河北滦河上游国家级自然保护区脊椎
动物志
吴跃峰 徐成立 孔昭普编著 北京 科学
　出版社 2013 年 498 页

013659779
塞罕坝动物志 脊椎动物卷
侯建华等编著 北京 科学出版社 2011
　年 628 页

沧州市

008534574
沧州市城区志
新华区志编纂委员会 运河区志编纂委
　员会编 北京 方志出版社 1996 年
　328 页

010229535
沧州市志
沧州市志编纂委员会编 孟庆斌主编 北
　京 方志出版社 2006 年 4 册
　3123 页

008534497
沧州市志 中国共产党志
中共沧州市党志编纂办公室编 北京 方
　志出版社 1998 年 391 页

007682730

沧州地区交通工会志

沧州地区交通工会志编纂委员会编 石家庄 河北人民出版社 1994年 411页

010473953

沧州市工会志 1926—1989

霍华彪主编 张延萍副主编 沧州市工会志编纂委员会编 北京 中国文史出版社 1993年 452页

009511189

沧州政协志

沧州政协志编委会编 石家庄 河北教育出版社 2004年 311页

013369199

沧州市监察志

沧州市监察志编纂委员会编 沧州 沧州市监察志编纂委员会 1993年 109页

009988806

沧州市民政志

沧州市民政志编纂委员会编 沧州 沧州市民政志编纂委员会 1992年 285页

010108677

沧州防空志

沧州市人民防空办公室主编 沧州 沧州市人民防空办公室 1993年 94页

009042879

沧州市军事志

陆树林主编 北京 中国社会出版社 1993年 201页

012967366

沧州市军事志

沧州市军事志编纂委员会编著 北京 军事科学出版社 2002年 715页

010292246

沧州市房地产志

沧州市房地产志编纂委员会编 沧州 沧州市房地产志编纂委员会 1993年 247页

009124966

沧州市建设志

沧州市建设志编纂办公室编 北京 中国建筑工业出版社 2001年 461页〔中华人民共和国地方志 河北省〕

013379017

河北盛泰房地产开发集团有限公司志

河北盛泰房地产开发集团有限公司志编审委员会编 河北 河北盛泰房地产开发集团有限公司 2011年 594页

010292646

沧州地区水利志

沧州地区水利志编志办公室编 薛冠智主编 北京 科学技术文献出版社 1994年 839页〔河北省水利史志

丛书〕

010292171

沧州市机电冶金志

沧州市机械电子冶金工业局 沧州市机电冶金志编委会 白桂忠主编 北京 中国社会出版社 1993年 491页

009060275

沧州烟草志

沧州烟草志编纂委员会编 北京 中国文史出版社 1996年 424页

013369214

沧州医药商业志 1911—1985

沧州医药采购供应站编志小组编 沧州 沧州医药采购供应站编志小组 1989年 394页

009387142

东塑集团公司志

东塑集团公司志编纂委员会编 沧州 东塑集团公司 1999年 489页

012612882

中盐长芦沧盐志

中盐长芦沧盐志编委会编 北京 中国标准出版社 2009年 478页

008486244

沧州地区公路运输史

沧州地区公路运输史编纂委员会编著 北京 人民交通出版社 1994年 416页〔河北公路交通史志丛书〕

010291875

沧州邮电志

沧州市邮电局史志办公室编 石家庄 河北人民出版社 1991年 434页

010474195

沧州市粮食志

陈扬中主编 郑林副主编 沧州市粮食局编 澳门 人文出版社 1993年 393页

010474190

沧州市商业志

沧州市地方志编纂委员会编 北京 中国社会出版社 1994年 429页〔河北省商业史志丛书〕

009116468

沧州财政志

高金生 李学文主编 栗瑛副主编 沧州财政志编纂委员会编 北京 方志出版社 1998年 559页

013369193

沧州地区财政志

沧州地区财政志编纂委员会编 北京 中国和平出版社 1995年 542页

012950487

沧州市财政税收志

高健 朱振国主编 沧州市财政局编 沧州 沧州市财政局 2002年 237页

007824164
沧州市税务志
沧州市税务志编纂委员会编 北京 中国税务出版社 1996年 184页

008435912
沧州城市金融志
李保斋主编 中国工商银行沧州分行沧州城市金融志编辑委员会编 北京 书目文献出版社 1993年 8册 356页

010251828
沧州建设银行志
周守谦主编 刘亮编 中国人民建设银行沧州中心支行志编纂委员会编 澳门 人文出版社 1993年 288页

009189745
沧州金融志 初稿
沧州金融志编纂委员会编 沧州 沧州金融志编纂委员会 1995年 333页

008216450
沧州金融志
沧州金融志编纂委员会编 北京 新华书店经销 1998年 380页

008486240
沧州保险志
毛云鹏主编 刘桂芳副主编 沧州保险公司编志办公室编 北京 团结出版社 1995年 220页

013369205
沧州市文化志
沧州市文化志编纂委员会编 沧州 沧州市文化志编纂委员会 1993年 403页

009413416
沧州日报社志
李春生主编 石家庄 河北人民出版社 2004年 710页

009397163
沧州新闻志
沧州新闻志编纂委员会编 石家庄 河北人民出版社 2001年 316页

010291650
沧州地区科学技术志
沧州地区科学技术志编纂委员会编 天津 天津科学技术出版社 1989年 430页

008385409
沧州市科学技术志
沧州市科学技术志编纂委员会编 天津 天津科学技术出版社 1993年 331页

008534581
沧州教育志
沧州教育志编纂委员会编 北京 中华书局 1998年 433页

010475294
沧州市教育志

沧州市教育志编纂委员会编 卢建启主编 石家庄 河北教育出版社 1995年 572页

014026438
沧州市第二中学校志 1953—2013
沧州市第二中学校志编纂委员会编 2013年 569页

010475913
沧州师范学校校志
沧州师范学校编 沧州 沧州师范学校 2001年 424页

010779205
沧州师范专科学校志
刘树桢主编 石家庄 河北人民出版社 2007年 636页

012048746
[沧州医专志书]辉煌历程 1958—2008
赵智敏主编 北京 长征出版社 2008年 261页

007561089
沧州武术志
沧州武术志编纂委员会编 石家庄 河北人民出版社 1991年 667页

008492948
沧州科学技术人物志
沧州科学技术人物志编纂委员会编著 石家庄 河北人民出版社 1999年 293页

010252698
沧州刑警人物志
安然 玉水编著 沧州 沧州市公安局 2000年 295页

008533420
沧州市地名资料汇编
河北省沧州市地名办公室编 沧州 河北省沧州市地名办公室 1983年 398页

013369198
沧州地区人民医院志 1898—1985
沧州地区人民医院志编写组编 1985年 114页

009310326
沧州地区卫生志 1867—1988
沧州地区卫生志编纂委员会编 沧州 沧州地区卫生志编委会 1991年 370页

运河区

014026441
沧州市运河区军事志 1980—2005
沧州市运河区军事志编纂委员会 邢洪旺主编 沧州 沧州市运河区军事志编纂委员会 2011年 297页

泊头市

008534443
泊头市志
河北省泊头市地方志编纂委员会编 张泊生主编 北京 中国对外翻译出版公司 2000年 777页

008793900
泊头市水利志
泊头市水利志编纂委员会编 王淑真主编 马国强副主编 石家庄 河北科学技术出版社 1993年 275页〔河北省水利史志丛书〕

010290926
泊头市交通志 1949—1985
泊头市交通局编史组编 泊头 河北省泊头市交通局史志组 1987年 114页

012503657
泊头市文化志
范风驰主编 北京 中国档案出版社 2009年 315页

010138625
[泊头市]进校校志
朱振岳主编 泊头市进校校志编辑组编 泊头 泊头市进校校志编辑组 2001年 232页

008533464
交河县地名资料汇编
河北省交河县地名办公室编 交河 河北省交河县地名办公室 1983年 340页

010250772
泊头市土壤志 1983—1985
河北省泊头市农业局编 泊头 河北省泊头市农业局 1985年 38页

010251338
泊头市梨业志
孟庆斌撰 石家庄 河北教育出版社 1989年 177页

任丘市

008818434
任丘市志
任丘市地方志编纂委员会编纂 孙杰主编 北京 书目文献出版社 1993年 801页〔中华人民共和国地方志丛书〕

012097446
华北油田采油工艺研究院志 1976—2005
中国石油华北油田公司采油工艺研究院编 北京 石油工业出版社 2009年 477页

009341169
华北油田勘探开发研究院志 1973—2000
华北油田勘探开发研究院志编纂委员

会编 北京 石油工业出版社 2003 年 674 页

008793886
任丘市水利志
任丘市水利志编纂办公室编 北京 水利电力出版社 1993 年 276 页〔河北省水利史志丛书〕

008190674
中国石油地质志 第 5 卷 华北油田
华北油田石油地质志编写组编 北京 新华书店北京发行所发行 1988 年 569 页

009381025
任丘市交通志
任丘市交通局史志编写办公室编 沧州地区交通局史志编办公室审定 任丘 任丘市交通志史志年鉴编写办公室 1987 年 247 页

013144702
任丘市供销合作社志
任丘市供销合作社联合社史志编写组编 任丘 任丘市供销合作社联合社 1990 年 253 页

012999121
河北任丘一中校志 重修本
任丘一中校志编纂委员会编 任丘 河北任丘一中 2001 年 522 页

013507850
河北任丘一中校志 续修本
任丘一中校志编纂委员会编 任丘 河北任丘一中 2011 年 472 页

010475324
河北省任丘市第一中学校志
陆子玖 纪振开主编 任丘 河北省任丘市第一中学 1996 年 168 页

008533424
任丘县地名资料汇编
河北省任丘县地名办公室编 任丘 河北省任丘县地名办公室 1984 年 191 页

黄骅市

013772866
黄骅市志 1986—2008
黄骅市地方志编纂委员会编 北京 方志出版社 2013 年 966 页

003807960
黄骅县志
黄骅县地方志编纂委员会 杨庆礼主编 北京 海潮出版社 1990 年 605 页

013820522
旧城村志 前 202—2011
郑树彬主编 香港 中国龙腾出版社 2012 年 197 页

013129941
梁口村志
郑树彬著 郑文化出版社 2009 年 174 页

010468946
黄骅县政协志
中国人民政治协商会议黄骅市委员会编 黄骅 黄骅县政协 1986 年 121 页

010278546
南大港农场水利志
国营南大港农场水利志编辑办公室编 李贻铎主编 天津 天津人民出版社 1993 年 149 页〔河北省水利史志丛书〕

009240426
黄骅县水利志
满玉佩主编 黄骅县水利志编纂委员会编 天津 天津人民出版社 1993 年 276 页〔河北省水利史志丛书〕

010108796
中捷友谊农场水利志
郗志刚主编 中捷友谊农场水利志编纂小组编 天津 天津人民出版社 1993 年 165 页〔河北省水利史志丛书〕

009381024
黄骅县交通志
黄骅县交通局史志编写办公室编 黄骅 黄骅县交通局史志编写办公室 1989 年 116 页

011147121
中国民间文学三套集成 黄骅县资料卷
黄骅县三套集成办公室编 黄骅 黄骅县三套集成办公室 1989 年 317 页

008533644
南大港农场地名资料汇编
河北省南大港农场地名办公室编 黄骅 河北省南大港地名办公室 1984 年 59 页

008533640
中捷农场地名资料汇编
河北省国营中捷农场地名办公室编 河北 河北省国营中捷农场 1984 年 72 页

008533422
黄骅县地名资料汇编
河北省黄骅县地名办公室编 黄骅 河北省黄骅县地名办公室 1982 年 220 页

河间市

009887141
河间市志
河间市地方志编纂委员会编纂 北京 中国三峡出版社 2003 年 843 页〔中华人民共和国地方志丛书〕

007289985
河间县志
河间市地方志编纂委员会编纂 赵景春主编 北京 书目文献出版社 1992年 989页〔中华人民共和国地方志丛书〕

013002519
束州志
束城镇人民政府编 河间 束城镇人民政府 2006年 496页

012967629
河间市人大志
河间市人大志编纂委员会编 香港 中国国际图书出版社 2007年 564页

010292480
河间市土地志
河间市土地志编纂委员会编 北京 方志出版社 2004年 627页

009240568
河间县交通志
河间县交通局史志编写领导小组编 北京 人民日报出版社 1986年 145页〔河北公路交通史志丛书〕

009319557
河间文化艺术志
河北省河间市文化艺术编纂委员会编 北京 方志出版社 2003年 463页

009391082
河间市一中校志
河间市一中校志编纂委员会编纂 韩允增 孙殿文 毕根廷主编 北京 教育科学出版社 2001年 250页

007619572
河间人物志
河间市地方志办公室 赵景春主编 北京 新华书店经销 1994年 162页

008533473
河间县地名资料汇编
河北省河间县地名办公室编 河间 河北省河间县地名办公室 1983年 371页

沧县

007514009
沧县志
沧县地方志编纂委员会编 崔守禄主编 王振声副主编 北京 中国和平出版社 1995年 814页

012889223
沧县志 1986—2004
沧县地方志编纂委员会编 北京 线装书局 2011年 1191页

011471243
沧县人民代表大会志
田恩中主编 北京 人民日报出版社 2006年 615页

008534496
沧县水利志
沧县水利志编纂办公室编 时恩同主编 北京 方志出版社 1997年 404页〔河北省水利史志丛书〕

013369185
沧县教育志
沧县教育志编纂委员会编 北京 教育科学出版社 1994年 305页〔河北教育史志丛书〕

013369190
沧县中学校志
沧县中学校志编纂委员会编 沧县 沧县中学校志编纂委员会 2006年 530页

008913866
沧县地名资料汇编
沧县地名办公室编 沧县 沧县地名办公室 1983年 353页

青县

008534444
青县志
青县地方志编纂委员会编 北京 方志出版社 1999年 825页

013723825
青县志 1978—2008
青县地方志编纂委员会编 北京 九州出版社 2012年 756页

010138634
马厂镇志
马厂镇志编纂委员会编 马厂镇 青县马厂镇人民政府 2005年 283页

011477162
青县教育志 送审稿
青县教育局教育志编纂办公室编 青县 青县教育局教育志编纂办公室 1992年 594页

012967627
河北青县一中校志
河北青县一中校志编纂委员会 孙景琪主编 沧州 河北青县一中校志编纂委员会 2004年 412页

013096209
青县国土志
青县国土志编纂委员会 陈印贺主编 青县 青县国土志编纂委员会 2002年 243页

008533700
青县地名资料汇编
河北省青县地名办公室编 青县 河北省青县地名办公室 1983年 307页

东光县

008593877
东光县志
东光县地方志编纂委员会编 北京 方志

出版社 1999 年 759 页

013723481
东光县志 1991—2010
东光县地方志编纂委员会编 郑州 中州古籍出版社 2013 年 1240 页

009227206
东光县水利志
东光县水利志编纂委员会编 北京 水利电力出版社 1995 年 189 页

010290971
东光县交通志
河北省东光县交通局编写 东光 河北省东光县交通局 1988 年 177 页

008533647
东光县地名资料汇编
河北省东光县地名办公室编 东光 河北省东光县地名办公室 1983 年 303 页

海兴县

009126248
海兴县志
海兴县地方志编纂委员会编 北京 方志出版社 2002 年 1221 页

008486463
海兴县水利志
海兴县水利志编纂委员会编 邢汝明主编 北京 方志出版社 1995 年 239 页

〔河北省水利史志丛书〕

009381102
海兴县交通志
河北省海兴县交通局史志编写办公室编 海兴 河北省海兴县交通局史志编写办公室 1988 年 195 页

010138589
海兴县税务志
河北省海兴县税务局编 海兴 河北省海兴县税务局 1994 年 293 页

008533468
海兴县地名资料汇编
河北省海兴县地名办公室编 海兴 河北省海兴县地名办公室 1982 年 171 页

盐山县

004892987
盐山县志
盐山县地方志编纂委员会编 天津 南开大学出版社 1991 年 1060 页

010176280
采家庄志 采氏家谱
采玉双著 1997 年 237 页

009381095
盐山县交通志
河北省盐山县交通局编写 盐山县交通局史志编写办公室编 盐山 河北省盐

山县交通局 1988年 180页

010138617
河北盐山中学志
河北盐山中学志编修组编 盐山 河北盐山中学 1994年 140页

008533641
盐山县地名资料汇编
河北省盐山县地名领导小组编 盐山 河北省盐山县地名领导小组 1982年 270页

肃宁县

008622907
肃宁县志
肃宁县地方志编纂委员会编纂 刘金泉主编 陈崇禧等编 北京 方志出版社 1999年 716页〔中华人民共和国地方志丛书〕

009125454
肃宁县土地志
肃宁县土地志编纂委员会编 北京 方志出版社 2002年 377页

010290954
肃宁县交通志
河北省肃宁县交通局编 肃宁 河北省肃宁县交通局 1987年 115页

013959388
朔黄铁路公司志 1985—2010
朔黄铁路公司志编委会编 北京 中国铁道出版社 2013年 2册 734页

008533467
肃宁县地名资料汇编
河北省肃宁县地名办公室编 肃宁 河北省肃宁县地名办公室 1984年 141页

南皮县

005536250
南皮县志
南皮县地方志编纂委员会编 石家庄 河北人民出版社 1992年 1191页

013508747
南皮县志 1987—2006
南皮县志编纂委员会编 天津 天津科学技术出版社 2011年 1036页

013093180
南皮县人民代表大会志
赵永生主编 南皮县人大常委会编 南皮 南皮县人大常委会 2006年 520页

013933241
南皮县政协志
赵树森主编 刘锡江副主编 南皮 政协南皮县委员会 2006年 673页

013375371
南皮县民政志
河北省南皮县民政局编 南皮 南皮县民政局 2003年 660页

012265400
南皮县建设志
南皮县建设志编纂办公室编 南皮 南皮县建设志编纂办公室 2003年 272页

013958885
南皮电力志
南皮县电力志编纂委员会编 南皮 南皮县电力志编纂委员会 2000年 574页

012099674
南皮县交通志
赵永生主编 刘新国副主编 南皮县交通局编 南皮 南皮县交通局 2008年 719页

013933239
南皮县国税志
南皮县国税志编纂委员会编 2008年 361页

013958888
南皮县税务志
野长魁 赵永生主编 南皮 南皮县税务局 1997年 234页

013958886
南皮县农业志
叶胜华主编 河北省南皮县农业局编 南皮 南皮县农业局 1999年 319页

013684559
南皮县文化艺术志
田如芬主编 南皮县教育文化体育局编 南皮 南皮县教育文化体育局 2009年 616页

008533465
南皮县地名资料汇编
河北省南皮县地名办公室编 南皮 河北省南皮县地名办公室 1982年 276页

013144621
南皮县国土志
河北省南皮县国土资源局编 赵子荣主编 南皮 南皮县国土资源局 2003年 275页

011441095
南皮县人民医院志 1945—2005
张秀治主编 南皮 南皮县人民医院 2005年 370页

吴桥县

006420704
吴桥县志
吴桥县地方史志编纂委员会编 北京 中国社会出版社 1992年 657页

013689471

吴桥县志 1986—2006

吴桥县地方志编纂委员会编 北京 中共党史出版社 2012年 898页

012208365

西宋门村志

张宪臣著 吴桥 河北吴桥东方印业有限公司 2000年 196页

014052365

吴桥县人民代表大会志 1995.1—2011.3

吴桥县人大志编纂委员会编 吴桥 吴桥县人大志编纂委员会 2011年 697页

008487347

吴桥县水利志

吴桥县水利志编纂委员会编 刘志秀主编 北京 中国人事出版社 1992年 281页〔河北省水利志丛书〕

010291645

吴桥县交通志

河北省吴桥县交通局编 吴桥 河北省吴桥县交通局 1989年 130页

012252741

吴桥民俗志

张宪臣编 北京 西苑出版社 2005年 314页

008533440

吴桥县地名资料汇编

河北省吴桥县地名办公室编 吴桥 河北省吴桥县地名办公室 1984年 288页

献县

008159175

献县志

献县地方志编纂委员会编 秦焕泽主编 北京 中国和平出版社 1995年 813页〔中华人民共和国地方志丛书〕

012767044

献县护持寺村村志

白焕宗主编 北京 人民日报出版社 2008年 266页

008793905

献县水利志

献县水利局编 北京 中国和平出版社 1994年 261页〔河北省水利史志丛书〕

009381107

献县交通志

献县交通局史志编写组编 石家庄 河北人民出版社 1988年 221页

009796986

献县一中校志

献县一中校志编纂委员会编纂 申士谦 范颖苏主编 北京 中国物价出版社

2003年 464页

008533634
献县地名资料汇编
河北省献县地名办公室编 献县 河北省献县地名办公室 1983年 370页

孟村回族自治县

007290010
孟村回族自治县志
孟村回族自治县志编纂委员会编 祝延青主编 任浩新副主编 北京 科学出版社 1993年 825页

010291644
孟村回族自治县交通志
河北省孟村回族自治县交通局编 孟村 河北省孟村回族自治县交通局 1989年 152页

009381021
孟村回族自治县水利志
王镇铭主编 孟村县水利志编纂委员会编 天津 天津大学出版社 1992年 348页〔河北省水利史志丛书〕

廊坊市

008864241
廊坊市志 送审稿
廊坊市志编修委员会编 廊坊 廊坊市志编修委员会 2000年 6册

010138629
廊坊市志
廊坊市志编修委员会编 廊坊 廊坊市志编修委员会 2000年 6册

008828276
廊坊市志 审定稿
廊坊市志编修委员会编 廊坊 廊坊市志编修委员会 2001年 10册

008835826
廊坊市志
廊坊市编修委员会 曹渊主编 北京 方志出版社 2001年 3册

011320308
河北省廊坊市交通工会志
中国公路运输工会廊坊市工作委员会编 廊坊 中国公路运输工会廊坊市工作委员会 1993年 305页

012661425
廊坊民盟志
中国民主同盟廊坊市委员会编 北京 翰墨文艺出版社 2009年 438页

009796971
廊坊市检察志
廊坊市检察志编辑委员会编 廊坊 廊坊市检察志编辑委员会 2001年 726页

011295618
廊坊经济技术开发区志
廊坊经济技术开发区管理委员会编 北京 中国财政经济出版社 2007年 588页

008382961
廊坊市建设志
廊坊市建设志编纂委员会编 北京 中国文史出版社 1998年 636页

008835840
廊坊市土地志
廊坊市土地志编纂委员会著 北京 中国大地出版社 2001年 600页〔河北廊坊土地志系列丛书 第1卷〕

009412676
廊坊地区水利志
廊坊市水利局水利志编纂办公室编 石家庄 河北人民出版社 1998年 466页〔河北省水利史志丛书〕

012541997
廊坊供电公司志 1986—2006
周维丽主编 廊坊供电公司编 廊坊 廊坊供电公司 2009年 791页

013774462
廊坊交通运输志
廊坊交通运输志编委会编 北京 人民交通出版社 2013年 666页

009688688
廊坊市粮食志
徐进忠主编 廊坊市粮食志编纂委员会编 廊坊 廊坊市粮食志编纂委员会 1997年 257页

012265286
廊坊市体育志
廊坊市体育局编 廊坊 廊坊市体育局 2007年 304页

010108700
廊坊地区民族志
廊坊地区民族志编修领导小组编 北京 中国民族摄影艺术出版社 1993年 203页

008533796
廊坊市地名资料汇编
河北省保定市地名办公室编 廊坊 河北省廊坊市地名办公室 1983年 93页

009684716
廊坊地区科学技术志
廊坊地区科学技术志编纂委员会编 北京 科学技术出版社 1993年 341页

012816241
中国石油天然气集团公司中心医院
中国石油天然气管道局总医院院志 1996—2001
中国石油中心医院院志编撰委员会编 廊坊 中国石油中心医院院志编撰委员会 2007年 318页

广阳区

013704418
廊坊市广阳区志
廊坊市广阳区志编纂委员会编 北京 方志出版社 2012年 792页

安次区

011329461
廊坊安次志
廊坊安次志编修委员会编 刘化田主编 北京 中国文史出版社 2011年 2册 1404页

008838893
安次区土地志
安次区土地志编纂委员会著 北京 中国大地出版社 2001年 254页〔河北廊坊土地志系列丛书 第2卷〕

008533933
安次县地名资料汇编
河北省安次县地名办公室编 安次 河北省安次县地名办公室 1983年 216页

霸州市

008486188
霸县志
霸县编史修志委员会编 石家庄 河北人民出版社 1989年 659页〔中华人民共和国地方志丛书〕

010008334
霸州市志
霸州市志编纂委员会编 北京 中国文史出版社 2006年 998页

008838800
霸州市土地志
霸州市土地志编纂委员会著 北京 中国大地出版社 2001年 215页〔河北廊坊土地志系列丛书 第3卷〕

009412661
霸州人物志
霸州人物志编纂委员会编 石家庄 河北人民出版社 2002年 477页

008533924
霸县地名资料汇编
河北省霸县地名办公室编 霸县 河北省霸县地名办公室 1983年 276页

三河市

008828342

三河市志

河北省三河市地方志编纂委员会编 金城 刘亚寰主编 北京 中国文史出版社 2001年 1031页〔中华人民共和国地方志丛书〕

007288719

三河县志

河北省三河县志编纂委员会编纂 金城主编 北京 学苑出版社 1988年 771页〔中华人民共和国地方志丛书〕

013684590

三河政协志

三河政协志编纂委员会编 李春华主编 三河 三河政协志编纂委员会 2006年 540页〔河北省三河市地方志丛书〕

008838887

三河市土地志

三河市土地志编纂委员会著 北京 中国大地出版社 2001年 284页〔河北廊坊土地志系列丛书 第4卷〕

010195488

[三河发电有限责任公司志]公司志

1994—2004

三河发电有限责任公司志编纂委员会编 三河 三河发电有限责任公司 2004年 293页

012614100

三河尖煤矿志 初稿

三河尖煤矿志编纂委员会编 沛县 三河尖煤矿志编纂委员会 2008年 225页

011066653

[华北地质勘查局]综合普查大队志

1974—2004

华北地质勘查局综合普查大队队志编纂委员会编 华北地质勘查局综合普查大队 2004年 430页

009381060

三河县交通志

三河县交通志编写组纂修 廊坊 廊坊地区行政公署交通局 1988年 190页

013956862

防灾科技学院校志

本书编写组编 北京 地震出版社 2011年 154页

008533905

三河县地名资料汇编

河北省三河县地名办公室编 三河 河北省三河县地名办公室 1983年 304页

固安县

008195198

固安县志

赵复兴主编 苗禾 洪丙君副主编 北京

中国人事出版社 1998年 938页

011757883
固安县政协志 1950—2007
固安县政协志编纂委员会编 固安 固安县政协志编纂委员会 2007年 517页

008838814
固安县土地志
固安县土地志编纂委员会著 北京 中国大地出版社 2001年 216页〔河北廊坊土地志系列丛书 第8卷〕

008949809
固安县水利志 1986—2000
固安县水利局编 北京 中国人事出版社 2001年 300页〔河北省水利史志丛书〕

012718818
固安县科学技术志
刘秉忠主编 北京 中国戏剧出版社 2010年 302页

008533912
固安县地名资料
固安县地名办公室编 固安 固安县地名办公室 1982年 256页

011328130
华北石油职工大学志
校志编写组编 河北 华北石油职工大学 1994年 270页

永清县

008593680
永清县志
永清县志办公室编 石家庄 河北人民出版社 2000年 661页

013507571
永清县志 1989—2007
永清县地方志编纂委员会编 北京 方志出版社 2012年 893页

008838836
永清县土地志
永清县土地志编纂委员会著 北京 中国大地出版社 2001年 187页〔河北廊坊土地志系列丛书 第7卷〕

013379427
永清县教育志
永清县教育志编辑组编 永清 永清县教育志编辑组 1992年 251页

008533923
永清县地名资料汇编
永清县地名办公室编 永清 永清县地名办公室 1983年 239页

011325003
永清县土壤志
永清县农业局 永清县土壤普查办公室编 永清 1984年 146页

香河县

008828343
香河县志
河北省香河县地方志编纂委员会编 许生主编 北京 中国对外翻译出版公司 2001年 762页

008838844
香河县土地志
香河县土地志编纂委员会著 北京 中国大地出版社 2001年 187页〔河北廊坊土地志系列丛书 第6卷〕

009380970
香河县交通志
香河县交通志编写组纂编 香河 香河县交通志编写组 1987年 318页

013822991
香河县教育志 明—1990
河北省香河县教育局编 香河 香河第二印刷厂 1992年 386页

008533901
香河县地名资料汇编
河北省香河县地名办公室编 香河 河北省香河县地名办公室 1983年 207页

012545442
香河县人民医院院志
香河县人民医院编 香河 香河县人民医院 2001—2007年 3册

大城县

007486952
大城县志
河北省大城县地方志编纂委员会 李玉川主编 北京 华夏出版社 1995年 931页〔中华人民共和国地方志丛书〕

013090935
大城县志 1989—2006
大城县地方志编纂委员会编 石家庄 河北人民出版社 2011年 845页

013404059
东阜村村志
东阜村村志编纂委员会编 香港 中华诗词出版社 2011年 374页

009107204
大城县政协志 1949—2002
大城县政协志编纂委员会编 大城 大城县政协志编纂委员会 2002年 405页

008838826
大城县土地志
大城县土地志编纂委员会著 北京 中国大地出版社 2001年 228页〔河北廊坊土地志系列丛书 第10卷〕

010108684
大城县交通志 1986—1999
大城县交通志编写组编 北京 中国档案

出版社 2001年 586页

013646941
大城县文化艺术志
大城县政协文史委员会编 北京 中国戏剧出版社 2010年 544页

013129102
河北大城一中校志
河北省大城县第一中学校志编纂委员会 徐文凯主编 香港 中华诗词出版社 2009年 666页

008533914
大城县地名资料汇编
河北省大城县地名办公室编 大城 河北省大城县地名办公室 1983年 283页

013987605
大城地名志
孙全录编著 石家庄 河北人民出版社 2014年 448页

文安县

008053800
文安县志
河北省文安县地方志编纂委员会编 吕炳忠主编 北京 中国社会出版社 1994年 817页〔中华人民共和国地方志丛书〕

011910103
苑口村志
崔伯友编著 香港 香港天马出版有限公司 2006年 415页

008838790
文安县土地志
文安县土地志编纂委员会著 北京 中国大地出版社 2001年 213页〔河北廊坊土地志系列丛书 第9卷〕

008534584
文安县水利志
文安县水利志编纂委员会编 北京 水利电力出版社 1994年 228页〔河北省水利史志丛书〕

009380855
文安县交通志
文安县交通局史志编写组纂修 廊坊 廊坊地区行政公署交通局 1987年 86页

013660383
文安县供销合作志
文安县供销合作社联合社编 文安 文安县供销合作社联合社 1985年 277页

008913914
文安县地名资料汇编
河北省文安县地名办公室编 文安 河北省文安县地名办公室 1983年 315页

大厂回族自治县

007505472
大厂回族自治县志
大厂回族自治县地方志编纂委员会编 保定 中国画报社 1995年 509页

012658307
大厂回族自治县志 1986—2004
大厂回族自治县地方志编纂委员会编 北京 民族出版社 2010年 616页

008838875
大厂回族自治县土地志
大厂回族自治县土地志编纂委员会著 北京 中国大地出版社 2001年 192页〔河北廊坊土地志系列丛书 第5卷〕

009381000
大厂回族自治县交通志
大厂回族自治县交通志编写组编 廊坊 廊坊地区行政公署交通局 1988年 174页

008533911
大厂回族自治县地名资料汇编
河北省大厂回族自治县地名办公室编 大厂 河北省大厂回族自治县地名办公室 1983年 113页

衡水市

007491030
衡水市志
衡水市地方志编纂委员会编 北京 民族出版社 1996年 977页

012191965
衡水市防空志
衡水市防空志编纂委员会编 衡水 衡水市人防办公室 1995年 309页

012264990
河北省衡水地区国防工业志 1970—1988
河北省衡水地区国防工业志编审委员会编 衡水 河北省衡水地区国防工业志编审委员会 1988年 82页

008377845
衡钢志 1958—1991
衡水钢管厂编 衡水 衡水钢管厂 1992年 365页

008377848
衡水地区机井志
程兴华主编 衡水地区机井志编纂委员会编 北京 水利电力出版社 1996年

342页〔河北省水利史志丛书〕

007971341
衡水地区水利志
衡水地区水利志编纂委员会编 董忆锋主编 颜世海副主编 石家庄 河北省人民出版社 1995年 526页〔河北省水利史志丛书〕

008377841
衡水市电机厂志 1975.2—1994.6
衡水市电机厂志编纂委员会编 衡水 衡水市电机厂志编纂委员会 1995年 343页

008377859
衡水市水利志
王书申主编 天津 天津古籍出版社 1994年 309页〔河北省水利史志丛书〕

008601018
衡水地区公路运输史
衡水地区公路运输史编委会编 北京 人民交通出版社 1994年 395页〔河北公路交通史志丛书〕

012758959
衡水市邮电志 1991—1998
河北省衡水市邮电志编纂委员会编 衡水 河北省衡水市邮电志编纂委员会 1999年 221页

008378938
衡水邮电志
衡水邮电志编纂委员会编 衡水 衡水邮电志编纂委员会 1992年 309页

008380745
衡水建设银行志
中国人民建设银行衡水中心支行行志编纂委员会编 衡水 中国人民建设银行衡水中心支行行志编纂委员会 1994年 234页

010252710
衡水金融志
衡水金融学会 中国人民银行衡水市中心支行金融研究室 郑洪果主编 北京 中国文联出版社 2000年 616页

013861525
衡水地区报业新闻志
孙炳叩主编 衡水 衡水日报社 1990年 59页

008377851
衡水地区科学技术志
衡水地区科学技术志编纂委员会编 北京 中国科学技术出版社 1993年 434页

011497753
衡水市教育志 1307—1990
河北省衡水市教育委员会史志办公室编 衡水 河北省衡水市教育委员会史

志办公室 1994年 427页

010251896
衡水师范专科学校志 1978—1991
蔡俊华主编 北京 教育科学出版社 1994年 187页〔河北教育史志丛书〕

011147210
中国民间文学集成 衡水市故事歌谣卷
安广恩 张志善 孙海玉主编 衡水市民间文学集成编委会征稿 北京 中国民间文艺出版社 1989年 463页

012811438
衡水人物志 当代卷
徐学清主编 石家庄 河北人民出版社 2010年 631页

012872476
衡水人物志 古代近现代卷
徐学清主编 石家庄 河北人民出版社 2010年 502页

008533989
衡水市地名志
河北省衡水市地名办公室编 衡水 河北省衡水市地名办公室 1985年 271页

冀州市

008217540
冀县志
河北省冀县地方志编纂委员会编 北京 中国科学技术出版社 1993年 891页〔中华人民共和国地方志丛书〕

011882574
魏家屯镇志
魏家屯镇志编纂委员会编 呼和浩特 远方出版社 2006年 348页

010239176
冀县水利志 初稿
冀县水利志编纂小组编 冀县 冀县水利志编纂小组 1990年 226页

008382979
冀州市邮电志
冀州市邮电志编纂委员会编 北京 人民邮电出版社 1995年 227页

008533438
冀县地名资料汇编
河北省冀县地名办公室编 冀县 河北省冀县地名办公室 1983年 307页

深州市

008338541
深县志
河北省深州市地方志编纂委员会编 孟祥寅主编 北京 中国对外翻译出版公司 1999年 775页

013775239
深州市东四王村志
徐发蕴主编 石家庄 河北人民出版社 2013年 536页

008379041
深县邮电志
深县邮电志编纂委员会编 深县 深县邮电志编纂委员会 1994年 156页

010292548
深县教育志
河北省深县教育志编纂办公室编 深县 河北省深县教育志编纂办公室 1993年 227页

008533446
深县地名资料汇编
深县地名办公室编 深县 深县地名办公室 1984年 355页

枣强县

007512909
枣强县志
枣强县地方志编纂委员会编纂 北京 文化艺术出版社 1994年 1052页

013775983
萧张志
河北省枣强县萧张村村志编写工作室编 萧张 河北省枣强县萧张村村志编写工作室 2011年 441页

010577220
枣强县土地志
王明池 肖连旺主编 枣强县土地志编纂委员会编 枣强 2001年 201页〔河北省土地志系列丛书〕

008378928
枣强县邮电志
枣强县邮电志编纂委员会编 枣强 枣强县邮电志编纂委员会 1994年 255页

011579926
河北省枣强县大金村步毓岩家族志
步进编撰 枣强 步进 2005年 90页

012903486
枣强人物志
枣强人物志编纂委员会编 北京 中国文史出版社 2010年 550页

008533452
枣强县地名资料汇编
河北省枣强县地名办公室编 枣强 河北省枣强县地名办公室 1984年 392页

武邑县

007990192
武邑县志
武邑县地方志编纂委员会编 李根旺主编 北京 方志出版社 1998年 989页

008378696
武邑县邮电志
武邑县邮电志编纂委员会编 武邑 武邑县邮电志编纂委员会 1993年 236页

010576837
河北武邑中学校志
河北武邑中学校志编纂委员会编 武邑 河北武邑中学 2006年 207页

008533461
武邑县地名资料汇编
河北省武邑县地名办公室编 武邑 河北省武邑县地名办公室 1985年 376页

武强县

007668530
武强县志
河北省武强县地方志编纂委员会编 李玖柱主编 北京 方志出版社 1996年 823页

008379983
武强县公路交通史
刘双全主编 武强 武强县交通局 1990年 117页〔河北公路交通史志丛书〕

008378627
武强县邮电志
武强县邮电志编纂委员会编 武强 武强县邮电志编纂委员会 1995年 173页

008382689
武强县地名资料汇编
武强县地名办公室编 武强 武强县地名办公室 1986年 243页

饶阳县

008006148
饶阳县志
饶阳县地方志编纂委员会编 胡卓川主编 北京 方志出版社 1998年 815页

008379055
饶阳邮电志
饶阳县邮电志编纂委员会编 饶阳 饶阳县邮电志编纂委员会 1995年 123页

011584809
饶阳县教育志
饶阳县文教局编 饶阳 饶阳县文教局 1999年 236页

010577522
饶阳县地名志
饶阳县地名办公室编 饶阳 饶阳县地名办公室 1982年 88页

008553456
饶阳县地名资料汇编
饶阳县地名办公室编 饶阳 饶阳县地名办公室 1983年 197页

安平县

007588039

安平县志

安平县地方志编纂委员会编 王建斌主编 北京 中国社会出版社 1996年 752页〔中华人民共和国地方志丛书〕

012249622

安平县人民检察院检察志

安平县人民检察院编 安平 安平县人民检察院 1996年 92页

008379151

安平县邮电志

安平县邮电志编纂委员会编 安平 安平县邮电志编纂委员会 1995年 199页

008533450

安平县地名资料汇编

安平县地名办公室编 安平 安平县地名办公室 1983年 241页

故城县

008385403

故城县志

故城县地方志编纂委员会编 崔衍国主编 北京 中国对外翻译出版公司 1998年 714页

008378623

故城县邮电志

故城县邮电志编纂委员会编 故城 故城县邮电志编纂委员会 1995年 160页

008533635

故城县地名资料汇编

故城县地名办公室编 故城 故城县地名办公室 1982年 375页

008486411

故城县水利志

故城县水利志编纂委员会编 郭念文主编 天津 天津古籍出版社 1994年 438页〔河北省水利史志丛书〕

景县

008818734

景县志

景县志编纂委员会编 天津 天津人民出版社 1991年 1036页〔中华人民共和国地方志丛书〕

011996813

景县志 1986—2003

景县志编纂委员会编 北京 新华出版社 2008年 1388页

011320298

景县交通志

景县交通局编 景县 景县交通局 1992年 88页〔河北公路交通史志丛书〕

008378931
景县邮电志
景县邮电志编纂委员会编 景县 景县邮电志编纂委员会 1995 年 206 页

013704390
景县教育志
刘月峰主编 河北省景县教育志编纂办公室编 景县 河北省景县教育志编纂办公室 1990 年 355 页

008533807
景县地名资料汇编
河北省景县地名办公室编 景县 河北省景县地名办公室 1983 年 669 页

011324996
景县土壤志
景县人民政府土壤普查办公室 景县人民政府农业局编 河北 景县人民政府土壤普查办公室 1983 年 71 页〔全国第二次土壤普查资料〕

阜城县

008338477
阜城县志
阜城县地方志编纂委员会编 崔振明主编 连文中副主编 北京 中国文联出版公司 1998 年 1012 页

008486387
阜城县水利志
阜城县水利志编纂委员会编 郭泽云主编 北京 中国水利水电出版社 1996 年 235 页〔河北省水利史志丛书〕

008379120
阜城县邮电志
阜城县邮电志编纂委员会编 阜城 阜城县邮电志编纂委员会 1995 年 179 页

013626419
阜城县教育志
阜城县教育委员会编 阜城 阜城县教育委员会 1992 年 321 页

008533455
阜城县地名资料汇编
河北省阜城县地名办公室编 阜城 河北省阜城县地名办公室 1985 年 411 页

山西省

011955361
山西省志 第1卷 人物志
山西省史志研究院编 北京 中华书局
　　2008年

012614056
山西省志 第2卷 交通志
山西省地方志办公室编 北京 中华书局
　　2010年 1260页

012614050
山西省志 第3卷 军事志
山西省地方志办公室编 北京 中华书局
　　2009年 1054页

013377064
山西省志 第4卷 人事志
山西省地方志办公室编 北京 中华书局
　　2011年 690页

013377057
山西省志 第5卷 供销合作志
山西省地方志办公室编 北京 中华书局
　　2012年 745页

013602003
山西省志 第6卷 医药志
山西省地方志办公室编 北京 中华书局
　　2012年 740页

013602002
山西省志 第7卷 社会科学志
山西省地方志办公室编 北京 中华书局
　　2011年 1010页

013601997
山西省志 第8卷 农业机械化志
山西省地方志办公室编 北京 中华书局
　　2012年 677页

007289991
山西市县简志
山西市县简志编写组编 太原 山西人民
　　出版社 1990年 1435页

008392083
山西通志 第 1 卷 总述
山西省史志研究院编 北京 中华书局 1999 年 960 页

008172573
山西通志 第 2 卷 地理志
山西省地方志编纂委员会编 北京 中华书局 1996 年 733 页

008476208
山西通志 第 3 卷 气象志
山西省史志研究院编 北京 中华书局 1999 年 602 页

008476211
山西通志 第 4 卷 地质矿产志
山西省地方志编纂委员会编 北京 中华书局 1993 年 472 页

007342644
山西通志 第 5 卷 地震志
山西省地方志编纂委员会编 北京 中华书局 1991 年 355 页

008476212
山西通志 第 6 卷 人口志
山西省史志研究院编 北京 中华书局 1999 年 712 页

008583068
山西通志 第 7 卷 土地志
山西省史志研究院编 北京 中华书局 1998 年 685 页

008103460
山西通志 第 8 卷 农业志
山西省地方志编纂委员会编 北京 中华书局 1994 年 854 页

008190088
山西通志 第 9 卷 林业志
山西省地方志编纂委员会编 北京 中华书局 1992 年 407 页

008476215
山西通志 第 10 卷 水利志
山西省史志研究院编 北京 中华书局 1999 年 951 页

008476217
山西通志 第 11 卷 乡镇企业志
山西省史志研究院编 北京 中华书局 1999 年 386 页

008190139
山西通志 第 12 卷 煤炭工业志
山西省地方志编纂委员会编 北京 中华书局 1993 年 707 页

008377418
山西通志 第 13 卷 电力工业志
山西省史志研究院编 北京 中华书局 1997 年 587 页

008535478
山西通志 第14卷 冶金工业志
山西省史志研究院编 北京 中华书局
　1999年 956页

008377422
山西通志 第15卷 化学工业志
山西省史志研究院编 北京 中华书局
　1998年 404页

008392218
山西通志 第16卷 机械电子工业志
山西省史志研究院编 北京 中华书局
　1999年 654页

008476219
山西通志 第17卷 建筑材料工业志
山西省地方志编纂委员会编 北京 中华
　书局 1993年 350页

008476222
山西通志 第18卷 军事工业志
山西省史志研究院编 北京 中华书局
　1997年 530页

008377419
山西通志 第19卷 轻工业志
山西省史志研究院编 北京 中华书局
　1998年 637页

008377447
山西通志 第20卷 纺织工业志
山西省史志研究院编 北京 中华书局
　1997年 563页

008392215
山西通志 第21卷 交通志 公路水运篇
山西省史志研究院编 北京 中华书局
　1999年 965页

009840223
山西通志 第21卷 交通志 民用航空篇
山西省史志研究院编 北京 中华书局
　1999年 630页

008377434
山西通志 第22卷 铁路志
山西省史志研究院编 北京 中华书局
　1997年 1000页

008172572
山西通志 第23卷 邮电志
山西省地方志编纂委员会编 北京 中华
　书局 1996年 583页

008476226
山西通志 第24卷 测绘志
山西省史志研究院编 北京 中华书局
　1999年 483页

008476228
**山西通志 第25卷 城乡建设环境保护志
城乡建设篇 建筑业篇**
山西省史志研究院编 北京 中华书局
　2001年 1108页

008835456

山西通志 第25卷 城乡建设环境保护志 环保篇

山西省史志研究院编 北京 中华书局 2001年 513页

008377444

山西通志 第26卷 商业志 供销合作社篇

山西省史志研究院编 北京 中华书局 1998年 688页

008476230

山西通志 第26卷 商业志 商业贸易篇

山西省史志研究院编 北京 中华书局 1999年 516页

008377437

山西通志 第27卷 粮食志

山西省史志研究院编 北京 中华书局 1996年 561页

008377459

山西通志 第28卷 对外贸易志

山西省史志研究院编 北京 中华书局 1999年 1062页

008487071

山西通志 第29卷 财政志

山西省史志研究院编 北京 中华书局 1997年 485页

008190198

山西通志 第30卷 金融志

山西省地方志编纂委员会编 北京 中华书局 1991年 471页

008476240

山西通志 第31卷 经济管理志 计划 统计 物价篇

山西省史志研究院编 北京 中华书局 1998年 678页

008476245

山西通志 第31卷 经济管理志 工商行政管理篇

山西省史志研究院编 北京 中华书局 1997年 744页

008847452

山西通志 第31卷 经济管理志 审计篇

山西省史志研究院编 北京 中华书局 1999年 461页

009114589

山西通志 第31卷 经济管理志 劳动篇

山西省史志研究院编 北京 中华书局 1999年 475页

009114585

山西通志 第31卷 经济管理志 物资设备成套篇

山西省史志研究院编 北京 中华书局 1999年 318页

009114582

山西通志 第31卷 经济管理志 技术监督篇

山西省史志研究院编 北京 中华书局 1999年 395页

008476246

山西通志 第32卷 党派群团志

山西省史志研究院编 北京 中华书局 2000年 1180页

008585913

山西通志 第33卷 政务志 政治协商会议篇

山西省史志研究院编 北京 中华书局 1998年 499页

008476247

山西通志 第33卷 政务志 人民代表大会篇

山西省史志研究院编 北京 中华书局 1998年 437页

008476248

山西通志 第33卷 政务志 政府篇

山西省史志研究院编 北京 中华书局 1999年 865页

008377502

山西通志 第34卷 政法志 审判篇

山西省史志研究院编 北京 中华书局 1998年 376页

008377462

山西通志 第34卷 政法志 司法行政篇

山西省史志研究院编 北京 中华书局 1998年 331页

008487075

山西通志 第34卷 政法志 警察篇

山西省史志研究院编 北京 中华书局 1999年 648页

008377452

山西通志 第34卷 政法志 检察篇

山西省史志研究院编 北京 中华书局 1998年 404页

008172571

山西通志 第35卷 民政志

山西省地方志编纂委员会编 北京 中华书局 1996年 491页

008377440

山西通志 第36卷 军事志

山西省史志研究院编 北京 中华书局 1997年 646页

008476252

山西通志 第37卷 教育志

山西省史志研究院编 北京 中华书局 1999年 1113页

008190354

山西通志 第38卷 科学技术志

山西省地方志编纂委员会编 北京 中华

书局 1994年 819页

008191626
山西通志 第39卷 社会科学志
山西省地方志编纂委员会编 北京 中华书局 1995年 722页

008172570
山西通志 第40卷 文化艺术志
山西省地方志编纂委员会编 北京 中华书局 1996年 674页

008377415
山西通志 第41卷 卫生医药志 卫生篇
山西省史志研究院编 北京 中华书局 1997年 693页

008377493
山西通志 第41卷 卫生医药志 医药篇
山西省史志研究院编 北京 中华书局 1998年 405页

008191619
山西通志 第42卷 体育志
山西省地方志编纂委员会编 北京 中华书局 1995年 650页

008476253
山西通志 第43卷 新闻出版志 报业篇
山西省史志研究院编 北京 中华书局 1999年 593页

008476255
山西通志 第43卷 新闻出版志 广播电视篇
山西省史志研究院编 北京 中华书局 1998年 754页

009840225
山西通志 第43卷 新闻出版志 出版篇
山西省史志研究院编 北京 中华书局 1999年 546页

008476260
山西通志 第44卷 文物志
山西省史志研究院编 北京 中华书局 2002年 1465页

008476262
山西通志 第45卷 旅游志
山西省史志研究院编 北京 中华书局 2000年 1108页

008377426
山西通志 第46卷 民族宗教志
山西省史志研究院编 北京 中华书局 1997年 639页

008191693
山西通志 第47卷 民俗方言志
山西省史志研究院编 北京 中华书局 1997年 683页

008476263
山西通志 第48卷 人物志

山西省史志研究院编 北京 中华书局 2001年 974页

008476265
山西通志 第50卷 附录
山西省史志研究院编 北京 中华书局 2001年 1256页

010113288
晋商文化旅游区志
山西旅游景区志丛书编委会编 太原 山西人民出版社 2005年 824页〔山西旅游景区志丛书〕

002165792
山西大事记 1840—1985
山西省地方志编纂委员会编 太原 山西人民出版社 1987年 557页〔山西省志丛稿〕

012899379
山西社会科学志
田其治 贾大武编 太原 山西省地方志编纂委员会办公室 1988年 263页〔山西省志丛稿〕

009253157
山西省工会志
郎文荣主编 郭长夫主笔 北京 中共中央党校出版社 1997年 731页

012899373
山西公安司法志(法院部分)
山西省地方志编纂委员会办公室编 太原 山西省地方志编纂委员会办公室 1988年 144页〔山西省志丛稿〕

010201226
山西公证志 世纪版
山西省司法厅 山西省公证员协会编 山西 山西省司法厅 2001年 607页

012899386
山西司法行政志
山西省司法厅司法志编纂办公室编 山西 山西省司法厅司法志编纂办公室 1992年 338页

012638944
山西重点工程大事志 2009
山西省地方志办公室 山西省重点工程建设领导小组办公室编 太原 山西人民出版社 2010年 383页

013185695
山西重点工程大事志 2010
山西省地方志办公室 山西省重点工程建设领导小组办公室编 太原 山西人民出版社 2011年 269页

013775199
山西重点工程大事志 2011
山西省地方志办公室 山西省重点工程领导组办公室编 太原 山西出版传媒集团 2012年 292页

012638961
山西蚕业志
闫和健 武怀庆主编 太原 山西经济出版社 2010年 300页

009561595
山西林业志
李慧培主编 温贵常副主编 山西省地方志编纂委员会办公室编 山西 山西省地方志编纂委员会办公室 1988年 404页〔山西省志丛稿〕

010231712
山西农业志
郭展翔 杨五云主编 白志刚等副主编 山西省地方志编纂委员会办公室编 太原 山西省地方志编纂委员会办公室 1987年 500页〔山西省志丛稿〕

013461989
山西省工业基本建设志 初稿
山西省基本建设委员会 省工业基本建设志编纂领导小组编 山西 山西省基本建设委员会 省工业基本建设志编纂领导小组 1982年 286页

013415132
侯壁水电站志 1959—1985
山西省平顺县侯壁水电站编 张松斌 杨金楼主编 平顺 山西省平顺县侯壁水电站 1987年 73页

008377978
晋东南电力工业志 1942—1990
晋东南电力工业志编纂委员会编 北京 中国电力出版社 1994年 367页〔山西省电力工业志丛书〕

009387223
山西二轻(手)工业志
山西二轻(手)工业史志编纂委员会编 太原 山西人民出版社 1989年 579页

009198557
山西铝厂志 1971—2001
王伟钦主编 西安 陕西人民出版社 2003年

009962199
山西轻工业志
衡翼汤编 太原 山西省地方志编纂委员会办公室 1984年 234页〔山西省志丛稿〕

013775193
山西省电力工业志 1991—2002
山西省电力公司编 北京 中国电力出版社 2012年 657页〔中国电力工业志丛书〕

008298336
山西省电力工业志 第3卷
山西省电力工业志编纂委员会编 北京 中国电力出版社 1997年 526页〔中

国电力工业志丛书〕

013775195
山西输电协会志
山西输电协会编 2005年 143页

009511309
山西烟草志
山西烟草志编纂委员会编 北京 中华书局 2004年 609页

012174858
山西交通志 1978—2008
山西省交通厅编 太原 山西人民出版社 2009年 3册

009818417
大运高速公路建设志
山西省交通厅编 王晓林主编 太原 山西人民出版社 2005年 2册

012814183
山西公路志
山西公路志编审委员会编 北京 人民交通出版社 2010年 1028页

009312577
山西交通征稽志 1987—2002
山西交通征稽志编委会编 太原 山西人民出版社 2004年 356页

013731193
山西省村村通水泥(油)路工程建设志
山西省村村通水泥(油)路工程建设志编审委员会编 太原 山西人民出版社 2012年 963页

013104451
山西省道路运输管理志
山西省道路运输管理志编委会编 北京 人民交通出版社 2010年 802页

009057255
太旧高速公路建设志
杜五安主编 太原 山西人民出版社 2002年 572页

010279808
山西长线局志 1960—2003
山西省长途电信线务局编 山西 山西省长途电信线务局 2004年 465页

008379326
山西邮电志
山西邮电志编纂委员会编 太原 山西人民出版社 1995年 549页

012542841
山西省志 商务志 供销合作社篇 1978—2008
山西供销社改革发展三十年编委会编 山西 山西省供销合作社联合社 2009年 672页

009561591

山西粮官志

山西粮官志编纂委员会编 太原 山西经济出版社 1997年 652页

012146448

中国实业志 山西省 金融

实业部国际贸易局编 北京 经济管理出版社 2008年 206页〔山西财经大学晋商研究经典文库〕

009387243

山西外贸志 初稿

渠绍淼 庞义才编者 严平 郭忠审核 太原 山西省地方志编纂委员会办公室 1984年 2册〔山西地方史志资料丛刊〕

009962197

山西金融志 初稿

山西省地方志编纂委员会办公室编 山西 山西省地方志编纂委员会办公室 1984年 2册〔山西省志丛稿〕

009333400

山西文化艺术志

山西省地方志编纂委员会办公室编 太原 山西省地方志编纂委员会办公室 1989年 342页〔山西省志丛稿〕

013959350

山西县市报志

袁世俊主编 山西省县市报协会编印 临汾 临汾工艺美术印刷有限公司 2012年 190页

011570249

山西出版志

山西省出版局编志办公室编 太原 山西省出版局编志办公室 1983年 456页

009149246

山西新华书店志

山西新华书店志编纂委员会 张斌主编 太原 山西人民出版社 2003年 592页

005331255

山西科学技术志

吴达才主编 太原 山西科学教育出版社 1989年 1311页

012175584

中华学府志 第5卷 山西卷

中华学府志编辑委员会编 北京 中共中央党校出版社 2003年 522页

007927665

中国谚语集成 第9卷 山西卷

中国民间文学集成全国编辑委员会 中国民间文学集成山西卷编辑委员会编 北京 中国ISBN中心 1997年 840页〔十部文艺集成志书〕

002871420

中国民间歌曲集成 第14卷 山西卷

中国民间歌曲集成全国编辑委员会编 北京 人民音乐出版社 1990年 1014页〔十部文艺集成志书〕

011762066

中国曲艺音乐集成 第24卷 山西卷

中国曲艺音乐集成全国编辑委员会 中国曲艺音乐集成山西卷编辑委员会编 北京 中国ISBN中心 2004年 2册 1533页

007908837

中国戏曲音乐集成 第2卷 山西卷

中国戏曲音乐集成编辑委员会 中国戏曲音乐集成山西卷编辑委员会编 北京 中国ISBN中心 1997年 2册 2066页〔十部文艺集成志书〕

009649218

中国民族民间器乐曲集成 第17卷 山西卷

中国民族民间器乐曲集成全国编辑委员会 中国民族民间器乐曲集成山西卷编辑委员会编 北京 中国ISBN中心 2000年 2册 2130页

012175578

中华舞蹈志 第13卷 山西卷

中华舞蹈志编辑委员会编 上海 学林出版社 2009年 290页

006088076

中国民族民间舞蹈集成 第18卷 山西卷

中国民族民间舞蹈集成编辑部编 北京 中国ISBN中心 1993年 2册 1465页〔十部文艺集成志书〕

013067160

山西省文化志戏曲史料集 征求意见稿

鲁克义 郭士星 纪丁编 山西 山西省文化局戏剧工作研究室 1983年

002780062

中国戏曲志 第17卷 山西卷

中国戏曲志编辑委员会编 北京 文化艺术出版社 1990年 877页〔十部文艺集成志书〕

009081892

晋察冀革命文化艺术人物志

晋察冀革命文化史料征集协作组编 王义华 杨卫华主编 太原 山西人民出版社 2003年 655页

011586270

中国人民政治协商会议山西省委员会人物志 1950—2007

贺德宏编著 太原 山西科学技术出版社 2007年 237页〔山西省政协史料丛书 15〕

009397214

山西科技名人志

山西省科学技术协会编 北京 中国科学技术出版社 1993年 356页

013894496
地质尖兵志 1980—2000
周蒙洲主编 山西 山西省煤炭地质公司 2000 年 152 页

001737521
山西风物志
山西教育出版社编 太原 山西人民出版社 1985 年 431 页〔中国风物志丛书〕

010576953
山西省地震监测志
山西省地震局编 北京 地震出版社 2006 年 533 页〔中国地震监测志系列〕

009869617
山西气象志
程廷江等合编 山西省地方志编纂委员会办公室编 太原 山西省地方志编纂委员会办公室 1985 年 285 页〔山西省志丛稿〕

009387235
山西山河志
王铭 孙元巩 仝立功编著 太原 山西科学技术出版社 1994 年 382 页

003911674
山西植物志
山西植物志编辑委员会编 北京 中国科学技术出版社 1992 年

009154407
山西省寄蝇志
刘银忠 赵建铭等编著 北京 科学出版社 1998 年 378 页

011324939
山西中药志
山西省卫生厅编 太原 山西省卫生厅 1959 年 449 页

008224096
山西水土保持志
山西水土保持志编纂委员会编 郑州 黄河水利出版社 1998 年 580 页

008403353
山西经济植物真菌病害志
孙树权 贺运春 王建明编著 太原 山西科学出版社 1990 年 222 页

010232731
山西小麦品种志
山西省种子公司编 山西 山西省种子公司 1981 年 229 页

010280307
山西小麦品种志
张亨禄 赵文志主编 太原 山西经济出版社 2006 年 687 页

009154378
山西玉米品种志
贾明进 张亨禄主编 北京 中国农业出

版社 2003年 452页

009330344
中国谷子品种志
中国农业科学院作物品种资源研究所 山西省农业科学院主编 北京 农业出版社 1985年 327页

008195133
山西树木图志
山西省农业区划委员会编 北京 科学出版社 1991年

011320897
汾河志
山西省水利厅编纂 太原 山西人民出版社 2006年 590页

009045858
山西黄河小北干流志
黄河小北干流山西河务局编 郑州 黄河水利出版社 2002年 421页

太原市

008342603
太原市志
太原市地方志编纂委员会编 太原 山西古籍出版社 1999年

013134731
太原市志 精编版
太原市地方志编纂委员会编 太原 三晋出版社 2011年 832页

012969435
亲贤村村志
亲贤村村志编纂委员会编 亲贤村 亲贤村村志编纂委员会 2004年 431页

012266046
亲贤村志
史润金主持编著 亲贤村志编辑委员会编 太原 亲贤村志编辑委员会 2008年 331页

013377117
上兰村志
常清文主编 太原 山西人民出版社 2011年 473页

012814245
太原市古城营村志
刘铁旦主编 张德一编撰 太原 三晋出版社 2009年 1200页

012252764
西铭村志
任根珠 任静芳主编 北京 中华书局 2009年 811页〔山西省重点乡镇村志系列丛书〕

012814248
太原统计志
太原统计志编纂委员会编 太原 太原统计志编纂委员会 2005年 418页

012998992
国营第二四五厂工会志 1953—2002
太原 国营第二四五厂 2003年 165页

013860558
功垂警史 公安部管理干部学院山西分院 山西省人民警察学校校志
董高怀 高美然责任编辑 太原 书海出版社 1994年 263页

013863841
太原人民防空志
高正主编 太原市人民防空办公室编 太原 山西新华印业有限公司新华印刷分公司 2007年 386页

008983183
太原军事志
中国人民解放军太原军分区编 太原 山西人民出版社 2001年 513页

012956029
太原市军事志 1997—2006
太原市军事志编纂委员会编 太原 太原市军事志编纂委员会 2009年 587页

009387253
太原市经委志

太原市经济委员会 太原市档案局编 太原 太原市经济委员会 太原市档案局 1992年 212页

010113545
太原审计志
梁新生主编 郭培志副主编 张恒昌执行主编 太原审计志编委会编 太原 太原审计志编委会 2000年 683页

013755982
山西储备物资管理局 山西物资储备志 1951—2008
山西物资储备志编纂委员会编 太原 山西物资储备志编纂委员会 2010年 696页

008844719
太原房地产志
段福林主编 杜文早副主编 太原 山西人民出版社 1999年 490页

012638759
太原房地产志 2000—2009
太原房地产志编纂委员会编 太原 山西人民出版社 2010年 547页

013822733
太原市政志
太原市市政管理局编 太原 太原市市政管理局 2009年 730页

008844907

太原市自来水公司志

太原市自来水公司志编辑委员会编 北京 中华书局 2001年 473页

013342600

太原市自来水公司志 2000—2009

王健雄主编 太原 山西人民出版社 2011年 405页

013731196

山西省农业机械化科学研究所所志 1958—1990

山西省农业机械化科学研究所编 太原 山西省农业机械化科学研究所 1991年 137页

012684745

太原林业志

薛新福 田双保 阎晋青 王金潮 张云峰编著 太原 山西科学技术出版社 2010年 227页

012766895

太原市国营林场志

太原市国营林场志编纂委员会编 王巧珍主编 太原 三晋出版社 2010年 230页

007662444

太原农牧志

贾玉祥 常风渊主编 太原农牧志编委会编 太原 山西人民出版社 1991年 289页〔太原市志丛书〕

013936408

[太原第一机床厂]厂志 1986—2006

太原第一机床厂厂志(续)编纂办公室编 2008年 241页

011313042

杜儿坪矿志 1956—2005

裴天强 段润宇主编 太原 山西人民出版社 2006年 411页

012814415

官地矿志

官地矿志编委会编 太原 山西人民出版社 2010年 763页

012967596

国电太原第一热电厂志 1954—2004

国电太原第一热电厂志编纂委员会编 太原 国电太原第一热电厂 2004年 883页

013404383

国营第九零八厂志 1953—1985

国营第九零八厂志编纂委员会编 太原 国营第九零八厂 1993年 632页〔中国兵器工业史丛书〕

013464358

国营二四七厂志

国营二四七厂志编委会编 太原 国营二四七厂志编委会 1992年 491页〔中

国兵器工业史丛书〕

012999252

金城公司五十年志 1958—2008

山西焦煤西山金城建筑有限公司编 太原 山西焦煤西山金城建筑有限公司 2008年 244页

012505259

晋西机器厂厂志 1986—1997

晋西机器厂厂志编辑委员会编 太原 晋西机器厂厂志编辑委员会 1998年 312页

013629531

山西超(特)高压输变电分公司志 2001—2011

山西超(特)高压输变电分公司志编纂办公室编 太原 山西超(特)高压输变电分公司志编纂办公室 2011年 245页〔陕西省电力工业志丛书〕

013377053

山西电建四公司志

山西电建四公司志编纂委员会编 北京 中华书局 2011年 656页〔山西电力工业志丛书〕

013991396

山西电力科学研究院志 1992—2007

山西电力科学研究院志编纂委员会编 2008年 270页

008377925

山西电力设备厂志 1959—1995

山西电力设备厂志编纂委员会编 太原 山西电力设备厂志编纂委员会 1997年 325页〔山西省电力工业志丛书〕

013096343

山西纺织印染厂志

山西纺织印染厂厂志编委会编 太原 山西人民出版社 1993年 486页

013002460

山西焦煤西山化工厂志 1959—2009

山西 山西焦煤集团公司 2009年 130页

013934387

山西省第一建筑工程公司志 1952—2007

山西省第一建筑工程公司志编委会编辑 山西 山西省第一建筑工程公司志编委会 2008年 525页

009198483

山西省电建三公司志 1978—1998

山西省电建三公司编 北京 中国电力出版社 2003年 482页〔山西省电力工业志丛书〕

008378018

山西省电力试验研究所志

山西省电力试验研究所志编纂委员会编 北京 中国电力出版社 1997年

332 页〔山西省电力工业志丛书〕

012614060
山西省交通建设开发投资总公司志
山西省交通建设开发投资总公司志编纂委员会编 北京 人民交通出版社 2009年 341页〔山西省交通史志丛书〕

008534997
山西省送变电工程公司志 1958—1996
山西省送变电工程公司志编纂委员会编 北京 中国电力出版社 1999年 419页〔山西省电力工业志丛书〕

013185835
太原第二热电厂志 1954—1987
太原第二热电厂志编审会编 1988年 304页

012722541
太原第二热电厂志 1958—2002
太原第二热电厂志编纂委员会编 太原 太原第二热电厂志编纂委员会 2003年 689页〔山西电力工业志丛书〕

013731722
太原第一热电厂志
太原第一热电厂厂志编辑委员会编 太原 太原第一热电厂 1990年 518页

008383979
太原供电志
太原供电志编委会编 北京 水利电力出版社 1995年 446页〔山西省电力工业志丛书〕

008535764
太原机车车辆厂志 1898—1990
太原机车车辆厂厂志编纂委员会编 北京 中国铁道出版社 1995年 508页

013731728
太原市建筑设计研究院建院五十年志 1958—2008
太原市建筑设计研究院建院院志编纂委员会编 太原 院志编纂委员会 2008年 436页

008528693
铁道部第十二工程局志 1948—1995
铁道部第十二工程局史志编审委员会编 北京 中国铁道出版社 1998年 763页

008838584
铁道部第十七工程局志 1950—1995
铁道部第十七工程局史志编审委员会编 北京 中国铁道出版社 1999年 927页

013010757
西山煤电太原选煤厂志 1959.10—2009.10
西山煤电太原选煤厂志编纂委员会编 太原 西山煤电太原选煤厂 2009年

454 页

009881357
西山煤矿志
西山煤矿志编纂委员会编 北京 中华书局 2005 年 1026 页〔山西省重点企业志系列丛书〕

013190004
义海公司志 2003—2010
义海公司志编纂委员会编 太原 山西科学技术出版社 2011 年 344 页

012317301
中国煤炭博物馆志 1989—2009
中国煤炭博物馆编 太原 山西人民出版社 2009 年 392 页

009312556
太原市交通志
王玉林主编 殷昶明副主编 杜中堂等编 太原 山西经济出版社 1999 年 930 页

009025822
太原机务段志 1934—2000
太原机务段志编委会编 北京 中国铁道出版社 2002 年 488 页

008486290
太原铁路分局志 1896—1985
太原铁路分局志编审委员会编 北京 中国铁道出版社 1999 年 919 页

011955639
太原线路大修段段志
2008 年 164 页

009415080
铁道部第三工程局志 1952—1996
铁道部第三工程局志编审委员会编 太原 北岳文艺出版社 2002 年 729 页

012766887
太原公路志
李润平主编 太原 山西人民出版社 2010 年 320 页

008864277
太原市电信志
太原市电信局编 北京 人民邮电出版社 1999 年 448 页

009160145
太原邮电志
太原邮电志编纂委员会编 北京 人民邮政出版社 2000 年 236 页

010009739
太原市粮食志
太原市粮食志局编 南炳亮主编 太原 山西人民出版社 1993 年 643 页

013603444
西山有线电视台志 1999—2009
刘志安主编 太原 西山有线电视台 2009 年 233 页

012899375
山西科协志
山西科协志编纂委员会编 太原 山西人民出版社 1993年 401页

009688350
太原科学技术志
太原科学技术志编纂委员会编 太原 山西人民出版社 1993年 498页

008864275
太原教育志 1840—1990
王敏主编 太原 山西人民出版社 1996年 577页

010009762
太原教育志 1840—1990
太原 山西人民出版社 1996年 577页

013131197
山西艺术职业学院志 1951—2011
山西艺术职业学院志编委会编 太原 山西人民出版社 2011年 338页

010730413
太原电力学校志 1955—2001
太原电力学校志编纂委员会编 太原 太原电力学校 2003年 339页〔山西省电力工业志丛书〕

009387247
太原工业学校校志 1954—1988
林辉 郑祥云 周仲麟总编 太原 太原工业学校校志编审委员会 1989年 218页〔中国兵器工业史丛书〕

011763366
山西省晋剧院院志 1952—1992
侯桂林主编 李兰德副主编 太原 山西省晋剧院 1994年 367页

011998471
王南泗公家志
王南泗公家志编志委员会编 太原 王南泗公家志编志委员会 1993年 692页

009688398
荧屏因有您而溢彩 山西电视台人物志
董育中主编 北京 中国广播电视出版社 2000年 437页

013002528
双塔游览志
柯夫 倩青编著 太原 山西人民出版社 1990年 119页

009312584
太原风景名胜志
山西旅游景区志丛书编委会 侯文正主编 太原 山西人民出版社 2004年 802页〔山西旅游景区志丛书〕

006319756
太原植物志
太原植物志编辑委员会编 北京 新华书店北京发行所发行 1990年

012140328
太原植物志
太原植物志编辑委员会编 太原 山西科学技术出版社 2009年 273页

012208555
[山西省中医药研究院]院志 1957—1997
山西省中医药研究院编 太原 山西省中医药研究院 1997年 155页

013797211
[铁道部第十二工程局中心医院]院志 1948—1996
铁道部第十二工程局中心医院院志编纂委员会编 1996年 128页

013461963
山西省儿童医院山西省妇幼保健院志 1947—2005
山西省儿童医院山西省妇幼保健院志编纂委员会编 太原 山西省儿童医院山西省妇幼保健院志编纂委员会 2006年 406页

008487067
山西省人民医院志 1955.7—1995.7
山西省人民医院志编纂委员会编 太原 山西省人民医院志编纂委员会 1995年 138页

011066624
山西省人民医院志 1955—2005
山西省人民医院志编委会编 太原 山西省人民医院志编委会 2005年 544页

012899382
山西省商业供销职工医院院志 1952—2006
山西省商业供销职工医院院志编写领导组编 山西 山西省商业供销职工医院院志编写领导组 2008年 90页

012766479
山西省中西医结合医院 山西中医学院中西医结合医院 太原铁路中心医院院志
山西省中西医结合医院编委会编 山西 山西省中西医结合医院编委会 2010年 368页

013097947
山西省中医药研究院 山西省中医院志 1957—2007
山西省中医药研究院 山西省中医院编 太原 山西省中医药研究院 山西省中医院 2007年 236页

013795140
山西省肿瘤医院院志 1952—2012
山西省肿瘤医院院志编纂委员会编 山西 山西省肿瘤医院 2013年 747页

010113549
太原铁路中心卫生防疫站站志 1951—2001
太原铁路中心卫生防疫站站志编委会

编 太原 太原铁路中心卫生防疫站 2004年 287页

013010747
西山煤电集团有限责任公司职工总医院志 1956—2006
西山煤电集团有限责任公司职工总医院志编纂委员会编 太原 西山煤电集团有限责任公司职工总医院志编纂委员会 2006年 391页

010279032
山西医科大学第二医院志 1919—1998
何亚田主编 山西医科大学第二医院志编纂委员会编 太原 山西医科大学第二医院志编纂委员会 1999年 514页

013321020
太原卫生志 1840—1998
太原卫生志编纂委员会编 太原 太原卫生志编纂委员会 2001年 392页

010730300
山西省药检所50年所志 1953—2003
山西省药品检验所编 山西 山西省药品检验所 2003年 191页

010232008
山西省农业科学院农业资源综合考察研究所所志 1979—1999
山西省农业科学院农业资源综合考察研究所编 山西 山西省农业科学院农业资源综合考察研究所 1999年 84页

013185693
山西省农业科学院高寒区作物研究所志
山西省农业科学院高寒区作物研究所编 太原 山西经济出版社 2011年 259页

012208169
山西省农业科学院畜牧兽医研究所所志 1958—2008
山西 山西省农业科学院畜牧兽医研究所 2008年 220页

008377943
太原电力高等专科学校志
太原电力高等专科学校志编纂委员会编 太原 广东南海市科达彩印总厂印 1995年 311页〔山西省电力工业志丛书〕

013959431
太原市市政工程设计研究院志
太原市市政工程设计研究院志编 1999年 406页

013958693
晋祠水利志
晋祠水利志编委会编 太原 山西人民出版社 2002年 239页

杏花岭区

008974346
太原市北城区志
太原市杏花岭区地方志编纂委员会编 王彪主编 北京 中华书局 2002年 864页

009312579
三晋煤炭英模志
三晋煤炭英模志编纂委员会 张崇慧主编 太原 山西古籍出版社 2003年 574页

008906394
太原市北城区地名志
太原市北城区地名委员会办公室编印 太原 太原市北城区地名委员会办公室 1986年 534页

012266357
太原市北城区地名志 增订本
太原市北城区地名委员会办公室编 太原 太原市北城区地名委员会办公室 1994年 270页

小店区

012266363
太原市小店区志
小店区志编纂委员会编 太原 山西人民出版社 2009年 854页

008380814
太原市南郊区志
太原市南郊区地方志编纂委员会编 北京 生活·读书·新知三联书店 1994年 1064页

008535779
小店村志
张育文主编 太原 山西古籍出版社 1999年 475页〔山西省重点乡镇村志系列丛书〕

009962203
太原市南郊区教育志 1840—1990
石永泉主编 太原市南郊区教育志编委会编 太原 太原市南郊区教育志编委会 1992年 280页

010293517
太原市南城区地名志
太原市南城区地名委员会办公室编纂 太原 太原市南城人民政府 1989年 494页

013775987
小店区地震志
小店区地震志编纂委员会编 太原 山西出版传媒集团 2012年 211页

011442079
太原市小店区卫生防疫站站志 1976—2006
太原市小店区卫生防疫站站志编委会

编 小店区 小店区卫生防疫站站志编委会 2006年 282页

迎泽区

010245115
太原市南城商业志
南城商业志编委员会编 贾绪才主编 太原 山西经济出版社 1999年 828页

013462605
太原市迎泽区教育志
太原市迎泽区教育局编 太原 太原市迎泽区教育局 2010年 724页

尖草坪区

011312050
太原市北郊区志
太原市尖草坪区地方志编纂委员会编纂 北京 中华书局 2006年 962页

012661870
上兰村志
常清文主编 上兰村 上兰村志编纂委员会 2008年 330页

009561604
向阳镇志
向阳镇人民政府编 向阳镇 向阳镇人民政府 1998年 434页

012970571
新城村志
常清文主编 太原 山西人民出版社 2011年 349页

013342596
太原市尖草坪区军事志 前572—2005
太原市尖草坪区军事志编纂委员会编 2009年 373页

012175151
杨家村风物志
张天福编著 太原 杨家村风物志编纂委员会 2006年 309页

万柏林区

009881349
太原市河西区志
太原市万柏林区地方志编纂委员会编 北京 中华书局 2006年 551页

011955746
新庄村志
新庄村志编纂委员会编 太原 新庄村志编纂委员会 2006年 232页

011442072
太原市北郊区交通志
王玉林主编 太原 山西经济出版社 1997年 330页

013756143

太原市北郊区教育志 征求意见稿

太原市北郊区教育志编纂组编 太原 太原市北郊区教育志编纂组 1988 年 190 页

011442064

太原市北郊区地名志

太原市北郊区人民政府编 太原 太原市北郊区人民政府 1998 年 254 页

晋源区

009618621

太原市河西区志 送审稿

河西区地方志编纂委员会编 太原 河西区地方志编纂委员会 1997 年 1 册

012252768

西寨村志

西寨村志编辑委员会编 太原 西寨村志编辑委员会 2007 年 137 页

011067751

太原市河西区地名志

太原市河西区人民政府地名办公室编制 西安 西安地图出版社 1989 年 404 页

012626279

晋祠志

山西旅游景区志丛书编委会编 太原 三晋出版社 2009 年 621 页

古交市

008015400

古交志

古交市地方志办公室编 太原 山西人民出版社 1996 年 732 页

013141176

东曲煤矿志

东曲煤矿志编纂委员会编 太原 山西人民出版社 2011 年 859 页

010293885

古交供电志 1958—2005

古交供电志编委会编 北京 中国电力出版社 2006 年 279 页〔山西省电力工业志丛书〕

008379697

古交矿区建设志

薛山 郭镜波主编 太原 山西人民出版社 1997 年 718 页

011997412

马兰矿选煤厂志

马兰矿煤厂志编纂委员会编 太原 山西人民出版社 2008 年 347 页

010962603

马兰矿志

刘成效 常俊杰主编 太原 山西人民出版社 2006 年 734 页

013822979
西曲矿选煤厂志
西曲矿选煤厂志编纂委员会编 古交 西曲矿选煤厂 2007年 299页

013379108
西曲矿志
西曲矿志编纂委员会编 山西 西曲矿志编纂委员会 2004年 406页

012506638
镇城底煤矿志 1981—2006
镇城底煤矿志编纂委员会编 太原 山西出版社 2006年 558页

008841141
古交市交通志
王玉林主编 太原 山西经济出版社 2001年 364页

013129041
古交教育志
耿越亮主编 古交市教委教育志编纂组编 太原 山西高校联合出版社 1991年 183页

011955677
屯兰矿志
屯兰矿志编纂委员会编 山西 屯兰矿志编纂委员会 2007年 662页

013507787
古交矿区总医院志 1991—2011
古交矿区总医院志编纂委员会编 古交 古交矿区总医院 2011年 380页

清徐县

008637700
清徐县志
清徐县地方志编纂委员会编 太原 山西古籍出版社 1999年 1034页

012096643
东于村志
贺灵宝主编 胡学证副主编 太原 山西人民出版社 2008年 501页

012766427
清徐县政协志
政协清徐县委员会编 太原 政协清徐县委员会 2009年 788页

012899343
清徐法院志
山西省清徐县人民法院编 清徐 山西省清徐县人民法院 1998年 680页

012899347
清徐县教育志
山西省太原市清徐县教育志编纂组编 清徐 山西省太原市清徐县教育志编纂组 1989年 229页

008864273
太原市清徐县地名志

清徐县人民政府编 清徐 清徐县人民政府 1983 年 90 页

013224655
龙林山志
李中编著 太原 三晋出版社 2011 年 251 页〔清徐史志丛书〕

阳曲县

008471086
阳曲县志
阳曲县地方志编纂委员会编 太原 山西古籍出版社 1999 年 845 页

010280458
阳曲公安志
阳曲公安志编纂委员会编 阳曲 阳曲公安志编纂委员会 2006 年 314 页

007858029
阳曲方言志
孟庆海著 北京 社会科学文献出版社 1991 年 153 页〔山西省方言志丛书〕

008906346
阳曲县地名志
阳曲县人民政府编印 阳曲 阳曲县人民政府 1990 年 267 页

娄烦县

008471085
娄烦县志
山西省娄烦县地方志编纂委员会编 张宪平主编 北京 中华书局 1999 年 786 页

012505346
娄烦县工会志
高俊善主编 娄烦县工会志编纂委员会编 娄烦 娄烦县工会志编纂委员会 2003 年 299 页

014047661
娄烦县军事志 前 453—2005 终审稿
娄烦县军事志编纂委员会编 2009 年 270 页

013319721
娄烦县计划志
崔效荣主编 娄烦县发展计划局编 太原 太原市文新印业有限公司 2003 年 313 页

012766156
娄烦林业志
娄烦林业局编 娄烦 娄烦林业局 2000 年 254 页

008492810
娄烦县交通志
娄烦县交通志编纂委员会编 北京 中华

书局 1999年 302页

009688314
娄烦财税志 初稿
娄烦县财政局 娄烦县税务局 娄烦县财税志编纂领导小组编 娄烦 娄烦县财税志编纂领导小组 1988年 77页

009962196
娄烦县教育志 稿本
娄烦县教育局教育志办公室编 娄烦 娄烦县教育局教育志办公室 1987年 116页

007506837
汾河水库志
汾河水库志编纂委员会编 太原 山西人民出版社 1991年 300页

012967548
汾河水库志
汾河水库志编纂委员会编 太原 山西人民出版社 2011年 278页

大同市

008913682
大同市志
大同市地方志编纂委员会编 北京 中华书局 2000年 3册 2189页

011804221
大同市民政志
大同市民政局编 大同 大同市民政局 1994年 253页

012503851
大同市军事志 前300—2005
大同市军事志编纂委员会编 北京 解放军出版社 2009年 901页

009962182
大同市农业机械化志
大同市农业机械局编纂 北京 中国农业大学出版社 2006年 512页

008534995
大同第二发电厂志 1975—1997
大同第二发电厂志编纂委员会编 北京 中国电力出版社 1999年 597页〔山西省电力工业志丛书〕

008377933
大同第一热电厂志 1939—1994
大同第一热电厂志编委会编 北京 中国电力出版社 1995年 450页〔山西省电力工业志丛书〕

007519836
大同发电总厂志

大同发电总厂志办公室编 大同 大同发电总厂志办公室 1988 年 701 页

008377969

大同供电志 1918—1995

大同供电志编纂委员会编 大同 大同供电志编纂委员会 1997 年 467 页〔山西省电力工业志丛书〕

009015839

大同机车厂志 1986—2000

大同机车厂志编委会编 北京 中国铁道出版社 2002 年 512 页

007682639

大同机车工厂志 1954—1985

郑显道主编 铁道部大同机车工厂志编纂委员会编 大同 铁道部大同机车工厂志编纂委员会 1987 年 309 页

009154412

大同矿务局志

大同矿务局志编纂委员会编 太原 山西人民出版社 1996 年 882 页

012638957

山西电建一公司志

山西电建一公司志编纂委员会编 北京 中华书局 2010 年 536 页〔山西省电力工业志丛书〕

011584828

山西同风集团公司志

郭海主编 北京 中国言实出版社 1999 年 773 页

012638686

同煤大唐塔山煤矿志

同煤大唐塔山煤矿志编纂委员会编 大同 同煤大唐塔山煤矿志编纂委员会 2009 年 512 页

010686845

雁北地区矿产资源志

雁北地区科学技术协会 雁北地区计划委员会编 雁北 雁北地区科学技术协会 1987 年 178 页

013823134

燕子山矿志 1988—2011

冯超 张久儒主编 太原 北岳文艺出版社 2012 年 529 页

009312520

大同市交通志

高青主编 呼和浩特 内蒙古人民出版社 2001 年 821 页

010476422

大同干线公路志

刘美主编 太原 山西人民出版社 2006 年 929 页

010252215

大同市科学技术志

赵效 徐增祥主编 太原 山西科学技术

出版社 1997 年 644 页

012636831
大同市教育志
项致中编著 太原 山西高校联合出版社 1993 年 417 页

012662661
难忘的岁月 轩岗煤电公司志
大同煤矿集团轩岗煤电有限责任公司史志编纂委员会编 北京 煤炭工业出版社 2010 年 376 页

008690175
大同方言志
马文忠 梁述中编 北京 语文出版社 1986 年 136 页〔山西省方言志丛书〕

012636828
大同革命老区志
王善主编 香港 天马图书有限公司 2001 年 195 页

009407496
大同史话
王桢著 大同 1999 年 148 页〔大同市地方志丛书〕

009676041
大同煤矿人物志
大同煤矿集团文体发展中心文史编创部编 大同 大同煤矿集团文体发展中心文史编创部 2004 年

008906355
大同市地名志
大同市地名办公室编 大同 大同市地名办公室 1986 年 585 页

008866683
己巳雁北地震志
雁北行署地方志办公室编 太原 山西科学技术出版社 1992 年 406 页

014028620
大同卫生志
张翠萍 郭毅 张剑扬主编 太原 山西人民出版社 2013 年 820 页

009511318
大同煤炭工业学校校志 1950—2000
曹光楚主编 龚德明 胡涛副主编 徐州 中国矿业大学出版社 2000 年 389 页

城区

010143843
大同市城区志
赵佃玺主编 长春 吉林文史出版社 2006 年 889 页

矿区

009676070
大同市矿区志
大同市矿区志编纂委员会编 太原 山西古籍出版社 2005 年 884 页

南郊区

008841115
大同市南郊区志
大同市南郊区志编纂委员会编 北京 中华书局 2001 年 887 页

新荣区

012503855
大同市新荣区政协志
李成主编 大同 政协大同市委员会 2008 年 462 页

阳高县

007900233
阳高县志
郭海主编 北京 中国工人出版社 1993 年 762 页

008923494
朱家窑头乡志
朱家窑头乡人民政府 阳高县志办公室编 朱家窑头乡 阳高县志办公室 1990 年 122 页〔阳高县地方志丛书 10〕

013226739
阳高革命老区志
纽逊主编 阳高 阳高县老区建设促进会 2010 年 847 页

009560769
阳高人物志
阳高县志编纂委员会编 北京 航空工业出版社 1995 年 522 页

008906306
阳高县地名录
阳高县地名委员会编 阳高 1984 年 175 页〔阳高县地方丛书 1〕

天镇县

008470870
天镇县志
山西省天镇县地方志办公室编 太原 山西教育出版社 1997 年 1232 页

012613846
天镇县志 1991—2008
天镇县志编纂委员会编 太原 山西人民出版社 2009 年 793 页

009744883
天镇县村镇简志
天镇县史志办公室编 呼和浩特 内蒙古

人民出版社 2005年 2册

013756295
天镇县财政志
天镇县财政志编纂委员会编 太原 山西人民出版社 2012年 657页

011810705
中国民间文学集成 山西分卷 天镇县民间文学集成
天镇县民间文学集成编委会编 天镇 天镇县民间文学集成编委会 1992年 297页

008664882
天镇县地名录
天镇县人民政府编 天镇 天镇县人民政府 1984年 148页

广灵县

006697079
广灵县志
山西省广灵县县志编纂委员会编 北京 人民出版社 1993年 797页

012635666
长疃村志
长疃村志编纂委员会编 嘉峰镇 长疃村志编纂委员会 2007年 431页

010280432
南村镇志
赵学梅主编 太原 山西古籍出版社 1995年 377页

010008959
广灵县人民代表大会志
广灵县人民代表大会志编纂委员会 刘祖福主编 太原 山西人民出版社 2005年 812页

009149238
广灵县金融志
卫文江主编 北京 中华书局 2003年 461页

008664894
山西省广灵县地名录
广灵县民政局编 广灵 广灵县民政局 1984年 77页

灵丘县

013990911
灵丘县畜牧志
灵丘县畜牧志编纂委员会编 牛学谦主编 北京 九州出版社 2013年 824页

011810694
中国民间文学集成 灵丘卷
张田主编 灵丘民间文学集成编委会编 太原 北岳文艺出版社 1990年 〔灵丘民间故事歌谣谚语集成〕

009744876
灵丘革命老区志
灵丘县老区建设促进会编 太原 山西人民出版社 2005年 363页

008906517
灵丘县地名录
灵丘县人民政府编印 灵丘 灵丘县人民政府 1984年 115页

浑源县

008813958
浑源县志
山西省浑源县志编纂委员会编 北京 方志出版社 1999年 1047页

012505218
浑源县宗教志
李恒成编写 浑源 浑源县宗教志编纂领导组 1985年 136页

008377898
恒山发电厂志 1966—1996
恒山发电厂志编纂委员会编 恒山 恒山发电厂志编纂委员会 1998年 235页〔山西省电力工业志丛书〕

012505215
浑源县财税志
浑源县财税局 史志办合编 浑源 浑源县史志办 1996年 147页

013508012
浑源县人物志
浑源县党史县志办公室编 北京 方志出版社 2011年 562页

008664897
浑源县地名录 修改本
浑源县地名办公室编纂 浑源县县志办公室校订 浑源 浑源县县志办公室 1984年 247页

012048743
北岳恒山志
张剑扬编著 太原 山西人民出版社 2008年 925页

012251148
浑源县卫生志
浑源县卫生局编 浑源 山西省浑源县卫生局 1988年 371页

左云县

008471158
左云县志
左云县志编纂委员会编 北京 中华书局 1999年 1016页〔中华人民共和国地方志丛书〕

009744895
左云县志 1991—2003
左云县地方志编纂委员会编 北京 方志出版社 2005年 824页

012661797
三屯文化图志
中国人民政治协商会议山西省左云县委员会 左云县文学艺术界联合会 左云县三屯乡党委政府编 左云 左云县三屯乡党委政府 2008年 248页

大同县

009889841
大同县志
大同县志编纂委员会编 北京 方志出版社 2005年 760页

阳泉市

008535496
阳泉市志 送审稿
阳泉市地方志编纂委员会编 阳泉 阳泉市地方志编纂委员会 1998年 3册

008471134
阳泉市志
阳泉市地方志编纂委员会编 北京 当代中国出版社 1998年 2册

013823136
阳泉市乡镇简志
阳泉市地方志办公室编 北京 方志出版社 2012年 283页

013932476
柳沟村志
柳沟村志编纂委员会编 呼和浩特 远方出版社 2004年 225页

011955817
阳泉工会志
阳泉工会志编纂委员会编 北京 方志出版社 2008年 2册 1024页

012956588
阳泉统战志 1950—2010
杨永生 刘星主编 太原 山西人民出版社 2011年 410页

008983208
阳泉市人民代表大会志
阳泉市人民代表大会志编纂委员会编 太原 山西人民出版社 2002年 571页

009799337
阳泉市政协志
政协阳泉市委员会编 太原 山西人民出版社 2005年 637页

013133872
阳泉人事志 1947.5—1991.12
阳泉市人事局编 阳泉 阳泉市人事局

1993年 496页

013865502
阳泉市审计志
李润萍主编 北京 方志出版社 2013年 617页

010280114
阳泉供水志
阳泉供水志编纂委员会 房庆主编 太原 山西人民出版社 2006年 1186页

012613072
阳泉市政工程志
王振明 葛春林主编 太原 山西人民出版社 2009年 389页

008378007
阳泉发电厂志 1938—1990
阳泉发电厂志编纂委员会编 北京 中国电力出版社 1996年 287页〔山西省电力工业志丛书〕

008535461
阳泉供电志 1918—1990
阳泉供电志编纂委员会编 北京 中国电力出版社 1995年 354页〔山西省电力工业志丛书〕

009313188
阳泉五交化股份有限公司志
公司志编纂委员会编 阳泉 公司志编纂委员会 2000年 458页

012814465
阳泉烟草志
阳泉烟草志编纂委员会编 太原 山西人民出版社 2010年 469页

009312559
阳泉公路交通史
阳泉市交通局编 丁世福主编 史晋阳执笔 太原 山西科学技术出版社 1992年 405页〔山西省交通史志丛书〕

013510878
阳泉市道路运输协会志
赵善斌主编 太原 山西人民出版社 2012年 257页〔山西省交通史志丛书〕

011320263
白洋墅车站志 1906—1987
白洋墅车站志编纂组编 北京 中国铁道出版社 1990年 289页

013097864
阳泉干线公路志
山西省公路局阳泉分局编 阳泉 山西省公路局阳泉分局 2007年 391页

013689478
阳泉市公路志
曹继春主编 太原 山西人民出版社 2012年 614页〔山西省交通史志丛书〕

013994225
阳泉汽车修造运输有限公司志
杨建平主编 2012年 457页〔山西省交通运输史志系列丛书〕

009561622
阳泉邮电志
阳泉邮电志编纂委员会编 阳泉 阳泉邮电志编纂委员会 1992年 145页

012052506
阳泉市财政志
阳泉市财政志编写组编 阳泉 阳泉市财政志编写组 2006年 696页

012052510
阳泉市国税志 1994—2003
吴素贤主编 阳泉市国家税务局编 阳泉 阳泉市国家税务局 2004年 408页

009387272
阳泉市税务志 送审稿
阳泉市税务志编纂办公室编 阳泉 阳泉市税务志编纂办公室 1992年 419页

011909971
阳泉市税务志 1840—1993
延宗周主编 李广明编 太原 山西人民出版社 1996年 452页

013343452
阳泉市文化志
马斌元主编 阳泉市文化局文化志编写组编 阳泉 阳泉市文化局 1990年 247页

013865492
阳泉教育志
阳泉市教育志编辑委员会编 阳泉 阳泉市教师进修学校印刷厂 1986年 227页

013510879
阳泉市教育志
阳泉市教育志编纂委员会编 北京 方志出版社 2012年 594页

013012538
阳泉市教育学院志 1988—2008
阳泉市教育学院志编纂委员会编 阳泉 阳泉市教育学院志编纂委员会 2008年 265页

012506478
阳泉市卫生学校志
阳泉市卫生学校志编纂委员会编 阳泉 阳泉市卫生学校 2008年 316页

012723370
山西省阳泉市地名志
山西省阳泉市地名委员会办公室编 阳泉 山西省阳泉市地名委员会办公室 1993年 435页

011909964
阳泉风景名胜志

山西旅游景区志丛书编委会编 太原 三晋出版社 2008年 500页〔山西旅游景区志丛书〕

012837569
阳煤集团总医院院志 2000—2010
阳煤集团总医院院志编委会编 阳泉 阳煤集团总医院院志编委会 2010年 223页

012837572
阳泉煤业集团总医院志 1950—2000
阳泉煤业集团总医院志编纂委员会编 阳泉 阳泉煤业集团总医院志编纂委员会 2000年 335页

013133886
阳泉市第一人民医院院志 1948—2008
阳泉市第一人民医院志编纂委员会编 阳泉 阳泉市第一人民医院志编纂委员会 2008年 550页

009107250
阳泉市第一人民医院志 1948—1995
阳泉市第一人民医院志编纂委员会编 阳泉 阳泉市第一人民医院 1998年 433页

城区

008535556
阳泉市城区志 送审本
阳泉市城区志编纂委员会编 阳泉 阳泉市城区志编纂委员会 1995年 521页

008379322
阳泉市城区志
阳泉市城区志编纂委员会编 太原 山西古籍出版社 1997年 602页

013865494
阳泉市城区工会志
阳泉市城区工会志编纂委员会编 太原 山西人民出版社 2012年 615页

012003024
阳泉市城区人民法院志
阳泉市城区人民法院志编纂委员会编 杨玉春主编 北京 方志出版社 2008年 449页

013148727
阳泉市区电力工业志 1987—2002
阳泉市区电力工业志编纂委员会编 阳泉 阳泉市区电力工业志编纂委员会 2004年 338页〔山西省电力工业志丛书〕

矿区

008814330
阳泉市矿区志
阳泉市矿区地方志编纂委员会 赵联庆主编 北京 中华书局 1999年 722页

012719168
[阳泉市]矿区人大志
矿区人大常委会编 阳泉市矿区 矿区人大常委会 2010年 241页

013012542
阳泉市矿区工商行政管理志
阳泉市矿区工商行政管理志编纂委员会编 阳泉 阳泉市矿区工商行政管理志编纂委员会 1995年 65页

013686431
阳泉矿区教育志
山西省阳泉市矿区教育志编辑室编 平定 平定印刷厂 1991年 236页

郊区

008535576
阳泉市郊区志 送审稿
阳泉市郊区地方志编纂委员会办公室编 阳泉 阳泉市郊区地方志编纂委员会办公室 1998年 1册

008535573
阳泉市郊区志
阳泉市郊区地方志编纂委员会编 马根全主编 北京 中华书局 1999年 880页

012758781
东落菇堰村志
郑效明主编 武致耀执行主编 阳泉 东落菇堰村支部委员会 2007年 292页

008535745
河底村志
要宜慎主编 太原 山西古籍出版社 1996年 367页〔山西省重点乡镇村志系列丛书(特辑)〕

013133905
义东沟村志
义东沟村志编纂委员会编著 太原 山西人民出版社 2011年 3册

平定县

006933740
平定县志
平定县志编纂委员会编 北京 社会科学文献出版社 1992年 870页

013753735
平定县乡村简志
赵培锦 李明义主编 太原 山西人民出版社 2012年 321页

012540988
东关村志
平定县东关村志编纂委员会编 太原 山西人民出版社 2009年 880页

009408086
理家庄村志
李克明 黄顺荣主编 理家庄村志编纂委

员会编 太原 北岳文艺出版社 2004
年 384 页

008535756
乱流村志
乱流村志编纂委员会编 赤峰 内蒙古科
学技术出版社 1999 年 309 页

008828676
南坳镇志
平定县南坳镇志编纂委员会编 北京 海
潮出版社 1998 年 505 页

013933243
南上庄村志
南上庄村志编纂委员会编 太原 三晋出
版社 2013 年 491 页〔山西省村志系
列丛书〕

009414287
平定县东锁簧村志
东锁簧村志编纂委员会编 北京 方志出
版社 2002 年 427 页

013311807
前黄安村志
李明义主编 太原 山西人民出版社
2011 年 380 页

012877169
上盘石村志
王身恩主编 上盘石村志编纂委员会编
上盘石村 上盘石村志编纂委员会

2010 年 507 页

013863833
宋家庄村志 1314—2009
平定县宋家庄村志编纂委员会编著 北
京 中国文联出版社 2012 年 786 页

012899901
西沟村志
平定县西沟村志编纂委员会编 北京 方
志出版社 2011 年 534 页

011444012
西回村志
朱存业 李明义主编 西回村志编纂委员
会编 平定 西回村志编纂委员会
2007 年 497 页

013462877
西郊村志
平定县西郊村志编委会编 北京 中国文
史出版社 2011 年 683 页

012052433
新村村志
李锦琦总纂 山西 2008 年 376 页

012723498
张庄村志
尹崇富主编 太原 北岳文艺出版社
1999 年 411 页〔山西省平定县明星
乡镇村志〕

009411648
平定县人民代表大会志
平定县人大常委会编 太原 山西人民出版社 2004年 819页

011804231
东升志 1996—2006
葛海林主编 北京 方志出版社 2008年 360页

008377890
娘子关发电厂志 1965—1990
娘子关发电厂志编纂委员会编 平定 娘子关发电厂 1996年 369页〔山西省电力工业志丛书〕

013958921
平定县电力工业志 1918—2006
齐守义主编 平定 平定县电力工业志编纂委员会 2008年 458页〔山西省电力工业志丛书〕

008844739
平定县化肥厂志
平定县化肥厂志编委会编 太原 山西人民出版社 2000年 462页

013342429
平定县煤气公司志 2000—2010
平定县煤气公司志编委会编 平定 平定县煤气公司志编委会 2011年 458页

011477108
平定县信用合作社志
郭宝忠主编 北京 中华书局 2007年 626页

009554011
平定县广播电视志
平定县广播电视志编纂委员会编 太原 北岳文艺出版社 2000年 757页

013991285
平定一中校志
平定一中校志编纂委员会编 北京 方志出版社 2003年 600页

011584773
平定师范校志
平定师范校志编纂委员会编 平定 平定师范校志编纂委员会 1999年 317页

009244976
娘子关志
朱玉芳主编 贾振芳执行主编 王非生副主编 北京 中华书局 2000年 242页

008664863
山西省平定县地名志
山西省平定县人民政府编印 平定 平定县人民政府 1988年 541页

012505442
平定县人民医院志 1946—2006
平定县人民医院志编委会编 平定 平定

县人民医院志编委会 2006 年 333 页

009160136
平定县娘子关提水工程志
平定县娘子关提水工程志编纂委员会编 北京 方志出版社 2003 年 358 页

盂县

008378536
盂县志
盂县史志编纂委员会编 北京 方志出版社 1995 年 882 页

013379467
盂县志
盂县史志编纂委员会编 北京 中华书局 2011 年 2 册

012680534
泥河村志
泥河村志编纂委员会编 北京 线装书局 2010 年 601 页〔社科文献论丛〕

012969463
清城村志
清城村志编纂委员会编 北京 社会科学文献出版社 2010 年 736 页

011066703
上社村志
上社村委会编 盂县 编者 2002 年 306 页

013961225
盂北村志
盂北村志编纂委员会编 2009 年 295 页

013097937
盂县工会志
盂县工会志编纂委员会编 太原 山西人民出版社 2011 年 503 页

014053011
盂县公安志
盂县公安志编纂委员会编 太原 北岳文艺出版社 1998 年 240 页

008377914
盂县电力工业志 1956—1995
齐守义主编 盂县电力工业志编纂委员会编 北京 中国电力出版社 1997 年 473 页〔山西省电力工业志丛书〕

012956609
盂县东坪煤矿志
张德荣编著 北京 长城出版社 2006 年 363 页

013133980
盂县东坪煤业志
史向军主编 太原 三晋出版社 2011 年 357 页

011955870
盂县跃进煤矿志
马玉亮主编 太原 山西人民出版社

2008年 489页

010232760
盂县工业志
韩万德主编 盂县经济委员会编 盂县
　盂县工业志编纂委员会 1989年
　211页

012900179
盂县财政志
盂县财政志编纂委员会编 太原 山西人
　民出版社 2011年 628页

008492545
盂县教育志
山西省盂县教育志编纂组编 太原 山西
　教育出版社 1999年 528页

012900180
盂县方言志
宋欣桥编 太原 山西高校联合出版社
　1991年 68页〔山西省方言志丛书〕

008906363
山西省盂县地名志
盂县地名委员会编 盂县 盂县地名委员
　会 1989年 298页

长治市

007512808
长治市志
长治市地方志编纂委员会编纂 北京 海
　潮出版社 1995年 990页

008383094
长治概览
刘奇主编 宋忠文副主编 长治 长治市
　地方志办公室 1990年 254页

012653346
长治乡志
长治乡志编纂委员会编 台湾 长治乡志
　编纂委员会 1990年 256页

012814218
史家庄村志
史家庄村志编纂委员会编 长治 史家庄
　村志编纂委员会 2009年 514页

012658248
长治市人民代表大会志
王进卯主编 太原 山西人民出版社
　2010年 1138页

012540880
长治市政协志 1949—2009
王云亭主编 太原 山西人民出版社
　2009年 617页

014053091

长治民政志

申旭峰 平俊玲编著 陈雪田 申旭峰主编 长治市民政局编 长治 长治市民政局 1988年 163页

007982842

长治市民政志 第2卷

陈雪田 申旭峰主编 北京 中国社会出版社 1995年 344页

013179330

长治审计志

长治审计志编纂委员会编 长治 长治审计志编纂委员会 2008年 448页

009768979

长治市供水总公司志 1941—2003

长治市供水总公司志编纂委员会编 北京 中华书局 2005年 536页

011328678

长钢志 1947—2007

长钢志编纂委员会编 北京 冶金工业出版社 2007年 554页

007528462

长治市化工志 1936—1989

长治市化工志编纂委员会编 长治 长治市化工志编纂委员会 1990年 552页

011957297

漳村煤矿志 1958—2008

漳村煤矿志编纂委员会编 太原 山西人民出版社 2008年 363页

008378000

漳泽发电厂志 1976—1991

漳泽发电厂志编纂委员会编 北京 中国电力出版社 1996年 287页〔山西省电力工业志丛书〕

009312513

长治市交通志

长治市交通志编纂委员会编 北京 人民交通出版社 2002年 741页

011430407

长电段志 1988—1991

长治北电务段段志编纂委员会编 长治 长治北电务段办公室 1992年 214页

012967387

长治北工务段志 1987—2004

长治北工务段志编纂委员会编 长治 长治北工务段志编纂委员会 2005年 274页

007350157

长治邮电志

李玉树主编 太原 山西人民出版社 1991年 672页

011471292

长治市广播电视志 1950—2006

长治市广播电视局编 长治 长治市广播

电视局 2007年 295页

011943174
长治市科学技术志 1986—2005
长治市科学技术志编纂委员会编 太原 山西科学技术出版社 2008年 520页

013179335
长治市教育志 初稿
长治市教育局编 太原 1993年 709页

013090919
长治市教育志
长治市教育局编 太原 山西人民出版社 2011年 2册

012889269
长治卫生学校校志 2000—2010
长治卫生学校校志编纂委员会编 长治 长治卫生学校校志编纂委员会 2010年 284页

012099820
山西机电职业技术学院志 1958—2008
山西机电职业技术学院院志编辑委员会编 山西 山西机电职业技术学院 2008年 279页

009107332
长治市体育志
长治市体育志编纂委员会编 北京 海潮出版社 1999年 367页

005769090
长治方言志
侯精一编 北京 语文出版社 1985年 134页〔山西省方言志丛书〕

013961348
长治市防空志
长治市人民防空委员会编 晋城 晋东南印刷厂 1994年 157页

012658237
长治人物志
长治市地方志办公室编纂 太原 北岳文艺出版社 2010年 410页

008192065
长治民俗志 初稿
沈保根编 长治 山西省长治市地方志办公室 1985年 125页

012587065
长治市地名志
长治市地名委员会办公室编 长治 长治市地名委员会办公室 2006年 489页

010201229
上党风景名胜志
山西旅游景区志丛书编委会 王连成 秦海轩主编 太原 山西人民出版社 2006年 771页〔山西旅游景区志丛书〕

009128383

长治市卫生志 1840—1985

长治市卫生志编纂委员会编 长治 长治市卫生志编纂委员会 1989年 420页

011312018

长治医学院附属和平医院志 1946—2006

长治医学院附属和平医院志编纂委员会编 长治 长治医学院附属和平医院志编纂委员会 2006年 473页

012889266

长治土种志

山西省长治市土壤普查办公室 山西省长治市土壤肥料工作站编 长治 山西省长治市土壤普查办公室 1989年 187页

012955932

山西省第二建筑设计院成立四十周年院志 1970—2010

吴建平主编 山西 山西省第二建筑设计院 2010年 206页

009106973

漳泽水库志

漳泽水库志编纂委员会编 翟光珠主编 北京 中国水利水电出版社 1999年 596页

城区

008814322

长治市城区志

长治市城区志编委会编 西安 陕西人民出版社 1999年 506页

013625903

长治市城区市容环卫志 1946.7—2009.12

原建平主编 长治 长治市城区市容环卫志编纂委员会 2010年 441页

郊区

009160067

长治郊区志

长治郊区志编纂委员会编 北京 中华书局 2002年 194页

011320862

葛家庄村志

葛家庄村志编纂委员会编 葛家庄村 葛家庄村志编纂委员会 2006年 264页

012836390

台上村志

台上村志编纂委员会编 台上村志编纂委员会 2006年 186页

011533887

长治郊区政协志 1984—2004

政协长治市郊区委员会编 郊区 政协 2005年 524页

013179331
长治市郊区教育志
茹成旺编审 王正科主编 长治市郊区教育志编审组编 长治 长治市彩印厂 1994年 187页

潞城市

008474921
潞城市志
潞城市志编纂委员会编 戴玉刚主编 北京 中华书局 1999年 1044页

013143723
沟北村志
沟北村志编纂委员会编 太原 三晋出版社 2011年 433页

013184353
潞城市人民代表大会志
申靳红主编 太原 山西人民出版社 2011年 910页

009472756
潞城市教育志
潞城市教育志编纂委员会编 戴玉刚主编 北京 中华书局 2004年 798页

014047675
潞城县教育志
潞城县教育志编纂委员会编 潞城 潞城县教育志编纂委员会 1990年 268页

012251446
潞城人物志
潞城人物志编纂委员会编 北京 中国文史出版社 2007年 400页

长治县

009160061
长治县志
长治县志编纂委员会编 冯龙珍主编 北京 中华书局 2003年 1081页

013751437
八义村志
万满喜主编 八义村志编纂委员会编 长子 山西省长子县地方国营印刷厂 2012年 523页

013897584
辉河村志
辉河村志编写组编 香港 天马出版有限公司 2011年 353页

012614325
南宋村志
李保富主编 太原 北岳文艺出版社 2009年 252页

012871860
长治县人民代表大会志

任文琳主编 太原 山西人民出版社 2011年 942页

013128807
长治县政协志
傅永祥主编 太原 山西人民出版社 2011年 824页

012951877
长治县财政志
刘治安主编 太原 山西人民出版社 2011年 1005页

009106476
长治县教育志
李汝信主编 太原 山西人民出版社 2002年 626页

012635667
长治县环境保护志
牛青山主编 太原 山西人民出版社 2010年 618页

襄垣县

008828662
襄垣县志
山西省襄垣县志编纂委员会编 北京 海潮出版社 1998年 942页

008379956
五阳村志
张林源 马书歧编著 太原 山西人民出版社 1993年 286页

008864719
襄垣县军事志
张林源编 太原 山西人民出版社 1992年 172页

012052413
襄垣县教育志
襄垣县教育志编纂委员会编 襄垣 襄垣县教育志编纂委员会 2000年 432页

012680454
潞安集团总医院院志 1959—2009
潞安集团总医院院志编纂委员会编 长治 潞安集团总医院 2009年 479页

屯留县

008637701
屯留县志
屯留县志编纂委员会编 西安 陕西人民出版社 1995年 625页〔山西地方志丛书〕

013096423
寺底村志
寺底村村志编纂委员会编 寺底村 寺底村村志编纂委员会 1999年 216页

012690069
中城村志
中城村志修撰编辑委员会编 长治 中城

村志修撰编辑委员会 2009 年 263 页

012899495
屯留县人民代表大会志
王国志主编 屯留县人大常委会编 屯留 屯留县人大常委会 2010 年 625 页

012100033
屯留县政协志 1984—2008
山西省屯留县政协文史委编 屯留 山西省屯留县政协文史委 2008 年 482 页

014052311
屯留县法院志 1938—2008
山西省屯留县人民法院编 张沁虎主编 屯留 山西省屯留县人民法院 2009 年 400 页

012100030
屯留县军事志 前 1793—2005
张来恩主编 山西省屯留县军事志编纂委员会编 屯留 山西省屯留县军事志编纂委员会 2008 年 457 页

009106483
屯留县教育志
屯留县教育志办公室编 西安 山西科学技术出版社 2003 年 684 页

012899490
屯留方言志
张振铎 刘毅编 太原 山西高校联合出版社 1991 年 70 页〔山西省方言志丛书〕

011806020
屯留人物志
王国志主编 政协屯留县委员会编著 屯留 政协屯留县委员会 2007 年 457 页

008535786
山西省屯留县地名录
山西省屯留县地名普查办公室编 屯留 山西省屯留县地名普查办公室 1982 年 140 页

平顺县

008535736
平顺县志
平顺县志编纂委员会编 北京 海潮出版社 1997 年 594 页

013179452
东寺头乡志
山西省平顺县东寺头乡志编纂委员会编 太原 三晋出版社 2011 年 383 页

013706286
申家坪村志
申福荣 申志玉 申根考编 2009 年 335 页

013462875
西沟村志

张松斌 周建红主编 北京 中华书局 2002年 308页

012955825
平顺县政协志
政协平顺县委员会编 太原 三晋出版社 2011年 328页

008377992
平顺县电力工业志
平顺县电力工业志编纂委员会编 北京 中国电力出版社 1998年 291页〔山西省电力工业志丛书〕

008841133
平顺县烟草志
耿瑞山主编 太原 山西古籍出版社 1999年 288页

012208108
平顺县教育志 1529—1984
平顺县教育志编写组编印 平顺 平顺县教育志编写组 1985年 322页

黎城县

008486745
黎城县志
黎城县志编纂委员会编 北京 中华书局 1994年 949页

009889848
黎城县志 1991—2003
黎城县志编纂委员会编 刘书友主编 北京 中华书局 2005年 902页

010143847
黎城县志 1991—2002 征求意见稿
黎城县志编纂委员会办公室编 北京 中华书局 2003—2005年 2册 1102页〔中华人民共和国地方志丛书〕

011979654
程家山乡志
段联刚主修 刘书友主编 武汉 武汉出版社 2008年 423页〔黎城乡镇志 9〕

009397238
东关村志
刘书友主编 北京 中国文联出版社 2003年 241页〔黎城县地方志系列丛书〕

011884229
东阳关镇志
韩志斌主修 刘书友主编 武汉 武汉出版社 2008年 533页〔黎城乡镇志 4〕

011979643
洪井乡志
李志刚主修 刘书友主编 武汉 武汉出版社 2008年 483页〔黎城乡镇志 8〕

010731687
黄崖洞镇志
张晓明主修 刘书友主编 武汉 武汉出版社 2006年 329页〔黎城乡镇志3〕

010731640
黎侯镇志
郭连宾 王仁芳主修 刘书友主编 武汉 武汉出版社 2006年 415页〔黎城乡镇志1〕

013732380
山西黎城西井村志
西井村志编纂委员会编 北京 中国文联出版社 2012年 488页

009800059
上桂花村志
上桂花村志编纂委员会编 香港 天马图书有限公司 1999年 217页

010731611
上遥村志
王雪芹主编 黎城 上遥村志编纂委员会 2006年 139页

010779009
上遥镇志
谢永强主修 赵松贤主编 武汉 武汉出版社 2006年 764页〔黎城乡镇志5〕

010731690
停河铺村志
贾炳联主修 刘书友主编 北京 光明日报出版社 2008年 318页〔黎城县重点村志丛书〕

013660390
仵桥村志
王联芳主编 黎城县仵桥村志编纂委员会编 仵桥村 黎城县仵桥村志编纂委员会 2005年 264页

010731742
西井镇志
杨红军 吴长生主修 刘书友主编 武汉 武汉出版社 2006年 379页〔黎城乡镇志2〕

010731744
西仵乡志
刘永清 王青元主修 刘书友主编 武汉 武汉出版社 2006年 287页〔黎城乡镇志7〕

009839626
下村志
张贵生主编 北京 中国文联出版社 2005年 336页

010731612
岩井村志
刘书友主编 呼和浩特 远方出版社 2006年 187页

014053050
枣镇村志
枣镇村志编纂委员会编 北京 光明日报出版社 2009年 317页〔黎城县重点村志丛书〕

014056715
中庄村志
黎城县志办公室 中庄村志编委会编 黎城 黎城县志办公室 2001年 200页〔黎城县村志丛书〕

011296181
黎城县人大志
王联芳 郭俊芳主编 黎城县人大志编纂委员会编 黎城 黎城县人大志编纂委员会 2007年 552页

012505272
黎城政协志
蔡雷飚 路小玲主编 黎城 政协黎城县委员会 2007年 520页

009414475
黎城林业志
李应选主修 刘书友主编 北京 五洲传播出版社 2000年 303页〔黎城县地方志丛书〕

013184298
黎城工业志
刘书友编著 北京 中国人民大学出版社 1990年 329页

013184303
黎城县交通志
黎城县交通志编纂委员会编 刘书友主编 太原 山西春秋电子音像出版社 2010年 671页

009688280
黎城财政志
刘书友 张志杰主编 北京 红旗出版社 1996年 420页

013774475
黎城金融志
刘书友主编 澳门 人文出版社 1993年 238页

014047516
黎城县教育志 1670—1985
黎城县教育志编写组编 1988年 217页

011762841
黎城图志
中共黎城县委组织部编 杨和贵主修 刘书友编著 北京 长城出版社 2007年 433页

008906404
黎城县地名录
黎城县人民政府编印 黎城 黎城县人民政府 1988年 236页

009397236
黎城县人民医院志

韩秀杰主修 刘书友主编 北京 中国文联出版社 2003年 297页〔黎城县地方志系列丛书〕

010280427
黎城县城建环保志
王喜文主修 刘书友主编 北京 中国文联出版社 2005年 368页〔黎城县地方志丛书〕

013958731
黎城县水利志
申福忠主编 黎城县水利志编纂委员会编 黎城 黎城县水利志编纂委员会 2008年 431页

壶关县

008471181
壶关县志
壶关县志编纂委员会编 李彦忠主编 北京 海潮出版社 1999年 949页

013694910
南关村志
李书中主编 太原 山西人民出版社 2012年 533页

012051744
南庄村志
郭书忠主编 山西 山西今鼎印务有限公司 2006年 209页

012051935
石南底村志
石南底村志编纂委员会编 山西 石南底村志编纂委员会 2005年 122页

013096396
树掌村志
树掌村志编纂委员会 赵江峰主编 山西 山西省新闻局 2010年 481页

013661597
寨里村志
寨里村志编纂委员会编 刘振平主编 山西 山西省新闻出版局 2011年 415页

012872480
壶关县教育志 1840—1985
山西省壶关县教育志编纂办公室编 壶关 山西省壶关县教育志编纂办公室 1987年 381页

013415141
壶关人物志
政协山西省壶关县委员会编著 李彦忠主编 壶关 政协山西省壶关县委员会 2011年 456页

011998434
太行山大峡谷志
山西旅游景区志丛书编委会编 太原 三晋出版社 2008年 601页〔山西旅游景区志丛书〕

长子县

008844883
长子县志
长子县志编纂委员会编 北京 海潮出版社 1998年 890页

012967456
大京村志
大京村志编辑委员会编 长子 大京村志编辑委员会 2007年 356页

011067179
长子县教育志
王岳主编 山西省长子县教育志编纂办公室编 长子 山西省长子县教育志编纂办公室 1993年 543页

013758769
长子人物志
政协山西省长子县委员会编著 杨旭根主编 太原 山西人民出版社 2011年 424页

013646906
长子县卫生志
王岳主编 山西省长子县卫生志编纂办公室编 长子 山西省长子县卫生志编纂办公室 1998年 544页

武乡县

008383974
武乡财政县志
张志文主编 韩丙祥执行主编 太原 山西经济出版社 1996年 256页

003491339
武乡县志
山西省武乡县县志编纂委员会编 太原 山西人民出版社 1986年 927页

013334617
东村志
段跃岗 东村村民委员会编纂主编 武乡 东村村民委员会 2010年 384页

013072739
杨李枝村志
杨李枝村志编委会编 杨李枝村 杨李枝村志编委会 1999年 136页

013630707
寨坪村志
武乡县寨坪村志编纂委员会编 武乡 武乡县寨坪村志编纂委员会 2005年 452页

011313015
八路军总部旧址 砖壁村志
肖江河主编 太原 山西人民出版社 2006年 466页

013343356
武乡县人民代表大会志
袁俊山主编 武乡县人大常委会编 深圳 深圳佳信达（北京）印刷有限公司 2011年 692页

011325324
武乡县农业志
程春虎主编 武乡县农业志编纂组编 武乡 武乡县农业志编纂组 1985年 286页

013185998
武乡发电厂志 1966.9—1996.9
武乡发电厂志编纂委员会编 武乡 武乡发电厂志编纂委员会 1996年 268页

014052415
武乡县煤炭工业志
赵保红主编 武乡县安全生产监督管理局编 武乡 武乡县安全生产监督管理局 2006年 306页

012140665
武乡县财政志续编 1995—2001
安润祥主编 韩丙祥执行主编 武乡县财政局编 武乡 武乡县财政局 2002年 191页

013186004
武乡县金融志 初稿
中国人民银行武乡县支行 中国农业银行武乡县支行 中国人民建设银行武乡县支行联合编写 武乡 中国人民银行武乡县支行 中国农业银行武乡县支行 中国人民建设银行武乡县支行 1982年 117页

012684927
武乡太极拳志
安润祥主编 武乡 武乡太极拳协会 2007年 679页

009397221
武乡人物志
政协山西省武乡县委员会编著 王建华主编 太原 山西人民出版社 2003年 790页

013510728
武乡人物志
政协山西省武乡县委员会编著 王建华主编 武乡 政协山西省武乡县委员会 2009年 602页

012722998
武乡县地名志
赵永福主编 长治 武乡县民政局 2009年 219页

013462872
武乡县卫生志 征求意见稿
武乡县卫生志编写组编 武乡 武乡县卫生志编写组 1982年 90页

012658550

关河水库志

关河水库管理局组织编写 北京 中国水利水电出版社 2010 年 433 页

沁县

008474911

沁县志

山西省沁县志编纂委员会编 北京 中华书局 1999 年 802 页

012877209

太里村志

沁县太里村志编纂委员会编著 太原 三晋出版社 2011 年 371 页

009349727

沁县人物志

沁县人物志编纂委员会编 北京 方志出版社 2004 年 632 页

沁源县

008379774

沁源县志

山西省沁源县志编纂委员会编 北京 海潮出版社 1996 年 744 页

009881331

王陶村志

王陶村志编纂委员会编 北京 方志出版社 2005 年 443 页〔沁源县重点乡镇村志系列丛书〕

013902033

中峪村志

中峪村志编纂委员会编 沁源 中峪村志编纂委员会 2010 年 438 页

012505455

沁源县政协志

政协沁源县委员会 沁源县史志办公室编 北京 方志出版社 2006 年 500 页

013991352

沁源县人民法院志

张有权主编 太原 山西人民出版社 2013 年 531 页

009472763

沁源县煤炭志

沁源县煤炭志编纂委员会编 北京 煤炭工业出版社 2001 年 395 页

008974056

山西沁新公司志

孙宏原主编 北京 中华书局 2001 年 476 页〔山西省重点企业志系列丛书〕

012814161
沁源县交通志
沁源县交通志编委会编 郑州 中州古籍出版社 2010年 518页

011499554
沁源财政志
沁源财政志编纂委员会编 北京 中华书局 2007年 799页

011067670
沁源金融志
沁源县金融志编辑组编 沁源 沁源县金融志编辑组 1992年 131页

013131086
沁源县教育志
王守忠编 沁源县教育局组织编 沁源 沁源县教育局组织 1994年 627页

013863579
沁源一中志 1952—2012
沁园一中志编纂委员会编 北京 方志出版社 2012年 684页

013461897
沁源金石志
沁源金石志编纂委员会 沁源政协文史资料委员会 杜天云主编 太原 三晋出版社 2012年 2册

012542628
灵空山志
山西旅游景区志丛书编委会编 太原 三晋出版社 2009年 262页〔山西旅游景区志丛书〕

012542793
沁源县人民医院志 1949—2009
沁源县人民医院志编纂委员会编 郑州 中州古籍出版社 2009年 450页

晋城市

008470928
晋城市志
晋城市地方志编纂委员会 秦海轩主编 北京 中华书局 1999年 3册 2557页

013064795
晋城市志 1985—2008
晋城市志编纂委员会编 秦海轩主编 北京 中华书局 2011年 3册

008470932
晋城县志
晋城县志编纂委员会编 太原 山西古籍出版社 1999年 964页

009160149

晋城大事纪

田霍卿 郭树珍 阎思贤主编 北京 中国城市出版社 1993年 659页〔晋城市地方志丛书 2〕

013861850

晋城市乡镇志

秦海轩主编 太原 山西人民出版社 2013年 881页

012251320

晋城市纪检监察志

晋城市纪检监察志编纂委员会编 太原 山西人民出版社 2009年 449页

008471280

晋城市人民代表大会志

晋城市人民代表大会志编纂委员会编 北京 中华书局 1999年 602页

008949918

晋城市政协志

政协晋城市委员会编 北京 中华书局 2001年 546页

011805417

晋城市国土资源志

晋城市国土资源志编纂委员会编 商国富 马甫平主编 晋城 晋城市国土资源局 2006年 2册 1077页

009561561

晋城市工商行政管理志

晋城市工商行政管理志编纂委员会编著 北京 经济日报出版社 1995年 436页

009312567

晋城市乡镇企业志

谭宽年 吉天义主编 晋城市乡镇企业志编纂委员会编 北京 中华书局 2003年 781页

013926407

晋城城管志

陈家富主编 太原 三晋出版社 2013年 324页

013369661

成庄矿志

晋城煤业集团成庄矿史志编纂委员会编 晋城 晋城煤业集团成庄矿史志编纂委员 2011年 354页

012139128

古书院矿志 1958—2007

山西晋城煤业集团古书院矿编 晋城 山西晋城煤业集团古书院矿 2007年 584页

009676021

晋城电力工业志 1949—2003

晋城电力工业志编委会编 北京 中国电力出版社 2005年 1097页〔山西省

电力工业志丛书〕

011805408

晋城矿务局十年志 1986.8—1995.8

晋城矿务局十年志编辑委员会编 天津 百花文艺出版社 1996年 691页

011996805

晋城煤业集团志

晋城煤业集团志编纂委员会编 北京 中华书局 2008年 808页

012636914

凤凰山煤矿志

晋城煤业集团凤凰山煤矿志编纂委员会编 晋城 晋城煤业集团凤凰山煤矿志编纂委员会 2008年 323页

013861853

晋城水电志

山西省晋城市水利局编 晋城 山西省晋城市水利局 1987年 1册

013756873

王台煤矿志

王台煤矿志编纂委员会编 晋城 王台煤矿志编纂委员会 2008年 467页〔山西省重点企业志系列丛书〕

008471277

晋城市交通志

晋城市交通志编委会编 北京 人民交通出版社 1999年 480页〔山西省公路交通史志丛书 晋城市地方志丛书〕

008471271

晋城税务志

张炜主编 北京 中华工商联合出版社 1997年 940页

012049633

晋城市教育志

晋城市教育志编纂委员会编 太原 山西人民出版社 2008年 742页

009920822

晋城革命老区志

山西省晋城市老区建设促进会编 北京 中华书局 2005年 850页

008471283

晋城金石志

晋城市地方志丛书编委会编著 北京 海潮出版社 1995年 969页〔晋城市地方志丛书 3〕

008906334

山西省晋城县地名录

晋城县地名办公室编 晋城 晋城县地名办公室 1984年 299页

012811633

晋城市地震志

李金斗主编 北京 经济日报出版社 2010年 519页

城区

009994988
晋城市城区志
阎书军主编 晋城市城区地方志编纂委员会编 北京 中华书局 2005年 851页

008486679
晋城市城区概览
晋城市城区史志办公室编 太原 山西经济出版社 1987年

012968116
晋城市城区人大志
晋城市城区人大志编纂委员会编 太原 山西人民出版社 2011年 953页

013374447
晋城市城区政协志
晋城市城区政协志编纂委员会编 太原 山西人民出版社 2011年 572页

013926409
晋城市城区军事志 前426—2007
晋城市城区军事志编纂委员会编 晋城 晋城市城区军事志编纂委员会 2009年 334页

高平市

012096728
高平市志
高平市志编纂委员会编 北京 中华书局 2009年 3册 2443页

007900249
高平县志
高平县志编纂委员会编 北京 中国地图出版社 1992年 765页

009879189
城北村志
城北村志编纂委员会编 城北村 城北村志编纂委员会 1999年 340页〔高平市地方志丛书 5〕

010730450
凤和志
凤和志编纂委员会编 香港 天马出版有限公司 2006年 442页

013958699
酒务村志
酒务村志编纂委员会编 高平 酒务村志编纂委员会 2001年 284页〔高平市地方志丛书 7〕

012951931
城南村志
文战胜 李晋生主编 城南村志编纂委员会编 高平 城南村志编纂委员会

1997年 318页

013860537
高平市人民代表大会志
高平市人民代表大会志编纂委员会编 北京 中华书局 2011年 2册 1504页

011312390
高平市政协志
高平市政协志编纂委员会编 北京 中华书局 2007年 497页

013819380
高平科兴申家庄煤业有限公司志
高平科兴申家庄煤业有限公司志编纂委员会编 太原 山西人民出版社 2012年 454页

008377983
高平市供电志
高平市供电志编委会编 北京 中国电力出版社 1998年 303页〔山西省电力工业志丛书〕

012096726
高平市赵庄煤矿志
高平市赵庄煤矿志编纂委员会 李经玮主编 太原 三晋出版社 2008年 585页

012173790
高平县交通志 征求意见稿
高平县交通局编纂 高平 高平县交通局 1992年 2册

009688244
高平财政志
杨红保主编 高平财政志编纂委员会编 北京 中华书局 2005年 905页

009817923
高平信用合作志 1947—2004
靳贵印主编 太原 山西人民出版社 2005年 990页

012831529
高平市广播电视志
高平市广播电视志编纂委员会编 高平 高平市广播电视志编纂委员会 2004年 618页〔高平市地方志丛书〕

012872333
高平市新华书店志
高平市新华书店志编委会编纂 高平 高平市新华书店 2002年 325页

013703947
高平革命老区志
高平市老区建设促进会编 北京 中华书局 2012年 632页

009676023
高平金石志
高平金石志编纂委员会编 北京 中华书局 2004年 909页

013897140
高平市人民医院志
高平市人民医院志编纂委员会编 高平 高平市人民医院 1999年 413页

012096723
高平市卫生防疫志
文战胜主编 太原 山西人民出版社 2009年 348页

011892175
米山中心卫生院志
米山中心卫生院志编纂委员会编 米山镇 米山中心卫生院志编纂委员会 2005年 312页〔高平地方志丛书〕

013129026
高平市水利水保志
高平市水利水保志编纂委员会编 北京 中华书局 2010年 730页

沁水县

007289904
沁水县志
沁水县志编纂办公室编 太原 山西人民出版社 1987年 711页

010113293
沁水县志 1986—2003
沁水县地方志编纂委员会编著 北京 方志出版社 2006年 803页

012832419
李庄村志
山西沁水县李庄村民委员会编 沁水 山西沁水县李庄村民委员会 2004年 159页

013184599
沁水县中村志
马刘勤主编 太原 山西人民出版社 2011年 790页

012899915
下峪村志
王志学 下峪村党支部 下峪村村委会编著主编 下峪村 下峪村党支部 下峪村村委会 2007年 281页

013731064
沁水县工会志 初稿
沁水县工会志编纂委员会编 沁水 沁水县工会志编纂委员会 2011年 584页

013320919
沁水县工会志
吴希华主编 太原 山西人民出版社 2011年 617页

012877106
沁水县政协志
政协沁水县委员会编 太原 山西人民出版社 2011年 2册

013066960
沁水检察志 1951—2011
沁水检察志编纂委员会编 沁水 沁水检察志编纂委员会 2011年 417页

012955874
沁水县人民法院志 1953.11—2005.12
王宇晓主编 沁水县人民法院志编纂委员会编 沁水 沁水县人民法院志编纂委员会 2007年 355页

009769131
沁水县城乡建设志
沁水县城乡建设志编纂办公室编 韩卿主编 北京 方志出版社 2005年 373页

013144656
沁水县电力工业志 1956—2002
沁水县电力工业志编纂委员会编 沁水 沁水县电力工业志编纂委员会 2002年 593页〔山西省电力工业志丛书〕

012969457
沁水县财政志
霍树宾主编 太原 山西人民出版社 2011年 293页

013131078
沁水教育志 1840—1990
侯明福主编 沁水教育志编纂组编 沁水 沁水教育志编纂组 1995年 283页

013775144
沁水革命老区志
邵委员主编 太原 山西人民出版社 2012年 660页

阳城县

008470934
阳城县志
阳城县志编纂委员会编 北京 海潮出版社 1994年 666页

012173670
柏沟村志
王继林 刘伯伦主编 山西省史志研究院编 太原 山西古籍出版社 1997年 244页〔山西省重点乡镇村志系列丛书〕

013335279
郭峪村志
郭峪村志编纂委员会编 郭峪村 郭峪村志编纂委员会 1995年 234页

012662511
山西阳城下孔村志
下孔村志编纂委员会编 香港 世界华人艺术出版社 2001年 391页

012638883
上孔村志
上孔村志编纂委员会编 上孔村志编纂委员会 2002年 437页

013462584

水村村志

水村村志编纂委员会编 阳城 水村村志编纂委员会 2011年 803页

008949921

阳城县政协志

政协山西省阳城县委员会编 北京 中华书局 2002年 443页

012100667

阳城县公安志 1937—2005

山西省阳城县公安局编纂委员会编 阳城 山西省阳城县公安局编纂委员会 2006年 738页

013757229

阳城县农业志

山西省阳城县农业局编 阳城 山西省阳城县农业局 1987年 341页

008864704

阳城煤炭志

阳城煤炭志编纂委员会编 阳城 阳城煤炭志编纂委员会 1999年 497页

008385515

阳城县电力工业志 1946—1992

刘予胜主编 阳城县电力工业志编纂委员会编 北京 水利电力出版社 1993年 715页〔山西省电力工业志丛书〕

012175147

阳城县屯城煤矿志

邢昊 马二阳主编 阳城县屯城煤矿志编纂委员会编 阳城 阳城县屯城煤矿志编纂委员会 2006年 991页

012662716

阳城县交通志 1840—1988

阳城县交通局编纂 阳城 阳城县交通局 1990年 186页

011809548

阳城县财政志

阳城县财政志编纂委员会编 阳城 阳城县财政志编纂委员会 2007年 530页

009995037

阳城县金融志

山西省阳城县金融志编写组编 阳城 山西省阳城县金融志编写组 1988年 171页

010117845

阳城新华书店志 1949—1999

刘伯伦主编 阳城 阳城新华书店 1999年 399页

010577464

阳城教育志 1840—1985

王连绪主编 山西省阳城教育志编纂组编 山西 山西省阳城教育志编纂组 1987年 212页

009414955
阳城一中志
阳城一中校志编委会编 阳城 阳城一中校志编委会 1997年 483页

009387271
阳城县人民医院志 1947—1997
阳城县人民医院院志编委会编 阳城 阳城县人民医院院志编委会 1998年 418页

013630555
阳城县环境保护志
阳城县环境保护志编纂委员会编 阳城 阳城县环境保护志编纂委员会 2001年 533页

陵川县

008470944
陵川县志
陵川县志编纂委员会编 北京 人民日报出版社 1999年 762页

012051669
陵川县志 1997—2007
陵川县志编纂委员会编 北京 中华书局 2009年 845页

012251356
礼义村志
张振山主编 礼义村志编纂委员会编 陵川 礼义村志编纂委员会 2001年 276页

011909983
杨村村志
杨村村志编纂委员会编 杨村 杨村村志编纂委员会 1999年 365页

011955847
椅掌村志
张振山主编 椅掌村志编委会编 山西 2006年 250页

012251423
陵川政协志
中国人民政治协商会议山西省陵川县委员会编 董小苏主编 陵川 陵川县政协志编纂委员会 1997年 266页

013093118
陵川县老干部志
中共陵川县老干部局编 陵川 中共陵川县老干部局 2009年 390页

008983220
陵川县民政志
山西省陵川县民政局编 北京 中国社会出版社 2001年 392页

012613949
陵川县军事志 前550—2005
陵川县军事志编纂委员会编 陵川 陵川县军事志编纂委员会 2008年 493页

013461602

陵川县电力工业志 1938—1999

陵川县电力工业志编纂委员会编 陵川 陵川县电力工业志编纂委员会 2000年 351页〔山西省电力工业志丛书〕

012873142

陵川县煤炭工业志

陵川县煤炭工业志编纂委员会编 太原 三晋出版社 2011年 417页

011499292

陵川县交通志

张金富主编 和理法 秦雪清 宰永珍编 阎玉礼等助编 太原 山西经济出版社 1997年 367页

008535803

山西省陵川县地名录

陵川县地名委员会办公室编印 陵川 陵川县地名委员会办公室 1985年 270页

009744888

王莽岭志

程跃新主编 太原 山西人民出版社 2005年 374页

012955067

陵川县水务志

陵川县水务志编纂委员会编 山西 陵川县水务志编纂委员会 2001年 394页〔陵川县地方志丛书〕

泽州县

012052000

泽州志

傅淑训重修 郑际明续修 晋城市地方志办公室编 太原 北岳文艺出版社 2009年 3册

010231677

巴公镇志

侯生哲 卢文祥主编 巴公镇志编纂委员会编 泽州 巴公镇志编纂委员会 1998年 659页

010118637

东沟村志

泽州县南岭乡东沟村志编委会编 东沟村 泽州县南岭乡东沟村志编委会 2003年 246页

009126050

东四义村志

邢昊编著 张春旺策划 东风彩印厂 1998年 535页

011329489

拦车村志

李保太主编 太原 山西古籍出版社 2007年 487页

012203071

孟匠村志

邢昊主编 孟匠村志编纂委员会编 孟匠

村 孟匠村志编纂委员会 2000 年 375 页

009881328
南岭乡志
彭守忠 成根同主编 太原 山西人民出版社 2005 年 496 页

010231741
南山村志
邢昊 黄金富主编 南山村志编纂委员会编 泽州 南山村志编纂委员会 1996 年 230 页

008835512
山耳东村志
山耳东村志编纂委员会编 太原 山西人民出版社 2001 年 347 页

009387245
上伏村志
上伏村志编委会编 晋城 晋城市新闻出版处 1995 年 281 页

013630048
双王庄村志
双王庄村村志编纂委员会编 双王庄村 双王庄村村志编纂委员会 2010 年 350 页

012878916
泽州县工会志
山西出版集团山西人民出版社编 太原 山西人民出版社 2010 年 715 页

011321072
泽州县法院志
泽州县法院志编纂委员会 朱天喜主编 太原 山西古籍出版社 2007 年 698 页

008377904
巴公发电厂志 1968—1995
巴公发电厂志编纂委员会编 北京 中国电力出版社 1998 年 417 页〔山西省电力工业志丛书〕

008601035
晋城市郊区城区交通志
王国亮 郝茂林主编 北京 人民交通出版社 2000 年 400 页〔山西省公路交通史志丛书 晋城市交通专业志丛书〕

011439888
珏山志
杜秋炉主编 太原 山西古籍出版社 2007 年 480 页〔中国山西旅游景区志丛书〕

011571263
泽州环境保护志
李永林编 太原 山西春秋电子音像出版社 2007 年 381 页

朔州市

008813878
朔县志
朔县志编纂委员会编　太原　山西古籍出版社　1999年　607页

010143854
平朔矿志 1982—1991
平朔矿志编写组编　山西　平朔矿志编写组　1992年　702页

008844754
山西省电力建设二公司志
山西省电力建设二公司志编辑部编　北京　中国电力出版社　2000年　429页〔山西省电力工业志丛书〕

013377047
山西电建二公司志 2000—2011
山西电建二公司志编纂委员会编　北京　中华书局　2012年　663页

009397234
神头第一发电厂志 1989—2000
神头第一发电厂志编纂委员会编　北京　中国电力出版社　2003年　423页〔山西省电力工业志丛书〕

013629664
神头发电厂志 1971—1988
山西神头发电厂编　神头镇　山西神头发电厂志编纂委员会　1989年　455页

012252571
朔州供电志 1934—2007
朔州供电志编委会编　太原　山西人民出版社　2008年　749页〔山西省电力工业志丛书〕

012252579
朔州煤炭志
王智杰主编　朔州煤炭志编纂委员会编　北京　方志出版社　2009年　965页

013959390
朔州地税志
朔州地税志编纂委员会编　北京　中华书局　2013年　2册　924页

012899423
朔县方言志
江荫褆编　太原　山西高校联合出版社　1991年　70页〔山西省方言志丛书〕

012684737
朔州风景名胜志
山西旅游景区志丛书编委会编　太原　三晋出版社　2008年　672页〔山西旅游景区志丛书〕

朔城区

008569824
朔城区教育志
太原 山西人民出版社 2000年 534页

012208224
朔州市朔城区动物志
李儒主编 朔城区农业区划办公室编 朔州 朔城区农业区划办公室 1994年 556页

平鲁区

006362213
平鲁县志
平鲁县志编纂委员会 张权主编 太原 山西人民出版社 1992年 574页

012836069
平鲁煤炭志
王箴主编 太原 山西经济出版社 1992年 308页

013689056
平鲁旅游志
平鲁旅游志编纂委员会编 太原 三晋出版社 2012年 390页

011763236
平鲁县财税志
平鲁县人民政府编印 平鲁 平鲁县人民政府 1988年 321页

012174804
平鲁文化图志
中共平鲁区委 平鲁区人民政府编纂 太原 山西古籍出版社 2007年 308页
〔县域文化图志〕

011310841
平鲁方言志
郭文亮著 太原 山西教育出版社 1990年 224页

012266014
平鲁人物志
平鲁人物志编纂委员会编 太原 三晋出版社 2009年 544页

山阴县

008358760
山阴县志
李志斌 黄冀主编 北京 中国华侨出版社 1999年 712页

013002465
山阴县人大志
李国胜主编 太原 山西人民出版社 2011年 516页

013934391
山阴县供销社志
马兴宏主编 山阴县供销社志编纂委员

会编 2011年 178页

应县

005285314
应县志
应县志编纂委员会编 马良主编 太原 山西人民出版社 1992年 823页

010730272
席家堡村志
安玉显主编 政协应县文史资料委员会 金城镇席家堡村委会合编 应县 应县政协 2001年 402页〔应县文史资料特辑〕

013961203
应县政协志
应县政协委员会编 应县 应县政协委员会 2011年 504页

009889865
应县教育志
山西省应县教育志编纂组编 太原 山西人民出版社 2005年 289页

012505548
山西省应县地名志
应县地名办公室编 应县 应县地名办公室 1984年 455页

右玉县

013707156
右玉县政协志 1984—2011
右玉县政协志编纂委员会编 太原 山西人民出版社 2012年 667页

009561630
右玉县土地志
山西省右玉县土地管理局编 右玉 山西省右玉县土地管理局 1994年 176页

012100764
右玉文化图志
赵向东 陈小洪主编 中共右玉县委、右玉县人民政府编纂 太原 三晋出版社 2008年 327页

008864271
右玉县地名录
右玉县人民政府编印 右玉 右玉县人民政府 1986年 102页

011500810
右玉县绿化志
右玉县绿化志编委会编著 太原 山西人民出版社 2007年 622页

怀仁县

008813856
怀仁县志
周子君主编 北京 中国工人出版社 1992年 614页

012611121
怀仁县人大志
怀仁县人大志编纂委员会编 韩效华主编 太原 三晋出版社 2010年 494页

011296179
怀仁县政协志
怀仁县政协志委员会编 怀仁 怀仁县政协志委员会 2007年 324页

011320520
红山峪村民俗志
田传江编 沈阳 辽宁文化艺术音像出版社 1999年 563页

晋中市

007658549
晋中地区志
晋中地区地方志编纂委员会办公室编 太原 山西人民出版社 1993年 1047页

012317864
晋中市志
晋中市志编纂委员会编 王雅安 李永宏 张璞主编 北京 中华书局 2010年 4册 2878页

013688957
晋中市国土资源志
晋中市国土资源局编著 太原 山西经济出版社 2012年 2册

008378048
晋中地区电力工业志 1909—1990
该书编纂委员会编 北京 中国电力出版社 1994年 354页〔山西省电力工业志丛书〕

013093040
晋中煤炭志
李晓平 赵永胜主编 太原 山西古籍出版社 1999年 585页

013064796
晋中石油志
赵文海主编 山西省石油总公司晋中公司编 山西 山西省石油总公司晋中公司 1993年 989页

012049635

晋中市煤炭规划设计研究院志

曹毓芳主编 太原 北岳文艺出版社 2008年 185页

009312522

晋中地区交通志 公路交通篇

晋中地区交通志编纂委员会编 北京 人民交通出版社 2001年 692页〔山西省交通志丛书 晋中地区地方志丛书〕

013752688

晋中职业技术学院院志 2004.12—2009.9

晋中职业技术学院院志编纂委员会编 晋中 晋中职业技术学院院志编纂委员会 2009年 114页

012505263

晋中市第一人民医院志 1949—2009

晋中市第一人民医院志编纂委员会编 晋中 晋中市第一人民医院志编纂委员会 2009年 377页

011805429

晋中汾河志

晋中汾河志编纂委员会编 太原 山西人民出版社 2008年 488页

榆次区

007466731

榆次市志

山西省榆次市志编纂委员会编 北京 中华书局 1996年 1280页

013145334

山西省晋中市榆次区修文镇郭村村志

郭德顺 郭恒耀编著 晋中 2007年 318页

013010718

西长凝村志

西长凝村志编辑委员会编 西长凝村 西长凝村志编辑委员会 2010年 417页

011480439

榆次重点工程志 2001—2006

榆次区史志研究室编 太原 山西经济出版社 2008年 433页

008384012

山西省榆次市土地志

秦增有 王树荣主编 太原 山西人民出版社 1996年 341页

009312575

榆次供电志 1923—2002

榆次供电志编纂委员会编 北京 中国电力出版社 2003年 372页〔山西省电力工业志丛书〕

010278535
榆次站志
刘甫主编 太原 山西经济出版社 1993年 545页

012956610
榆次站志
乔亮主编 太原 山西人民出版社 2007年 762页

013236290
榆次市税务志
山西 山西省新闻出版局 1992年 471页

009962220
榆次市重点工程志 1991.1—1997.9
榆次市史志研究室编 榆次 山西省榆次市报社印刷厂 1998年 436页

介休市

007992173
介休市志
介休市志编纂委员会编 北京 海潮出版社 1996年 848页

013317821
介休检查志 1979—2000
介休市人民检察院 千晋左主编 山西 介休市人民检察院 2011年 393页

012832158
介休工会志
马省国主编 太原 山西人民出版社 2010年 383页

013129763
介休市人民代表大会志
介休市第五届人大常委会编 介休 介休市第五届人大常委会 2009年 490页

012541912
介休政协志
吴定元主编 太原 山西人民出版社 2009年 505页

013958688
介休市军事志 前789—2005
介休市军事志编纂委员会编 介休 介休市军事志编纂委员会 2011年 299页

008841106
介休市电力工业志 1938—1999
罗勇虎主编 太原 山西人民出版社 2000年 431页〔山西省电力工业志丛书〕

013045732
教育志资料选编
介休县教育局教育志编写组编 介休 介休县教育局 1987年 128页

013684416
介休县教育志

山西省介休县教育志编写组编 介休 山西省介休县教育志编写组 1992年 310页

012999240
介休当代人物志
介休市老促会 介休市史志办编纂 介休 介休市老促会 介休市史志办 2006年 380页

013064781
介休市地名志
介休市地名委员会办公室 介休市地名志编辑委员会编 介休 介休市地名志编辑委员会 2011年 276页

011312473
绵山志
王融亮主编 太原 山西人民出版社 2007年 515页〔山西旅游景区志丛书〕

榆社县

008470901
榆社县志
榆社县志编纂委员会编 胡德荣主编 太原 山西古籍出版社 1999年 895页

009995021
榆社县电力工业志 1958—2004
杨更生主编 太原 山西人民出版社 2005年 358页〔山西省电力工业志丛书〕

011147910
中国民间故事集成 山西分卷 榆社民间故事集成
榆社民间故事集成编委会编 榆社 榆社县民间文学编委会 1989年 227页

008535790
山西省榆社县地名录
常铭编 榆社 榆社县人民政府 1983年 342页

左权县

013751462
北街村志
左权县北街村志编纂委员会编著 太原 山西春秋电子音像出版社 2010年 599页

012877261
桐峪村志
郝建文主编 桐峪村志编委会编 左权 左权县桐峪镇桐峪村 2008年 330页

010778630
左权县人民代表大会志
左权县第十三届人大常委会编 北京 中国文史出版社 2007年 625页

013759482
左权县政协志

左权县政协志编纂委员会 李连旭主编
北京 中国文史出版社 2012 年
658 页

009995024
左权县电力工业志 1929—2004
左权县电力工业志编委会编 太原 山西
人民出版社 2005 年 333 页〔山西省
电力工业志丛书〕

012971006
左权县交通运输志
张保伟主编 太原 山西人民出版社
2011 年 691 页

009442106
左权县文化志
左权县文化志编纂委员会 王保牛主编
北京 中国农业出版社 2004 年
460 页

013940925
左权县文化志 2003—2011
左权县文化志编纂委员会 王建军 王保
牛主编 北京 新星出版社 2013 年
558 页

012903648
左权方言志
王希哲编 太原 山西高校联合出版社
1991 年 70 页〔山西省方言志丛书〕

008844904
左权县人物志
陈厚裕主编 魏向荣 王剑华 白修文副
主编 太原 山西古籍出版社 1998 年
769 页

012663922
左权县人民医院志
左权县人民医院志编纂委员会编 左权
左权县人民医院志编纂委员会 2003
年 192 页

和顺县

007488642
和顺县志
和顺县志编纂委员会编 北京 海潮出版
社 1993 年 740 页

009688249
和顺县电力工业志
和顺县电力工业志编纂委员会 王建华
主编 太原 山西经济出版社 2005 年
239 页〔山西省电力工业志丛书〕

011804482
和顺县财政志
和顺县财政志编纂委员会编 王太主编
太原 山西古籍出版社 2008 年
502 页

013728730
和顺县文化艺术志

常跃生主编 太原 北岳文艺出版社 2011年 2册

010577252
和顺县教育志
和顺县教育志编写组编 太原 山西古籍出版社 1995年 310页

009310066
和顺当代人物志
郭满东主编 和顺当代人物志编纂委员会编 太原 北岳文艺出版社 2003年 388页

008906433
和顺县人民政府县地名录
山西省和顺县地名办公室编 和顺 和顺县地名办公室 1986年 205页

昔阳县

008474913
昔阳县志
昔阳县志编纂委员会编 北京 中华书局 1999年 1123页

011312015
北南沟村志
北南沟村志编委会编 昔阳 北南沟村志编纂委员会 2006年 324页

009046475
大寨村志

王俊山主编 李成民 李新文 刘俊礼副主编 太原 山西人民出版社 2002年 348页

013989044
皋落村志
皋落村志编纂委员会编 昔阳 皋落村志编纂委员会 2010年 524页

013603454
昔阳县政协志
政协昔阳县委员会编 昔阳 政协昔阳县委员会 1998年 392页

009881489
昔阳县电力工业志
昔阳县电力工业志编委会编 太原 山西人民出版社 2005年 348页〔山西省电力工业志丛书〕

011809299
昔阳县交通志
昔阳县交通志编委会编 昔阳 昔阳县交通志编委会 2006年 382页

011809297
昔阳县财政志
昔阳县财政志编纂委员会编 昔阳 昔阳县财政志编纂委员会 2007年 594页

012252773
昔阳教育志 送审稿
昔阳县教育志编纂委员会编 昔阳 昔阳

县教育志编纂委员会 1992年 1册

009769135
昔阳教育志
李嶂主编 太原 山西古籍出版社 2000年 655页

011431326
大寨风物志
山西旅游景区志丛书编委会编 太原 山西古籍出版社 2007年 520页〔山西旅游景区志丛书〕

寿阳县

007289914
寿阳县志
寿阳县志编纂委员会编 太原 山西人民出版社 1989年 920页

012877185
寿阳县郭村志
山西省寿阳县松塔镇郭村志编纂委员会编 石家庄 河北人民出版社 2010年 416页

013731630
寿阳重点工程志 2004—2011
寿阳重点工程志编纂委员会 寿阳县发展和改革局编 太原 山西人民出版社 2012年 374页

008949911
寿阳县化工燃料有限责任公司志
寿阳县化工燃料有限责任公司志编写组编 寿阳 寿阳县化工燃料有限责任公司 2000年 397页

009676046
寿阳县电力工业志 1957—2002
寿阳县电力工业志编委会编 太原 山西人民出版社 2005年 299页〔山西省电力工业志丛书〕

008384869
寿阳金融志
赵振国编著 太原 山西人民出版社 1996年 180页

011147914
中国民间故事集成 山西卷 寿阳民间故事集成
寿阳民间文学集成编委会编 1988年 406页

012506220
寿阳县人民医院院志 1948—2008
寿阳县人民医院院志编纂委员会编 寿阳 寿阳县人民医院院志编纂委员会 2008年 266页

太谷县

006356665
太谷县志

太谷县志编纂委员会编 太原 山西人民出版社 1993年 870页

008535007
太谷县电力工业志 1922—1998
郭桂柱主编 太谷县电力工业志编纂委员会编 北京 中国电力出版社 2000年 371页〔山西省电力工业志丛书〕

008841095
太谷教育志
太谷教育志编写组编 太原 山西人民出版社 1993年 468页

011068481
太谷方言志
杨述祖编著 山西省社会科学院语言研究室编 太原 语文研究编辑部 1983年 62页〔山西省方言志丛刊〕

011148876
太谷谚语集成
吴长根主编 太谷县民间文学集成编委会编 太谷 太谷县民间文学集成编委会 1990年 266页〔中国谚语集成山西卷〕

009840229
太谷人物志
太谷县党史县志办公室编 程素仁 成建英主编 太原 山西人民出版社 2005年 1422页

祁县

008476274
祁县志
祁县地方志编纂委员会编 北京 中华书局 1999年 1042页〔中国历史文化名城〕

011564485
城关乡志
祁县城关乡乡志编写组编 祁县 祁县城关乡乡志编写组 1988年 337页〔祁县地方志丛书 2〕

010231683
祁县古县镇志
古县镇志编纂委员会编 祁县 古县镇志编纂委员会 1987年 429页〔祁县地方志丛书 1〕

013096515
塔寺村志
渠性轩主编 2005年 199页

013002409
祁县军事志 前556—2005
祁县军事志编纂委员会编 祁县 祁县军事志编纂委员会 2010年 335页

009688236
祁县电力工业志 1909—2004.7
祁县供电支公司编 太原 山西人民出版社 2004年 467页〔山西电力工业志

丛书〕

012208116
祁县财政志
何惠忠主编 太原 山西经济出版社
　　2009年 1067页

010009319
乔家大院民俗博物馆志
王正前主编 太原 山西人民出版社
　　2006年 411页

010231287
祁县方言志
杨述祖 王艾录 山西省社会科学院语言
　　研究室编 太原 语文研究编辑部
　　1984年 60页〔山西省方言志丛刊〕

010231881
中国歌谣集成 山西分卷 祁县歌谣集成
高翔主编 祁县 祁县歌谣集成编委会
　　1990年 94页

013319990
祁县人物志
孔襄中 庞祥瑞主编 太原 山西经济出
　　版社 2011年 541页

008384864
汾河灌区志
汾河灌区志编纂委员会编 太原 山西人
　　民出版社 1993年 300页

平遥县

008637687
平遥县志
平遥县地方志编纂委员会编 北京 中华
　　书局 1999年 1140页

009769126
北营村志
张中伟总纂 韦生喜主编 太原 山西人
　　民出版社 2005年 345页〔山西省重
　　点乡镇村志系列丛书〕

008813891
段村镇志
田瑞主编 山西省史志研究院编 太原
　　山西古籍出版社 1994年 328页〔山
　　西省重点乡镇村志系列丛书 1〕

012639794
梁官村志
梁官村志编纂委员会编印 平遥 梁官村
　　志编纂委员会 2002年 236页

013601947
平遥政协志
张文渊主编 太原 三晋出版社 2012年
　　684页

009994994
平遥县电力工业志 1924—2004
平遥县电力工业志编委会编 太原 山西
　　人民出版社 2005年 388页〔山西省

电力工业志丛书〕

008983352

平遥古城志

杜拉柱主编 王俊山常务主编 冀有贵 孙爱英执行主编 北京 中华书局 2002年 470页〔晋商文化研究系列丛书〕

008864270

平遥县地名录

平遥县人民政府编 平遥 平遥县人民政府 1984年 128页

012766330

平遥县地震志

史明伟 张中伟主编 平遥县地震志编纂委员会编 太原 山西省新闻出版局 2005年 261页

013659734

平遥县中医院志

平遥县中医院志编纂委员会编 太原 平遥县中医院院志编纂委员会 2010年 224页

012099713

平遥县卫生志

王佐丞 张中伟 张新荣主编 太原 北岳文艺出版社 2008年 442页

009995000

三坝灌区志

赵国钦主编 平遥 三坝灌区志编撰组 1998年 147页

灵石县

007482016

灵石县志

山西省灵石县志编纂委员会编 陈发长主编 北京 中国社会出版社 1992年 786页

013859327

堡上村志

王新文主编 堡上村志编纂委员会编 灵石 堡上村志编纂委员会 2011年 334页

012899104

灵石西许村志

2010年 493页

013224605

灵石县乡村志

灵石文史丛书编委会编 太原 山西人民出版社 2011年 836页

013133978

尹方村志

尹方村志编纂委员会编 尹方村 尹方村志编纂委员会 2007年 179页

012505335

灵石人大画志

灵石县人民代表大会常务委员会编 北京 中国画报出版社 2005年 325页

013065005
灵石县人大志
灵石县人民代表大会常务委员会编 灵石 灵石县人民代表大会常务委员会 1990年 404页

013144525
灵石县政协志
政协灵石县委员会编 灵石 政协灵石县委员会 2007年 399页

012955053
灵石县军事志 前205—2005
灵石县军事志编纂委员会编 灵石 灵石县军事志编纂委员会 2010年 307页

009688313
灵石县城乡建设志
山西省灵石县城乡建设环境保护局编纂 灵石 山西省灵石县城乡建设环境保护局 1986年 153页

013793239
灵石县林业志
王振华主编 任兆瑞执行主编 王新文（本卷）主编 太原 三晋出版社 2012年 270页

013313469
常青水泥厂志 1979.1—1993.12
山西省灵石县城关镇常青水泥厂编 灵石 常青水泥厂 1994年 83页

009266240
灵石县电力工业志 1996—2002
灵石县电力工业编纂委员会编 北京 中华书局 2003年 250页

013820644
灵石县电力工业志 2003—2010
穆秦岭主编 太原 山西经济出版社 2013年 290页

013601792
灵石县供销合作社志
灵石县供销合作社联合社编 灵石 灵石县供销合作社联合社 1987年 211页〔山西省灵石县地方志丛书 7〕

012873123
灵石外贸志
山西省灵石县对外贸易有限责任公司编 灵石 山西省灵石县对外贸易有限责任公司 2001年 66页

013461597
灵石县金融志
灵石县金融志编纂组编 灵石 灵石县金融志编纂组 1991年 116页〔山西省灵石县地方志丛书〕

012543038
王家大院志
侯廷亮主编 太原 山西经济出版社 2009年 910页〔王家大院丛书〕

010231695
灵石县卫生志
郭正义审修 陈发长副审修 灵石县卫生局编 灵石 灵石县卫生 1987年 172页〔山西省灵石县地方志丛书 8〕

运城市

008813985
运城地区简志
员创生 宋万忠主编 杨朝军等编 山西省运城地区地方志编纂委员会办公室编 山西 山西省运城地区地方志办公室 1986年 630页

008637768
运城地区志
山西省运城地区地方志编纂委员会编 北京 海潮出版社 1999年 2册

007731541
运城市志
运城市地方志编纂委员会编 三联书店 1994年 860页

012766477
运城地区纪律检查志 1950.2—1993.4
运城地区纪律检查志编纂委员会编 北京 海潮出版社 1995年 304页

012816166
运城市工会志 1925—2000
牛志敏主编 运城 运城市总工会 2002年 495页

011500822
运城市政协志
中国人民政治协商会议运城市委员会编 运城 1985年 68页

013994247
运城地区计划管理志
马东波总编 卫若珠主编 太原 山西人民出版社 1996年 580页〔运城地区地方志丛书〕

013994251
运城市引水供水有限公司志 1942—2007
运城市引水供水有限公司志书编纂委员会编 2008年 392页

009333457
运城市土地志
康自修主编 北京 新华出版社 2001年 306页

008844879
清华水泥厂志
运城地区清华水泥厂志编纂委员会编 太原 山西古籍出版社 2000年 270页

008378014
运城地区电力工业志 1928—1990
运城地区电力工业志编纂委员会编 运城 运城地区电力工业志编纂委员会 1993年 364页〔山西省电力工业志丛书〕

013343580
运城市电力工业志 1991—2007
运城市电力工业志编纂委员会编 北京 中国水利水电出版社 2011年 394页〔山西省电力工业志丛书〕

009340808
运城地区交通志
运城地区行政公署交通局交通史志编纂委员会编 太原 山西人民出版社 1992年 496页〔山西公路交通史志丛书 运城地区地方志丛书〕

008384898
运城地区粮食志
运城行署粮食局编 太原 山西经济出版社 1994年 915页

008534993
运城地区金融志
运城地区金融志编纂委员会编 北京 海潮出版社 1999年 265页

009881341
运城市信用合作志
兰创国主编 太原 山西人民出版社 2005年 425页

012903479
运城科协志
王林祥主编 运城 运城市科学技术协会 2008年 398页

011910215
运城市教育志
运城市教育史志编纂委员会编 李晋杰主编 太原 山西人民出版社 2008年 3册

012723467
运城市财经学校志
运城市财经学校志编委会编 运城 运城市财经学校志编委会 2009年 358页

012903483
运城市体育志
任永吉主编 运城 运城市体育局 2007年 391页

013606509
运城地区统战人物志
中共运城地委统战部 李玉燕主编 运城 中共运城地委统战部 1999年 392页

009333450

运城人物志

中共运城市委 运城市人民政府编 王水成主编 北京 中央文献出版社 2003年 507页

010280333

关公文化旅游志 第7卷

山西旅游景区志丛书编纂委员会编 太原 山西人民出版社 2006年 860页〔山西旅游景区志丛书〕

012903481

运城市卫生志

周迎主编 运城市卫生局编 运城 运城市卫生局 2008年 652页

012837798

运城地区水利志

运城地区水利志编纂委员会编 香港 香港天马图书公司 2001年 633页

011763370

山西省三门峡库区志

山西省三门峡库区管理局编 郑州 黄河水利出版社 2007年 570页

盐湖区

012679149

赤社村志

闫良吉主编 运城 盐湖区村志编纂组 2009年 343页〔运城市盐湖区村志系列丛书〕

013703002

董杜村志

杜世清著 2012年 329页

011793434

运城市盐湖区人民代表大会志

武惠民主编 北京 中央文献出版社 2006年 661页

012051897

山西省运城市盐湖区民政志

运城市盐湖区民政志编纂委员会编 北京 中国社会出版社 2008年 600页〔中华人民共和国县级民政志书系〕

013343446

盐湖区电力工业志

盐湖区电力工业志编纂委员会编 北京 中国水利水电出版社 2011年 380页〔山西省电力工业志丛书〕

011793431

运城市盐湖区财政志

马秋来主编 北京 中央文献出版社 2004年 522页

013689488

运城市盐湖区教育志

运城市盐湖区教育志编纂委员会 卫运虎主编 太原 山西教育出版社 2012年 2册

永济市

008813927
永济县志
永济县志编纂委员会编纂 太原 山西人民出版社 1991年 673页

013323115
永济市人民代表大会志
永济市人民代表大会志编纂委员会编 太原 山西人民出版社 2012年 603页

012542943
粟海集团志
粟海集团志编纂委员会编 太原 山西人民出版社 2009年 426页

008873942
永济电机厂志 1969—1998
永济电机厂志编纂委员会编 北京 中国铁道出版社 1999年 525页

008378003
永济热电厂志 1970—1991
永济热电厂志编纂委员会编 北京 中国电力出版社 1995年 308页〔山西省电力工业志丛书〕

011444221
永济市电力工业志
永济市供电局电力工业志编著 北京 中国电力出版社 2008年 359页〔山西省电力工业志丛书〕

009688430
永济信用合作志
张换社主编 罗青壮等副主编 永济信用合作志编纂委员会编 太原 山西人民出版社 2005年 549页

012689889
永济教育志
崔安邦主编 运城 永济教育志编纂委员会 2008年 531页

009889868
永济县教育志
永济县教育志编纂办公室编 永济 永济县教育志编纂办公室 1987年 303页

009962580
蒲州梆子志
蒲州梆子志编纂委员会编 太原 山西教育出版社 2007年 872页

008906411
永济县地名录
永济县人民政府编 永济 永济县人民政府 1986年 110页

河津市

009015830
河津市志
王应立主编 河津市志编纂委员会编 太

原 山西人民出版社 2002 年 2 册 1387 页

007289917
河津县志
河津县志编纂委员会编 太原 山西省新华书店发行 1989 年 651 页

013894514
东关村志
东关村志编纂委员会编 太原 山西经济出版社 2012 年 398 页

009881753
龙门村志
龙门村志编纂委员会编 北京 新世界出版社 1991 年 270 页

008534990
河津计生志
河津市计划生育委员会 河津市志办公室编 北京 海潮出版社 1998 年 353 页

012811391
河津市人口和计划生育志
河津市人口和计划生育局 中共河津市委党史研究室编 太原 山西经济出版社 2007 年 586 页

008534989
河津统战志
中共河津市委统战部编 北京 海潮出版社 1999 年 578 页

013820231
河津人大志
河津人大志编纂委员会编 北京 中国地图出版社 1993 年 239 页

012264999
河津政协志
中国人民政治协商会议山西省河津市委员会编 北京 海潮出版社 1997 年 561 页

011312729
河津工商联志
河津工商联志编纂委员会编 北京 长城出版社 2007 年 560 页

013647559
河津审计志
河津市审计局 河津市市志办编 史改玲主编 北京 海潮出版社 1998 年 491 页

009009912
河津乡镇企业志
河津市民营企业发展服务中心编 北京 方志出版社 2002 年 545 页

009411642
河津煤炭工业管理志
河津煤炭工业管理志编纂委员会编 北京 方志出版社 2004 年 429 页

009840214
河津石油公司志
河津石油公司志编纂委员会编 河津 河津石油公司志编纂委员会 2005年 304页

012610607
河津市电力工业志
河津市电力工业志编纂委员会编 北京 中国水利水电出版社 2009年 300页 〔山西省电力工业志丛书〕

013045581
河津市建筑工程有限公司第七分公司志 1991—2007
河津 河津市建筑工程有限公司第七分公司 2008年 393页

012264994
河津市建筑工程有限公司公司志
河津市建筑工程有限公司志编委会编 河津 河津市建筑工程有限公司 2000年 294页

013957427
河津水利志
杨盈逯主编 山西 1984年 171页

013045577
河津龙虎公路志
山西河津县龙虎公路管理站编 河津 河津县龙虎公路管理站 1991年 205页

008983213
河津信用合作志
马明立主编 太原 山西人民出版社 2001年 460页

009046403
河津广播电视志
河津市广播电视局编 北京 中华书局 2001年 554页

010778505
河津教育志
河津教育志编纂委员会编 河津 河津教育志编纂委员会 2006年 590页

011500561
三峪志
三峪灌溉管理局编 西安 西安地图出版社 1995年 211页

012049449
河津市人民医院志
丁光选 薛千山（执行）主编 太原 山西科学技术出版社 2009年 621页

009889730
河津卫生志
卫降泽主编 河津市卫生局编 河津 河津市卫生局 2005年 370页

012969567
山西禹门口黄河提水工程志
山西禹门口黄河提水工程志编纂委员

会编 北京 中国水利水电出版社 2011年 296页

012898544
河津治理黄河志
河津县黄河工程管理局编印 河津 河津县黄河工程管理局 1988年 75页

010293928
河津环境保护志
河津环境保护志编纂委员会编 河津 河津环境保护志编纂委员会 2006年 460页

临猗县

008379777
临猗县志
临猗县志编纂委员会编 北京 海潮出版社 1993年 846页

012251417
临猗县志
张万荣主编 临猗县志编纂委员会编 太原 三晋出版社 2009年 807页

012899098
临猗政协志
政协临猗县委员会编纂 临猗 政协临猗县委员会 2007年 413页

008382639
临猗县工商行政管理志
卫奏安总编 秦文灿主编 太原 山西经济出版社 1993年 463页

008535004
临猗县电力工业志 1953—1998
临猗县电力工业志编委会编 北京 中国电力出版社 1999年 392页〔山西省电力工业志丛书〕

012899094
临猗工商税志
临猗工商税志编纂委员会编 临猗 临猗工商税志编纂委员会 2002年 632页

011499237
临猗县教育志 修订稿
山西省临猗县教育史志编写组编 临猗 山西省临猗县教育史志编写组 1987年 326页

012764730
临猗县教育志
山西省临猗县教育史志编写组编 香港 天马图书出版有限公司 2006年

008923672
临猗县地名志
孙晋怀主编 宁新杰副主编 山西省临猗县县志编纂委员会办公室编 临猗 山西省临猗县县志编纂委员会办公室 1986年 267页

万荣县

008001441
万荣县志
山西省万荣县志编纂委员会编 北京 海潮出版社 1995 年 1004 页

012661827
山西万荣东卫二村志
冯丁江主编 香港 北京文化出版社 2007 年 194 页

013959456
万荣县皇甫乡高家庄村志
张钦桂主编 高家庄村志编委会编 运城 运城市精睿印务有限公司 2011 年 270 页

012100039
万荣县荣河镇北杨村志
武守智 武栋仁主编 北杨村志编纂委员会编 北杨村 北杨村志编纂委员会 2008 年 247 页

014052313
万荣县纪检监察志
万荣县纪检监察志编纂委员会编 太原 山西人民出版社 2013 年 643 页

013630144
万荣县人民代表大会志
万荣县人民代表大会志编纂委员会编 太原 山西人民出版社 2011 年 958 页

013145617
万荣县政协志
万荣县政协志编委会编 万荣 万荣县政协志编委会 2011 年 507 页

012766972
万荣县电力工业志
万荣县电力工业志编纂委员会编 北京 中国水利水电出版社 2010 年 277 页 〔山西省电力工业志丛书〕

009387259
万荣县交通志
万荣县交通局交通志编纂委员会编 北京 人民交通出版社 1993 年 236 页

011909021
万荣县财政志
薛秀武主编 太原 山西人民出版社 2008 年 716 页

011325286
万荣方言志
吴建生编著 山西省社会科学院语言研究室编 太原 语文研究编辑部 1984 年 56 页 〔山西省方言志丛刊〕

闻喜县

007478012
闻喜县志

闻喜县志编纂委员会编纂 北京 中国地图出版社 1993 年 610 页

013751668
冯家庄村志
闻喜县冯家庄村志编委会编 冯家庄 闻喜县冯家庄村志编委会 2012 年 342 页

012252778
下丁村志
下丁村志编纂委员会编 香港 天马图书出版有限公司 2008 年 408 页

012878965
中共闻喜县委党校志 1958—2010
中共闻喜县委党校志编纂委员会编 太原 三晋出版社 2011 年 320 页

011066354
闻喜县人民代表大会志
闻喜县人民代表大会志编纂委员会编 北京 中国时代经济出版社 2006 年 867 页

011998174
山西省闻喜县民政志
闻喜县民政志编纂委员会编 北京 中国社会出版社 2008 年 527 页〔中华人民共和国县级民政志书系〕

012970507
闻喜县军事志 前 110—2005
闻喜县军事志编纂委员会编 闻喜 闻喜县军事志编纂委员会 2010 年 384 页

010730417
闻喜水利志
冯志华主编 闻喜 山西闻喜县水务局 2005 年 530 页

012545393
闻喜县电力工业志
闻喜县电力工业志编纂委员会编 北京 中国水利水电出版社 2009 年 304 页〔山西省电力工业志丛书〕

009340786
闻喜财政志
闻喜财政志编纂委员会编 北京 中国财政经济出版社 2003 年 580 页

010230786
闻喜国税志
闻喜国税志编纂委员会编 北京 中国税务出版社 2006 年 620 页

010230783
闻喜国税志 图卷
闻喜国税志编纂委员会编 北京 中国税务出版社 2006 年 160 页

013660385
闻喜县金融志
闻喜县金融志编纂委员会编 闻喜 闻喜县金融志编纂委员会 2003 年 444 页

011792976
闻喜武术志
名誉主编李春元 王树光主编 闻喜 2007年 271页〔闻喜县地方志丛书2〕

009561599
闻喜人物志
张成礼主编 北京 中国大地出版社 1999年 506页

011792970
闻喜环境保护志
景水荣主编 闻喜 闻喜环境保护志编纂委员会 2007年 243页

稷山县

013415314
稷山县志 1991—2008
稷山县志编纂委员会编 太原 山西人民出版社 2011年 882页

013010909
西位村志
稷山县西位村志编纂委员会编 西位村 稷山县西位村志编纂委员会 2011年 440页

012049534
稷山县人民代表大会志 1947.4—2004.4
稷山县人民代表大会志编纂委员会编 稷山 稷山县人民代表大会志编纂委员会 2004年 652页

012898660
稷山县军事志 前629—2005
稷山县军事志编纂委员会编 稷山 稷山县军事志编纂委员会 2010年 291页

013531032
稷山粮食志
稷山粮食志编纂委员会编 稷山 稷山粮食志编纂委员会 1999年 540页

012758993
稷山县电力工业志
稷山县电力工业志编纂委员会编 北京 中国水利水电出版社 2010年 293页〔山西省电力工业志丛书〕

013752533
稷山国税志
稷山国税志编纂委员会编 稷山 稷山国税志编纂委员会 1999年 424页

009561555
稷山金融志
稷山金融志编纂委员会编 稷山 稷山金融志编纂委员会 2001年 656页

013415316
稷山信合志
稷山信合志编纂委员会编 稷山 稷山信合志编纂委员会 2001年 468页

013772950
稷山教育志
稷山教育志编纂委员会编 邢英豪主任委员 2010年 281页

013730093
稷山县精神病院志 1972—2012
黄朝阳主编 稷山县精神病院志编纂委员会编 稷山 稷山县精神病院志编纂委员会 2012年 241页

013144455
稷山县卫生志
稷山县卫生志编辑委员会编 稷山 稷山县卫生志编辑委员会 1999年 255页

013335406
稷山水利志
稷山水利志编纂委员会编 稷山 稷山水利志编纂委员会 2008年 595页

新绛县

008813868
新绛县志
山西省新绛县志编纂委员会编 西安 陕西人民出版社 1997年 872页〔山西省地方志丛书〕

012506394
新绛县人民代表大会志
新绛县人民代表大会志编纂委员会编 北京 社会科学文献出版社 2009年 876页

013797025
新绛县教育志
王守伟主编 新绛县教育局编 2003年 396页

008841089
新绛方言志
朱耀龙编 太原 山西高校联合出版社 1990年 64页〔山西省方言志丛书〕

010061369
中国民间谚语集成 山西卷 新绛民间谚语
靳欣文主编 新绛 新绛县民间文学集成编委会 1988年 274页

008923650
新绛县地名录
新绛县人民政府编 新绛 新绛县人民政府 1985年 263页

绛县

008637487
绛县志
绛县志编纂委员会编 秦富元主编 西安 陕西人民出版社 1997年 889页〔山西省地方志丛书〕

011497902
绛县人民代表大会志

卢廷荣主编 太原 山西人民出版社
　　2007年 2册

013897624
绛县政协志
政协山西省绛县委员会编 太原 三晋出
　　版社 2013年 610页

013144471
绛县电力工业志
绛县电力工业志编纂委员会编 北京 中
　　国水利电力出版社 2011年 303页
　　〔山西省电力工业志丛书〕

012899879
五四一电厂志 1988—2000
国营五四一电厂厂志编纂委员会编 山
　　西 国营五四一电厂厂志编纂委员会
　　2001年 368页

008663564
陈村灌区志
陈村灌区管理处编 合肥 黄山书社
　　1999年 151页

垣曲县

007695094
垣曲县志
垣曲县志编纂委员会编 太原 山西人民
　　出版社 1993年 929页

008835532
垣曲县志 1991—2000
垣曲县地方志编纂委员会编 北京 中华
　　书局 2001年 680页

012658549
山西垣曲古城村志
古城村志编纂委员会编 北京 中华书局
　　1999年 558页

013342502
山西垣曲沇岭村志
沇岭村志编纂委员会编 垣曲 沇岭村志
　　编纂委员会 2004年 328页

012689919
垣曲县人民代表大会志
垣曲县人大志编委会编纂 北京 人民日
　　报出版社 2004年 611页

009995043
垣曲政协志
垣曲政协志编纂委员会编 西安 陕西人
　　民版社 2004年 400页

013343521
垣曲县电力工业志
垣曲县电力工业志编纂委员会编 北京
　　中国水利水电出版社 2011年 345页
　　〔山西省电力工业志丛书〕

011501611
中条山有色金属公司志 1956—1996

中条山有色金属公司志编纂委员会编
　垣曲 中条山有色金属公司志编纂委
　员会 2001年 719页

009015824
垣曲国税志
垣曲国税志编纂委员会编 北京 中华书
　局 2002年 381页

013824292
垣曲县财政志
垣曲县财政志编纂委员会编 西安 陕西
　人民出版社 2013年 366页

012769509
垣曲县教育志
垣曲县教育志编纂委员会编 香港 香港
　金陵书社出版公司 2006年 350页
　〔山西省垣曲县地方志丛书 5〕

008906288
垣曲县地名录
垣曲县人民政府编 垣曲 垣曲县人民政
　府 1985年 183页

010144636
山西中条山木材志
柯病凡等著 北京 科学出版社 1995年
　322页

夏县

008813621
夏县志
夏县地方志编纂委员会编 北京 人民出
　版社 1998年 684页

014052840
夏县志 1991—2007
孙英杰主编 太原 三晋出版社 2013年
　840页〔中国地方志丛书〕

012899933
夏县工会志
山西省夏县总工会编 夏县 夏县总工会
　1992年 222页

012899950
夏县人民代表大会志
夏县人民代表大会志编纂委员会编 香
　港 中国时代出版社 2006年 773页

013145648
夏县电力工业志 1952—2000
夏县电力工业志编纂委员会编 夏县 夏
　县电力工业志编纂委员会 2002年
　338页〔山西省电力工业志丛书〕

009995029
夏县教育志
李树华主编 北京 中国大百科全书出版
　社 1997年 259页

平陆县

006440816
平陆县志
平陆县志编纂委员会编 北京 中国地图出版社 1992年 776页

012982261
平陆县志 1991—2005
平陆县志编纂委员会编 北京 方志出版社 2010年 702页

012714089
东韩窑村志
武进锋主编 平陆 东韩窑村志编纂委员会 2006年 220页〔平陆县村志系列丛书〕

012174808
平陆人大志
吴晨主编 平陆县人民代表大会常务委员会编 平陆 平陆县人民代表大会常务委员会 2004年 727页

009397242
平陆政协志 1981—2001
政协平陆县委员会编 平陆 政协平陆县委员会 2002年 434页

013002368
平陆农业志 1949—1993
蔡煜峰编审 张建国 蔡煜峰主编 平陆 山西省平陆县农业局 1994年 521页

012766323
平陆县电力工业志
平陆县电力工业志编纂委员会编 北京 中国水利水电出版社 2010年 332页〔山西省电力工业志丛书〕

013863152
平陆县烤烟志 1984—2000
平陆县烤烟志编辑委员会编 香港 金陵书社出版公司 2001年 697页

011763243
平陆县交通志
平陆县交通局交通志编纂委员会编 平陆 平陆县交通局交通志编纂委员会 1992年 129页〔平陆县志丛书〕

014047861
平陆国税志
平陆国税志编纂委员会编 北京 中国社会出版社 2012年 480页

012899313
平陆县教育志
张建国主编 平陆县教育志编纂委员会编 太原 山西省新闻出版局 2009年 355页

008906475
平陆县地名录
平陆县人民政府编 平陆 平陆县人民政府 1983年 144页

芮城县

007819121
芮城县志
芮城县志编纂委员会编 西安 三秦出版社 1994年 1314页〔山西省地方志丛书〕

012766455
芮城县电力工业志
芮城县电力工业志编纂委员会编 北京 中国水利水电出版社 2010年 246页〔山西省电力工业志丛书〕

009408092
芮城财政志
芮城财政志编纂委员会编著 北京 中国财政经济出版社 2002年 3册

009561563
芮城国税志
芮城国税志编纂委员会编 太原 山西人民出版社 2000年 783页

012722192
芮城广播电视志 1956—2009
芮城广播电视志编纂委员会编 北京 中国文化出版社 2009年 296页

012766460
芮城兴学建校志 1995—2000
芮城兴学建校志编纂委员会编 芮城 芮城兴学建校志编纂委员会 2001年 511页

008923688
山西省芮城县地名录
芮城县民政局编 芮城 芮城县民政局 1986年 94页

010133967
永乐宫志
张亦农 景昆俊主编 太原 山西人民出版社 2006年 370页〔山西旅游景区志丛书〕

012899369
芮城卫生志
芮城县卫生局编 芮城 芮城县卫生局 2007年 380页

012847059
大禹渡志
大禹渡志编纂委员会编 太原 山西人民出版社 2010年 633页

忻州市

008813711
忻州地区志
忻州地区志编纂委员会编 太原 山西古籍出版社 1999年 1210页

013821919
逯家庄村志
张有根主编 太原 三晋出版社 2013年 496页〔山西省村志系列丛书〕

008864728
忻州地区宗教志
赵培成 王如阳 晋原平撰稿 太原 山西人民出版社 1993年 341页

009106703
忻州地区电力工业志 1924—1990
忻州地区电力工业志编纂委员会编 北京 快速出版服务部 1993年 358页〔山西省电力工业志丛书〕

013706949
忻州煤炭志
忻州煤炭志编纂委员会编 太原 山西人民出版社 2012年 772页

013959613
忻州地区交通志
忻州地区交通局史志编审委员会编 太原 山西人民出版社 1993年 492页

012723207
忻州公路志
忻州公路志编纂委员会编 太原 三晋出版社 2010年 562页

009060972
忻州地区教育志
忻州地区教育志编纂委员会编 太原 山西人民出版社 2002年 779页

012636795
山西忻州芝郡杨氏家族谱志 附芝郡史话
杨国权编撰 太原 2007年 322页

011955725
忻州市当代人物志
刘庚年主编 太原 山西人民出版社 2008年

013757106
忻州地区人民医院院志
忻州地区人民医院院志办编 忻州 忻州地区人民医院院志办 2010年 2册

010731637
滹沱河灌区水利志
马月林编著 太原 山西人民出版社 2006年 210页

忻府区

006466640
忻县志
山西省忻州市地方志编纂委员会编 北京 中国科学技术出版社 1993 年 728 页〔中华人民共和国地方志丛书〕

001795699
忻州方言志
温端政编 北京 语文出版社 1985 年 149 页〔山西省方言志丛书〕

009333510
忻州俗语志
温端政 张书祥编 北京 语文出版社 1986 年 355 页

008906506
忻州市地名录
忻州市人民政府编 忻州 忻州市人民政府 1984 年 184 页

原平市

007900129
原平县志
原平县志编纂委员会编 北京 中国科学技术出版社 1991 年 738 页

010225128
轩岗村志
周西西主编 原平 轩岗村志编委会 2005 年 279 页

013072830
原平粮食志
原平粮食志编纂委员会编 太原 三晋出版社 2011 年 284 页

008379762
原平教育志
原平教育志编纂委员会编 张战生 樊培民主编 太原 山西人民出版社 1995 年 405 页

011585297
原平方言志
金梦茵编 北京 语文出版社 1989 年 128 页〔山西省方言志丛书〕

009962212
原平百年人物志
吴斌主编 太原 山西人民出版社 2005 年

定襄县

006693903
定襄县志
定襄县志编纂委员会编 北京 中国青年出版社 1993 年 721 页

010231128
崔家庄村志
智茂林主编 太原 山西人民出版社 2006年 309页〔山西省重点乡镇村志系列丛书〕

012831356
大南庄村志
大南庄村志编纂委员会编 大南庄村志编纂委员会 2008年 417页

009046387
神山村志
张国华主编 北京 中国档案出版社 1998年 337页〔山西省重点乡镇村志系列丛书〕

012048869
定襄民俗文化志
张建新主编 北京 中国文史出版社 2006年 344页〔金锁呐丛书 第4辑〕

012540935
定襄文化人物志
贾玉文主编 太原 山西人民出版社 2009年 253页

五台县

009889862
五台县志 初稿
五台县志编纂办公室编 五台 五台县志编纂办公室 1984年 7册

008487351
五台县志
五台县志编纂委员会编 太原 山西人民出版社 1988年 753页

012265073
槐荫村志
赵培成主编 山西省史志研究院编 太原 山西古籍出版社 1999年 294页〔山西省重点乡镇村志系列丛书〕

010252466
五台县当代人物志
五台县当代人物志编委会编 五台 五台县当代人物志编委会 1997年

009266228
五台山志
山西旅游景区志丛书编委会编 太原 山西人民出版社 2003年 637页〔山西旅游景区志丛书〕

代县

007900237
代县志
代县地方志编纂委员会编 北京 书目文献出版社 1988年 553页

012048836
代县政协志 1957—2008

政协山西省代县委员会编 太原 山西人民出版社 2008年 328页

010008954
代县文化图志
张卫平著 太原 山西古籍出版社 2006年 358页

009688240
代县教育志
程润身审定 贾玉琨 魏峰主编 孙振华等编纂 庄光特邀编审 魏峰摄影 魏峰 刘昊校对 太原 山西人民出版社 1989年 201页〔代县地方志丛书1〕

012545803
代州古城图志 中国历代文化名城
郝钧藩主编 太原 山西人民出版社 2009年 1册

012723361
雁门关志
王凤岗主编 太原 三晋出版社 2010年 869页〔中国山西旅游景区志丛书〕

繁峙县

008377401
繁峙县志
繁峙县地方志编纂委员会编 北京 今日中国出版社 1995年 623页

014028625
大营村志
糜果才主编 太原 三晋出版社 2013年 179页〔三晋方志书系〕

013506656
繁峙县人民代表大会志
繁峙县人民代表大会志编纂委员会编 太原 山西人民出版社 2012年 1155页

宁武县

007475889
宁武县志
宁武县志编纂委员会办公室编 王树森主编 太原 山西人民出版社 1989年 716页

013958912
宁武县志 1987—2009
宁武县志编纂委员会编 北京 中华书局 2013年 1220页

013958906
宁武石家庄镇志
谷茂华 吕还元主编 香港 香港天马出版有限公司 2010年 320页

012814048
宁武财政志
王玉明 王建新主编 太原 三晋出版社 2009年 293页

009354550
管涔山志
山西旅游景区志丛书编委会编 太原 山西人民出版社 2003年 481页〔中国山西旅游景区志丛书〕

静乐县

008814343
静乐县志
静乐县志编纂委员会编 周满堂主编 北京 红旗出版社 2000年 828页

008844733
静乐教育志
静乐教育志编纂委员会编 太原 山西古籍出版社 2000年 470页

神池县

008474908
神池县志
神池县志编纂委员会编 北京 中华书局 1999年 668页

013629658
神池县人民代表大会志
贺新平主编 太原 山西人民出版社 2012年 1087页

013936364
神池县政协志 1983—2012
中国人民政治协商会议神池县第八届委员会编 神池 中国人民政治协商会议神池县第八届委员会 2013年 395页

五寨县

005701620
五寨县志
山西省五寨县志编纂办公室编 北京 新华书店经销 1992年 533页

013899688
五寨县人民代表大会志
张志军主编 太原 山西人民出版社 2013年 423页

岢岚县

007620757
岢岚县志
岢岚县志编纂委员会办公室编写 北京 文化艺术出版社 1990年 748页

008828652
岢岚县志
岢岚县志修订编纂委员会编 太原 山西古籍出版社 1999年 654页

012613303
岢岚县人民代表大会志
任川中主编 太原 陕西人民出版社

2009 年 679 页

河曲县

010577514
河曲县志 初稿
河曲县志编纂办公室编 河曲 河曲县志编纂办公室 1984 年

002988162
河曲县志
河曲县志编纂委员会 周绍卿总纂 太原 山西人民出版社 1989 年 599 页

013224661
楼子营村志
楼子营村志编纂委员会编 楼子营村 楼子营村志编纂委员会 2008 年 161 页

008664875
山西省河曲县地名录
河曲县地名、县志办公室编 河曲 河曲县地名县志办公室 1984 年 114 页

保德县

004893193
保德县志
保德县志编纂办公室编 太原 山西人民出版社 1990 年 503 页

008906500
保德县地名录
保德县人民政府编印 保德 保德县人民政府 1983 年 105 页

偏关县

007479112
偏关县志
山西省偏关县志编纂委员会 牛儒仁主编 太原 山西经济出版社 1994 年 823 页〔中华人民共和国地方志丛书〕

009387206
偏关县志 工业 交通 邮电 城乡建设志
偏关县志办公室 偏关县经济委员会编印 偏关 偏关县志办公室 1987 年 204 页

008534986
偏关县志 大事记 地理志
偏关县志办公室编印 偏关 偏关县志办公室 1989 年 160 页

临汾市

008983154
临汾市志
山西省临汾市志编纂委员会编 北京 海潮出版社 2002 年 3 册

013728735
河里庄村志
河里庄村志编委会编 河里庄村 河里庄村志编委会 2010年 226页

011321173
贾村志
贾村志编纂委员会编 北京 长城出版社 2007年 369页

013129734
涧北后湾志
涧北后湾志编纂委员会编 涧北后湾 涧北后湾志编纂委员会 2010年 259页

012684740
寺庄村志
寺庄村志编纂委员会编 临汾 寺庄村志编纂委员会 2008年 260页

013131192
屯里镇志
屯里镇志编纂委员会编 屯里镇 屯里镇志编纂委员会 2011年 464页

011066935
临汾市佛教志
释常修主编 释果彦副主编 刘志刚收集整理 临汾 临汾市佛教文化研习会 1999年 226页

012505330
临汾市政协志 1950—1997
中国人民政治协商会议山西省临汾市委员会编 临汾 中国人民政治协商会议山西省临汾市委员会 1997年 396页

012661468
临汾市人民检察院志
临汾市人民检察院志编纂委员会编 临汾 临汾市人民检察院 2000年 436页

013144515
临汾审计志
临汾审计志编纂委员会编 王千良主编 临汾 临汾审计志编纂委员会 2008年 317页

011954596
临汾乡镇企业志
李安民主编 临汾市中小企业局编 临汾 临汾市中小企业局 2008年 391页

008378046
临汾地区电力工业志 1929—1990
临汾地区电力工业志编纂委员会编 北京 中国电力出版社 1995年 405页 〔山西省电力工业志丛书〕

013730191
临汾纺织厂厂志 1958—2008
临纺厂志编纂委员会编 临汾 临纺厂志编纂委员会 2011年 313页

012265290

临汾钢铁公司志 1957—1998

临钢志编辑室编 临汾 临钢志编辑室 1999年 723页

008864724

临汾市煤炭志

临汾市煤炭志编纂委员会 王青丽主编 北京 中华书局 2000年 719页

009414461

临汾地区财政志

临汾地区财政志编纂委员会编 北京 中华书局 2001年 1161页

009060968

临汾市财政志

临汾市财政局财政志编写组编 临汾 临汾市财政局 1988年 177页〔临汾市志专业志 2〕

009889853

临汾金融志

临汾金融志编纂委员会编 北京 方志出版社 2005年 391页

012968262

临汾广播电视志

临汾广播电视志编纂委员会编 太原 山西人民出版社 2011年 422页

013461591

临汾市教育志 1671—1987

许司钧主编 张福保主审 山西省临汾市教育志编写办公室 山西省临汾市档案馆编 太原 山西省临汾市档案馆 1989年 320页〔临汾市专业志 4〕

011954590

临汾电力高级技工学校志 1984—2006

临汾电力高级技工学校志编纂委员会编 太原 山西人民出版社 2008年 372页〔山西省电力工业志丛书〕

011584534

临汾方言志

潘家懿编 北京 语文出版社 1990年 126页〔山西省方言志丛书〕

012542614

临汾经济技术开发区建区十周年志庆 1998—2008

临汾经济技术开发区建区十周年志庆编委会编 北京 长征出版社 2008年 458页

013342498

山西省临汾地区农业合作史人物志

山西省临汾地区农业合作史编辑委员会编 北京 海潮出版社 1995年 252页

012899046

临汾市地震志

李正枝编著 临汾 山西省临汾市人民政府地震局 1988年 106页〔临汾市志

丛书〕

012722239
山西省地质勘查局二一三地质队队志
1960—2009
山西地勘局二一三地质队队志编纂委员会编　山西　山西地勘局二一三地质队队志编纂委员会　2009年　273页

013144522
临汾市第四人民医院志 1950—2008
临汾市第四人民医院志编纂委员会编　临汾　临汾市第四人民医院　2008年　407页

010731634
临汾经籍志
李晋林编著　太原　山西人民出版社　2006年　179页〔临汾方志丛书〕

尧都区

013955630
城隍村志
城隍村志编纂委员会编　2009年　332页

012814235
孙曲村志
孙曲村志编纂委员会编　孙曲村志编纂委员会　2009年　472页

012208379
小苏村志
民盟临汾市委小苏村志编辑委员会编　临汾　民盟临汾市委小苏村志编辑委员会　2008年　333页

011955831
尧都地税志
临汾市尧都区地税志编纂委员会编　临汾　临汾市尧都区地税志编纂委员会　2006年　732页

011479458
尧都区农村信用合作社志 1951—2000
尧都区农村信用社合作志编纂委员会编　临汾　尧都区农村信用社合作志编纂委员会　2001年　341页

011188817
中国民间故事集成　山西卷　尧都故事
临汾地区民间文学集成编委会编　张四维责任编辑　临汾　临汾日报印刷厂印　1989年

侯马市

009962192
侯马市志
侯马市志编纂委员会编　北京　长城出版社　2005年　2册　1129页

012191479
北坞村志
侯马市志办北坞村志编纂领导组编　香港　香港天马出版社　2006年　161页

012191747
坯上村志
香港 香港天马出版社 2005年 274页

013129085
郭村村志
宁保珍 马钢全总编 香港 香港天马出版社 2005年 287页

013145685
小里村志
小里村志编委会编著 小里村 小里村志编委会 2011年 175页

010731795
侯马市城建志
侯马市城建志编纂领导组编 北京 长城出版社 2006年 538页

009688270
侯马发电厂志 1964—1997
侯马发电厂志编纂委员会编 侯马 侯马发电厂志编纂委员会 1999年 293页〔山西省电力工业志丛书〕

011320488
侯马邮电通信电缆厂厂志 1968—1998
侯马 侯马邮电通信电缆厂 1998年 369页

013647600
侯马市环保志
北京 长城出版社 2011年 680页

霍州市

013627958
霍县政协志
中国人民政治协商会议山西省霍县委员会编 孙玉安主编 霍县 中国人民政治协商会议山西省霍县委员会 1989年 82页

008378051
霍州发电厂志
山西霍州发电厂编 北京 中国电力出版社 1998年 563页〔山西省电力工业志丛书〕

011497818
霍州教育志 1840—1985
霍州教育志编纂委员会编 刘久仰主编 太原 山西人民出版社 1994年 365页

曲沃县

004516501
曲沃县志
曲沃县志编纂委员会编 北京 海潮出版社 1991年 601页

011295914
曲沃县志
曲沃县志编纂委员会编 北京 长城出版社 2007年 684页

012837444

西南街村志

西南街村志编纂委员会编 北京 长城出版社 2007年 238页

008813518

下院村志

政协曲沃县文史资料委员会 曲沃县杨谈乡下院村志编纂委员会编 太原 山西古籍出版社 1994年 270页

012252368

曲沃县政协志

曲沃县政协志编纂委员会编 太原 山西人民出版社 2009年 398页

011325465

曲沃二轻志

曲沃县二轻志编纂组编 曲沃 曲沃县地方国营印刷厂 1987年 161页

012661775

曲沃教育志 1840—1985

山西省曲沃县教育志编纂办公室编 曲沃 山西省曲沃县教育志编纂办公室 1998年 191页

013659777

曲沃县人民医院志

曲沃县人民医院曲沃县志办公室编 曲沃 曲沃县人民医院志编纂委员会 2009年 340页

013753914

曲沃水利志

曲沃县水利局 曲沃县志办公室编 曲沃 曲沃县水利局 2011年 577页

翼城县

011321082

翼城县志

赵宝金主编 太原 山西人民出版社 2007年 2册

011480421

古桃园村志

刘克宁主编 翼城县史志办公室编纂 翼城 翼城县史志办公室 2006年 238页〔翼城县新农村建设系列志书〕

011804671

浍史村志

郝处瑜主编 翼城 翼城县史志办公室 2006年 245页〔翼城县新农村建设系列志书〕

011480423

两坂村志

李青山主编 翼城县史志办公室编纂 翼城 翼城县史志办公室 2006年 241页〔翼城县新农村建设系列志书〕

013820647

陵下村志

杨玉宝主编 翼城县史志办公室 陵下村

志编委会编 翼城 翼城县史志办公室 2012 年 453 页〔新农村建设系列志书〕

011480426
刘王沟村志
刘克宁主编 翼城县史志办公室编纂 翼城 翼城县史志办公室 2006 年 256 页〔翼城县新农村建设系列志书〕

011480430
石门村志
郭广怀主编 翼城县史志办公室编纂 翼城 翼城县史志办公室 2006 年 251 页〔翼城县新农村建设系列志书〕

013133820
西闫村志
翼城县西闫村党支部 西闫村村委会编辑 张杰武 张颖主编 翼城 翼城县西闫村党支部 西闫村村委会 2005 年 228 页

012814484
翼城县人望村志
李鸿德 王怀林主编 翼城 翼城县人望村村委会 2007 年 195 页

011809605
庄里村志
阎泽主编 翼城 翼城县史志办公室 2006 年 325 页〔翼城县新农村建设系列志书〕

013133932
翼城民政志
翼城县史志办公室编 翼城 翼城县史志办公室 2011 年 408 页

013133930
翼城劳动保障志 1950—2010
翼城县史志办公室编 翼城 翼城县史志办公室 2011 年 451 页

012837627
翼城城乡建设志
翼城县史志办公室编 翼城 翼城县史志办公室 2010 年 529 页

012837641
翼城县建设志
翼城县建设志编纂委员会编 翼城 翼城县建设志编纂委员会 2002 年 752 页

013133933
翼城农业志
翼城县史志办公室编 翼城 翼城县史志办公室 2011 年 423 页

012837639
翼城水利志
翼城县史志办公室编 翼城 翼城县史志办公室 2010 年 439 页

009561626
翼城县财政志
翼城县财政志编纂委员会编 翼城 翼城

县财政志编纂委员会 2000年 340页

013012576
翼城文化志
翼城县史志办公室编 翼城 翼城县史志办公室 2010年 671页

013133924
翼城广播电视志
翼城县史志办公室编 翼城 翼城县史志办公室 2011年 494页

009387276
翼城县教育志
王力主编 太原 山西人民出版社 1992年 371页

009769138
翼城英模志 1949—2004
翼城县史志办公室编纂 翼城 翼城县史志办公室 2004年 506页

011585247
翼城县人民医院志
王建设主编 太原 山西人民出版社 2007年 531页

013133973
翼城卫生志
翼城县史志办公室编 翼城 翼城县史志办公室 2011年 455页

襄汾县

007290013
襄汾县志
襄汾县志编纂委员会编 天津 天津古籍出版社 1991年 715页

011313008
襄汾县志
姜福林主编 太原 山西古籍出版社 2007年 668页

013510758
襄汾县志
襄汾县志编纂委员会编 北京 方志出版社 2011年 1270页

012758725
北膏腴村志
北膏腴村党支部 村委会编 北膏腴村 北膏腴村党支部 村委会 2008年 321页

011296176
北王村志
葛蒲生主编 北王村 北王村志编纂委员会 2007年 592页

013128839
邓曲村志
侯增胜主编 邓曲村志编委会编 襄汾 邓曲村志编委会 2006年 200页

009959820
古城镇志
刘武经 李安义主编 梁吉凤 万好收副主编 郑州 黄河水利出版社 2001年 613页

012898667
贾罕村志
武七管 崔学文主编 贾罕村志编写组编 贾罕村 贾罕村志编写组 2009年 539页

012955030
良陌村志
杨银生主编 良陌村志编纂委员会编 襄汾 襄汾县汾城镇良陌村志编纂委员会 2011年 480页

013093208
盘道村志
宁闷虎主编 盘道村志编写组编 襄汾 盘道村志编写组 2004年 360页

012638613
西中黄村志
张蒙编 太原 三晋出版社 2010年 530页〔火花文丛〕

013000650
襄汾县汾城镇南中黄村志 前2205—2010
赵发主编 临汾 南中黄村志编纂委员会 2011年 390页

013133852
薛村村志
襄汾县薛村村志编纂委员会 贾学平主编 临汾 襄汾县薛村村志编纂委员会 2008年 169页

011479312
襄汾县人民代表大会志
襄汾县第十三届人民代表大会常务委员会编 襄汾 人大 2007年 873页

011909151
襄汾国税志
梁秀平主编 襄汾 襄汾县国税局 200u年 106页

011312388
襄汾县财政志
襄汾县财政志编纂委员会编 北京 中华书局 2007年 757页

012662531
襄汾县教育志 1804—1985
襄汾县教育志编纂委员会编 襄汾 襄汾县教育局 1990年 366页

012052411
襄汾县农机志
襄汾县农机志编纂委员会编 北京 方志出版社 2009年 564页

洪洞县

010113284
洪洞县志
洪洞县县志编纂委员会编 洪洞 洪洞县县志编纂委员会 2005年 2册 32页

009313183
广胜寺镇志
李永奇 严双鸿主编 太原 山西古籍出版社 1999年 416页

013774552
刘家垣镇志
柳勇主编 太原 三晋出版社 2013年 851页

012266219
曲亭镇志
崔山原著 山西省史志研究院编 太原 山西古籍出版社 1997年 271页〔山西省重点乡镇村志系列丛书 1〕

008566890
洪洞大槐树移民志
张青主编 太原 山西人民出版社 2000年 407页

011764762
苏三监狱志明代监狱志
洪洞县县志办公室编 洪洞 洪洞县县志办公室 1997年 162页〔洪洞县地方志丛书〕

013530969
洪洞县电力工业志 1949—2009
洪洞县电力工业志编纂委员会编 北京 中华书局 2012年 481页〔山西省电力工业志丛书〕

012541691
洪洞合作金融志 1952—2002
洪洞合作金融志编辑委员会编 洪洞 洪洞合作金融志编辑委员会 2003年 616页

011327470
洪洞县教育志
郭星明主编 太原 山西人民出版社 1991年 311页

008193858
洪洞县水利志
郑东风主编 太原 山西人民出版社 1993年 377页

011995770
洪洞县水利志
陈振先主编 太原 山西人民出版社 2008年 1136页

古县

008813609
古县志
古县志编纂委员会编 西安 陕西人民出版社 2001年 673页〔山西省地方志

丛书]

012816168
张家沟村志
张家沟村志编纂委员会编 古县 张家沟村志编纂委员会 2009 年 337 页

012191839
古县牡丹志
古县地方志编纂委员会办公室编 古县 古县地方志编纂委员会办公室 2007 年 143 页

011473044
古县财政志
古县财政志编纂委员会编 太原 山西人民出版社 2007 年 713 页

013129047
古县现代人物志
古县老区建设促进会编 太原 北岳文艺出版社 2011 年 377 页

安泽县

008380098
安泽县志
安泽县志编纂委员会 逯丁艺主编 太原 山西人民出版社 1997 年 503 页

011148018
中国民间文学三套集成 山西分卷 安泽民间文学三套集成
安泽县三套集成编辑委员会编 安泽 安泽县三套集成编辑委员会 1989 年 457 页

浮山县

009081876
浮山县志
浮山县地方志编纂委员会编 北京 中华书局 2002 年 743 页

013045516
浮山辛庄村志
辛庄村志编纂委员会编 浮山 辛庄村志编纂委员会 2011 年 236 页

011472962
浮山县人民代表大会志
浮山县人民代表大会志编纂委员会编 太原 山西人民出版社 2008 年 1105 页

013091041
浮山县民政志
浮山县民政局编 浮山 浮山县民政局 2009 年 472 页

011890621
浮山财政志要 1990.1—2003.6
浮山县财政局编 浮山 浮山县财政局 2003 年 513 页

013128914
浮山县教育志 1804—1985
浮山县教育志编纂委员会编 浮山 浮山县教育志编纂委员会 1994年 328页

012096686
浮山所志
浮山所志编纂委员会编 北京 中国出版社 2005年 513页

008664888
浮山县地名录
浮山县人民政府编 赵吉云 孙学文 段森德编 浮山 浮山县人民政府 1983年 90页

013129959
龙角山志
浮山县地方志办公室编印 浮山 浮山县地方志办公室 2007年 242页

吉县

004516541
吉县志
吉县志编纂委员会编 北京 中国科学技术出版社 1992年 630页

013683746
吉县教育志
山西省吉县教育志编审委员会编 吉县 山西省吉县教育志编审委员会 1995年 356页

009804227
壶口志
山西旅游景区志丛书编委会 许小根主编 太原 山西人民出版社 2004年 271页〔山西旅游景区志丛书〕

乡宁县

007477961
乡宁县志
乡宁县志编纂委员会编 北京 新华出版社 1992年 886页

012251372
李子坪村志
仪生主编 北京 中国文联出版社 2007年 423页

012614314
南崖村志
仪生主编 北京 长城出版社 2010年 501页

012877313
乡宁检察志 1955.4—2005.12
乡宁县人民检察院编 乡宁 乡宁县人民检察院 2007年 119页

013133828
乡宁县教育志
孙毅勇主编 乡宁 乡宁县教育志编纂委员会 2007年 215页

010061052

中国民间文学集成 山西卷 乡宁县民间文学三套集成

乡宁县民间文学三套集成编辑委员会编 乡宁 乡宁县民间文学三套集成编辑委员会 1997年 544页

大宁县

003324871

大宁县志

大宁县志编纂委员会 冯岩主编 北京 海潮出版社 1990年 656页

隰县

011917981

隰县志

隰县志编纂委员会编 张仁杰主编 北京 方志出版社 2007年 847页〔中国地方志丛书〕

013321195

隰县人民代表大会志

隰县人民代表大会志编纂委员会编 隰县 隰县人民代表大会志编纂委员会 2011年 850页

013775973

隰县人民法院志

刘志华主编 隰县人民法院志编纂委员会编 隰县 隰县人民法院 2012年 524页

009561939

小西天志

王哲士主编 太原 山西人民出版社 2004年 214页〔山西旅游景区丛书〕

永和县

011516184

永和市志

中华综合发展研究院应用史学研究所总编纂 永和市 台北县永和市公所 2005年 2册

008841122

永和县志

永和县志征编领导组 刘勇主编 北京 学苑出版社 1999年 726页

010252648

永和县邮电志 1366—1998

永和县邮电局编 永和 永和县邮电局 1998年 200页

蒲县

007482401

蒲县志

蒲县县志编纂委员会编 张世贤主编 北京 中国科学技术出版社 1992年

682 页

012265026
黑龙关镇志
黑龙关镇志编纂委员会编 霍怀德主编 黑龙关镇 黑龙关镇志编纂委员会 2006 年 293 页

013144646
蒲县政协志
蒲县政协志编纂委员会编 蒲县 蒲县政协志编纂委员会 2011 年 451 页

012266027
蒲县交通志
双新胜主编 蒲县交通志编撰委员会编 太原 三晋出版社 2009 年 315 页

013144643
蒲县书画志
张世贤主编 北京 大众文艺出版社 2011 年 364 页

012503910
东岳庙志
张世贤主编 太原 山西人民出版社 2005 年 457 页

汾西县

008007371
汾西县志
山西省汾西县地方志编纂委员会编 郭六喜主编 北京 方志出版社 1997 年 648 页〔中华人民共和国地方志丛书〕

013334573
店头村志
汾西县史志馆 店头村委会编 汾西 汾西县史志馆店头村委会 2004 年 312 页

012503916
汾西县工会志
汾西县工会志编纂委员会编 汾西 汾西县总工会 2007 年 434 页

013183417
汾西县人民代表大会志
汾西县人民代表大会常务委员会编 汾西 汾西县人民代表大会常务委员会 2011 年 816 页

012872274
汾西县军事志 前 590—2005 初稿
汾西县军事志编纂委员会编 汾西 汾西县军事志编纂委员会 2008 年 364 页

013091002
汾西矿业工贸公司志 1979—2009
工贸公司志编纂委员会编 介休 工贸公司志编纂委员会 2010 年 388 页

013404103
汾西矿业紫金煤业志 1929—2008

紫金煤业志编纂委员会编 晋中 紫金煤业志编纂委员会 2008年 259页

013404095
设备修造厂志 1956—2006
设备制造厂志编辑委员会编 2006年 246页

012898381
汾西矿业集团有限责任公司员工学校教育志 1958—2008
汾西矿业集团有限责任公司编 汾西 汾西矿业集团有限责任公司 2008年 308页

013791168
汾西县教育志 1840—2010
汾西县教育科技局编 临汾 临汾德美印业有限公司印刷 2012年 584页

013320946
山西省汾西县人民医院志 1950—2010
山西省汾西县人民医院志编纂委员会编 汾西 汾西县人民医院 2010年 374页

吕梁市

007900141
吕梁地区志
吕梁地区地方志编纂委员会办公室 任勋禄主编 太原 山西人民出版社 1989年 801页

013415277
华晋焦煤志
华晋焦煤志编纂委员会编 太原 山西人民出版社 2012年 692页

013990943
吕梁石油志
中石化山西吕梁石油分公司编 太原 山西人民出版社 2013年 268页

011954653
吕梁市电力工业志 1921—2005
吕梁市电力工业志编委会编 北京 中国电力出版社 2008年 567页〔山西省电力工业志丛书〕

008844895
文峪河志
文峪河水利管理局编 太原 山西古籍出版社 2000年 490页

009769127
吕梁地区交通志
居思勤 苏俊旗主编 刘康斌 高树峰 刘建文副主编 吕梁地区交通志编纂委员会编 北京 方志出版社 2005年

713 页

013821922

吕梁日报社社志 1971—2011

郭晓频主编 太原 山西教育出版社 2012 年 115 页〔纪念吕梁日报创刊40 周年丛书〕

012614034

吕梁市卫生学校校志 1972—2008

吕梁市卫生学校校志编写委员会编 吕梁 吕梁市卫生学校校志编写委员会 2008 年 240 页

012719325

吕梁市晋剧院院志

吕梁市晋剧院院志编纂委员会编 吕梁 吕梁市晋剧院院志编纂委员会 2009 年 277 页

012802561

吕梁渠氏史志宗谱

渠平主编 吕梁 2006 年 345 页

012832031

关帝山植物志

王治中 安文山主编 北京 中国林业出版社 2010 年

011998173

山西省吕梁市人民医院志 1971.6—2007.12

山西省吕梁市人民医院志编委会编 太原 山西教育出版社 2008 年 1085 页

011066916

吕梁地区卫生志

梁广恒主编 赵俊田执笔 太原 山西科学技术出版社 1999 年 364 页

离石区

008637590

离石县志

李文凡主编 李德芳 薛俊明编审 太原 山西人民出版社 1996 年 820 页

009442087

离石县军事志

山西省离石县人民武装部 山西省离石县地方志办公室编 吕梁 山西省吕梁地区印刷厂印 1989 年 194 页

010232488

山西省离石县城乡建设志

离石县城乡建设局编 离石 离石县城乡建设局 1992 年 87 页

011328206

离石县教育志

离石县教育志编辑办公室编 太原 山西古籍出版社 1995 年 281 页

孝义市

004516542
孝义县志 第1卷
孝义县地方志编纂委员会编 北京 海潮出版社 1992年 960页

008382743
孝义县志 第2卷 续
孝义市地方志编纂委员会编 太原 山西古籍出版社 1996年 500页

008813646
孝义市柱濮镇志
冯太贵主编 孝义市柱濮镇志编纂委员会编 太原 山西古籍出版社 1998年 480页〔山西省重点乡镇村志系列丛书〕

012758727
北关村志
张福主编 孝义 山西春秋电子音像出版社 2009年 373页

011312471
楼东村志
郭华主编 孝义市楼东村志编委会修 太原 山西人民出版社 2007年 418页

012639057
桥北村志
武贵生主编 太原 山西人民出版社 2010年 229页

013681537
山西省孝义市东小景村志
武立贵编著 孝义 东小景村志编纂委员会 2005年 324页

013128867
山西省孝义市东小景村志
武立贵编著 东小景村志编纂委员会编 香港 天马出版有限公司 2007年 429页

012899395
山西孝义相王村志
王正树编著 孝义 相王村志编委会 2008年 518页

008385639
孝义市城关乡志
孝义市城关乡志编纂委员会编 李林生主编 太原 山西古籍出版社 1996年 455页〔山西省重点乡镇村志系列丛书〕

012684999
孝义市兑镇镇志
张由泉主编 孝义市兑镇镇志编纂委员会修 太原 山西人民出版社 2010年 617页

009768797
孝义市西辛庄镇志
孟武生主编 孝义 2005年 551页

010730718
孝义市下栅村志
下栅村地方志编纂委员会编 香港 国际炎黄文化出版社 2006年 344页

012545465
孝义政协志
任张广主编 太原 山西人民出版社 2009年 400页

009995033
孝义公安志
王志清主编 太原 山西古籍出版社 2000年 297页

009340801
孝义城乡建设志
冯俊年主编 孝义城乡建设志编纂委员会编 太原 北岳文艺出版社 2003年 485页

009561615
孝义市土地志
周锡锋主编 孝义 孝义市土地管理局 1998年 641页

009561610
孝义林业志
孝义市林业局编 北京 中国地图出版社 1992年 216页

011295499
孝义电力工业志
赵世斌主编 孝义电力工业志编纂委员会修 太原 山西人民出版社 2007年 462页

013994118
孝义交通志
杜云主编 太原 山西人民出版社 2013年 295页

011311838
孝义粮食志
孝义市粮食志编纂委员会修 香港 天马图书有限公司 2003年 282页

008983191
孝义金融志
段明亮主编 太原 山西人民出版社 2002年 517页

011066387
孝义广播电视志
孝义广播电视志编纂委员会修 太原 山西人民出版社 2006年 350页

012662547
孝义教育志
杨如森主编 郝继文副主编 孝义市教育志编辑室编 太原 山西人民出版社 1994年 323页

011585110
孝义方言志
郭建荣编 北京 语文出版社 1989年

136 页〔山西省方言志丛书〕

011312474
孝义市人民医院志
赵文俊主编 孝义市人民医院 孝义市地方志办公室编 山西 山西春秋电子音像出版社 2007 年 383 页

汾阳市

008636632
汾阳县志
汾阳县志编纂委员会编 王希良主编 北京 海潮出版社 1998 年 1150 页

012758778
冬雷家堡村志
曹其金主编 2006 年 232 页

010200715
南广城村志
王维程主编 太原 山西人民出版社 2006 年 461 页

013753747
平陆村志
平陆村志编纂理事会编 2011 年 325 页

012879023
山西汾阳中寨村志
中寨村志编委会编 2010 年 365 页〔爱我家乡系列丛书〕

009392878
宣柴堡村志
太原 山西高校联合出版社 1995 年 279 页〔爱我家乡系列〕

008813545
义安村志
师永春主编 太原 山西古籍出版社 1998 年 321 页

013133981
玉兰村志
崔锡儒主编 玉兰村 2009 年 395 页

009840209
汾阳人口志
汾阳人口志编纂委员会编印 汾阳 汾阳人口志编纂委员会 2004 年 634 页

013145335
山西杏花村汾酒工会志
杨心田 孙慧兵主编 汾阳 山西杏花村汾酒工会志编纂委员会 2000 年 568 页

013791170
汾阳市人大志 1949.8—1998.7
汾阳市人民代表大会常务委员会编 汾阳 汾阳市宏美印刷厂 2003 年 541 页

013143598
汾阳政协志

政协汾阳市委员会编 汾阳 政协汾阳市委员会 2005年 584页

014028770
汾阳民政志
张一涛 高冬生主编 汾阳市史志办公室 汾阳市民政局编纂 汾阳 汾阳市民政局 2012年 588页

009744928
汾阳县煤炭志
汾阳县煤炭志编写组编 北京 中国大百科全书出版社 1993年 446页

011293094
汾阳县教育志
雷守敬 李九礼主编 太原 山西人民出版社 1992年 344页

013681551
汾阳建市十年志略 1996—2006
汾阳建市十年志略编委会编 汾阳 汾阳建市十年志略编委会 2006年 255页

011955351
山西省汾阳医院志
白林海主编 太原 山西人民出版社 2008年 672页

008828594
汾阳环保志
张世森 王希良主编 香港 天马图书有限公司 2001年 540页

文水县

009889856
文水县志 送审本
文水县志编纂委员会编 文水 文水县志编纂委员会 1992年 3册

008190722
文水县志
李培信主编 太原 山西人民出版社 1994年 1005页

011998511
文水县志 1986—2002
徐锦笙主编 北京 中华书局 2009年 1130页

012638617
西韩村志
文水县西韩村志编纂委员会编印 文水 文水县西韩村志编纂委员会 2004年 305页

008380188
信贤村志
蔚树生主编 山西省史志研究院编 太原 山西古籍出版社 1997年 312页〔山西省重点乡镇村志系列丛书 1〕

013626438
共青团文水县委志
梁大智主编 共青团文水县委员会编 文水 共青团文水县委员会 1991年

168 页

009881337
文水县政府志
文水县人民政府办公室编 文水 文水县人民政府办公室 1984 年 196 页

009561598
文水县农业志
张之蕊主编 山西省文水县农业局编 文水 山西省文水县农业局 1991 年 153 页

009881335
文水县商业志
山西省文水县商业局编 文水 山西省文水县商业局 1994 年 202 页

013994010
文水县教育志
陈福陵主编 文水县教育体育局教育志编纂组编 文水 文水县教育体育局 2009 年 447 页

013899666
文水中学校志
文水中学校志编纂委员会编 陷有步主编 太原 山西出版传媒集团 2012 年 293 页

013959464
文水县体育志
陈福陵主编 文水县教育体育局体育志编纂组编 文水 文水县教育体育局 2010 年 679 页

011998503
文水解放 60 年志略 1943—2008
文水县史志办公室编 太原 山西人民出版社 2008 年 479 页

013528628
百金堡武氏族志
百金堡武氏族志编纂委员会编纂 武崇贵主编 百金堡 百金堡武氏族志编纂委员会 2012 年 310 页

008535800
山西省文水县地名录
温金禄 孟守昌主编 梁开瀛校正 文水 山西省文水县地名普查办公室 1982 年 84 页

交城县

008034104
交城县志
交城县志编写委员会编 太原 山西古籍出版社 1994 年 983 页

014032930
交城县志 1986—2005
杨丽萍主编 北京 中华书局 2012 年 1204 页

012951929

城关镇志

田瑞主编 香港 天马图书有限公司
2005年 543页

012097603

近代晋商交城志

侯恩印编审 田瑞主编 交城县史志编纂
委员会 政协交城县委员会编 2005
年 579页〔交城县政协文史资料特
辑〕

013627980

交城革命历史人物志

李志安主编 交城 交城县文史研究院
2012年 372页

012946875

交城县奈林村徐氏家族谱(志)

呼和浩特 远方出版社 2006年 138页

012638953

山西石壁玄中寺志

田瑞主编 香港 天马图书有限公司
2002年 461页

兴县

007488639

兴县志

贾维桢 尚永红 孙海声主编 北京 中国
大百科全书出版社 1993年 719页

013732494

兴县军事志 556—2006

兴县军事志编纂委员会编 兴县 兴县军
事志编纂委员会 2010年 429页

013776000

兴县电力工业志 1946—1997

郭峰岚主编 兴县电力工业志编委会编
香港 天马图书有限公司 2001年
578页

013072725

兴县财政志

王贵荣 孙海声主编 太原 山西经济出
版社 1997年 420页

008379725

兴县税务志

兴县税务志编纂委员会编 太原 山西经
济出版社 1995年 223页

012662651

兴县文化志 1840—1991

贾佩珍主编 太原 山西人民出版社
1993年 610页

008380192

兴县教育志 1840—1988

贾佩珍主编 太原 山西人民出版社
1991年 452页

临县

010225120
白文村志
薛海琦主编 临县 2001年 214页

012049461
后刘家庄村志
刘长久 刘峰主编 太原 山西人民出版社 2009年 290页

009840220
碛口志
王洪廷编著 太原 山西经济出版社 2005年 393页

013793176
临县人口志
余风雅主编 临县计划生育委员会编 临县 临县计划生育委员会 1992年 198页

013184340
临县民政志
刘众民主编 太原 山西人民出版社 2011年 705页

013898034
临县军事志
张觉民 赵海涛主编 张向阳 张晶森副主编 1999年 438页

012832459
临县电力志 1970—2010
李平陆主编 太原 山西人民出版社 2010年 504页

013958755
临县煤炭志
李廷江主编 太原 山西人民出版社 2013年 465页

012832465
临县交通志
临县交通志编纂委员会编 太原 山西人民出版社 2010年 371页

013688971
临县地税志
孙三平主编 太原 山西人民出版社 2012年 512页

012680416
临县教育志
王海平主编 太原 山西人民出版社 2010年

013659585
临县卫生志
临县卫生志编纂委员会编 临县 临县卫生志编纂委员会 1993年 282页

012832471
临县水利水保志
武晓玲主编 2001年 184页

柳林县

008637635
柳林县志
李九林主编 山西省柳林县志编纂委员会编 北京 海潮出版社 1995年 784页〔中华人民共和国地方志丛书〕

012898567
贺家坡村志
白占全编著 北京 中国文史出版社 2006年 263页〔三味书屋文丛〕

013000403
柳林县人民代表大会志 1981—2010
柳林县人民代表大会志编纂委员会编 太原 山西人民出版社 2011年 784页

009001483
柳林电力工业志 1948—1998
柳林电力工业局著 太原 山西人民出版社 2002年 384页〔山西省电力工业志丛书〕

012813950
柳林供电志 1999—2008
定明进主编 太原 山西人民出版社 2010年 355页

010576815
柳林县水利志
陈保华主编 太原 山西人民出版社 2006年 674页

013899395
沙曲矿志 1989—2011
李玉麟主编 太原 山西经济出版社 2013年 577页

012898257
成家庄中学校志
杨建文主编 成家庄镇 山西省柳林县柳林文化研究会 2007年 198页〔柳林文化研究书库〕

013753490
柳林县职业中学校志 1986.10—2011.10
李福贵主编 2011年 284页

008906489
柳林县地名录
李文俊主编 柳林县民政局编印 柳林 柳林县民政局 1988年 172页

石楼县

008190748
石楼县志
石楼县志编纂委员会编 太原 山西人民出版社 1994年 621页

012766856
石楼县军事志 前665—2006
石楼县军事志编纂委员会编 石楼 石楼县军事志编纂委员会 2010年 287页

岚县

008456343
岚县志
康茂生主编 北京 中国科学技术出版社 1991年 744页

011998166
山西黑茶山林区植物志
王喜贵 吴埃平主编 太原 山西科学技术出版社 1999年 287页

方山县

004715720
方山县志
方山县县志编纂办公室编 太原 山西人民出版社 1993年 578页

013000337
刘家庄村志
常丕光编著 2010年 267页

013221117
方山县人民法院志
方山县人民法院编 方山 方山县人民法院 2010年 533页

中阳县

007819153
中阳县志
中阳县志编纂委员会编 太原 山西人民出版社 1996年 871页

013684598
山西省中阳县暖泉镇沙塘村志
沙塘村志编纂委员会 武中明 宋国璋编著 沙塘村 沙塘村志编纂委员会 2011年 287页

012903636
中阳县林业志
武中明主编 中阳 中阳县林业局 2009年 251页

011501613
中阳教育志
任慎让主编 中阳 中阳县教育志编纂领导组 1999年 393页

007875776
中阳县方言志
胡福汝编著 上海 学林出版社 1990年 156页

交口县

009081871
交口县志
山西省交口县地方志编纂委员会编 北京 中华书局 2002年 775页

内蒙古自治区

008983600
内蒙古十通 内蒙古国土资源通志
邢野主编 呼和浩特 内蒙古人民出版社 2001年 512页

009561067
内蒙古十通 内蒙古民俗风情通志
邢野 宿梓枢主编 呼和浩特 内蒙古人民出版社 2004年 663页

009398293
内蒙古十通 内蒙古知识青年通志
邢野主编 姜宝泰副主编 呼和浩特 内蒙古人民出版社 2003年 527页

010269448
内蒙古十通 绥远通志
邢野 姜宝泰主编 呼和浩特 内蒙古人民出版社 2005年 733页

011321265
内蒙古通志
邢野主编 内蒙古通志编纂委员会编 呼和浩特 内蒙古人民出版社 2007年 6册

008197462
内蒙古自治区志
呼和浩特 内蒙古人民出版社 1997年 〔内蒙古自治区地方志丛书〕

009799178
内蒙古自治区志 大事记 送审稿
内蒙古自治区地方志办公室编 呼和浩特 内蒙古自治区地方志办公室 1995年 982页

011296165
内蒙古自治区志 公安志
内蒙古自治区公安厅编 北京 中国人民公安大学出版社 2008年 2册 1869页

010779129

内蒙古自治区志 供销合作社志

内蒙古自治区志供销合作社志编委会编 呼和浩特 内蒙古人民出版社 2007年 494页

009854330

内蒙古自治区志 气象志

内蒙古自治区气象局编 北京 气象出版社 2005年 455页〔内蒙古自治区地方志丛书〕

009561087

内蒙古自治区志 审计志

内蒙古自治区志审计志编纂委员会编 呼和浩特 远方出版社 2003年 529页

009618597

内蒙古自治区志 政府志 送审稿

内蒙古自治区志政府志编纂委员会办公室编 内蒙古 内蒙古自治区志政府志编纂委员会办公室 2000年 7册

009043658

内蒙古自治区志 第1卷 科学技术志

内蒙古自治区地方志科学技术志编纂委员会编 呼和浩特 内蒙古人民出版社 1997年 1190页〔内蒙古自治区地方志丛书〕

009044035

内蒙古自治区志 第2卷 粮食志

内蒙古自治区志粮食志编纂委员会编 呼和浩特 内蒙古人民出版社 1997年 576页〔内蒙古自治区地方志丛书〕

009043948

内蒙古自治区志 第3卷 测绘志

内蒙古自治区志测绘志编纂委员会编 呼和浩特 内蒙古人民出版社 1997年 364页〔内蒙古自治区地方志丛书〕

009043976

内蒙古自治区志 第4卷 物资志

内蒙古自治区志物资志编纂委员会编 呼和浩特 内蒙古人民出版社 1997年 446页〔内蒙古自治区地方志丛书〕

009043672

内蒙古自治区志 第5卷 铁路志

内蒙古自治区地方志铁路志编辑部编 北京 中国铁道出版社 1998年 423页〔内蒙古自治区地方志丛书〕

009043669

内蒙古自治区志 第6卷 商业志

内蒙古自治区地方志商业志编纂委员会编 呼和浩特 内蒙古人民出版社 1998年 597页〔内蒙古自治区地方志丛书〕

009043959

内蒙古自治区志 第 7 卷 电力工业志
内蒙古自治区志电力工业志编纂委员会编 呼和浩特 内蒙古人民出版社 1997 年 535 页〔内蒙古自治区地方志丛书〕

008594146

内蒙古自治区志 第 8 卷 地质矿产志
内蒙古自治区志地质矿产志编纂委员会编 呼和浩特 内蒙古人民出版社 1999 年 361 页〔内蒙古自治区地方志丛书〕

008660242

内蒙古自治区志 第 9 卷 邮电志
内蒙古自治区志邮电志编纂委员会编 呼和浩特 内蒙古人民出版社 2000 年 819 页〔内蒙古自治区地方志丛书〕

008660244

内蒙古自治区志 第 10 卷 农业志
内蒙古自治区志农业志编委会编 呼和浩特 内蒙古人民出版社 2000 年 580 页〔内蒙古自治区地方志丛书〕

011476971

内蒙古自治区志 第 11 卷 财政志
内蒙古自治区志财政志编纂委员会编著 北京 中国财政经济出版社 2007 年 795 页〔内蒙古自治区地方志丛书〕

008594136

内蒙古自治区志 第 11 卷 财政志
内蒙古自治区财政厅编印 呼和浩特 内蒙古自治区财政厅 1995 年 549 页

008693742

内蒙古自治区志 第 12 卷 民用航空志
内蒙古自治区志民用航空志编纂委员会编纂 呼和浩特 内蒙古人民出版社 1999 年 383 页〔内蒙古自治区地方志丛书〕

008693766

内蒙古自治区志 第 13 卷 畜牧志
内蒙古自治区畜牧厅修志编史委员会编 呼和浩特 内蒙古人民出版社 1999 年 577 页〔内蒙古自治区地方志丛书〕

008693739

内蒙古自治区志 第 14 卷 煤炭工业志
内蒙古自治区志煤炭工业志编委会编 北京 煤炭工业出版社 1999 年 619 页〔内蒙古自治区地方志丛书〕

008693699

内蒙古自治区志 第 15 卷 大事记
内蒙古自治区地方志编纂委员会办公室编 呼和浩特 内蒙古人民出版社 1997 年 1121 页

008594147

内蒙古自治区志 第 16 卷 共产党志

任亚平主编 王树青 沈正副主编 呼和浩特 内蒙古人民出版社 1997 年 790 页

008829067

内蒙古自治区志 第 17 卷 政府志
内蒙古自治区地方志编纂委员会编 北京 方志出版社 2001 年 1406 页〔内蒙古自治区地方志丛书〕

008828700

内蒙古自治区志 第 18 卷 公路 水运交通志
内蒙古自治区公路交通史志编审委员会编 呼和浩特 内蒙古人民出版社 2001 年 795 页〔内蒙古自治区地方志丛书〕

009244783

内蒙古自治区志 第 19 卷 武警志
中国人民武装警察部队内蒙古自治区总队史志编审委员会编 呼和浩特 内蒙古人民出版社 2003 年 701 页〔内蒙古自治区地方志丛书〕

009190265

内蒙古自治区志 第 20 卷 广播电视志
内蒙古自治区广播电视志编审委员会编 呼和浩特 内蒙古人民出版社 2003 年 701 页〔内蒙古自治区地方志丛书〕

008950216

内蒙古自治区志 第 21 卷 统计志
内蒙古自治区志统计志编纂委员会编 呼和浩特 远方出版社 2002 年 664 页〔内蒙古自治区地方志丛书〕

008983749

内蒙古自治区志 第 22 卷 军事志
内蒙古自治区志 军事志编纂委员会编 呼和浩特 内蒙古人民出版社 2002 年 813 页〔内蒙古自治区地方志丛书〕

009414895

内蒙古自治区志 第 23 卷 技术监督志
内蒙古自治区志技术监督志编纂委员会编 北京 方志出版社 2004 年 644 页

008983776

内蒙古自治区志 第 24 卷 工会志
内蒙古自治区志工会志编纂委员会编 尤仁主编 呼和浩特 内蒙古人民出版社 2001 年 511 页〔内蒙古自治区地方志丛书〕

010008939

内蒙古自治区志 第 25 卷 档案志
内蒙古自治区档案局编 呼和浩特 内蒙古人民出版社 2006 年 368 页〔内蒙古自治区地方志丛书〕

010576818

内蒙古自治区志 第26卷 税务志

内蒙古自治区志税务志编委会编 呼和浩特 内蒙古人民出版社 2006年 735页

011295502

内蒙古自治区志 第27卷 烟草志

内蒙古自治区志烟草志编纂委员会编 呼和浩特 内蒙古人民出版社 2007年 990页

011499453

内蒙古自治区志 第28卷 卫生志

内蒙古自治区志地方志编纂委员会编 赤峰 内蒙古科学技术出版社 2007年 1177页〔内蒙古自治区地方志丛书〕

011499449

内蒙古自治区志 第29卷 司法行政志

内蒙古自治区司法厅编 北京 法律出版社 2007年 629页〔内蒙古自治区地方志丛书〕

011955210

内蒙古自治区志 第30卷 工商行政管理志

内蒙古自治区志工商行政管理志编纂委员会编 呼和浩特 远方出版社 2008年 563页〔内蒙古自治区地方志丛书〕

011955216

内蒙古自治区志 第31卷 检察志

刑宝玉主编 呼和浩特 内蒙古人民出版社 2008年 492页

011997455

内蒙古自治区志 第32卷 妇联志

陈羽主编 呼和浩特 内蒙古人民出版社 2008年 660页

012051723

内蒙古自治区志 第33卷 政协志

内蒙古自治区志政协志编纂委员会编著 呼和浩特 内蒙古人民出版社 2009年 702页

012208078

内蒙古自治区志 第34卷 乡镇企业志

内蒙古自治区志乡镇企业志编委会编 呼和浩特 内蒙古教育出版社 2009年 365页〔内蒙古自治区地方志丛书〕

012051719

内蒙古自治区志 第35卷 民政志

内蒙古民政厅编 呼和浩特 内蒙古人民出版社 2009年 773页

011955220

内蒙古自治区志 第36卷 审判志

王维山主编 内蒙古自治区高级人民法院编 呼和浩特 内蒙古人民出版社 2009年 909页

011892207

内蒙古自治区志 第37卷 出入境检验检疫志

内蒙古出入境检验检疫局编 呼和浩特 内蒙古人民出版社 2009年 839页〔内蒙古自治区地方志丛书〕

012814034

内蒙古自治区志 第38卷 外事志

内蒙古自治区人民政府外事办公室主编 呼和浩特 远方出版社 2009年 552页〔内蒙古史志丛书〕

011892257

内蒙古自治区志 第39卷 土地志

内蒙古自治区土地志编纂委员会编 呼和浩特 内蒙古人民出版社 2008年 750页〔内蒙古史志丛书〕

012721878

内蒙古自治区志 第40卷 环境保护志

内蒙古自治区环境保护厅编 呼和浩特 远方出版社 2010年 749页〔内蒙古史志丛书〕

009472711

内蒙古自治区志 第41卷 旅游志

内蒙古自治区旅游局编 呼和浩特 内蒙古人民出版社 2010年 808页〔内蒙古自治区地方志丛书〕

012051721

内蒙古自治区志 第42卷 行政区域建制志

内蒙古民政厅编 呼和浩特 内蒙古人民出版社 2009年 724页

013066902

内蒙古自治区志 第43卷 劳动志

内蒙古自治区志劳动志编纂委员会编 呼和浩特 内蒙古教育出版社 2003年 529页〔内蒙古自治区地方志丛书〕

013224703

内蒙古自治区志 第44卷 人民代表大会志

内蒙古自治区志人民代表大会志编纂委员会编 呼和浩特 内蒙古人民出版社 2007年 750页〔内蒙古自治区地方志丛书〕

013793371

内蒙古自治区志 第45卷 社会科学志

马永真主编 呼和浩特 内蒙古教育出版社 2011年 1164页〔内蒙古自治区地方志丛书〕

008983605

内蒙古十通 内蒙古旅游资源通志

邢野主编 巴特尔副主编 呼和浩特 内蒙古人民出版社 2002年 486页

008594130

内蒙古自治区人民政府驻北京办事处志

葛继善主编 呼和浩特 内蒙古人民出版社 1999年 345页

009699793

内蒙古"文化大革命"通志

刑野 宿梓枢主编 香港 中国科学教育文化国际交流促进会出版社 2005年 584页

011499432

内蒙古民盟志

中国民主同盟内蒙古自治区委员会编 呼和浩特 内蒙古民盟 2006年 98页

010252957

中国武警志 内蒙古自治区森林总队志 1952—2000

中国人民武装警察部队内蒙古自治区森林总队史志丛书编审委员会编 中国人民武装警察部队内蒙古自治区森林总队史志丛书编审委员会 2003年 435页〔武警森林部队史志丛书〕

005591322

[中华地理志]内蒙古自治区经济地理

孙敬之主编 邓静中等编写 中国科学院中华地理志编辑编著 北京 科学出版社 1956年 78页〔中国科学院中华地理志经济地理丛书 1〕

011805731

内蒙古自治区农业机械化科学技术志

内蒙古自治区农牧业厅农牧业机械化管理局编 呼和浩特 远方出版社 2007年 241页〔内蒙古史志丛书〕

012051715

内蒙古中西部垦务志

赵金兵 朝克主编 呼和浩特 内蒙古大学出版社 2008年

009147604

金河志 1988—1998

金河志编纂委员会编 呼和浩特 内蒙古人民出版社 1998年 331页

008983731

内蒙古电力工业大事记 1903—1996

内蒙古电力工业史志编纂委员会编 呼和浩特 内蒙古人民出版社 1998年 287页〔内蒙古电力工业志丛书〕

008983733

内蒙古轻纺工业志

曾昭义主编 呼和浩特 内蒙古人民出版社 1995年 594页

009160008

内蒙古自治区电力工业志

内蒙古自治区电力工业志编纂委员会编 北京 当代中国出版社 1996年 419页〔中国电力工业志丛书〕

009147601

内蒙古自治区轻纺工业科学技术志

王俊玉主编 冀占军总纂 呼和浩特 内蒙古人民出版社 1994年 383页

009348916
内蒙古税务志
内蒙古税务志编纂委员会编纂 北京 中国书籍出版社 1993年 305页

013337658
内蒙古建设银行志
中国人民建设银行内蒙古分行编 呼和浩特 中国人民建设银行内蒙古分行 1994年 830页

011499426
内蒙古金融志
内蒙古金融志编纂委员会编 呼和浩特 内蒙古人民出版社 2007年 3册 2143页

009190279
内蒙古自治区农业政策金融志
卢纯才主编 贾楞 高明星副主编 呼和浩特 内蒙古人民出版社 2001年 435页

011329534
中国农业银行内蒙古自治区分行志
李儒农 瞿建耀 王志峰 彭金友主编 呼和浩特 内蒙古人民出版社 2007年 792页

012127754
内蒙古广播电视志
内蒙古广播电视志编辑室编 呼和浩特 内蒙古人民出版社 1987年 510页

008950223
内蒙古自治区新华书店志 1947—1995
内蒙古自治区新华书店志编纂委员会编 呼和浩特 内蒙古人民出版社 1999年 587页

011955187
内蒙古自治区科学技术协会志 1997—2007
内蒙古科学技术协会编著编者 赵英责任编辑 呼和浩特 内蒙古大学出版社 2008年 591页

009313083
内蒙古自治区科学技术协会志 1951—1997
张应琦主编 呼和浩特 内蒙古大学出版社 1998年 522页

008660862
内蒙古教育史志资料
内蒙古教育志编委会编 呼和浩特 内蒙古大学出版社 1995年

008979751
内蒙古汉语方言志
马国凡 邢向东 马叔骏著 呼和浩特 内蒙古教育出版社 1997年 437页

012197195
中国歌谣集成 第19卷 内蒙古卷
中国民间文学集成全国编辑委员会 中国歌谣集成内蒙古卷编辑委员会编

北京　中国 ISBN 中心　2007 年　1052 页

012215008

中国谚语集成　第 23 卷　内蒙古卷

中国民间文学集成全国编辑委员会　中国民间文学集成内蒙古卷编辑委员会编　北京　中国 ISBN 中心　2007 年　887 页

004341403

中国民间歌曲集成　第 16 卷　内蒙古卷

中国民间歌曲集成全国编辑委员会主编　中国民间歌曲集成内蒙古卷编辑委员会编纂　北京　人民音乐出版社　1992 年　2 册　1765 页〔十部文艺集成志书〕

007909811

中国曲艺音乐集成　第 3 卷　内蒙古卷

中国曲艺音乐集成全国编辑委员会　中国曲艺音乐集成内蒙古卷编辑委员会编　北京　中国 ISBN 中心　1997 年　736 页〔十部文艺集成志书〕

008707927

中国戏曲音乐集成　第 15 卷　内蒙古卷

中国戏曲音乐集成全国编辑委员会　中国戏曲音乐集成内蒙古卷编辑委员会编　北京　中国 ISBN 中心　1998 年　1215 页〔十部文艺集成志书〕

010002462

中国民族民间器乐曲集成　第 19 卷　内蒙卷

中国民族民间器乐曲集成全国编辑委员会　中国民族民间器乐曲集成内蒙卷编辑委员会编　北京　中国 ISBN 中心　2001 年　2 册　1283 页

010088924

中华舞蹈志　第 11 卷　内蒙古卷

中华舞蹈志编辑委员会编　上海　学林出版社　2006 年　360 页

006384483

中国民族民间舞蹈集成　第 2 卷　内蒙古卷

中国民族民间舞蹈集成编辑部编　北京　中国 ISBN 中心　1994 年　891 页〔十部文艺集成志书〕

009649612

中国曲艺志　第 8 卷　内蒙古卷

中国曲艺志全国编辑委员会　中国曲艺志内蒙古卷编辑委员会编　北京　中国 ISBN 中心　2000 年　522 页

008704041

中国戏曲志　第 25 卷　内蒙古卷

中国戏曲志编辑委员会　中国戏曲志内蒙古卷编辑委员会编　北京　中国 ISBN 中心　1994 年　660 页〔十部文艺集成志书〕

013131017

内蒙古当代医学人物志

李少白主编 北京 中国医药科技出版社 1990年 399页

004477207

蒙古族风俗志 第10卷

王迅 苏赫巴鲁编著 北京 中央民族学院出版社 1990年〔民俗文库 10〕

009349655

内蒙古风物志

呼和浩特 内蒙古人民出版社 1985年 278页〔中国风物志丛书〕

008687640

内蒙古自治区地名志

内蒙古自治区地名委员会编 呼和浩特 内蒙古自治区地名委员会 1985年

008801641

中华人民共和国内蒙古自治区地名录

内蒙古自治区革命委员会测绘局 民政局编 内蒙古 内蒙古自治区革命委员会测绘局 民政局 1976年 871页

008594198

内蒙古珠算协会志

内蒙古珠算协会志编写组编著 呼和浩特 内蒙古人民出版社 1990年 221页

013684557

内蒙古测绘志

内蒙古测绘志编纂委员会编 包头 内蒙古测绘志编纂委员会 1993年 395页

009687839

内蒙古自治区地震监测志

内蒙古自治区地震局编 呼和浩特 内蒙古人民出版社 2006年 458页〔中国地震监测志系列〕

009817797

内蒙古自治区区域地质志

内蒙古自治区地质矿产局编 北京 地质出版社 1991年 725页〔地质专报 1 区域地质 第25号〕

012639720

内蒙古白粉菌志

刘铁志著 赤峰 内蒙古科学技术出版社 2010年 322页

012317849

内蒙古动物志

旭日干主编 呼和浩特 内蒙古大学出版社 2001年

012099751

内蒙古昆虫志

能乃扎布主编 能乃扎布等编撰 包贵珠责任编辑 呼和浩特 内蒙古人民出版社 1986年

012836041

内蒙古自治区食品药品学会志 2003—2009

内蒙古自治区食品药品学会编 内蒙古 内蒙古自治区食品药品学会 2009年 238页

009398358

内蒙古植物药志

朱亚民主编 马毓泉等副主编 呼和浩特 内蒙古人民出版社 1989—2000年 3册

008195146

中国内蒙古土种志

内蒙古自治区土壤普查办公室 内蒙古自治区土壤肥料工作站编 北京 中国农业出版社 1994年 508页

008829053

内蒙古自治区农业技术推广志

内蒙古农业技术推广站编 呼和浩特 内蒙古自治区人民出版社 2001年 269页

009313085

内蒙古农作物品种志

内蒙古自治区革命委员会农林局编 呼和浩特 内蒙古人民出版社 1976年 352页

008594251

内蒙古自治区农作物种子志

王礼主编 呼和浩特 内蒙古人民出版社 1999年 426页

011499434

内蒙古自治区农作物种子志 1991—2002

张同美主编 呼和浩特 内蒙古人民出版社 2003年 636页

008594189

内蒙古农田杂草志

内蒙古农田杂草志编纂委员会编 呼和浩特 内蒙古人民出版社 1990年 333页

008594232

内蒙古蔬菜品种志

内蒙古自治区种子管理站编 呼和浩特 内蒙古人民出版社 1987年 209页

007892349

内蒙古家畜家禽品种志

涂友仁主编 呼和浩特 内蒙古人民出版社 1985年 189页

007801594

内蒙古自治区家畜家禽品种志

涂友仁主编 内蒙古家畜家禽品种志编委会编著 呼和浩特 内蒙古人民出版社 1985年 223页

011584715

内蒙古自治区家畜寄生虫概志

内蒙古畜牧兽医科学研究所编 呼和浩特 内蒙古畜牧兽医科学研究所 1961 年 193 页

呼和浩特市

008594329
呼和浩特市志
呼和浩特市地方志编修办公室编 呼和浩特 内蒙古人民出版社 1999 年 3 册〔内蒙古自治区地方志丛书〕

009398291
内蒙古十通 呼和浩特通志
宿梓枢 邢野主编 呼和浩特 内蒙古人民出版社 2003 年 943 页

012718940
呼和浩特市工会志
呼和浩特市总工会编 呼和浩特 内蒙古人民出版社 2010 年 626 页

011328754
呼和浩特市政协志
刘香芸主编 呼和浩特市政协志编纂委员会编 呼和浩特 内蒙古人民出版社 2007 年 2 册

008594336
呼和浩特市民政志
呼和浩特市民政局民政志编写办公室编 呼和浩特 呼和浩特市民政局民政志编写办公室 1986 年 226 页

011890862
呼和浩特铁路运输中级法院院志 1995—2000
呼和浩特铁路运输中级法院院志编纂委员会编 呼和浩特 呼和浩特铁路运输中级法院院志编纂委员会 2001 年 142 页

012999141
呼和浩特市防空志
刘鹤林主编 呼和浩特 内蒙古大学出版社 1999 年 263 页

012541707
呼和浩特经济开发区金川工业园区志
金川工业园区志编委会编 呼和浩特 内蒙古人民出版社 2009 年 472 页

008983871
呼和浩特市物资局志 1958—1985
呼和浩特市物资局志修志办公室编 呼和浩特 呼和浩特市物资局志编修领导小组 1987 年 269 页

008983895
〔呼和浩特市〕二轻工业志 1581—1984

呼和浩特市二轻工业局二轻工业志编写组编 呼和浩特 呼和浩特市二轻工业局 1986年 461页

008660645
呼钢志 1958—1984
呼和浩特钢铁厂编 呼和浩特 呼和浩特钢铁厂厂志编委会 1987年 538页

008660823
呼和浩特电力志
呼和浩特电力志编写委员会 呼和浩特发电厂 呼和浩特供电局合编 呼和浩特 呼和浩特发电厂 呼和浩特供电局 1986年 192页

007665149
呼和浩特发电厂志
杜艺主编 呼和浩特 呼和浩特供电局 1990年

008983946
呼和浩特发电厂志 1919—1987
杜艺主编 呼和浩特 呼和浩特发电厂 呼和浩特供电局 1990年 243页

009313064
呼和浩特机械工业志
呼和浩特市机械工业局编 呼和浩特 呼和浩特机械工业局 1987年 302页

011311898
呼和浩特卷烟厂志 1949—2005

呼和浩特卷烟厂志编委会编 呼和浩特 呼和浩特卷烟厂志编委会 2005年 439页

008983869
呼和浩特市电子设备厂志 1943—1983
呼和浩特市电子设备厂志编写组编 呼和浩特 呼和浩特市电子设备厂 1984年 194页

013316260
呼和浩特五交化志
梁乃信主编 方宝琴等编 呼市五金交电化工公司 呼和浩特五交化采供站编志组编 呼和浩特 呼市五金交电化工公司 1986年 139页

011580031
呼和浩特医药志
张儒林主编 呼和浩特 呼和浩特医药志编纂委员会 1987年 287页

007664479
内蒙古第二电力建设工程公司志 1975—1990
内蒙古第二电力建设工程公司志编委会编 呼和浩特 内蒙古第二电力建设工程公司 1991年 350页

009349652
内蒙古第二毛纺织厂厂志
厂志编委会编 呼和浩特 内蒙古第二毛纺织厂 1988年 143页

007685930

内蒙古第一电力建设工程公司志

1954—1989

内蒙古电建编 包头 内蒙古电建 1990年 279页

010200323

内蒙古电力勘测设计院志

内蒙古电力勘测设计院志编纂委员会编 呼和浩特 远方出版社 2004年 660页

012505375

内蒙古电力科学研究院志 1958—2002

内蒙古电力科学研究院志编纂委员会编 呼和浩特 内蒙古电力科学研究院 2003年 296页

008594195

内蒙古棉纺织厂志 1969—1988

内蒙古棉纺织厂厂志编辑委员会编 呼和浩特 内蒙古人民出版社 1989年 499页

008660663

内蒙古送变电工程公司志

内蒙古送变电工程公司志编委会编 北京 水利电力出版社快速出版服务部 1993年

011763088

内蒙古自治区第一建筑工程公司志

1950—1984

内蒙古自治区第一建筑工程公司志编纂委员会编 呼和浩特 内蒙古自治区第一建筑工程公司 1986年 225页

008383015

呼和浩特交通志

颜景良主编 北京 人民交通出版社 1997年 440页〔呼和浩特市地方志丛书〕

009106613

呼和浩特铁路局志 1914—1988

呼和浩特铁路局志编纂委员会编 北京 中国铁道出版社 1999年 2册 1087页

011476926

内蒙古集通铁路有限责任公司志

内蒙古集通铁路有限责任公司志鉴办公室编 呼和浩特 内蒙古集通铁路有限责任公司志鉴办公室 2005年 496页

008983947

呼和浩特市道路交通管理志

呼和浩特市道路交通管理志编纂委员会编 金额尔敦仓主编 呼和浩特 内蒙古人民出版社 2001年 469页

008594312

呼和浩特电信志

呼和浩特电信局编 呼和浩特 内蒙古人民出版社 1994年 357页〔内蒙古邮

电志丛书]

013926324
呼和浩特邮区中心局志 1998—2011
呼和浩特邮区中心局志编辑委员会编 呼和浩特 呼和浩特邮区中心局志编辑委员会 2012年 364页

008983941
[呼和浩特市]供销社志
呼和浩特市供销合作社联合社史志办公室编 呼和浩特 呼和浩特市供销合作社联合社史志办公室 1986年 248页

008594338
呼和浩特市蔬菜公司志 1949—1986
呼和浩特市蔬菜公司志编志办公室编 呼和浩特 呼和浩特市蔬菜公司志编志办公室 1986年 374页

008594319
呼和浩特市商业志
呼和浩特市商业局编 呼和浩特 呼和浩特市商业局 1987年 461页

009472707
呼和浩特财政志略
呼和浩特市财政局编 呼和浩特 呼和浩特市财政局 2004年 669页

013926321
呼和浩特财政志略 续 2003—2008
呼和浩特市财政局 呼和浩特市财政学会编 呼和浩特 呼和浩特市财政局 2010年 405页

012952129
呼和浩特税务志 1840—1986
呼和浩特市税务局编 呼和浩特 呼和浩特市税务局 1990年 400页

013863120
内蒙古自治区地方税务局税收事业发展图文志 2001—2009
内蒙古自治区地方税务局税收事业发展图文志编委会编 2010年 130页

013730299
内蒙古自治区新华书店志 呼和浩特市分卷 1952—1995
内蒙古自治区新华书店志呼和浩特市分卷编纂办公室编 呼和浩特 内蒙古人民出版社 2006年 558页

008594206
内蒙古自治区群众艺术馆 文化馆志
内蒙古自治区群众艺术馆编 呼和浩特 内蒙古人民出版社 1997年 404页

013728902
呼和浩特市档案志
呼和浩特市档案志编纂委员会编 呼和浩特 内蒙古大学出版社 2012年 392页

009349637

呼和浩特市教育志

呼和浩特市教育志编辑委员会编 呼和浩特 内蒙古人民出版社 1990年 278页

013143953

呼市第十中学校志

呼市第十中学校志编纂委员会编 呼和浩特 呼市第十中学校志编纂委员会 2010年 253页

013000562

内蒙古师大附中志

内蒙古师大附中志编纂委员会编 呼和浩特 远方出版社 2004年 373页

008594194

内蒙古师大附中志 1954—1994

内蒙古师大附中志编纂委员会编 斯琴照日格图主修 董镇宇主纂 刘成法 马维良副主纂 呼和浩特 内蒙古教育出版社 1994年 235页

008661402

内蒙古林学院志

内蒙古林学院志编纂委员会编 郭连生主修 赵美华副主修 崔纯璞主纂 高晓英副主纂 呼和浩特 远方出版社 1998年 474页

012051710

内蒙古农业学校志 1924—2008

李永义 卢剑主编 北京 中国农业出版社 2008年 401页

011476964

内蒙古师范大学汉语言文学系志 征求意见稿

内蒙古师范大学汉语言文学系志编委会编 呼和浩特 内蒙古师范大学汉语言文学系 2002年 347页

013730296

内蒙古师范大学体育学院志 1952—2012

内蒙古师范大学体育学院志编写委员会编 呼和浩特 内蒙古人民出版社 2012年 316页

013863116

内蒙古师范大学物理与电子信息学院志 1952—2012 **征求意见稿**

物理与电子信息学院志编委会编 2012年 248页

009244799

内蒙古师范大学志 1952—1992

窦伯菊主修 刘成法主纂 内蒙古师范大学志编委会编 呼和浩特 内蒙古人民出版社 1993年 800页

011584697

内蒙古师范大学志 1993—2004

陈中永主修 刘成法主纂 呼和浩特 内蒙古教育出版社 2005年 868页

013659656

内蒙古师范大学志 2005—2012

陈中永 杨一江主修 刘成法主纂 呼和浩特 内蒙古教育出版社 2012年 912页

008594317

呼和浩特职业教育志

呼和浩特职业教育志编委会编 呼和浩特 内蒙古人民出版社 1996年 332页

010112026

内蒙古电子学校志 1981—2001

内蒙古电子学校志编纂委员会编 呼和浩特 内蒙古电子学校志编纂委员会 2001年 254页

009349660

内蒙古自治区医院附属卫生学校志 1959—1999

成慧琳 云惠明主编 呼和浩特 远方出版社 1999年 182页

008594333

呼和浩特市蒙古族学校校志 1948—1998

蒙校校志编委会编 呼和浩特 内蒙古教育出版社 1998年 251页

008535869

内蒙古自治区地名志 第1卷 呼和浩特市分册

内蒙古自治区地名委员会编 呼和浩特 内蒙古自治区地名委员会 1985年 371页

012639712

内蒙古自治区医院附属卫校志 1959—2009

成慧琳 云惠明主编 呼和浩特 远方出版社 2009年 379页

013066898

内蒙古电力中心医院志 1951—2000

内蒙古电力中心医院志编纂委员会编 呼和浩特 远方出版社 2001年 287页

008594243

内蒙古医学院附属医院志 1958—1998

内蒙古医学院附属医院志编纂委员会编 呼和浩特 内蒙古医学院附属医院志编纂委员会 1998年 391页

014032681

呼和浩特市卫生防疫站志 1953—1993

呼和浩特市卫生防疫站志编辑委员会 王义贤主编 呼和浩特 呼和浩特市卫生防疫站志编辑委员会 1993年 227页

008594163

内蒙古精神卫生中心志 1958—1996

赵竹林主编 内蒙古精神卫生中心编印 呼和浩特 内蒙古精神卫生中心 1996

年 212 页

009349664
内蒙古自治区医院志 1947—1997
赵玉英主修 呼和浩特 远方出版社 1997年 385页

013131026
内蒙古自治区农业科学院志 1950—1990
刘怀北 李彦主编 呼和浩特 内蒙古大学出版社 1998年 282页

012639718
内蒙古自治区农牧业机械化研究所志 1956—2006
路战远主编 呼和浩特 远方出版社 2007年 206页

010576945
内蒙古建筑职业技术学院志 1956—2006
内蒙古建筑职业技术学院志编纂委员会编 内蒙古 内蒙古建筑职业技术学院 2006年 439页

新城区

010730466
呼和浩特市新城区志
张祥主编 呼和浩特 远方出版社 2006年 2册 1360页

011585118
新城区志
呼和浩特市新城区志编纂办公室编 呼和浩特 呼和浩特市新城区志编纂办公室 1992年 663页

回民区

008594322
呼和浩特市回民区志
呼和浩特市回民区志编纂办公室编 呼和浩特 呼和浩特市回民区志编纂办公室 1996年 461页

012661203
呼和浩特市回民区志
呼和浩特市回民区志编纂委员会编 呼和浩特 内蒙古大学出版社 2010年 743页

012173993
呼和浩特市回民区政协志
牛俊主编 呼和浩特市回民区政协编 呼和浩特 呼和浩特市回民区政协 2008年 260页

玉泉区

008195137
玉泉区志
玉泉区志编纂委员会编 呼和浩特 内蒙古人民出版社 1993年 559页〔内蒙

古自治区地方志丛书〕

赛罕区

008535841
呼和浩特市郊区志
呼和浩特市郊区志编纂委员会 雷忠主编 张瑞庭副主编 呼和浩特 内蒙古人民出版社 1996年 854页〔内蒙古自治区地方志丛书〕

013772824
巧报镇志
赛罕区巧报镇党委、政府编 巧报镇 赛罕区巧报镇党委、政府 2006年 515页

011804523
呼和浩特市郊区水利志
呼和浩特市郊区水利志编纂委员会编 呼和浩特 内蒙古人民出版社 2001年 660页

009398298
内蒙古呼和浩特市郊区地名志
呼和浩特市郊区人民政府编 呼和浩特 呼和浩特市郊区人民政府 1984年 293页

012266222
赛罕乌拉自然保护区志
李桂林主编 赤峰 内蒙古科学技术出版社 2005年 587页

托克托县

009313567
托克托县志
托克托县志编委会编 呼和浩特 内蒙古人民出版社 2003年 2册 1285页〔内蒙古自治区地方志丛书〕

008195162
托克托县志 前307—1981
托克托县志编委员会编 托克托 托克托县志编写委员会 1984年 485页

013096529
托克托县政协志
中国人民政治协商会议托克托县委员会编 托克托 中国人民政治协商会议托克托县委员会 2010年 349页

011955679
托克托发电公司志 1983—2006
托克托发电公司志编纂委员会编 北京 中国电力出版社 2008年 535页

011320176
托克托县教育志
托克托县教育志编写委员会编 托克托 托克托县教育志编写委员会 1990年 276页

010143736
托克托文物志
石俊贵主编 托克托文物志编纂委员会

编 北京 中华书局 2006 年 2 册 616 页

011319925
托克托县地名志
托克托县人民政府编 托克托 托克托县人民政府 1984 年 212 页

和林格尔县

008706467
和林格尔县志
和林格尔县志编纂委员会编 呼和浩特 内蒙古人民出版社 1993 年 670 页〔内蒙古自治区地方志丛书〕

013939438
西厂圪洞村志
曲平均主编 呼和浩特 内蒙古人民出版社 2013 年 2 册 1001 页

013704155
和林格尔县政协志
伊明世主编 和林格尔 和林格尔县政协志编纂委员会 2007 年 285 页

013990663
和林格尔县政协志 1984.3—2012.6
和林格尔县政协志编纂委员会编 和林格尔 和林格尔县政协志编纂委员会 2012 年 459 页

011804472
和林格尔教育志
和林格尔县教育委员会编 和林格尔 和林格尔县教育委员会 2000 年 429 页

011804479
和林格尔县文物志
和林格尔县文物保护管理所编 和林格尔 和林格尔县文物保护管理所 1988 年 296 页

清水河县

009618580
清水河县志 送审稿
清水河县志编纂委员会编 清水河 清水河县志编纂委员会 1999 年 4 册

008864745
清水河县志
清水河县志编纂委员会编 海拉尔 内蒙古文化出版社 2001 年 928 页〔内蒙古自治区地方志丛书〕

武川县

012662435
武川县志 1998—2009
武川县志编纂委员会编 北京 方志出版社 2010 年 890 页〔内蒙古自治区地方志丛书〕

007913483
武川县志 第1卷
武川县武川县志编纂委员会编 呼和浩特 内蒙古人民出版社 1988年 859页〔内蒙古自治区地方志丛书〕

008594355
武川县志 第2卷 续编 1987—1997
武川县武川县志(续编)编纂委员会编 呼和浩特 内蒙古人民出版社 1998年 714页〔内蒙古自治区地方志丛书〕

013939426
武川县林业志
内蒙古自治区武川县林业局编 武川 武川县林业局 2009年 314页

012766995
武川县文物志
余贤来 赵慧林主编 武川 武川县文物志编纂委员会 2005年 517页

土默特左旗

007995751
土默特志
土默特左旗土默特志编纂委员会编 呼和浩特 内蒙古人民出版社 1987—1997年 2册

009398429
土默特志 上卷 征求意见稿
土默特志编纂委员会编 土默特左旗 土默特志编纂委员会 1986年 12册

009398473
土默特志 下卷 征询意见稿
土默特志编纂委员会编 土默特左旗 土默特志编纂委员会 1986年 14册

包头市

008796399
包头市志
包头市地方志编纂委员会编 呼和浩特 远方出版社 2000年 6册

009817684
包头市志 国防工业卷
包头市地方志编纂委员会编 呼和浩特 内蒙古人民出版社 1995年 304页

012950361
包头民族宗教志稿
包头市民族事务委员会编 乌力吉仓 吉木生华 刘国祥主编 包头 包头市民族事务委员会 1996年 246页

009817677
包头工运志
包头工运志编委会编 呼和浩特 内蒙古

人民出版社 1994 年 334 页〔包头市地方志丛书〕

013333446
包头市人大志
包头市人大常委会办公厅编 2001 年 420 页

013955610
包头市人大志 2000—2010
包头市人大常委会办公厅编 包头 包头市人大常委会 2011 年 546 页

009854315
包头政协志 1950—1990
政协包头市委员会编 包头 政协包头市委员会 1993 年 462 页

009854316
包头政协志 1991.1—2003.6
政协包头市委员会编 包头 政协包头市委员会 2003 年 280 页

008983841
包头公安交通管理志
包头市公安局交通警察支队著 呼和浩特 内蒙古人民出版社 2001 年 613 页

008983833
包头公安志
杨小平主编 苏玲玲执行主编 呼和浩特 内蒙古人民出版社 1999 年 541 页

〔包头市地方志丛书〕

013128793
包头民政志
包头民政志编委会编 包头 包头市民政局 2011 年 402 页

007657493
包头法院志
包头法院志编纂委员会编 呼和浩特 内蒙古人民出版社 1990 年 252 页〔包头市地方志丛书〕

013090720
包头铁路运输法院志 1980—2010
包头 包头铁路运输法院 2010 年 143 页

008983835
包头军事志
郝志恒主编 呼和浩特 内蒙古人民出版社 2000 年 417 页

013859320
包头市计划志
包头市计划委员会编 1994 年 213 页

011563617
包头城市建设志
包头城市建设志编纂委员会编 呼和浩特 内蒙古大学出版社 2007 年 520 页

014026338

包头市供水总公司志 1991—2006

包头市供水总公司志编制 1996 年 214 页

011320305

达茂联合旗粮食志

旗粮食志编辑办公室编 达茂联合旗 达茂联合旗粮食志编辑办公室 1993 年 233 页

013332330

包钢钢联无缝钢管厂志 2000—2010

包钢钢联无缝钢管厂志编委会编 包头 包钢钢联无缝钢管厂志编委会 2011 年 424 页

008828752

包钢志 编年记事 1984—1990

包头钢铁稀土公司档案馆编 包头 包头钢铁稀土公司档案馆 1991 年 332 页

008828737

包钢志 厂矿简志 1953—1990

包头钢铁稀土公司档案馆编 包头 包头钢铁稀土公司档案馆 1993 年 143 页

008828765

包钢志 大事记 1953—1990

包头钢铁稀土公司档案馆编 包头 包头钢铁稀土公司档案馆 1993 年 312 页

008828742

包钢志 地理志

包头钢铁公司档案馆编 包头 包头钢铁公司档案馆 1994 年 213 页

008828770

包钢志 概述附录 1927—1990

包头钢铁稀土公司档案馆编 包头 包头钢铁稀土公司档案馆 1996 年 185 页

008828766

包钢志 集体企业志 1970—1990

包头钢铁稀土公司档案馆编 包头 包头钢铁稀土公司档案馆 1993 年 171 页

008828764

包钢志 建设志 1953—1990

包头钢铁稀土公司档案馆编 包头 包头钢铁稀土公司档案馆 1992 年 538 页

008828754

包钢志 勘探志 1927—1990

包头钢铁稀土公司档案馆编 包头 包头钢铁稀土公司档案馆 1993 年 556 页

008828747

包钢志 科学技术志 1954—1990

包头钢铁稀土公司档案馆编 包头 包头钢铁稀土公司档案馆 1993 年 713 页

008828744

包钢志 民族工作志 1950—1990

包头钢铁公司档案馆编 包头 包头钢铁

公司档案馆 1995 年 109 页

008828758
包钢志 企业管理志 1954—1990
包头钢铁稀土公司档案馆编 包头 包头钢铁公司档案馆 1992 年 2 册

008828749
包钢志 人物志 1927—1990
包头钢铁稀土公司档案馆编 包头 包头钢铁稀土公司档案馆 1995 年 333 页

008828756
包钢志 生产志 1959—1990
包头钢铁稀土公司档案馆编 包头 包头钢铁稀土公司档案馆 1994 年 747 页

008828740
包钢志 生活福利志 1954—1990
包头钢铁稀土公司档案馆编 包头 包头钢铁公司档案馆 1993 年 141 页

008828745
包钢志 文教卫生志 1953—1990
包头钢铁稀土公司档案馆编 包头 包头钢铁稀土公司档案馆 1994 年 513 页

010112018
包头第二热电厂志
包头第二热电厂厂志编辑室编辑 包头 包头第二热电厂 1989 年

013332340
包头第二热电厂志 1990—2002
包头第二热电厂志编纂委员会编 呼和浩特 远方出版社 2004 年 393 页〔内蒙古电力工业志丛书〕

008983847
包头第一热电厂志 1952—1986
包头第一热电厂修志办公室编 包头 包头第一热电厂 1988 年 362 页

007664303
包头二轻工业志 1746—1986
包头市二轻工业局编 呼和浩特 内蒙古人民出版社 1989 年 441 页

012713866
包头供电局志 1988—2002
包头供电局志编纂委员会编 呼伦贝尔 内蒙古文化出版社 2006 年 529 页

013333438
包头供电实业集团公司志 1969—2002
包头供电局资产管理中心编 包头 包头供电局资产管理中心 2006 年 132 页

008983844
包头矿务局煤炭工业志 1646—1991
包头矿务局志史编写办公室编 包头 包头矿务局 1994 年 315 页

008983850
包头铝厂志 1958—1987

包头铝厂志编委会编 呼和浩特 内蒙古
　人民出版社 1988年 821页

008983852
包头铝厂志 续集 1988—1990
包头铝厂志编委会编 呼和浩特 内蒙古
　人民出版社 1991年 329页

010293035
达拉特发电厂志
达拉特发电厂志编纂委员会编 呼和浩
　特 远方出版社 1999年 357页〔内
　蒙古电力工业志丛书〕

012658304
达茂旗农电局志 1958—2000
达茂旗农电局志编纂委员会编 达茂旗
　达茂旗农电局志编纂委员会 2001年
　225页

009313476
纺织总厂志 1958—1987
包头纺织总厂厂史办编撰 包头 内蒙古
　包头市纺织总厂 1988年 476页

013096380
石宝铁矿志 1988—2008
石宝铁矿志编纂委员会编 包头 石宝铁
　矿志编纂委员会 2008年 335页

008982514
中国二冶志
中国二冶志编纂委员会编 呼和浩特 内

蒙古人民出版社 2000年 858页

010251784
包头铁路分局志 1923—1988
包头铁路分局志编委会编 包头 包头钢
　铁稀土公司 1992年 602页

009817679
包头公路交通志
张洪川主编 张福星 张杰副主编 呼和
　浩特 内蒙古人民出版社 1995年 29
　页〔包头市地方志丛书〕

008594368
包头邮电志
呼和浩特 内蒙古人民出版社 1996年
　450页〔内蒙古邮电志丛书〕

012995247
包头商业志稿
包头市商业局编著 包头 包头市商业局
　1988年 861页

009313054
包头市财政志
包头市财政志编纂委员会编 呼和浩特
　内蒙古人民出版社 1997年 371页
　〔包头市地方志丛书〕

009413992
包头税务志
包头税务志编委会编 呼和浩特 内蒙古

人民出版社 1994年 474页

008828775
包头市文化志
包头市文化局编 戴炳林主编 呼和浩特 内蒙古人民出版社 2001年 609页

008983838
包头科学技术志 史前—1990
孔兆瑞主编 呼和浩特 内蒙古人民出版社 2001年 796页

009553959
包头体育志
肖国柱主编 赵首人总纂 呼和浩特 内蒙古人民出版社 1995年 414页〔包头市地方志丛书〕

013646866
包头国家稀土高新技术产业开发区志
稀土高新区志编纂委员会编 呼和浩特 内蒙古人民出版社 2012年 905页

008535875
内蒙古自治区地名志 第8卷 包头市分册
内蒙古自治区地名委员会编 内蒙古 内蒙古自治区地名委员会 1985年 820页

013705196
内蒙古一机医院志（内蒙古医学院第四附属医院志） 1958—2008
内蒙古一机医院志编纂委员会编纂 呼和浩特 内蒙古人民出版社 2008年 399页

009349624
包头市卫生志
包头市卫生局编著 包头 编者 1988年 425页

009398308
冶金工业部包头钢铁设计研究院院志 1957—1987
冶金工业部包头钢铁设计研究院院志编纂委员会编 包头 包头钢铁设计研究院 1989年 635页〔包头市地方志丛书〕

008486196
包头市市政公用志
任念祖 戴东主编 呼和浩特 远方出版社 1996年 311页

009312465
包头市城市供水科学技术志 1939—1995
刘延澄编 内蒙古 内蒙古包头市自来水公司 1997年 484页

009349621
包头环境保护志
胡强宁总编 王今午总纂 呼和浩特 内

蒙古人民出版社 1995 年 397 页〔包头市地方志丛书〕

昆都仑区

010253940
昆都仑区志
昆都仑区地方志史编修委员会办公室编 呼和浩特 内蒙古人民出版社 2006 年 2 册 929 页

013774441
昆都仑政协志 1984—2012
政协昆都仑区委员会编 昆都仑 政协昆都仑区委员会 2012 年 648 页

东河区

011564520
东河区志
东河区志编委会编 北京 中国档案出版社 2007 年 1512 页

008863904
东河印制公司五零二厂志
东河印制公司五零二厂志编辑委员会编 北京 中国金融出版社 1993 年 356 页〔中国印钞造币志丛书〕

008863908
东河印制公司五零三厂志
东河印制公司志编辑委员会编 北京 中国金融出版社 1993 年 444 页〔中国印钞造币志丛书〕

008863905
东河印制公司五零一厂志
东河印制公司五零一厂志编辑委员会编 北京 中国金融出版社 1993 年 397 页〔中国印钞造币志丛书〕

012249936
东河印制公司志
东河印制公司志编辑委员会编 北京 中国金融出版社 1993 年 455 页〔中国印钞造币志丛书〕

青山区

011496831
包头市青山区志
包头市青山区志编纂委员会编 呼和浩特 内蒙古人民出版社 2007 年 2 册〔内蒙古自治区地方志丛书〕

012684579
青山政协志 1984—2007
政协包头市青山区委员会编 包头 政协包头市青山区委员会 2007 年 289 页

石拐区

011329701
石拐区志
包头市石拐区地方志编纂委员会编 呼伦贝尔 内蒙古文化出版社 2007年 550页〔内蒙古自治区地方志丛书〕

白云鄂博矿区

008594261
白云鄂博矿区志
白云鄂博矿区志编纂委员会编 呼和浩特 远方出版社 1998年 442页〔内蒙古自治区地方志丛书〕

013332324
白云鄂博矿区志 1994—2009
白云鄂博矿区地方志编纂委员会编 呼伦贝尔 内蒙古文化出版社 2010年 800页

013126164
白云鄂博铁矿志 1957—2006
包钢白云鄂博铁矿编 包头 包钢白云鄂博铁矿 2006年 739页

011324952
白云鄂博矿物志
张培善 洪文兴编 中国科学院地质研究所编 北京 科学出版社 1963年 58页

九原区

008660828
包头市郊区志
包头市郊区志编纂委员会编 呼和浩特 内蒙古人民出版社 1999年 358页〔内蒙古自治区地方志丛书〕

013771480
包头市九原区人民代表大会志
包头市九原区人大常委会编 包头 包头市九原区人大常委会 2012年 606页

013955612
包头市九原区政协志 1984—2010
政协包头市九原区委员会编 包头 政协包头市九原区委员会 2011年 315页

013093096
九原电力志 1972—2002
包头市九原电力有限责任公司编 包头 包头市九原电力有限责任公司 2003年 257页

固阳县

008660235
固阳县志
固阳县地方志编纂委员会 任永利主编 呼和浩特 内蒙古人民出版社 1999年 702页〔内蒙古自治区地方志丛书〕

013091083
固阳县教育志
梁效中主编 固阳 固阳县教育局 2000年 134页

土默特右旗

007818012
土默特右旗志
土默特右旗志编纂委员会编 呼和浩特 内蒙古人民出版社 1994年 1344页〔内蒙古自治区地方志丛书〕

012543034
土默特右旗志 1991—2008
土默特右旗地方志编纂委员会编 张海明主编 呼和浩特 远方出版社 2009年 1194页〔内蒙古地方志丛书〕

013510570
双龙镇志
张连根主编 呼和浩特 内蒙古大学出版社 2007年 637页〔包头地方文献丛书〕

012662346
土默特右旗政协志 1981—2008
政协土默特右旗委员会编 包头 政协土默特右旗委员会 2009年 250页

012722937
土默特右旗交通志
土默特右旗交通志编纂委员会编 高文义主编 呼和浩特 内蒙古人民出版社 2010年 499页〔包头市交通志史年鉴丛书〕

011500716
土默特右旗邮电志
土默特右旗邮电局 土默特右旗邮电志编委会编 呼和浩特 内蒙古自治区新闻出版局 1998年 310页〔包头邮电志丛书〕

013936436
土默特右旗二人台志
张海明 王福君 张连根主编 呼和浩特 远方出版社 2012年 651页〔包头地方文献丛书〕

达尔罕茂明安联合旗

011995441
达尔罕茂明安联合旗志
达尔罕茂明安联合旗志编纂委员会编 呼和浩特 内蒙古人民出版社 1994年 843页〔内蒙古自治区地方志丛书〕

011476925
达尔罕茂明安联合旗地名志
达尔罕茂明安联合旗地名志编纂委员会编 达尔罕茂明安联合旗 达尔罕茂明安联合旗人民政府 1997年 287页

乌海市

008623259

乌海市志

乌海市志编纂委员会编 呼和浩特 内蒙古人民出版社 1996年 862页〔内蒙古自治区地方志丛书〕

013732349

乌海人口和计划生育志

乌海人口和计划生育志编纂委员会编 乌海 乌海人口和计划生育志编纂委员会 2009年 289页

010577231

乌海公路交通志

乌海市交通局编 乌海 乌海公路交通局 1997年 460页

008594281

乌海邮电志

乌海邮电志编纂委员会编 呼和浩特 内蒙古人民出版社 1998年 438页〔内蒙古邮电志丛书〕

011909078

乌海财政志 1958—1992

乌海市财政局编 乌海 乌海市财政局 1993年 419页

013706865

乌海市税务志 1958—1993

内蒙古自治区乌海市税务局编 乌海 内蒙古自治区乌海市税务局 1994年 456页

008535877

内蒙古自治区地名志 第3卷 乌海市分册

内蒙古自治区地名委员会编 呼和浩特 内蒙古自治区地名委员会 1989年 120页

海勃湾区

008660841

海勃湾区志

海勃湾区地方志编纂委员会编 呼和浩特 内蒙古人民出版社 1999年 609页〔内蒙古自治区地方志丛书〕

海南区

009799172

海南区志 送审稿

海南区地方志编纂委员会编 海南区 海南区地方志编纂委员会 2003年 5册

009472700

海南区志

海南区地方志编纂委员会编 呼和浩特

内蒙古人民出版社 2004 年 764 页
〔内蒙古自治区地方志丛书〕

011534063
乌达区志
乌达区地方志编纂委员会编 呼和浩特 内蒙古人民出版社 2001 年 701 页〔内蒙古自治区地方志丛书〕

乌达区

008864741
乌达区志 送审稿
乌达区地方政府志办公室编 乌达区 乌达区地方政府志办公室 2001 年 688 页

012899821
乌达区人民代表大会志
乌达区人大常委会编纂 乌达区 乌达区人大常委会 2009 年 263 页

赤峰市

010577513
赤峰市地方志 金石志 初稿
赤峰市地方志办公室编印 赤峰 赤峰市地方志办公室 1984 年 172 页

008191655
赤峰市志
赤峰市地方志编纂委员会编 呼和浩特 内蒙古人民出版社 1996 年 3 册 3481 页〔内蒙古自治区地方志丛书〕

010577526
赤峰市地方志（原昭乌达盟）概述篇 初稿
马希 张艳秋辑录 赤峰 赤峰市地方志编修办公室 1984 年 187 页

008594417
赤峰八千年大事记
赤峰市地方志办公室编 北京 方志出版社 1999 年 630 页

008535806
赤峰市志 送审稿
赤峰市地方志办公室编 赤峰 赤峰市地方志办公室 1994—1995 年 5 册

009349662
赤峰市人口计划生育志
唐耀明主编 呼和浩特 内蒙古人民出版社 1995 年 478 页

012132601

赤峰市政协志

赤峰市政协编纂委员会编 海拉尔 内蒙古文化出版社 2008年 610页

008535810

赤峰市人事志

赤峰市人事志编纂委员会编 北京 中国人事出版社 1996年 561页

008828728

赤峰市防空志

赤峰市人民防空委员会编 赤峰 赤峰市人民防空委员会 1991年 282页

007443582

赤峰军事志

杨志春等主编 赤峰军事志编纂领导小组编 呼和浩特 内蒙古人民出版社 1992年 534页

010730162

赤峰市工商行政管理志

田雨亭主编 樊文琴副主编 赤峰 赤峰市工商行政管理志编纂委员会 1998年 613页

011471165

白音诺尔铅锌矿志

白音诺尔铅锌矿志编纂委员会编 赤峰 白音诺尔铅锌矿志编纂委员会 1999年 377页

010143518

柴胡栏子金矿志

柴胡栏子金矿志编委会编 赤峰 柴胡栏子金矿志编纂委员会 2003年 212页

009994867

赤峰电业局志

赤峰电业局志编辑室编 呼和浩特 内蒙古人民出版社 1990年 352页

009398418

赤峰电业志 1986—2000

赤峰电业志编纂委员会主办 赤峰电业志编辑办公室编 香港 亚太新闻出版社 2002年 464页

010577407

赤峰发电厂志 1921—1985

赤峰发电厂志编辑室编 赤峰 赤峰发电厂志编辑室 1989年 346页

013141012

赤峰制药厂志

赤峰制药厂志编辑委员会编 呼和浩特 内蒙古人民出版社 1994年 486页

008535818

平庄矿务局志

平庄矿务局志编审委员会纂 内蒙古 平庄矿务局 1995年 971页

014026669

赤峰市交通志 1991—2005 送审稿

赤峰市交通局编史办编 赤峰 赤峰市交通局编史办 2009年 837页〔内蒙古自治区志 交通史志丛书〕

009819954
赤峰市公路交通志
赤峰市公路交通志编委会编 北京 人民交通出版社 1997年 439页〔内蒙古自治区地方志丛书〕

008671663
赤峰市邮电志
赤峰市邮电志编纂委员会编 北京 方志出版社 1998年 728页〔内蒙古邮电志丛书〕

010730037
赤峰市财政志 1723—1990
赤峰市财政志编纂委员会编 赤峰 赤峰市财政局 1996年 407页

013790286
赤峰市地方税务志 1994—2006 修订本
赤峰市地方税务志编纂委员会编 呼伦贝尔 赤峰市地方税务志编纂委员会 2008年 395页

014026666
赤峰市地方税务志 1994—2010
孙玉梅主审 麻晓松主编 呼伦贝尔 内蒙古文化出版社 2012年 368页〔内蒙古地方年鉴史志丛书 18〕

010686955
赤峰税务志 讨论稿
赤峰税务志编纂办公室编 赤峰 赤峰税务志编纂办公室 1992年 486页

009414004
赤峰农牧金融志
赤峰农牧金融志编纂委员会编 呼和浩特 内蒙古人民出版社 1995年 978页〔内蒙古自治区地方志丛书〕

011496876
赤峰市金融志
董化南主编 呼和浩特 内蒙古人民出版社 1996年 1014页〔内蒙古自治区地方志丛书〕

012661252
建行赤峰分行志
建行赤峰分行志编纂委员会编 赤峰 中国建设银行赤峰市分行 1999年 670页〔内蒙古自治区地方志丛书〕

013140999
赤峰市教育志
赤峰市教育志编纂委员会编 赤峰 内蒙古科学技术出版社 1995年 508页

012661453
林东第一中学简志
林东一中简志编委会编 赤峰 林东一中简志编委会 2009年 225页

010577202

赤峰民族师范高等专科学校校志

1960—2000

校志编纂委员会编 赤峰 赤峰民族师范高等专科学校 2000年 279页

013790289

赤峰市体育志 送审稿

赤峰市体育志编纂委员会编 赤峰 赤峰市体育志编纂委员会 1993年 179页

012249771

赤峰市地名志

赤峰市人民政府编 赤峰 赤峰市人民政府 1987年 914页

008535872

内蒙古自治区地名志 第10卷 赤峰市分册

内蒙古自治区地名委员会编 内蒙古 内蒙古自治区地名委员会 1987年 914页

012540893

赤峰药用植物志

崔国栋 高明文 刘国荣主编 赤峰 内蒙古科学技术出版社 2009年 647页

010730499

赤峰市医院志 1951—2005

张信伟主编 赤峰市医院编 赤峰 赤峰市医院 2006年 339页

012096500

赤峰市农作物种子志

翟培恩主编 彭会龄 汪家灼副主编 香港 亚太新闻出版社 2003年 595页〔赤峰市地方志丛书 1〕

013702925

赤峰市建设志

赤峰市建设志编纂委员会编 赤峰 内蒙古科学技术出版社 1999年 675页

012096505

赤峰灾害志

赤峰市人民政府地方志办公室编 海拉尔 内蒙古文化出版社 2008年 351页

红山区

008195192

赤峰市红山区志

赤峰市红山区地方志编纂委员会编 呼和浩特 内蒙古人民出版社 1996年 875页〔内蒙古自治区地方志丛书〕

011496875

赤峰市红山区教育志 讨论稿

赤峰市红山区教育局教育志办公室编 赤峰 赤峰市红山区教育局教育志办公室 1990年 1册

009398524

赤峰市红山区教育志 1644—1990

赤峰市红山区教育志编委会编 呼和浩特 内蒙古人民出版社 1993年 502页

012264033
赤峰市红山区地名志
赤峰市红山区地名志编辑委员会编辑 赤峰 赤峰市红山区人民政府 1989年 236页

元宝山区

008382619
元宝山区概况
赵芝怀主编 赤峰 赤峰市元宝山区地方志编纂委员会办公室 1992年 502页〔赤峰市元宝山区志资料选编〕

010143523
赤峰市元宝山区志 送审稿
内蒙古赤峰市元宝山区地方志办公室编 呼和浩特 内蒙古赤峰市元宝山区地方志办公室 1995年 716页

008382735
赤峰市元宝山区志
赤峰市元宝山区志编纂委员会编 呼和浩特 内蒙古人民出版社 1997年 991页〔内蒙古自治区地方志丛书〕

008377542
建昌营镇志
建昌营镇志编纂委员会编 呼和浩特 内蒙古人民出版社 1995年 406页〔赤峰市元宝山区地方志丛书〕

008384903
元宝山区邮电志
于海主编 元宝山区邮电局编 呼和浩特 内蒙古人民出版社 1996年 548页〔内蒙古邮电志丛书〕

008377776
元宝山区粮食志
于亚利主编 孙太军副主编 元宝山区粮食志编委会编 赤峰 今日出版公司 1993年 358页〔元宝山区地方志丛书 1〕

009768901
赤峰市元宝山区地名志
赤峰市元宝山区人民政府编 赤峰 赤峰市元宝山区人民政府 1990年 211页

松山区

012658267
赤峰市松山区志 1991—2005
赤峰市松山区志编纂委员会编 呼伦贝尔 内蒙古文化出版社 2010年 830页〔内蒙古自治区地方志丛书〕

008487246
松山区志
赵建国主编 鲁殿华副主编 赤峰市松山区志编纂委员会编 沈阳 辽宁人民出

版社 1995年 1156页

013751582
赤峰市松山区人民代表大会志 1948—2011 送审稿
赤峰市松山区人民代表大会志编纂委员会编 赤峰 赤峰市松山区人民代表大会志编纂委员会 2012年 725页

012140288
松山区政协志
段玉强 郑顺生主编 政协赤峰市松山区委员会编 赤峰 政协赤峰市松山区委员会 2007年 298页

012638765
松山区电业志 1958—1995
松山区电业志编纂委员会编 呼和浩特 远方出版社 1998年 251页

013706396
松山区邮电志
索凤山主编 沈阳 辽宁教育出版社 1995年 530页〔内蒙古自治区邮电志丛书〕

012658259
赤峰市郊区教育志
赤峰市郊区教育志编纂委员会编 赤峰 赤峰市郊区教育志编纂委员会 1992年 465页〔赤峰市郊区地方志丛书〕

011476921
内蒙古赤峰市郊区地名志
赤峰市郊区地名志编纂委员会编 赤峰 赤峰市郊区人民政府 1987年 305页

011500655
松山区卫生志
赤峰市松山区卫生志编委会编 赤峰 松山区卫生志编委会 1997年 367页

013706392
松山区水利志 评审稿
赤峰市松山区水利志编纂委员会编 松山区 赤峰市松山区水利局 2002年 387页

林西县

008990933
林西县志
林西县志编纂委员会编 呼和浩特 内蒙古人民出版社 1999年 974页〔内蒙古自治区地方志丛书〕

013601788
林西政协志
政协林西县委员会编 林西 政协林西县委员会 1999年 285页

012505325
林西老年体协志
林西老年体协志编纂委员会编 林西 林西老年体协志编纂委员会 2008年

176 页

宁城县

007913611
宁城县志
宁城县志编纂委员会编 呼和浩特 内蒙古人民出版社 1992 年 1252 页〔内蒙古自治区地方志丛书〕

012662359
瓦北村志 1999
瓦北村志编纂领导小组编 宁城 瓦北村志编纂领导小组 1999 年 121 页

009398409
宁城县审计志 1918—2000
宁城县审计局编 宁城 宁城县审计局 2001 年 201 页

009398406
宁城县书店志
宁城县书店志编纂委员会编 赤峰 内蒙古科学技术出版社 1998 年 345 页〔内蒙古自治区新华书店〕

013224726
宁城高级中学校志续编 1997.8—2007.8
宁城高级中学校志续编编委会编 宁城 宁城高级中学校志续编编委会 2007 年 116 页

阿鲁科尔沁旗

007479129
阿鲁科尔沁旗志
阿鲁科尔沁旗志编纂委员会编 呼和浩特 内蒙古人民出版社 1994 年 1354 页〔内蒙古自治区地方志丛书〕

013506425
阿鲁科尔沁旗志 1989—2006
阿鲁科尔沁旗地方志编纂委员会编 呼伦贝尔 内蒙古文化出版社 2011 年 930 页〔内蒙古自治区地方志丛书〕

013308801
阿鲁科尔沁旗人民代表大会志
阿鲁科尔沁旗人民代表大会常务委员会编 阿鲁科尔沁旗 阿鲁科尔沁旗人民代表大会常务委员会 2002 年 609 页

010278998
阿鲁科尔沁旗教育志
阿鲁科尔沁旗教育志编纂委员会编 赤峰 内蒙古科学技术出版社 1999 年 411 页

013506412
阿鲁科尔沁旗人民政府办公室翻译志
王吉乐主编 呼和浩特 内蒙古人民出版社 2004 年 311 页

009392481
阿鲁科尔沁旗地名志
阿鲁科尔沁旗地名志编辑委员会编 阿鲁科尔沁旗 阿鲁科尔沁人民政府 1987年 500页

013751421
阿鲁科尔沁旗医院志
阿鲁科尔沁旗医院志编纂委员会编 呼和浩特 内蒙古自治区新闻出版局 2007年 482页

巴林左旗

009174450
巴林左旗志
巴林左旗志编辑委员会编 呼和浩特 巴林左旗志编辑委员会 1985年 745页

009398421
巴林左旗志 送审稿
巴林左旗志编辑委员会编 呼和浩特 巴林左旗志编辑委员会 1992年 6册

009783195
巴林左旗志
巴林左旗志编纂委员会编 呼和浩特 内蒙古人民出版社 1996年 1173页〔内蒙古自治区地方志丛书〕

013817963
巴林左旗政协志
巴林左旗政协志编纂委员会编 香港 中国文化出版社 2012年 574页

012658101
巴林左旗公路交通志
巴林左旗交通局编 巴林左旗 巴林左旗交通局 2005年 358页

008594508
巴林左旗教育志
巴林左旗教育志编辑委员会编 巴林左旗 巴林左旗教育志编辑委员会 1989年 496页

011584711
巴林左旗地名志
巴林左旗人民政府编 巴林左旗 巴林左旗林东印刷厂印 1987年 349页

巴林右旗

002758209
巴林右旗志
巴林右旗志编纂委员会编 呼和浩特 内蒙古人民出版社 1990年 871页〔内蒙古自治区地方志丛书〕

012809881
巴林右旗志 1987—2006
巴林右旗地方志编纂委员会编 呼和浩特 内蒙古人民出版社 2011年 937页

009687513

巴林右旗人民代表大会志 1950—2004

内蒙古巴林右旗人民代表大会常务委员会编 呼伦贝尔 内蒙古文化出版社 2004年 870页

009398328

巴林右旗畜牧志

巴林右旗畜牧局编 巴林右旗 巴林右旗畜牧局 2002年 462页

013140870

巴林右旗邮电志

刘建国主编 巴林右旗邮电局编 巴林右旗 巴林右旗邮电局 1998年 436页〔内蒙古邮电志丛书〕

013140867

巴林右旗供销合作社志

巴林右旗供销合作联合社巴林右旗地方志办公室编印 巴林右旗 巴林右旗供销合作联合社 1987年 161页

克什克腾旗

007490431

克什克腾旗志

克什克腾旗地方志编纂委员会 李振刚主编 呼和浩特 内蒙古人民出版社 1993年 1204页〔内蒙古自治区地方志丛书〕

010576812

克什克腾旗公路交通志

张玉良主编 赤峰 内蒙古科学技术出版社 2006年 266页

011293402

克什克腾旗文物志

刘志一主编 克什克腾旗文物志编委会编 呼和浩特 内蒙古人民出版社 1993年 300页

翁牛特旗

007913527

翁牛特旗志

翁牛特旗志编纂委员会编 呼和浩特 内蒙古人民出版社 1993年 1013页〔内蒙古自治区地方志丛书〕

014052359

翁牛特旗乌丹第三小学校志 1978—2013

赤峰市翁牛特旗乌丹第三小学编 2013年 394页

011478735

内蒙古自治区赤峰市翁牛特旗地名志

翁牛特旗地名志编辑委员会编辑 翁牛特旗 翁牛特旗人民政府 1987年 564页

喀喇沁旗

008594425
喀喇沁旗志
喀喇沁旗志编纂委员会编 郑家彦总纂 呼和浩特 内蒙古人民出版社 1998年 1334页〔内蒙古自治区地方志丛书〕

007685891
喀喇沁旗水利志
喀喇沁旗水利志编纂领导小组编 呼和浩特 内蒙古人民出版社 1991年 208页

013183728
喀喇沁旗财政志 1644—1990
林树主编 喀喇沁旗 喀喇沁旗财政局 2000年 274页

010278934
喀喇沁旗金融志
高振岐主编 喀喇沁旗 1998年 329页

008864750
喀喇沁旗地名志
喀喇沁旗人民政府编 喀喇沁旗 喀喇沁旗人民政府 1986年 385页

敖汉旗

009349641
敖汉旗志
敖汉旗志编纂委员会编 呼和浩特 内蒙古人民出版社 1991年 2册 1388页〔内蒙古自治区地方志丛书〕

014053063
长胜镇志
张乃夫主编 长胜镇志编纂委员会编 赤峰 赤峰市中正制作印务有限公司 2009年 1141页

013092998
金厂沟梁镇志
金厂沟梁镇志编纂委员会 张乃夫主编 金厂沟梁镇 金厂沟梁镇志编纂委员会 2009年 811页

013184644
萨力巴乡志 送审稿
萨力巴乡志编委会编 敖汉旗 萨力巴乡志编委会 2006年 248页

013179263
敖汉旗城乡建设环境保护志
曹瑞峰主编 敖汉旗 敖汉旗城乡建设环境保护志领导小组 1988年 340页〔敖汉旗地方志丛书〕

009687213
敖汉旗邮电志

敖汉旗邮电局编 敖汉 敖汉旗邮电局 1998年 609页〔内蒙古邮电志丛书〕

013090687
敖汉旗商业志
敖汉旗商业志编纂领导小组编 敖汉旗 敖汉旗商业志编纂领导小组 1987年 174页〔敖汉旗地方志丛书 1〕

013126145
敖汉旗教育志 1808—1985
敖汉旗教育志编纂委员会 张振祥主编 敖汉旗 敖汉旗教育志编纂委员会 1990年 244页〔敖汉旗地方志丛书 11〕

011479331
新惠中学校志
新惠中学校志编纂委员会编 刘建华主编 李海玉副主编 张乃夫总编审 敖汉旗 新惠中学 2002年 384页

013702853
敖汉旗卫生志 1892—1985
敖汉旗卫生志编纂委员会编 敖汉旗 敖汉旗卫生志编纂委员会 1991年 355页〔敖汉旗地方志丛书 12〕

通辽市

012613845
通辽市志 1999—2008
中共通辽市委史志办公室编 呼伦贝尔 内蒙古文化出版社 2009年 2册

008623275
哲里木盟志
哲里木盟地方志编纂委员会编 北京 方志出版社 2000年 2册 2087页

013134047
中共通辽市委党校志 1948—2010
蔡凯主编 呼伦贝尔 内蒙古文化出版社 2011年 488页

011328643
通辽市政协志
王宝湖主编 政协内蒙古通辽市委员会编 通辽 政协内蒙古通辽市委员会 2006年 369页

011447165
中国武警志 通辽市森林支队志 1981—2000
中国人民武装警察部队内蒙古自治区森林总队通辽市支队史志编审委员会编 通辽 通辽市森林支队 2003年 243页〔武警森林部队史志丛书〕

011805992

通辽市军事志

陈庆荣 王宗华 杨秀春主编 北京 军事科学出版社 2008年 583页

012970495

通辽市工商行政管理志

通辽市工商行政管理局编 呼伦贝尔 内蒙古文化出版社 2006年 418页

013991426

胜利农场志

哲盟国营胜利农场志办公室编辑 通辽 通辽铁路分局印刷厂 1995年 352页

013707207

哲里木盟农垦志

哲里木盟农牧场管理局编 哲里木 哲里木盟农牧场管理局 1998年 544页

010292637

通辽市畜牧志

通辽市畜牧局编 通辽 通辽市畜牧局 1994年 85页

010292642

哲里木农垦志

李双喜主编 哲里木盟农牧场管理局编 哲里木 哲里木盟农牧场管理局 1998年 544页

009839641

霍林河矿区指挥部志 1976—1990

霍林河矿区史志办公室编 长春 吉林人民出版社 1992年 645页

013898411

露天煤业志 2001—2010

露天煤业志编纂委员会编 呼和浩特 内蒙古人民出版社 2011年 508页

009879609

通辽发电总厂志

通辽发电总厂厂志编辑室编 通辽 通辽发电总厂 19uu年

012956829

哲里木盟第一建筑安装工程总公司建筑志 1952—1985

建筑志办公室编 哲里木 建筑志编纂委员会 1988年 201页

013756300

通辽市经委系统工业志 1947—1986

郑亚平主编 1988年 364页

012970775

哲里木盟工业志

内蒙古自治区哲里木盟经济委员会编 哲里木 哲盟经委史志办 1991年 307页

009162054

通辽铁路分局志 1917—2000

通辽铁路分局志编纂委员会编 北京 中国铁道出版社 2002年 798页

009019409
哲里木盟公路交通志
哲里木盟公路交通志编纂委员会编 北京 方志出版社 1997年 427页〔内蒙古自治区公路交通志丛书〕

008543229
哲里木盟邮电志
哲里木盟邮电局编 北京 方志出版社 1996年 462页〔内蒙古邮电志丛书〕

013822795
通辽市粮食志 1912—1996
通辽市粮食志编纂委员会编 内蒙古 1997年 397页〔通辽市地方志丛书〕

013012635
哲里木盟供销合作社志
王会亭主编 沈阳 辽宁人民出版社 1990年 471页

010291919
哲里木商业志
哲里木盟商业处商业志办公室编 呼和浩特 内蒙古人民出版社 1991年 317页〔哲里木盟地方志丛书1〕

013959387
[科左中旗国家税务局]税务志
科左中旗国家税务局税务志编委会编 通辽 通辽市科左中旗国税局 2004年 434页

012970494
通辽市(国家)税务志 1636—2004
通辽市国家税务局编 通辽 通辽市国家税务局 2005年 749页

013321026
通辽市财政志 1616—2002
张国秋主编 通辽市财政局编 通辽 通辽市财政局 2002年 575页

012969379
哲里木盟金融志
内蒙古哲里木盟金融志编纂委员会编 哲里木 哲里木盟金融志编辑部 1992年 332页

013901307
中国人民财产保险股份有限公司通辽市分公司志
中国人民财产保险股份有限公司通辽市分公司志编纂委员会编 通辽 中国人民财产保险股份有限公司通辽市分公司志编纂委员会 2011年 202页

010292143
哲里木盟文化志
哲盟文化志编纂委员会编 哲里木 哲盟文化志编纂委员会 1992年 257页

010292971
哲里木盟报业志 1929—1994

李淑芬 包栓柱编著 沈阳 辽宁民族出版社 1996年 704页

012970497
通辽市教育志 1914—1988
通辽市教育志编写办公室编 通辽 通辽市教育志编写办公室 1988年 529页

013866298
哲里木盟教育志 1636—1986
哲里木盟教育处教育志编纂办公室编 通辽 内蒙古通辽教育印刷厂 1989年 534页

011998203
舍伯吐蒙古族中学校志 1956—2006
2006年 79页

013010674
通辽第四中学校志 1958—2008
葛海林主编 宁立新副主编 通辽 通辽四中 2008年 210页

008535853
内蒙古自治区地名志 第6卷 哲里木盟分册
内蒙古自治区地名委员会编 呼和浩特 内蒙古自治区地名委员会 1990年 895页

012506264
通辽市卫生志 1644—2004
白力军主编 通辽市卫生局编 通辽 通辽市卫生局 2005年 1307页

012003242
哲里木盟珠日河牧场志 1948—1990
珠日河牧场志办公室编 哲里木 珠日河牧场志办公室 1994年 269页

科尔沁区

009397293
通辽市志
通辽市科尔沁区地方志编纂委员会编 北京 方志出版社 2002年 1332页

012613015
余粮堡工商行政管理志
余粮堡工商所编 通辽 余粮堡工商所 1998年 362页

012541547
内蒙古通辽市科尔沁区关工委志
科尔沁区关心下一代工作委员会编 通辽 科尔沁区关心下一代工作委员会 2009年 150页

霍林郭勒市

008645369
霍林郭勒市志
霍林郭勒市编纂委员会编 呼和浩特 内蒙古人民出版社 1996年 467页〔内蒙古自治区地方志丛书〕

012265086

霍林郭勒市志 1994—2006

霍林郭勒市志编纂委员会编 呼伦贝尔 内蒙古文化出版社 2008年 836页

013957664

霍林郭勒市政协志 1986—2005

霍林郭勒市政协志编纂委员会编 通辽 通辽铁路印刷厂 2006年 711页

开鲁县

012265184

开鲁县志 1998—2007

开鲁县地方志编纂委员会编 呼伦贝尔 内蒙古文化出版社 2008年 771页

科尔沁左翼中旗

009675769

科尔沁左翼中旗志

科尔沁左翼中旗志编纂委员会编 赵海山主编 海拉尔 内蒙古文化出版社 2003年 1072页

012719156

科尔沁左翼中旗志 1998—2008

科尔沁左翼中旗志编纂委员会编 呼伦贝尔 内蒙古文化出版社 2010年 1120页〔内蒙古自治区地方志丛书〕

012968130

科尔沁左翼中旗财政志 1986—2000

吴春华主编 科尔沁左翼中旗财政局编 科尔沁左翼中旗 科尔沁左翼中旗财政局 2000年 315页

科尔沁左翼后旗

008729969

科尔沁左翼后旗志

科尔沁左翼后旗志编纂委员会编 呼和浩特 内蒙古人民出版社 1993年 1111页〔内蒙古自治区地方志丛书〕

012139427

科尔沁左翼后旗志 1989—2007

科尔沁左翼后旗志编纂委员会编 呼伦贝尔 内蒙古文化出版社 2008年 913页

013000289

科尔沁左翼后旗人民代表大会志

科尔沁左翼后旗人民代表大会常务委员会编 科尔沁左翼后旗 科尔沁左翼后旗人民代表大会常务委员会 2009年 764页

013861873

科尔沁左翼后旗政协志 1980—2003

科左后旗政协志编纂委员会编 科尔沁左翼后旗 科左后旗政协志编纂委员会 2003年 354页

013224518

科左后旗政法志

姜守义主编 中共科左后旗政法委员会编 中共科左后旗政法委员会 2010年 373页

010475768

甘旗卡一中志 1958—1997

甘旗卡一中志编纂委员会编 甘旗卡镇 甘旗卡一中志编纂委员会 1998年 300页

库伦旗

010151313

库伦旗志

包福舜主编 海拉尔 内蒙古文化出版社 2005年 952页

012719163

库伦旗志 1646—2008

库伦旗志编纂委员会编 呼伦贝尔 内蒙古文化出版社 2010年 1224页〔内蒙古自治区地方志丛书〕

013897706

库伦旗工商行政管理志

库伦旗工商行政管理局编 库伦旗 库伦旗工商行政管理局 2006年 162页

011996896

库伦旗金融志

阿拉坦忠主编 呼和浩特 内蒙古人民出版社 1990年 208页

013129786

库伦旗教育志 1636—1986

库伦旗教育志编写办公室编 库伦旗 库伦旗教育志编写办公室 1993年 335页

011763074

库伦旗地名志

库伦旗人民政府编 库伦 库伦旗人民政府 1983年 206页

奈曼旗

008983798

奈曼旗志

吴志强主编 牛景魁 徐庆副主编 丁相魁等编委 北京 方志出版社 2002年 1160页〔内蒙古自治区地方志丛书〕

012639701

奈曼旗志 1999—2008

奈曼旗志编纂委员会编 呼伦贝尔 内蒙古文化出版社 2010年 1122页〔内蒙古自治区地方志丛书〕

012969381

奈曼旗政协志

政协内蒙古奈曼旗委员会编 奈曼旗 政协内蒙古奈曼旗委员会 2007年 538页

011476955

内蒙古奈曼旗第三中学校志 1980.9—2001.9

李翔主编 通辽 奈曼三中 2001年 277页

013131029

奈曼旗第一中学校志

奈曼旗第一中学校志编纂委员会 杨子春主编 奈曼旗 奈曼旗第一中学校志编纂委员会 2003年 378页

扎鲁特旗

009002233

扎鲁特旗志

扎鲁特旗志编纂委员会编 都瓦萨主编 北京 方志出版社 2001年 775页

〔内蒙古自治区地方志丛书〕

012723474

扎鲁特旗政协志

扎鲁特旗政协志编纂委员会编 北京 方志出版社 2010年 550页

012970773

扎鲁特旗工商行政管理志

吉扎鲁特旗工商行政管理局编 扎鲁特旗 扎鲁特旗工商行政管理局 2006年 170页

013824299

扎鲁特旗财政志

都瓦萨主编 王景峰 杨方玉副主编 通辽 内蒙古少年儿童出版社 1993年 344页

鄂尔多斯市

006319920

伊克昭盟志

伊克昭盟地方志编纂委员会编 北京 现代出版社 1994年

009687871

伊克昭盟政协志 1949—2001

政协伊克昭盟委员会编 伊克昭 政协伊克昭盟委员会 2001年 394页

012049238

鄂尔多斯市公安志 1948—2008

王会师主编 北京 群众出版社 2008年 383页

012609684

鄂尔多斯市检察志

鄂尔多斯市检察院编纂委员会编 呼和浩特 内蒙古人民出版社 2009年 263页

009313108
伊克昭盟法院志 1649—1996
伊克昭盟中级人民法院编 东胜 内蒙古科技印刷厂 1997年 411页

008594291
内蒙古自治区伊克昭盟林业志
景芳蕊等著 呼和浩特 内蒙古人民出版社 1997年 294页

013604558
伊克昭盟林业志稿
内蒙古伊克昭盟林业处编 伊克昭 内蒙古伊克昭盟林业处 1987年 360页

013379382
伊泰集团志 1988—2010
伊泰集团志编纂委员会编 呼和浩特 内蒙古人民出版社 2011年 907页

008594262
伊克昭盟交通志
伊克昭盟交通志编委会编 呼和浩特 内蒙古人民出版社 1997年 251页

009349774
伊克昭盟邮电志
伊克昭盟邮电局编 呼和浩特 内蒙古人民出版社 1994年 403页〔内蒙古邮电志丛书〕

006101079
伊克昭盟财政志
伊克昭盟财政处编 呼和浩特 内蒙古人民出版社 1991年 571页

012662731
伊克昭盟农牧金融志 1950—1985
中国农业银行伊克昭盟中心支行编 伊克昭 中国农业银行伊克昭盟中心支行 1988年 367页

011311293
鄂尔多斯日报社志
鄂尔多斯日报社志编纂委员会编 鄂尔多斯 鄂尔多斯日报社 1996年 422页

012614166
内蒙古自治区新华书店志 鄂尔多斯市分卷 1951—2007
内蒙古自治区新华书店志鄂尔多斯市分卷编志办编 呼和浩特 内蒙古人民出版社 2009年 412页

013661546
伊克昭盟教育志
伊克昭盟教育志编纂委员会编 鄂尔多斯 鄂尔多斯日报社印刷厂 1994年 378页

013987637
鄂尔多斯市蒙古族中学志
鄂尔多斯市蒙古族中学志编纂委员会编 图布信主修 吉斯塔主纂 鄂尔多斯 鄂尔多斯市蒙古族中学志编纂委员会 2006年 288页

011585215

伊盟蒙古族中学志 1956—1996

伊盟蒙古族中学志编纂委员会编 白音巴特尔主修 杨勇主纂 呼和浩特 内蒙古教育出版社 1996年 249页

008535882

内蒙古自治区地名志 第5卷 伊克昭盟分册

内蒙古自治区地名委员会编 呼和浩特 内蒙古自治区地名委员会 1986年 684页

007518669

伊克昭盟地名志

伊克昭盟地名委员会编 呼和浩特 伊克昭盟地名委员会 1986年 1册 10页

012609697

鄂尔多斯植物志

吴剑雄主编 呼和浩特 内蒙古人民出版社 2007年 2册

东胜区

008191681

东胜市志

东胜市志编纂委员会编 呼和浩特 内蒙古人民出版社 1997年 1033页〔内蒙古自治区地方志丛书〕

013987629

东胜市城乡建设志

聂贵生编撰 东胜 内蒙古东胜市城乡建设环境保护局 1990年 340页

013629661

神华东胜精煤公司志 1984.7—1998.8

神华东胜精煤公司志编委会编 内蒙古 神华东胜精煤公司志编委会 1998年 627页

达拉特旗

010730442

达拉特旗志

达拉特旗人民政府主办 达拉特旗史志征编办公室编 呼和浩特 远方出版社 2006年 774页

011892191

内蒙古达拉特旗地名志

达拉特旗地名志编委会编 达拉特旗 达拉特旗地名志编委会 1983年 538页

008067692

达拉特旗水利水保志

达拉特旗水利水保志编纂委员会编 呼和浩特 内蒙古人民出版社 1989年 290页

准格尔旗

007913521

准格尔旗志

准格尔旗志编纂委员会编 呼和浩特 内蒙古人民出版社 1993年 845页〔内蒙古自治区地方志丛书〕

012316879
乌日图高勒乡志
准格尔旗史志办公室编 乌日图高勒乡 2002年 359页〔内蒙古自治区地方志丛书〕

009414065
准格尔能源公司志
准格尔能源公司志编纂委员会编 北京 方志出版社 2004年 877页

008660835
准格尔旗文物志
刘玉印主编 呼和浩特 远方出版社 1998年 321页

鄂托克前旗

008195217
鄂托克前旗志
鄂托克前旗志编纂委员会编 呼和浩特 内蒙古人民出版社 1995年 820页〔内蒙古自治区地方志丛书〕

013090990
鄂托克前旗志 1991—2009
鄂托克前旗地方志编纂委员会编 呼和浩特 内蒙古人民出版社 2010年 904页

012679146
城川镇志
城川镇志编纂委员会编 呼和浩特 内蒙古教育出版社 2011年 559页

008535835
鄂托克前旗医药志
庞广林主编 徐永厚 尚生亮副主编 鄂托克前旗医药支公司编 鄂托克前旗 鄂托克前旗医药支公司 1996年 159页

鄂托克旗

007010489
鄂托克旗志
鄂托克旗志编纂委员会编 呼和浩特 内蒙古人民出版社 1993年 1033页〔内蒙古自治区地方志丛书〕

011320740
鄂托克旗政协志
中国人民政治协商会议鄂托克旗委员会编 鄂托克旗 中国人民政治协商会议鄂托克旗委员会 2002年 279页

013956856
鄂托克旗文化志 1949—2010
云苏米雅 那嘎耐主编 鄂托克旗文化志编纂委员会编 呼和浩特 内蒙古爱信达教育印务有限责任公司 2012年 229页

杭锦旗

008379005
杭锦旗志
杭锦旗地方志编纂委员会编 呼和浩特 内蒙古人民出版社 1994 年 816 页〔内蒙古自治区地方志丛书〕

013335291
杭锦旗交通志 解放前—1985
杭锦旗交通志编委员会编 呼和浩特 内蒙古自治区新闻出版局 1986 年 154 页

乌审旗

008974681
乌审旗志
乌审旗志编纂委员会编 呼和浩特 内蒙古人民出版社 2001 年 1135 页〔内蒙古自治区地方志丛书〕

伊金霍洛旗

007981841
伊金霍洛旗志
伊金霍洛旗志编纂委员会编 呼和浩特 内蒙古人民出版社 1997 年 1178 页〔内蒙古自治区地方志丛书〕

012545395
乌兰木伦煤矿志
神华神府东胜煤炭有限责任公司乌兰木伦煤矿编 乌兰木伦 神华神府东胜煤炭有限责任公司乌兰木伦煤矿 1998 年

呼伦贝尔市

008623209
呼伦贝尔盟志
呼伦贝尔盟史志编纂委员会编 海拉尔 内蒙古文化出版社 1999 年 3 册 2560 页

008040266
中共呼盟委党校志
中共呼伦贝尔盟委员会党校编 海拉尔 内蒙古文化出版社 1991 年 188 页〔呼伦贝尔地方志丛书 5〕

007966136
呼伦贝尔盟共青团志
共青团呼伦贝尔盟委员会编 常海主编 海拉尔 内蒙古文化出版社 1989 年 300 页〔呼伦贝尔盟地方志丛书 2〕

007505440
呼伦贝尔盟妇联志

兴安高娃主编 殷凤珍 牛培霞副主编 海拉尔 内蒙古文化出版社 1991年 315页〔呼伦贝尔盟地方志丛书 6〕

007685851
呼伦贝尔盟统战工作志
中共呼伦贝尔盟委统战部编 海拉尔 内蒙古文化出版社 1991年 214页〔呼伦贝尔盟地方志丛书 7〕

013507950
呼伦贝尔盟外事志
吴文龄 赵松 莫日根主编 海拉尔 呼伦贝尔盟外事办公室 1994年 364页

008067509
呼伦贝尔盟法院志
武波远主编 海拉尔 内蒙古文化出版社 1993年 261页〔呼伦贝尔盟地方志丛书 17〕

011447155
中国武警志 呼伦贝尔市森林支队志 1952—2000
中国人民武装警察部队内蒙古自治区森林总队呼伦贝尔市支队史志编审委员会编 呼伦贝尔 呼伦贝尔市森林支队 2003年 249页〔武警森林部队史志丛书〕

007505363
呼伦贝尔盟建设志
呼伦贝尔盟城乡建设环境保护处编 海拉尔 内蒙古文化出版社 1991年 812页〔呼伦贝尔盟地方志丛书 3〕

009335586
大兴安岭农场管理局志
内蒙古大兴安岭农场管理局编 王洪禹主编 海拉尔 内蒙古文化出版社 1993年 669页

012969573
上库力农场志 1956—2010
边向民主编 呼伦贝尔 内蒙古文化出版社 2011年 927页

008380675
哈达图牧场志
国营哈达图牧场志编辑办公室编 包福泉主编 哈尔滨 黑龙江人民出版社 1988年 212页

006101054
呼伦贝尔盟地方林业志
呼伦贝尔盟林业管理局编 海拉尔 内蒙古文化出版社 1993年 538页〔呼伦贝尔盟地方志丛书 15〕

007479168
呼伦贝尔盟畜牧业志
呼伦贝尔盟畜牧业志编纂委员会编 海拉尔 内蒙古文化出版社 1992年 573页〔呼伦贝尔盟地方志丛书 12〕

008486599

呼伦贝尔盟农业志

呼伦贝尔盟农业局编 海拉尔 内蒙古文化出版社 1994年 606页〔呼伦贝尔盟地方志丛书 19〕

011432741

呼伦贝尔盟农作物种子志

呼伦贝尔盟种子公司编 孙泽海主编 海拉尔 内蒙古文化出版社 1991年 383页〔呼伦贝尔盟地方志丛书 8〕

007685484

呼伦贝尔盟二轻工业志

呼伦贝尔盟二轻工业处史志办公室编 海拉尔 内蒙古文化出版社 1989年 364页〔呼伦贝尔盟地方志丛书 1〕

007685861

呼伦贝尔盟盐业志

中共呼伦贝尔盟盐业志编委会编 海拉尔 内蒙古文化出版社 1992年 146页〔呼伦贝尔盟地方志丛书 10〕

006543059

呼伦贝尔盟医药志

呼伦贝尔盟医药局编 海拉尔 内蒙古文化出版社 1993年 478页〔呼伦贝尔盟地方志丛书 3〕

009687834

呼伦贝尔盟公路交通志

赵云林主编 海拉尔 内蒙古文化出版社 1996年 471页

010475315

呼伦贝尔盟邮电志

呼伦贝尔盟邮电局编 赵国金主编 姚桂茹副主编 海拉尔 内蒙古文化出版社 1998年 747页〔内蒙古邮电志丛书〕

008415709

呼伦贝尔盟供销合作社志

呼伦贝尔盟供销合作社编 海拉尔 内蒙古文化出版社 1992年 554页〔呼伦贝尔盟地方志丛书 11〕

008486597

呼伦贝尔盟粮食志

刘志强主编 呼伦贝尔盟粮食处编著 海拉尔 内蒙古文化出版社 1993年 429页

012661206

呼伦贝尔国税志

呼伦贝尔市国家税务局编纂 呼伦贝尔 内蒙古文化出版社 2009年 780页

008380236

呼伦贝尔盟财政志

张初胜主编 呼伦贝尔盟财政局编著 海拉尔 内蒙古文化出版社 1993年 460页〔呼伦贝尔盟地方志丛书 18〕

011432732

呼伦贝尔盟建设银行志

呼伦贝尔盟建设银行编 海拉尔 内蒙古文化出版社 1991年 382页〔呼伦贝尔盟地方志丛书 9〕

008594364

呼伦贝尔盟金融志

刘立国主编 田中大等副主编 苏勇编审 白晓峰编 呼和浩特 内蒙古人民出版社 1997年 568页

011793501

中国工商银行呼伦贝尔分行志

中国工商银行呼伦贝尔分行编 呼伦贝尔 内蒙古文化出版社 2004年 462页

008594367

呼伦贝尔盟保险志

张树林编 海拉尔 内蒙古文化出版社 1997年 605页〔内蒙古地方志丛书〕

011804534

呼伦贝尔电视台志 1973—2003

张振奎主编 呼伦贝尔 内蒙古文化出版社 2003年 488页

012638859

呼伦贝尔盟广播电视志

徐迎宾主编 海拉尔 内蒙古文化出版社 2001年 397页

009840169

呼伦贝尔人民广播电台志

祁穗峰主编 呼伦贝尔 内蒙古文化出版社 2005年 506页

013342301

内蒙古新华书店志 呼伦贝尔盟分卷 1947—1995

内蒙古新华书店呼伦贝尔分店编 海拉尔 呼伦贝尔盟电子激光排印中心 1996年 138页

011804540

呼伦贝尔市科学技术协会志

呼伦贝尔市科学技术协会编 呼伦贝尔 内蒙古文化出版社 2007年 413页

008594365

呼伦贝尔盟民族志

苏勇主编 孟和 刘焕阁副主编 呼伦贝尔盟民族事务局编 海拉尔 内蒙古文化出版社 1997年 856页

006266244

呼伦贝尔史志资料

呼伦贝尔盟地方志办公室编 1985年

012139212

呼伦贝尔市方志编纂志

呼伦贝尔市档案史志局编 海拉尔 内蒙古文化出版社 2006年 449页

012139219
呼伦贝尔市人物志
呼伦贝尔市档案史志局编 海拉尔 内蒙古文化出版社 2006年 516页

009313073
内蒙古呼伦贝尔风物志
卢明辉 李烨编著 昆明 云南人民出版社 2001年 180页〔中国西部风物志丛书 第1辑〕

008486596
呼伦贝尔盟地名志
呼伦贝尔盟地名委员会编 海拉尔 呼伦贝尔盟地名委员会 1990年 405页

008535849
内蒙古自治区地名志 第11卷 呼伦贝尔盟分册
内蒙古自治区地名委员会编 内蒙古 内蒙古自治区地名委员会 1990年 533页

007913617
呼伦湖志
内蒙古呼伦贝尔盟达赉湖渔场编 长春 吉林文史出版社 1989年 710页

008729673
呼伦湖志 续志一 1987—1997
呼伦湖渔业集团有限公司编 张志波 姜凤元主编 王树文 于淑华 蒋明副主编 海拉尔 内蒙古文化出版社 1998年 533页

013129689
呼伦湖志 续志二 1998—2007
呼伦湖渔业集团有限公司编 李志刚主编 海拉尔 内蒙古文化出版社 1998年 830页

008486602
呼伦贝尔盟水文志
呼伦贝尔盟水文勘测大队编 海拉尔 内蒙古文化出版社 1992年 284页〔呼伦贝尔盟地方志丛书 13〕

007986454
呼伦贝尔盟卫生志
呼伦贝尔盟卫生处编 海拉尔 内蒙古文化出版社 1993年 342页〔呼伦贝尔盟地方志丛书 16〕

013728907
呼伦贝尔盟农业科学研究所志
呼伦贝尔盟农业科学研究所志编纂委员会编 海拉尔 内蒙古文化出版社 1998年 332页

013143939
呼伦贝尔水利志 1947—2009
呼伦贝尔市水利局编 呼伦贝尔 呼伦贝尔市水利局 2011年 415页

海拉尔区

012173825
海拉尔区志 1991—2005
海拉尔区志编纂委员会编 呼伦贝尔 内蒙古文化出版社 2008年 941页

008191675
海拉尔市志
海拉尔市志编纂委员会编 崔广域主编 徐金山 鄂永胜副主编 呼和浩特 内蒙古人民出版社 1997年 923页〔内蒙古自治区地方志丛书〕

008864736
海拉尔市建设镇志
海拉尔市建设镇人民政府编 香港 天马图书有限公司 2001年 500页〔海拉尔市专业志丛书 8〕

012718886
海拉尔政协志 1955—2009
海拉尔政协志编纂委员会编 呼伦贝尔 内蒙古文化出版社 2010年 438页

009398343
拉布大林农牧场志 1955—2000
冯国章主编 海拉尔 内蒙古文化出版社 2001年 696页

011995681
哈达图牧场志 1958—2008
海拉尔农牧场管理局哈达图牧场 海拉尔农垦集团公司哈达图分公司编 呼伦贝尔 内蒙古文化出版社 2008年 869页

012636910
谢尔塔拉种牛场志 1955—2010
夏冬梅主编 呼伦贝尔 内蒙古文化出版社 2010年 766页

006543071
呼伦贝尔农垦志
海拉尔农牧场管理局史志编纂委员会 孟宪满主编 北京 中国农业科技出版社 1990年 1035页

008864738
海拉尔二轻工业志
海拉尔二轻工业志编辑组编 海拉尔 内蒙古文化出版社 1991年 411页〔海拉尔市专业志丛书 2〕

011804405
海拉尔市食品公司志
海拉尔市食品公司编 海拉尔 内蒙古文化出版社 1993年 210页〔海拉尔市专业志丛书 4〕

008385398
海拉尔铁路分局志 1896—1996
海拉尔铁路分局志编纂委员会编 北京 中国铁道出版社 1997年 1027页

008950209

海拉尔铁路分局志 1997—1999

海拉尔铁路分局史志办公室编 北京 中国铁道出版社 2001年 828页

008594397

伊图里河铁路分局志 1928—1995

伊图里河铁路分局志编纂委员会编 北京 中国铁道出版社 1998年 795页

009398350

海拉尔糖酒批发公司志

海拉尔糖酒批发公司志编纂委员会编 北京 地质出版社 1993年 359页 〔海拉尔市专业志丛书 3〕

满洲里市

012174778

满洲里边境经济合作区志

满洲里边境经济合作区编 海拉尔 内蒙古文化出版社 2004年 427页

008623220

满洲里市志

夏恩训主编 徐志红副主编 呼和浩特 内蒙古人民出版社 1998年 1162页 〔内蒙古自治区地方志丛书〕

012813995

满洲里市志 1997—2005

满洲里市志编纂委员会编 呼伦贝尔 内蒙古文化出版社 2009年 1240页 〔内蒙古自治区地方志丛书〕

012903490

扎赉诺尔区志

扎赉诺尔区志编纂委员会编 呼伦贝尔 内蒙古文化出版社 2010年 1181页 〔内蒙古自治区地方志丛书〕

009675790

中华人民共和国满洲里边防检查站志

满洲里边防检查站编 满洲里 满洲里边防检查站 2001年 361页

009817802

扎赉诺尔煤业有限责任公司续志 1988—2000

扎赉诺尔煤业有限责任公司续志编委会办公室编 满洲里 扎赉诺尔煤业有限责任公司 2002年 523页

009675782

满洲里换装所志 1951—2001

满洲里换装所志编纂委员会编 北京 中国铁道出版社 2003年 450页

009025983

满洲里站志 1901—2001

满洲里站志编委会编 北京 中国铁道出版社 2002年 435页

012265370

满洲里市邮电志

满洲里市邮电局编 满洲里 满洲里市邮

电局 1997年 512页

009675776
满洲里海关志 1949—1999
满洲里海关志编委会编 王殿武 武金宏主编 呼和浩特 远方出版社 1999年 360页

010475791
满洲里商检志
刘树林主编 满洲里商检局编纂 海拉尔 内蒙古文化出版社 1999年 355页

牙克石市

007806609
牙克石市志
牙克石市志编纂委员会编 呼和浩特 内蒙古人民出版社 1996年 1233页〔内蒙古自治区地方志丛书〕

012956994
牙克石市志 1990—2005
牙克石市志编纂委员会编 呼伦贝尔 内蒙古文化出版社 2010年 961页〔内蒙古自治区地方志丛书〕

013308924
博克图镇志 1732—2010
张宝平主编 呼和浩特 内蒙古人民出版社 2011年 955页

012995313
绰源镇志 1901—1999
牙克石市绰源镇人民政府编纂 呼伦贝尔 内蒙古文化出版社 2000年 518页

010143534
免渡河镇志
牙克石市免渡河镇人民政府编 海拉尔 内蒙古文化出版社 2000年 377页

012766286
内蒙古大兴安岭林区共青团志
董振峰主编 呼和浩特 内蒙古人民出版社 1993年 561页

011955794
牙克石市人民代表大会志
牙克石市人民代表大会常务委员会编 牙克石 牙克石市人民代表大会常务委员会 2007年 493页

011955798
牙克石市政协志
中国人民政治协商会议牙克石市委员会编 牙克石 中国人民政治协商会议牙克石市委员会 2006年 642页

013991244
内蒙古大兴安岭森林公安志
内蒙古大兴安岭森林公安志编纂委员会编 海拉尔 内蒙古文化出版社 2013年 312页

008594405
牙克石市物价工商行政管理志
牙克石市物价工商局史志编纂委员会 潘章升总纂 孙亚杰主编 呼和浩特 内蒙古人民出版社 1999年 512页

013321319
牙克石农场志
牙克石农场志编纂委员会编 呼伦贝尔 内蒙古文化出版社 2009年 620页

009398341
绰尔林业局志 1958—1999
张树海主编 绰尔 绰尔林业局 2000年 466页

013822113
内蒙古绰源森工公司 内蒙古绰源林业局志 1982—2012
内蒙古绰源森工公司(林业局) 内蒙古文化出版社编 呼伦贝尔 内蒙古文化出版社 2013年 841页

009397900
内蒙古大兴安岭林业管理局志
内蒙古大兴安岭林业管理局编 海拉尔 内蒙古文化出版社 2000年 1048页

013822115
内蒙古大兴安岭图里河森工公司(林业局)志 1982—2012
内蒙古大兴安岭图里河森工公司(林业局)志编纂委员会编 呼伦贝尔 内蒙古文化出版社 2012年 1074页

007428158
乌尔旗汉林业局志
乌尔旗汉林业局志编纂办公室编 海拉尔 内蒙古文化出版社 1990年 530页

013708149
中国内蒙古森工集团内蒙古大兴安岭林管局志 2000—2011
中国内蒙古森工集团内蒙古大兴安岭林管局志编委会编 呼伦贝尔 内蒙古文化出版社 2012年 1390页

011955698
五九(集团)公司志 1957—2006
五九煤炭(集团)有限责任公司编 内蒙古 五九(集团)公司 2007年 463页

012662664
牙克石市国家税务局志
牙克石市国家税务局志编纂委员会编 牙克石 牙克石市国家税务局 2004年 371页

008383028
牙克石市第一小学校志
牙克石市第一小学编 牙克石 牙克石市第一小学 1996年 295页

010143726
内蒙古绰尔林业局中学校志 1962

—2002

李占琦主编 2003 年 266 页

008535815

牙克石市卫生防疫站志

苏海森主编 牙克石市卫生防疫站编纂委员会编 牙克石 牙克石市卫生防疫站编纂委员会 1999 年 441 页

扎兰屯市

007913549

扎兰屯市志

扎兰屯市史志编纂委员会编 天津 百花文艺出版社 1993 年 1271 页 〔内蒙古自治区地方志丛书〕

013012622

扎兰屯市志 1991—2006

扎兰屯市志编纂委员会编 呼伦贝尔 内蒙古文化出版社 2011 年 1304 页

009348174

扎兰屯民族宗教志

陈鹤龄编著 北京 文化艺术出版社 1996 年 360 页

013991256

内蒙古扎兰屯农牧学校志 1952—2012

冯占海主编 扎兰屯农牧学校校史编委会编 2012 年 368 页

额尔古纳市

013726915

额尔古纳市志 1991—2005

额尔古纳市地方志编纂委员会编 呼伦贝尔 内蒙古文化出版社 2012 年 1174 页 〔内蒙古自治区地方志丛书〕

006356703

额尔古纳右旗志

额尔古纳右旗史志编纂委员会编 海拉尔 内蒙古文化出版社 1993 年 925 页

010475753

莫尔道嘎林业局志

莫尔道嘎林业局编 海拉尔 内蒙古文化出版社 1997 年 922 页

根河市

010881163

根河市志 1996—2005

根河市史志编纂委员会编 呼伦贝尔 内蒙古文化出版社 2007 年 794 页

011757869

根河林业局志

根河林业局编 海拉尔 内蒙古文化出版社 1999 年 662 页

012099659
满归林业局志 1964—2004
满归林业局编 内蒙古 满归林业局 200u 年 733 页

010473856
内蒙古大兴安岭林业电业局志
内蒙古大兴安岭林业电业局编 海拉尔 内蒙古文化出版社 1990 年 397 页

阿荣旗

007913518
阿荣旗志
阿荣旗史志编委会编 呼和浩特 内蒙古人民出版社 1992 年 1096 页〔内蒙古自治区地方志丛书〕

012048712
阿荣旗志 1991—2005
阿荣旗志编纂委员会编 呼伦贝尔 内蒙古文化出版社 2008 年 964 页

013528611
阿荣旗人民代表大会志 1980.5—2003.12
阿荣旗人民代表大会常务委员会编印 阿荣旗 阿荣旗人民代表大会常务委员会 2006 年 372 页

陈巴尔虎旗

008730417
陈巴尔虎旗志
陈巴尔虎旗史志编纂委员会编 海拉尔 内蒙古文化出版社 1998 年 844 页〔内蒙古自治区地方志丛书〕

013140994
陈巴尔虎旗人民代表大会志 1950—2011
陈巴尔虎旗人大常委会编 呼伦贝尔 内蒙古文化出版社 2011 年 1256 页

新巴尔虎左旗

009015856
新巴尔虎左旗志
新巴尔虎左旗史志编纂委员会编 海拉尔 内蒙古文化出版社 2002 年 744 页〔内蒙古自治区地方志丛书〕

012613239
新巴尔虎左旗志 1997—2005
新巴尔虎左旗史志编纂委员会编 呼伦贝尔 内蒙古文化出版社 2009 年 886 页〔内蒙古自治区地方志丛书〕

013221067
嵯岗镇志
彭全军主编 呼伦贝尔 内蒙古文化出版社 2010 年 427 页〔呼伦贝尔名片

丛书〕

011955729
新巴尔虎左旗政协志
新巴尔虎左旗政协志编纂委员会编 沈阳 辽宁民族出版社 2007年 843页

013145742
新巴尔虎左旗财政志
新巴尔虎左旗财政局编 杜巨邦主编 呼伦贝尔 内蒙古文化出版社 2010年 556页

新巴尔虎右旗

011328568
新巴尔虎右旗志
新巴尔虎右旗史志编纂委员会编 海拉尔 内蒙古文化出版社 2004年 714页

013379119
新巴尔虎右旗志 1991—2005
新巴尔虎右旗史志编纂委员会编 呼伦贝尔 内蒙古文化出版社 2011年 787页〔内蒙古自治区地方志丛书〕

013010926
新巴尔虎右旗政协志
新巴尔虎右旗政协志编纂委员会编 呼伦贝尔 内蒙古文化出版社 2011年 454页

013010986
新巴尔虎右旗达赉东索木志
王春光主编 达赉东索木 新巴尔虎右旗达赉东索木政府 1992年 112页

莫力达瓦达斡尔族自治旗

008486844
莫力达瓦达斡尔族自治旗志
莫力达瓦达斡尔族自治旗史志编纂委员会编 呼和浩特 内蒙古人民出版社 1998年 1182页〔内蒙古自治区地方志丛书〕

011955186
莫力达瓦达斡尔族自治旗志 1993—2005
莫力达瓦达斡尔族自治旗史志编纂委员会编 呼伦贝尔 内蒙古文化出版社 2008年 1117页〔内蒙古自治区地方志丛书〕

009398338
莫力达瓦达斡尔族自治旗巴彦鄂温克民族乡巴彦街村志
敖玉珍编著 巴彦街村 1998年 158页

012899196
尼尔基镇志 1956—2006
尼尔基镇志编纂委员会编 呼伦贝尔 尼尔基镇志编纂委员会 2008年 396页

012967484

东方红农场志 1967—2009

内蒙古东方红农场编 内蒙古 内蒙古东方红农场 2009年 714页

009313067

莫力达瓦达斡尔族自治旗邮电志

莫力达瓦达斡尔族自治旗邮电局编 海拉尔 内蒙古文化出版社 1996年 410页

009398311

尼尔基第一中学志 1946—1996

张强主修 任天保主纂 尼尔基第一中学志编委会编 尼尔基镇 尼尔基第一中学志编委会 1996年 514页

001920014

达斡尔语简志

仲素纯编著 北京 民族出版社 1982年 107页〔中国少数民族语言简志丛书〕

007071644

达斡尔族风俗志

巴图宝音编著 北京 中央民族学院出版社 1991年 221页〔民俗文库 12〕

012766259

莫力达瓦达斡尔族自治旗人民医院志

莫力达瓦达斡尔族自治旗人民医院志编辑委员会编 莫力达瓦达斡尔族自治旗 莫力达瓦达斡尔族自治旗人民医院志编辑委员会 2008年 241页

鄂伦春自治旗

007913517

鄂伦春自治旗志

鄂伦春自治旗史志编纂委员会编 呼和浩特 内蒙古人民出版社 1991年 939页〔内蒙古自治区地方志丛书〕

008828723

鄂伦春自治旗志 1989—1999

鄂伦春自治旗史志编纂委员会编 呼和浩特 内蒙古人民出版社 2001年 767页〔内蒙古自治区地方志丛书〕

013926349

加格达奇铁路分局工会志 1970—1994

加格达奇铁路分局工会志编委会编 大兴安岭 大兴安岭日报印刷厂 1997年 483页

013314330

鄂伦春自治旗人民代表大会志 1948—2011

鄂伦春自治旗人大常委会编 鄂伦春自治旗 鄂伦春自治旗人大常委会 2011年 567页

009244730

阿里河林业局志

内蒙古阿里河林业局编 海拉尔 内蒙古文化出版社 1992年 599页

014032878
吉文林业局志 1958—2008
吉文林业局志编纂委员会编 2008年 914页

013702938
大杨树煤矿志
郭海义主编 海拉尔 内蒙古文化出版社 1991年 217页

009397496
阿里河第一中学校志 1960—2000
香港 天马图书有限公司 2001年 315页

001957305
鄂伦春语简志
胡增益编著 北京 民族出版社 1986年 212页〔中国少数民族语言简志丛书〕

008036513
鄂伦春族风俗志
韩有峰编著 北京 中央民族学院出版社 1991年 155页〔民俗文库 14〕

鄂温克族自治旗

007693217
鄂温克族自治旗志
鄂温克族自治旗志编纂委员会编纂 北京 中国城市出版社 1997年 1121页〔中华人民共和国地方志丛书〕

011943540
鄂温克族自治旗志 1991—2005
鄂温克族自治旗史志编纂委员会编 呼伦贝尔 内蒙古文化出版社 2008年 1296页〔内蒙古自治区地方志丛书〕

012714117
鄂温克族自治旗人民代表大会志
鄂温克族自治旗人大常委编 呼伦贝尔 内蒙古文化出版社 2010年 796页〔内蒙古自治区地方志丛书〕

011757664
鄂温克族自治旗政协志 1957—2007
中国人民政治协商会议鄂温克族自治旗委员会编 海拉尔 内蒙古文化出版社 2007年 408页

007479240
大雁矿务局志
张宝平主编 大雁矿务局编 海拉尔 内蒙古文化出版社 1990年 524页

011311895
大雁煤业公司志 1989—2004
大雁煤业公司编 海拉尔 内蒙古文化出版社 2005年 736页

010474440
伊敏煤电公司志
伊敏煤电公司史志办编 海拉尔 内蒙古文化出版社 1994年 657页

001920368

鄂温克语简志

胡增益 朝克编著 北京 民族出版社 1986年 193页〔中国少数民族语言简志丛书〕

010290650

鄂温克族简史简志合编 初稿

内蒙古少数民族社会历史调查组编 不详 内蒙古少数民族社会历史调查组 1959年 95页

010290651

鄂温克族简史简志合编

内蒙古少数民族社会历史调查组编 不详 内蒙古少数民族社会历史调查组 1959年 126页

009398318

鄂温克族人物志

吴守贵主编 海拉尔 内蒙古文化出版社 1996年 349页

巴彦淖尔市

008950203

巴彦淖尔盟志 评审稿

巴彦淖尔盟地方志编纂委员会办公室编 巴彦淖尔 巴彦淖尔盟地方志编纂委员会办公室 1994年 9册

008197469

巴彦淖尔盟志

巴彦淖尔盟志编纂委员会编 呼和浩特 内蒙古人民出版社 1997年 2册 1900页〔内蒙古自治区地方志丛书〕

012995177

巴彦鄂温克民族乡志

中共巴彦鄂温克民族乡委员会 巴彦鄂温克民族乡人民政府编 莫力达瓦达斡尔族自治旗 中共巴彦鄂温克民族乡委员会 2008年 540页

013126149

巴彦淖尔统计志 至2005

巴彦淖尔市统计局编 巴彦淖尔 巴彦淖尔市统计局 2010年

011496824

巴彦淖尔盟政协志 1955.4—2004.7

中国人民政治协商会议巴彦淖尔盟委员会编 巴彦淖尔 巴彦淖尔盟政协 2004年 388页

012809884

巴彦淖尔市民政志

巴彦淖尔市民政志编纂委员会编 巴彦淖尔 巴彦淖尔市民政志编撰委员会 2006年 306页

012132432

巴彦淖尔市军事志 前300—2005

巴彦淖尔市军事志编纂委员会编著 北京 军事科学出版社 2008年 783页

009398334
巴彦淖尔盟土地志
巴彦淖尔盟土地志编纂领导小组编 内蒙古 内蒙古自治区新闻出版局 2001年 606页〔巴彦淖尔盟地方志丛书〕

009244738
巴彦淖尔电业志 1950—1996
巴彦淖尔电业志编纂委员会编 沈广惠主编 呼和浩特 内蒙古教育出版社 1999年 573页〔内蒙古电力工业志丛书〕

012249634
巴彦淖尔市水利志
内蒙古河套灌区管理总局 内蒙古巴彦淖尔市税务局编 潞西 德宏民族出版社 2007年 205页

009313062
河套酒业志
河套酒业志编纂委员会编 呼和浩特 远方出版社 2002年 337页

013728777
河套酒业志
河套酒业志编纂委员会编 呼和浩特 内蒙古大学出版社 2012年 376页

012265374
内蒙古河套灌区永济灌域水利志
内蒙古河套灌区永济灌域管理局编 巴彦淖尔 内蒙古河套灌区永济灌域管理局 2002年 395页

008383012
巴彦淖尔盟公路交通志
巴彦淖尔盟公路交通史志编写委员会编 北京 人民交通出版社 1997年 417页〔内蒙古自治区地方志丛书〕

008660851
巴彦淖尔盟邮电志
巴彦淖尔盟邮电志编委会编 呼和浩特 内蒙古人民出版社 1997年 990页〔内蒙古邮电志丛书〕

008983817
巴彦淖尔盟邮电志 续编
潘竟达主编 呼和浩特 内蒙古人民出版社 2001年 977页

009840164
巴彦淖尔盟国家税务志 评审稿
巴彦淖尔盟 2004年 2册

008594373
巴彦淖尔盟税务志
巴盟税务处税务志编写小组编 巴彦淖尔 巴盟税务处税务志编写小组 1988年 355页

012995228

巴彦淖尔市财政志 1986—2006

巴彦淖尔市财政局编 巴彦淖尔 巴彦淖尔市财政局 2009年 588页

008535860

内蒙古自治区地名志 第4卷 巴彦淖尔盟分册

内蒙古自治区地名委员会编 呼和浩特 内蒙古自治区地名委员会 1987年 445页

008866699

巴彦淖尔盟疆域志 征求意见稿

王治国 巴彦淖尔盟行政公署地方志编修办公室编 巴彦淖尔 巴彦淖尔盟行政公署地方志编修办公室 1985年 192页

012832614

内蒙古河套灌区解放闸灌域水利志

内蒙古河套灌区解放闸灌域管理局编 2001年 397页

012832618

内蒙古河套灌区总干渠水利志

内蒙古河套灌区总干渠管理局编 内蒙古 内蒙古河套灌区总干渠管理局 2005年 241页

013183498

河套灌区总干渠志

巴盟总干渠管理局编志办公室编 呼和浩特 内蒙古大学出版社 1992年 180页

008660847

黄河三盛公水利枢纽工程志

张雷主编 呼和浩特 内蒙古人民出版社 1999年 300页

临河区

007819156

临河市志

临河市志编纂委员会编 呼和浩特 内蒙古人民出版社 1997年 1213页〔内蒙古自治区地方志丛书〕

008829157

临河市公安志

临河市公安局 临河市地志办编 临河 临河市公安局 临河市地志办 1988年 208页〔临河市地方志丛书 2〕

008829154

临河市工商志

临河市地方志编修办公室编 临河 临河市物价工商管理局 1993年 233页〔临河市地方志丛书 5〕

008829159

临河市粮食志

临河市粮食局 临河市粮油公司 临河市地志办编 临河 临河市粮食局 临河市粮油公司 临河市地志办 1991年

153 页〔临河市地方志丛书 3〕

008829152
临河市卫生志
内蒙古临河市卫生局 内蒙古临河市地方志编修办公室编 临河 内蒙古临河市卫生局 内蒙古临河市地方志编修办公室 1992 年 264 页〔临河市地方志丛书 4〕

五原县

008378656
五原县志
五原县志编纂委员会编 呼和浩特 内蒙古人民出版社 1996 年 919 页〔内蒙古自治区地方志丛书〕

013899683
五原县人大志 1950—2010
五原县人民代表大会常务委员会编 五原 五原县人民代表大会常务委员会 2012 年 359 页〔内蒙古自治区地方志丛书〕

磴口县

008660880
磴口县志
磴口县地方志编纂委员会 周培荣主编 呼和浩特 内蒙古人民出版社 1998 年 634 页〔内蒙古自治区地方志丛书〕

013958901
内蒙古磴口县人民法院志 1950—2010
内蒙古磴口县人民法院志编纂委员会编 磴口 内蒙古磴口县人民法院 2011 年 702 页

009414019
磴口县邮电志
磴口县邮电志编审委员会编 磴口 磴口县邮电志编审委员会 1999 年 340 页〔巴彦淖尔盟邮电志丛书〕

013752468
黄河三盛公水利枢纽工程志 1991—2010
周建国主编 呼和浩特 内蒙古人民出版社 2012 年 377 页

乌拉特前旗

007425691
乌拉特前旗志
乌拉特前旗志编纂委员会编 呼和浩特 内蒙古人民出版社 1993 年 1126 页〔内蒙古自治区地方志丛书〕

009349631
乌拉特前旗土地志
乌拉特前旗土地志编纂领导小组 巴彦淖尔盟土地管理局土地志编纂领导小组编 乌拉特前旗 乌拉特前旗土地

志编纂领导小组 2000 年 413 页〔内蒙古乌拉特前旗地方志丛书〕

009349839
乌梁素海渔场志
乌梁素海渔场志编纂办公室编 呼和浩特 内蒙古人民出版社 1990 年 196 页

007664480
乌拉山发电厂志
乌拉山发电厂志编审委员会编 内蒙古乌拉山发电厂 1990 年

013730286
内蒙古乌梁素海鸟类志
邢莲莲主编 杨贵生副主编 呼和浩特 内蒙古大学出版社 1996 年 387 页

乌拉特中旗

007883843
乌拉特中旗志
乌拉特中旗地方志编纂委员会 兰建中主编 李小鹏副主编 呼和浩特 内蒙古人民出版社 1994 年 823 页〔内蒙古自治区地方志丛书〕

011585074
乌拉特中旗史志
兰建中主编 香港 天马图书有限公司 2001 年 264 页

013145622
乌拉特中旗人大志 1950—2009
乌拉特中旗人民代表大会常务委员会编 乌拉特中旗 乌拉特中旗人民代表大会常务委员会 2009 年 943 页〔内蒙古自治区地方志丛书〕

012956079
乌拉特中旗公安志
乌拉特中旗公安局史志编纂委员会编 乌拉特中旗 乌拉特中旗公安局史志编纂委员会 2002 年 529 页

乌拉特后旗

007913613
乌拉特后旗志
乌拉特后旗志编纂委员会编 呼和浩特 内蒙古人民出版社 1992 年 555 页〔内蒙古自治区地方志丛书〕

009840172
乌拉特后旗志 1988—2004 征求意见稿
乌拉特后旗志编纂委员会编 内蒙古 乌拉特后旗志编纂委员会 2005 年 319 页

011294770
乌拉特后旗志 1989—2004
乌拉特后旗志编纂委员会编 呼和浩特 远方出版社 2005 年 494 页〔内蒙古自治区地方志丛书〕

杭锦后旗

009840166

杭锦后旗志 评审稿

杭锦后旗志编纂委员会办公室编 杭锦后旗 杭锦后旗志编纂委员会办公室 1988年 806页

007913587

杭锦后旗志

内蒙古自治区杭锦后旗志编纂委员会编纂 北京 中国城市经济社会出版社 1989年 676页〔中华人民共和国地方志丛书〕

013626575

杭锦后旗人大志

杭锦后旗人大常委会编 北京 中国文史出版社 2012年 668页

012811352

杭锦后旗审计志

杭锦后旗审计志编纂委员会编 杭锦后旗 杭锦后旗审计志编纂委员会 2003年 382页

008594348

杭锦后旗农村信用合作社志

吴国平主编 梁万和等副主编 呼和浩特 内蒙古人民出版社 1999年 306页

乌兰察布市

010112033

乌兰察布盟志 评审稿

孙继光主编 乌兰察布盟地方志编纂委员会编 乌兰察布 乌兰察布盟地方志编纂委员会 2003年 6册

009687845

乌兰察布盟志

乌兰察布盟地方志编纂委员会编 呼伦贝尔 内蒙古文化出版社 2004年 3册 30页〔内蒙古自治区地方志丛书〕

012175043

乌兰察布政协志

中国人民政治协商会议内蒙古乌兰察布市委员会编 乌兰察布 中国人民政治协商会议内蒙古乌兰察布市委员会 2006年 946页

012638634

乌兰察布盟公安志

周瑞生编 张符芝责任编辑 乌兰察布 乌兰察布盟公安处 1989年 250页

010244549

乌兰察布盟法院志

乌兰察布盟中级人民法院编 马泰主编 胡建中副主编 胡建中等撰稿 乌兰察布 乌兰察布盟中级人民法院 1992年 269页

009244792

乌兰察布军事志

乌兰察布军事志编纂委员会编著 北京 军事科学出版社 2003年 597页

009313088

乌兰察布电业志

乌兰察布电业志编纂委员会编 呼和浩特 远方出版社 1999年 474页

008660865

乌兰察布盟邮电志

乌兰察布盟邮电局编 呼和浩特 内蒙古人民出版社 1995年 438页〔内蒙古邮电志丛书〕

008535851

内蒙古自治区地名志 第12卷 乌兰察布盟分册

内蒙古自治区地名委员会编 内蒙古 内蒙古自治区地名委员会 1988年 721页

010200338

内蒙古自治区乌兰察布盟气候志

乌兰察布盟革委会气象局编 乌兰察布盟革委会气象局 1977年 203页

集宁区

011497849

集宁市志

集宁市志编纂委员会办公室编 呼伦贝尔 内蒙古文化出版社 2006年 2册 1355页〔内蒙古自治区地方志丛书〕

丰镇市

009799168

丰镇市志 送审稿

丰镇市志编纂委员会编 丰镇 丰镇市志编纂委员会 2003年 4册

010112023

丰镇市志

丰镇市志编纂委员会编 呼伦贝尔 内蒙古文化出版社 2005年 2册 1747页〔内蒙古自治区地方志丛书〕

011497010

丰镇政协志

丰镇政协志编纂委员会编 呼和浩特 内蒙古人民出版社 2007年 860页

013647461

丰镇市革命老区志

丰镇市老区建设促进会编 北京 中国文

联出版社 2012 年 437 页

卓资县

009227429

卓资县志

卓资县志编纂委员会编 呼和浩特 内蒙古人民出版社 2003 年 1168 页〔内蒙古自治区地方志丛书〕

013606647

卓资县志

卓资县地方志编纂委员会编 呼和浩特 远方出版社 2012 年 935 页〔内蒙古自治区地方志丛书〕

化德县

010293858

化德县志 评审稿

化德县志编辑室编 化德 化德县志编辑室 2005 年 2 册

010280088

化德县志

化德县志编纂委员会编 呼伦贝尔 内蒙古文化出版社 2006 年 983 页

商都县

010294074

商都县志 评审稿

商都县志编纂委员会编 商都 1994 年 3 册

011321135

商都县志

商都县志编纂委员会编 呼伦贝尔 内蒙古文化出版社 2007 年 1447 页〔内蒙古自治区地方志丛书〕

兴和县

009799246

兴和县志 送审稿

兴和县志编纂委员会编 兴和 兴和县志编纂委员会 1995 年 2 册

009768913

兴和县志

兴和县志编纂委员会编 呼伦贝尔 内蒙古文化出版社 2004 年 1280 页

012506435

兴和县人物志

王聪主编 北京 华艺出版社 2009 年 353 页

凉城县

007819123

凉城县志

凉城县凉城县志编纂委员会编 呼和浩特 内蒙古人民出版社 1993 年 1095

页〔内蒙古自治区地方志丛书〕

010143526
凉城人物志
朱暄主编 呼伦贝尔 内蒙古文化出版社 2005年 443页〔乌兰察布方土丛书（1）〕

012174110
凉城人物志 续
朱暄主编 呼伦贝尔 内蒙古文化出版社 2008年 335页

013317865
凉城县文物志
凉城县文物保护管理所编 凉城 凉城县文物保护管理所 1992年 329页

察哈尔右翼前旗

011294913
察哈尔右翼前旗志
察哈尔右翼前旗志编纂委员会编 呼伦贝尔 内蒙古文化出版社 2006年 2册 1439页

010732078
察哈尔右翼前旗志 送审稿
旗志编纂委员会编 呼伦贝尔 内蒙古文化出版社 2006年 4册〔内蒙古自治区地方志丛书〕

察哈尔右翼中旗

012048759
察哈尔右翼中旗志 1997—2007
察哈尔右翼中旗志编纂委员会编 呼和浩特 远方出版社 2009年 748页〔内蒙古史志丛书〕

008829096
察右中旗志
朱永生主编 呼和浩特 内蒙古人民出版社 1999年 1122页〔内蒙古自治区地方志丛书〕

察哈尔右翼后旗

011321254
察哈尔右翼后旗志
察哈尔右翼后旗地方编纂委员会编 呼伦贝尔 内蒙古文化出版社 2007年 1190页〔内蒙古自治区地方志丛书〕

012173687
察哈尔右翼后旗政协志 1984—2007
政协察哈尔右翼后旗委员会编 察哈尔右翼后旗 政协察哈尔右翼后旗委员会 2007年 809页

四子王旗

010293869
四子王旗志 评审稿

四子王旗地方志编纂委员会编 呼伦贝尔 内蒙古文化出版社 2005年 2册

009854341

四子王旗志

四子王旗地方志编纂委员会编 呼伦贝尔 内蒙古文化出版社 2005年 786页

011584699

内蒙古四子王旗地名录

四子王旗地名办公室编 内蒙古 四子王旗地名办公室 1983年 505页

兴安盟

008379196

兴安盟志

兴安盟地方志编纂委员会 金耀东主编 孙国权副主编 呼和浩特 内蒙古人民出版社 1997年 2册 1247页〔内蒙古自治区地方志丛书〕

011571020

兴安盟志 1996—2005

兴安盟地方志编纂委员会编 呼伦贝尔 内蒙古文化出版社 2007年 2册 2418页

008594359

兴安盟邮电志

兴安盟邮电局编 呼和浩特 内蒙古人民出版社 1998年 733页〔内蒙古邮电志丛书〕

012723323

兴安盟教育志

内蒙古兴安盟教育局编 兴安 内蒙古兴安盟教育局 2005年 422页

008535867

内蒙古自治区地名志 第9卷 兴安盟分册

内蒙古自治区地名委员会编 内蒙古 内蒙古自治区地名委员会 1989年 316页

012252897

兴安盟森林草原防火志 1947—2006

兴安盟森林草原防火指挥部编纂委员会编 兴安 兴安盟森林草原防火指挥部编委会 2007年 510页

乌兰浩特市

007291093

乌兰浩特市志

刘殿生 郑殿全主编 傅敏主审 呼和浩特 内蒙古人民出版社 1993年 1055

页〔内蒙古自治区地方志丛书〕

012684896
乌兰浩特市志 1991—2008
乌兰浩特市志编纂委员会编 呼伦贝尔 内蒙古文化出版社 2010年 2册〔内蒙古自治区地方志丛书〕

013939404
乌兰浩特市人民代表大会志 1949—2011
乌兰浩特市人民代表大会志编纂委员会编 呼和浩特 内蒙古教育出版社 2012年 615页

阿尔山市

008864752
阿尔山市志
阿尔山市志编纂委员会 李玉侠主编 呼和浩特 内蒙古人民出版社 2001年 630页〔内蒙古自治区地方志丛书〕

013140839
阿尔山林业局(森工公司)志
丁凤和主编 内蒙古 阿尔山林业局 2006年 288页

011067690
阿尔山林业局志
马春尧主编 李兴堂 肖光副主编 长春 长春出版社 1991年 635页

突泉县

004436237
突泉县志
突泉县志编纂委员会编 呼和浩特 内蒙古人民出版社 1993年 908页〔内蒙古自治区地方志丛书〕

011909008
突泉县志 1986—2005
突泉县地方志编纂委员会编 呼伦贝尔 内蒙古文化出版社 2007年 1027页

科尔沁右翼前旗

004436234
科尔沁右翼前旗志
科尔沁右翼前旗志编纂委员会 冯学忠主编 王臣 刘赓鸿副主编 呼和浩特 内蒙古人民出版社 1991年 1105页〔内蒙古自治区地方志丛书〕

009198627
科尔沁右翼前旗志
冯学忠主编 北京 方志出版社 2001年 443页〔新编中国优秀地方志简本丛书 第2辑〕

012639210
科尔沁右翼前旗志 1989—2005
科尔沁右翼前旗志编纂委员会编 海拉尔 内蒙古文化出版社 2008年 1132

页〔内蒙古自治区地方志丛书〕

008535831
科尔沁右翼前旗工商物价管理志
霍树枫主编 冯学忠编审 呼和浩特 内蒙古自治区新闻出版局 1997年 609页

009414058
科尔沁右翼前旗财政志
张文阁等主编 呼和浩特 内蒙古人民出版社 1993年 670页

011954501
科尔沁右翼前旗地名志
科尔沁右翼前旗人民政府编 呼伦贝尔 内蒙古文化出版社 2006年 350页

科尔沁右翼中旗

006356702
科尔沁右翼中旗志
科尔沁右翼中旗志编纂委员会编 呼和浩特 内蒙古人民出版社 1993年 825页〔内蒙古自治区地方志丛书〕

011996849
科尔沁右翼中旗志
科尔沁右翼中旗志编纂委员会编 呼伦贝尔 内蒙古文化出版社 2007年 1180页〔内蒙古自治区地方志丛书〕

013936438
吐列毛杜农场志
吐列毛杜农场志编纂委员会编 内蒙古 吐列毛杜农场志编纂委员会 2000年 558页

扎赉特旗

007913606
扎赉特旗志
扎赉特旗志编纂委员会编 呼和浩特 内蒙古人民出版社 1993年 603页〔内蒙古自治区地方志丛书〕

011793439
扎赉特旗志 1986—2002
扎赉特旗人民政府主办 扎赉特旗委史志局编 呼伦贝尔 内蒙古文化出版社 2007年 889页〔内蒙古自治区地方志丛书〕

012663819
扎赉特旗教育志
中共扎赉特旗委员会 扎赉特旗人民政府编 呼和浩特 内蒙古人民出版社 2010年 320页〔扎赉特历史文化丛书〕

锡林郭勒盟

008196367
锡林郭勒盟志
锡林郭勒盟志编纂委员会编 呼和浩特 内蒙古人民出版社 1996年 3册 2089页〔内蒙古自治区地方志丛书〕

013464173
锡林郭勒盟志 财政志 1991—2007
锡林郭勒盟财政局编 呼伦贝尔 内蒙古文化出版社 2011年 529页

013959589
锡林郭勒盟志 残联志
锡林郭勒盟志残联志编委会编 呼伦贝尔 内蒙古文化出版社 2013年 329页

014052430
锡林郭勒盟志 地方税务志
冯壮军主编 呼伦贝尔 内蒙古文化出版社 2011年 460页

013994104
锡林郭勒盟志 法院志
锡林郭勒盟中级人民法院编 黄宝宪主编 呼伦贝尔 内蒙古文化出版社 2012年 553页

013994105
锡林郭勒盟志 扶贫开发志
包广华 张瑞祥主编 呼伦贝尔 内蒙古文化出版社 2013年 654页

013865254
锡林郭勒盟志 工商联志
高晓峰主编 呼伦贝尔 内蒙古文化出版社 2013年 368页

013959591
锡林郭勒盟志 公安志
成映泽主编 呼伦贝尔 内蒙古文化出版社 2013年 2册

013226538
锡林郭勒盟志 环境保护志
呼伦贝尔 内蒙古文化出版社 2011年 648页

013865259
锡林郭勒盟志 民族宗教志
温都尔乎主编 呼伦贝尔 内蒙古文化出版社 2013年 565页

012956553
锡林郭勒盟志 人口和计划生育志
锡林郭勒盟志编纂委员会编 呼伦贝尔 内蒙古文化出版社 2011年 428页

013865261
锡林郭勒盟志 统战志
包丽玲主编 呼伦贝尔 内蒙古文化出版社 2013年 511页

013865263

锡林郭勒盟志 文化体育新闻出版志

李询主编 呼伦贝尔 内蒙古文化出版社 2013年 822页

011479282

锡林郭勒盟政协志 1955—2004

中国人民政治协商会议锡林郭勒盟委员会编 锡林郭勒 政协锡林郭勒盟委员会 2004年 268页

009060994

乌拉盖综合开发区志

高树鹏主编 海拉尔 内蒙古文化出版社 2000年 526页〔内蒙古自治区地方志丛书〕

009190273

锡林郭勒盟畜牧志

齐伯益主编 呼和浩特 内蒙古人民出版社 2002年 1415页

011909121

锡林郭盟林业志

李连芳主编 戎悦胜编 海拉尔 内蒙古文化出版社 2007年 680页

009313093

锡林郭勒盟水利志

锡林郭勒盟水利志编纂办公室编 呼和浩特 内蒙古人民出版社 1999年 362页

008385190

锡林郭勒盟公路交通志

锡林郭勒盟公路交通志编写委员会编 北京 人民交通出版社 1997年 551页

009349649

锡林郭勒盟邮电志

锡林郭勒盟邮电局编 锡林郭勒 锡林郭勒盟邮电局 2000年 551页〔内蒙古邮电志丛书〕

008377784

锡林郭勒盟商业志

居凤库主编 杨汉忠 冯玉楼 范亚光副主编 北京 中国商业出版社 1996年 799页〔锡林郭勒盟商业志系列丛书1〕

012684981

锡林郭勒盟财政志

张忠主编 内蒙古自治区锡林郭勒盟财政局编 锡林郭勒 内蒙古自治区锡林郭勒盟财政局 1999年 348页

012662500

锡林郭勒盟国家税务志 1991—2000

锡林郭勒盟国家税务局编制 锡林郭勒 锡林郭勒盟国家税务局 2002年 507页

008385220

锡林郭勒日报志 1947—1990

锡林郭勒日报社编 锡林浩特 锡林郭勒日报社 1997年 276页

012613288
锡林郭勒盟广播电视志
付海宙 戎悦胜 吴隽主编 呼伦贝尔 内蒙古文化出版社 2009年 783页

011909114
锡林郭勒盟科学技术志
赵生 戎悦胜主编 呼伦贝尔 内蒙古文化出版社 2006年 835页

008959318
内蒙古锡林郭勒风物志
卢明辉 李烨编著 昆明 云南人民出版社 2002年 192页〔中国西部风物志丛书〕

008535858
内蒙古自治区地名志 第7卷 锡林郭勒盟分册
内蒙古自治区地名委员会编 呼和浩特 内蒙古自治区地名委员会 1987年 592页

011909122
锡林郭勒盟卫生志
曹淑华 李少锋 戎悦胜主编 呼伦贝尔 内蒙古文化出版社 2008年 745页

锡林浩特市

008645364
锡林浩特市志
锡林浩特市地方志编纂委员会 优木主编 呼和浩特 内蒙古人民出版社 1999年 608页

014052433
锡林浩特市政协志 1981—2008
政协内蒙古锡林浩特市委员会编 锡林浩特 政协内蒙古锡林浩特市委员会 2009年 268页

009398321
锡林浩特市公路交通志
白忠乃主编 锡林浩特市公路交通志编写委员会编 呼和浩特 内蒙古人民出版社 1999年 106页〔内蒙古锡林郭勒盟公路交通志丛书〕

二连浩特市

009799155
二连浩特市志 送审稿
二连浩特 1998年 21册

009398366
二连浩特市志
二连浩特市地方志编纂委员会编 呼伦贝尔 内蒙古文化出版社 2003年 585页〔内蒙古自治区地方志丛书〕

011564531

二连海关志 1956—2005

二连海关编制 二连浩特 二连海关 2006 年 399 页

012636906

二连浩特检验检疫志 1955—2008

内蒙古 2009 年

多伦县

013771867

多伦县政协志

多伦县政协志编纂委员会编 内蒙古 内蒙古新闻出版局 2011 年 622 页

012609679

多伦县军事志

刘绪功 郑良台主编 多伦县军事志编纂委员会编 呼和浩特 内蒙古大学出版社 2009 年 300 页

阿巴嘎旗

009190399

阿巴嘎旗志

那木吉主编 韩秀明 郭亚飞 徐润月副主编 呼和浩特 内蒙古人民出版社 2001 年 875 页〔内蒙古自治区地方志丛书〕

013126131

阿巴嘎旗人民代表大会志 1946—2007

呼日乐巴特尔主编 阿巴嘎旗人大志编纂委员会编纂 呼伦贝尔 内蒙古文化出版社 2011 年 666 页

012769606

政协阿巴嘎旗委员会志 1980—2007

李力量主编 政协阿巴嘎旗委员会志编纂委员会编纂 呼伦贝尔 内蒙古文化出版社 2010 年 634 页

苏尼特左旗

011477227

苏尼特左旗人民代表大会志 1946—2006

苏尼特左旗人民代表大会志编纂委员会编 苏尼特左旗 人大 2006 年 693 页〔内蒙古自治区地方志丛书〕

苏尼特右旗

009060992

苏尼特右旗志

苏尼特右旗志编纂委员会编 海拉尔 内蒙古文化出版社 2002 年 1011 页

012877198

苏尼特右旗政协志 1956—2005

政协苏尼特右旗委员会编 苏尼特右旗 政协苏尼特右旗委员会 2006 年

341页

013863837

苏尼特右旗商业志

苏尼特右旗商业局编纂领导小组编 合肥 安徽新华印刷厂 1991年 216页〔锡林郭勒盟商业志系列丛书 2 苏尼特右旗地方志丛书 1〕

007677603

苏尼特右旗水利志

呼和浩特 内蒙古人民出版社 1992年 241页

东乌珠穆沁旗

012636898

东乌珠穆沁旗政协志

东乌旗政协志编审委员会编 呼和浩特 内蒙古人民出版社 2009年 443页

西乌珠穆沁旗

009561092

西乌珠穆沁旗志

西乌珠穆沁旗志编纂委员会编 白和平主编 海拉尔 内蒙古文化出版社 2003年 912页〔内蒙古自治区地方志丛书〕

012140690

西乌珠穆沁旗地名志

西乌珠穆沁旗地名委员会编 内蒙古 西乌珠穆沁旗地名委员会 1993年 437页

太仆寺旗

008645370

太仆寺旗志

太仆寺旗志编纂委员会编 海拉尔 内蒙古文化出版社 2000年 838页〔内蒙古自治区地方志丛书〕

011312064

太仆寺旗政协志 1981—2006

政协太仆寺旗委员会编 太仆寺旗 2006年 217页

008594343

太仆寺旗公路交通志

安志伟主编 房占成执行主编 呼和浩特 内蒙古人民出版社 1999年 161页〔内蒙古锡林郭勒盟公路交通志丛书〕

镶黄旗

008488200

镶黄旗志

镶黄旗志编纂委员会 马宝军主编 呼和浩特 内蒙古人民出版社 1999年 809页〔内蒙古自治区地方志丛书〕

正镶白旗

010010297
正镶白旗志 验收稿
正镶白旗志总纂委员会编 内蒙古 镶白旗志总纂委员会 2004 年 3 册

009561084
正镶白旗志
正镶白旗志地方志编纂委员会编 呼伦贝尔 内蒙古文化出版社 2004 年 906 页〔内蒙古自治区地方志丛书〕

正蓝旗

013961360
正蓝旗人民代表大会志 1946—2007
正蓝旗人民代表大会志编纂委员会编 正蓝旗 正蓝旗人民代表大会志编纂委员会 2012 年 528 页

013863125
内蒙古自治区五一种畜场志
内蒙古自治区五一种畜场志编委会编 呼伦贝尔 内蒙古文化出版社 2013 年 551 页

阿拉善盟

009398520
阿拉善盟志 送审稿
阿拉善盟志编纂委员会办公室编 阿拉善 阿拉善盟志编纂委员会办公室 1996 年 3 册〔内蒙古自治区地方志丛书〕

008594257
阿拉善盟志
阿拉善盟地方志编纂委员会编 北京 方志出版社 1998 年 1355 页〔内蒙古自治区地方志丛书〕

012678321
阿拉善盟志 1990—2009
阿拉善盟地方志编纂委员会编 呼伦贝尔 内蒙古文化出版社 2012 年 2 册 2109 页〔内蒙古自治区地方志丛书〕

011995204
阿拉善盟志 教育志
阿拉善盟教育志编纂委员会编 呼和浩特 远方出版社 2004 年 729 页

013922758
阿拉善盟志 人物志
阿拉善盟档案史志局编 呼伦贝尔 内蒙古文化出版社 2013 年 620 页〔内蒙古自治区地方志丛书〕

007273585
阿拉善盟史志资料选编
阿拉善盟地方志编纂委员会办公室编 1994年

012690080
中共阿拉善盟委党校志 1980—2010
孙兴凯主编 呼和浩特 内蒙古人民出版社 2010年 321页〔中共阿拉善盟委员会党校建校30周年文丛〕

013319770
内蒙古自治区人大常委会阿拉善盟工作委员会志 2005—2010
内蒙古自治区人大常委会阿拉善盟工作委员会志编纂委员会编 阿拉善 内蒙古自治区人大常委会阿拉善盟工作委员会志编纂委员会 2011年 338页

012503627
阿拉善盟行政公署志
阿拉善盟行政公署志编纂领导小组编 长春 吉林人民出版社 2002年 553页〔阿拉善盟地方志丛书〕

013751419
阿拉善盟政协志 1982—2002
政协阿拉善盟委员会办公室编 呼和浩特 内蒙古人民出版社 2002年 242页

013037814
阿拉善盟法院志 1980—1995
阿拉善盟中级人民法院编 阿拉善 阿拉善盟中级人民法院 1996年 178页

012741944
阿拉善盟中级人民法院志 1995—2010
阿拉善盟中级人民法院编 阿拉善 阿拉善盟中级人民法院 2010年 190页

013939623
雅布赖盐化集团有限公司志
雅布赖盐化集团有限公司志编委会编 阿拉善 雅布赖盐化集团有限公司志编委会 2012年 657页

010732099
雅布赖盐化有限责任公司志
雅布赖盐化有限责任公司志编纂委员会编 阿拉善盟 雅布赖盐化有限责任公司 2002年 338页

011890427
阿拉善盟盐业志
牧人主编 呼和浩特 内蒙古人民出版社 2007年 409页

012831040
阿拉善盟交通志
阿拉善盟交通志编纂委员会编 呼和浩特 内蒙古人民出版社 2009年 536页

008600310
阿拉善盟公路交通志
阿拉善盟公路交通志编纂委员会编 北京 人民交通出版社 1998年 359页

009387118
阿拉善盟邮电志
阿拉善盟邮电志编委会编 银川 宁夏人民出版社 1999年 403页〔内蒙古邮电志丛书〕

011804068
阿拉善盟体育志
阿拉善盟文化体育处编 阿拉善 阿拉善盟文化体育处编 1992年 153页

008535854
内蒙古自治区地名志 第2卷 阿拉善盟分册
内蒙古自治区地名委员会编 呼和浩特 内蒙古自治区地名委员会 1991年 392页

013220897
阿拉善盟气象局站史志
阿拉善盟气象局编 阿拉善 阿拉善盟气象局 2008年 322页

阿拉善左旗

008645365
阿拉善左旗志
阿拉善左旗地方志编纂委员会编 呼和浩特 内蒙古教育出版社 2000年 1057页〔内蒙古自治区地方志丛书〕

009392471
阿拉善左旗水利志
阿拉善左旗水利志编纂委员会编 呼和浩特 内蒙古人民出版社 1993年 236页

009348169
吉兰泰盐化集团公司志
吉兰泰盐化集团公司志编纂领导小组编 呼和浩特 内蒙古人民出版社 2003年 612页

014056712
中盐吉兰泰盐化集团有限公司志 2001—2012
中盐吉兰泰盐化集团有限公司志编辑小组编 呼和浩特 内蒙古人民出版社 2013年 624页

013982242
阿拉善左旗财政志 1949—2010
聂舜声主编 北京 阳光出版社 2013年 311页

010962582
阿拉善左旗地名志
阿拉善左旗地名志编纂委员会编 呼和浩特 内蒙古人民出版社 2006年 580页

阿拉善右旗

008645367
阿拉善右旗志
阿拉善右旗地方志编纂委员会编 马西巴图主编 呼和浩特 内蒙古教育出版社 2000年 627页〔内蒙古自治区地方志丛书〕

额济纳旗

008535823
额济纳旗志
额济纳旗志编纂委员会编 北京 方志出版社 1998年 865页〔内蒙古自治区地方志丛书〕

013925181
额济纳旗志 1991—2010
额济纳旗志编纂委员会编 呼伦贝尔 内蒙古文化出版社 2013年 1112页〔内蒙古自治区地方志丛书〕

011757648
额济纳旗人民代表大会志 1949—2003
额济纳旗人民代表大会志编纂委员会编 额济纳旗 额济纳旗人民代表大会志编纂委员会 200u年 334页〔内蒙古自治区地方志丛书〕

辽宁省

008676706
辽宁省志
辽宁省地方志编纂委员会办公室主编
　沈阳　辽宁科学技术出版社　1996年

011499193
辽宁省志　农机志　附录重要文献辑存
辽宁省农机志编写室编　辽宁　辽宁省农机志编写室　1994年　250页

007806619
辽宁省志　第1卷　金融志
辽宁省地方志编纂委员会办公室主编
　沈阳　辽宁科学技术出版社　1996年　2册

007806617
辽宁省志　第2卷　石化工业志
辽宁省地方志编纂委员会办公室主编
　沈阳　辽宁科学技术出版社　1996年　362页

007806616
辽宁省志　第3卷　地震志
辽宁省地方志编纂委员会办公室主编
　沈阳　辽宁科学技术出版社　1996年　242页

007806618
辽宁省志　第4卷　电力工业志
辽宁省地方志编纂委员会办公室主编
　沈阳　辽宁科学技术出版社　1996年　414页

008486748
辽宁省志　第5卷　民政志
辽宁省地方志编纂委员会办公室主编
　沈阳　辽宁科学技术出版社　1996年　383页

008535889
辽宁省志　第6卷　化学工业志
辽宁省地方志编纂委员会办公室主编
　沈阳　辽宁科学技术出版社　1999年

423 页

008535894

辽宁省志 第 7 卷 广播电视志

辽宁省地方志编纂委员会办公室主编 沈阳 辽宁科学技术出版社 1998 年 347 页

008535954

辽宁省志 第 8 卷 军事志

辽宁省地方志编纂委员会办公室主编 沈阳 辽宁科学技术出版社 1999 年 818 页

008535890

辽宁省志 第 9 卷 测绘志

辽宁省地方志编纂委员会办公室主编 沈阳 辽宁科学技术出版社 1999 年 361 页

008535903

辽宁省志 第 10 卷 出版志

辽宁省地方志编纂委员会办公室主编 沈阳 辽宁科学技术出版社 1999 年 289 页

008535962

辽宁省志 第 11 卷 文化志

辽宁省地方志编纂委员会办公室主编 沈阳 辽宁科学技术出版社 1999 年 484 页

008535897

辽宁省志 第 12 卷 妇女志

辽宁省地方志编纂委员会办公室主编 沈阳 辽宁科学技术出版社 2000 年 303 页

008535967

辽宁省志 第 13 卷 公安志

辽宁省地方志编纂委员会办公室主编 沈阳 辽宁科学技术出版社 1999 年 654 页

008535965

辽宁省志 第 14 卷 工会志

辽宁省地方志编纂委员会办公室主编 沈阳 辽宁科学技术出版社 1999 年 475 页

008535900

辽宁省志 第 15 卷 检察志

辽宁省地方志编纂委员会办公室主编 沈阳 辽宁科学技术出版社 1999 年 265 页

008535901

辽宁省志 第 16 卷 计划志

辽宁省地方志编纂委员会办公室主编 沈阳 辽宁科学技术出版社 1999 年 264 页

008687641

辽宁省志 第 17 卷 供销合作社志

辽宁省地方志编纂委员会办公室主编

沈阳 辽宁科学技术出版社 1999 年 242 页

008535966
辽宁省志 第 18 卷 物资志
辽宁省地方志编纂委员会办公室主编 沈阳 辽宁科学技术出版社 1999 年 314 页

008535956
辽宁省志 第 19 卷 人大志
辽宁省地方志编纂委员会办公室主编 沈阳 辽宁科学技术出版社 2000 年 388 页

008535896
辽宁省志 第 20 卷 煤炭工业志
辽宁省地方志编纂委员会办公室主编 沈阳 辽宁民族出版社 1999 年 351 页

008629227
辽宁省志 第 21 卷 工商行政管理志
辽宁省地方志编纂委员会办公室主编 沈阳 辽宁人民出版社 1999 年 294 页

008692808
辽宁省志 第 22 卷 体育志
辽宁省地方志编纂委员会办公室主编 沈阳 辽宁人民出版社 1999 年 331 页

008692800
辽宁省志 第 23 卷 林业志
辽宁省地方志编纂委员会办公室主编 沈阳 辽宁民族出版社 1999 年 328 页

008692812
辽宁省志 第 24 卷 卫生志
辽宁省地方志编纂委员会办公室主编 沈阳 辽宁人民出版社 1999 年 476 页

008692817
辽宁省志 第 25 卷 政协志
辽宁省地方志编纂委员会办公室主编 沈阳 辽宁科学技术出版社 1999 年 242 页

008839973
辽宁省志 第 26 卷 物价志
辽宁省地方志编纂委员会办公室主编 沈阳 辽宁民族出版社 2000 年 476 页

008839980
辽宁省志 第 27 卷 少数民族志
辽宁省地方志编纂委员会办公室主编 沈阳 辽宁民族出版社 2000 年 602 页

008840016
辽宁省志 第 28 卷 黑色冶金工业志 有色金属工业志 黄金工业志

辽宁省地方志编纂委员会办公室主编　沈阳　辽宁民族出版社　2001年　879页

008839994

辽宁省志　第29卷　财政志

辽宁省地方志编纂委员会办公室主编　沈阳　辽宁人民出版社　2000年　699页

008840008

辽宁省志　第30卷　纺织工业志

辽宁省地方志编纂委员会办公室主编　沈阳　辽宁民族出版社　2001年　456页

008839987

辽宁省志　第31卷　科学技术志

辽宁省地方志编纂委员会办公室主编　沈阳　辽宁人民出版社　2000年　680页

008839982

辽宁省志　第32卷　商业志

辽宁省地方志编纂委员会办公室主编　沈阳　辽宁民族出版社　2001年　497页

008840002

辽宁省志　第33卷　社会科学志

辽宁省地方志编纂委员会办公室主编　沈阳　辽宁人民出版社　2000年　471页

008839999

辽宁省志　第34卷　统计志

辽宁省地方志编纂委员会办公室主编　沈阳　辽宁民族出版社　2001年　766页

008972592

辽宁省志　第35卷　粮食志

辽宁省地方志编纂委员会办公室主编　沈阳　辽宁大学出版社　2000年　433页

008983572

辽宁省志　第36卷　气象志

辽宁省地方志编纂委员会办公室主编　沈阳　辽宁民族出版社　2002年　438页

008950137

辽宁省志　第37卷　民主党派志　工商联志　国民党志

辽宁省地方志编纂委员会办公室主编　沈阳　辽宁科学技术出版社　2000年　447页

008869593

辽宁省志　第38卷　铁道志

辽宁省地方志编纂委员会办公室主编　北京　中国铁道出版社　2000年　612页

009046374

辽宁省志　第39卷　宗教志

辽宁省地方志编纂委员会办公室主编
  沈阳 辽宁人民出版社 2002年
  394页

008972598
辽宁省志 第40卷 水利志
辽宁省地方志编纂委员会办公室主编
  沈阳 辽宁民族出版社 2001年
  550页

009081661
辽宁省志 第41卷 海关志
辽宁省地方志编纂委员会办公室主编
  沈阳 辽宁人民出版社 2002年
  276页

009241691
辽宁省志 第42卷 文物志
辽宁省地方志编纂委员会办公室主编
  沈阳 辽宁人民出版社 2001年
  843页

009266097
辽宁省志 第43卷 武警志
辽宁省地方志编纂委员会办公室主编
  沈阳 辽宁民族出版社 2001年
  526页

009189879
辽宁省志 第44卷 建设志
辽宁省地方志编纂委员会办公室主编
  沈阳 辽宁人民出版社 2003年
  792页

009242770
辽宁省志 第45卷 建材工业志
辽宁省地方志编纂委员会办公室主编
  北京 民族出版社 1999年 253页

009189877
辽宁省志 第46卷 共青团志
辽宁省地方志编纂委员会办公室编 沈阳 辽宁民族出版社 2003年 332页

009105294
辽宁省志 第47卷 司法行政志
辽宁省地方志编纂委员会办公室主编
  沈阳 辽宁民族出版社 2003年
  570页

009312420
辽宁省志 第48卷 水产志
辽宁省地方志编纂委员会办公室主编
  沈阳 辽宁民族出版社 2001年
  364页

009312461
辽宁省志 第49卷 公路水运志
辽宁省地方志编纂委员会办公室主编
  沈阳 辽宁人民出版社 1999年
  656页

009015860
辽宁省志 第50卷 邮电志
辽宁省地方志编纂委员会办公室主编
  沈阳 辽宁民族出版社 2002年
  478页

009189883
辽宁省志 第51卷 农业志
辽宁省地方志编纂委员会办公室主编
沈阳 辽宁民族出版社 2003年
458页

009312419
辽宁省志 第52卷 教育志
辽宁省地方志编纂委员会办公室主编
沈阳 辽宁大学出版社 2001年
953页

009081732
辽宁省志 第53卷 商检志
辽宁省地方志编纂委员会办公室主编
沈阳 辽宁人民出版社 2003年
410页

009019513
辽宁省志 第54卷 地理志 建置志
辽宁省地方志编纂委员会办公室主编
沈阳 辽宁民族出版社 2002年
389页

009675741
辽宁省志 第55卷 劳动志
辽宁省地方志编纂委员会办公室主编
沈阳 辽宁民族出版社 2004年
470页

009334493
辽宁省志 第56卷 医药志
辽宁省地方志编纂委员会办公室主编
沈阳 辽宁民族出版社 2003年
583页

009442015
辽宁省志 第57卷 机械工业志
辽宁省地方志编纂委员会办公室主编
沈阳 辽宁民族出版社 2004年
501页

009348165
辽宁省志 第58卷 审判志
辽宁省地方志编纂委员会办公室主编
沈阳 辽宁民族出版社 2003年
775页

009338463
辽宁省志 第59卷 石油开采工业志
辽宁省地方志编纂委员会办公室主编
沈阳 辽宁科学技术出版社 2000年
330页

009334480
辽宁省志 第60卷 电子工业志
辽宁省地方志编纂委员会办公室主编
沈阳 辽宁民族出版社 2003年
364页

009334489
辽宁省志 第61卷 对外经济贸易志
辽宁省地方志编纂委员会办公室主编
沈阳 辽宁民族出版社 2003年
519页

009880809
辽宁省志 第62卷 轻工业志
辽宁省地方志编纂委员会办公室主编 沈阳 辽宁民族出版社 2005年 647页

009880805
辽宁省志 第63卷 人口志
辽宁省地方志编纂委员会办公室主编 沈阳 辽宁民族出版社 2005年 414页

009001462
辽宁省志 第64卷 人事志
辽宁省地方志编纂委员会办公室主编 沈阳 辽宁民族出版社 2005年 505页

009854072
辽宁省志 第65卷 政府志
辽宁省地方志编纂委员会办公室主编 沈阳 辽海出版社 2005年 705页

008535887
辽宁省志 第66卷 地质矿产志
辽宁省地方志编纂委员会办公室主编 沈阳 辽宁科学技术出版社 1997年 284页

009675736
辽宁省志 第67卷 档案志
辽宁省地方志编纂委员会办公室主编 沈阳 辽宁民族出版社 2004年 334页

009854071
辽宁省志 第68卷 大事记 初稿
辽宁省地方志办公室编 辽宁 辽宁省地方志办公室 1992年

010154973
辽宁省志 第69卷 中国共产党地方组织志
辽宁省地方志编纂委员会办公室主编 沈阳 辽宁民族出版社 2005年 909页

011475289
辽宁邮电工会志
中国邮电工会辽宁省委员会编 沈阳 中国邮电工会辽宁省委员会 1997年 463页

009961924
辽宁省政协提案志 1955—2005
吴登庸主编 沈阳 辽海出版社 2006年 533页

009961849
辽宁纪检监察志 1949—2000
中共辽宁省纪律检查委员会 辽宁省检察厅编 沈阳 辽宁人民出版社 2005年 1115页

011584504
辽宁省行政监察志 1950—1959

辽宁省监察厅编 辽宁 辽宁省监察厅 1997年 222页

010238378
辽宁省公安志 1986—2000
辽宁省公安厅史志编纂委员会编 沈阳 辽宁科学技术出版社 2006年 671页

011292527
辽宁省民政志 征求意见稿
辽宁省民政厅民政志编辑室编 辽宁 1991年 5册

010475352
辽宁省民政志 1840—1990
辽宁省民政志编纂委员会编 沈阳 辽宁人民出版社 1996年 737页

008846157
雷锋志
雷锋志编撰委员会编 沈阳 白山出版社 1998年 1331页

013458002
辽宁民进志 1952—2002
民进辽宁省委史志办公室编 沈阳 辽宁教育出版社 2012年 187页

010376736
辽宁检察志资料选编
辽宁检察志编写室编 沈阳 辽宁省地方志办公室 1988年〔辽宁省地方志资料丛刊 3〕

010376751
辽宁审判志资料选编
辽宁省高级人民法院审判志编辑室编 沈阳 辽宁省地方志办公室 1990年〔辽宁省地方志资料丛刊 6〕

011311315
中国共产党辽宁省政法志 1945—1985
中共辽宁省委政法委员会编 辽宁 中共辽宁省委政法委员会 1996年 374页

007538853
〔中华地理志〕东北地区经济地理 辽宁 吉林 黑龙江
孙敬之主编 吴传钧等编写 中国科学院中华地理志编辑部编 北京 科学出版社 1959年 211页〔中国科学院中华地理志经济地理丛书 7〕

011762867
辽宁省审计志 1983—1996
辽宁省审计志编纂委员会编 沈阳 辽宁省审计志编纂委员会 2000年 826页

013820628
辽宁省质量技术监督局志 1985—2005
辽宁省质量技术监督局局志办编 沈阳 辽宁省质量技术监督局局志办 2010年 539页

009854067
辽宁省土地志
廖维满主编 沈阳 辽宁大学出版社

2001年 627页

010376854

辽宁林业志资料选编

辽宁省林业志编委办公室编 沈阳 辽宁省地方志办公室 1990年〔辽宁省地方志资料丛刊 13〕

011329471

辽宁省畜牧业志 1151—2000

辽宁省动物卫生监督管理局编 沈阳 辽宁民族出版社 2007年 624页

009561038

辽宁水产志

辽宁水产志编纂委员会 辽宁省水产局编 辽宁 辽宁新闻出版局 1995年 519页

008298331

东北电力工业志

东北电力工业志编纂委员会编 北京 当代中国出版社 1995年 763页〔中国电力工业志丛书〕

013819276

东北电力工业志 1991—2002

中国电力工业史志编辑委员会编 北京 中国电力出版社 2013年 803页〔中国电力工业志丛书〕

010376718

东北电业志资料选编

东北电业志编写室编 沈阳 辽宁省地方志办公室 1991年〔辽宁省地方志资料丛刊 2〕

011892056

辽宁省电力工业志 1991—2002

辽宁省电力有限公司编 北京 中国电力出版社 2008年 622页〔中国电力工业志丛书〕

009043143

辽宁省电力工业志

东北电业志编纂委员会编 沈阳 辽宁大学出版社 1993年 667页〔中国电力工业志丛书〕

009243277

辽宁省国防科技工业志 1881—1985

辽宁省军工史志编纂委员会编 沈阳 辽宁科学技术出版社 1992年 591页

013958749

辽宁石油销售志 1991—2005

中国石油辽宁销售公司编 沈阳 沈阳出版社 2012年 3册 1141页

009675744

辽宁烟草志

辽宁省烟草志编纂委员会编 沈阳 白山出版社 2006年 737页

010110810

辽宁烟草志图鉴

初昭仑主编 沈阳 白山出版社 2006 年 343 页

007513884
辽宁省交通志
辽宁省交通史志编纂委员会编 沈阳 沈阳出版社 1992 年 927 页

009242766
辽宁公路志
张士杰等编著 沈阳 辽宁大学出版社 1988 年 470 页

010376816
辽宁公路志资料选编
辽宁公路志编写室编 沈阳 辽宁省地方志办公室 1988 年〔辽宁省地方志资料丛刊 7〕

012265288
辽宁移动通信志 1989—2005
中国移动通信集团辽宁有限公司编 辽宁 中国移动通信集团辽宁有限公司 2008 年 336 页

012873058
辽宁长途电信传输志 1884—2000
辽宁长途电信传输志编纂委员会编 辽宁 辽宁长途电信传输志编纂委员会 2000 年 484 页

009243263
辽宁邮电志资料选编
辽宁邮电志编写室编 沈阳 辽宁省地方志办公室 1986—1987 年 2 册〔辽宁省地方志资料丛刊 15〕

012661448
辽宁省石油销售志
辽宁省石油总公司编 沈阳 辽宁省石油总公司 1997 年 357 页

010376832
辽宁财政志资料选编
卢秉栋 陆熊琪主编 辽宁财政志编辑室编 沈阳 辽宁省地方志办公室 1989 年 3 册〔辽宁省地方志资料丛刊 9—11〕

009408029
辽宁省财政志 1840—1985
辽宁省财政志编纂委员会编 辽宁 辽宁省财政志编纂委员会 1994 年 1122 页

009854083
辽宁税务志 1840—1989
郑树模主编 沈阳 辽宁人民出版社 1998 年 827 页

009243291
辽宁省农村金融志
辽宁省农村金融志编纂委员会编 沈阳 辽宁人民出版社 1992 年 521 页

009243211
辽宁省保险志
中国人民保险公司辽宁省分公司编 辽宁 中国人民保险公司辽宁省分公司 1989年 409页

010376847
辽宁新闻志资料选编
辽宁新闻志(报纸部分)编写组编 沈阳 辽宁省地方志办公室 1990年 〔辽宁省地方志资料丛刊 12〕

011499195
辽宁图书发行志 1840—1985
辽宁省新华书店编印 沈阳 辽宁省新华书店 1989年 381页

008535970
辽宁省科协志
赵惠田主编 郑荣 焉兆信 姜晓舟副主编 沈阳 辽宁人民出版社 1991年 448页

009243327
辽宁省职工技术协作活动志 1961—1986
辽宁省职工技术协作活动志编委会编 沈阳 辽宁人民出版社 1990年 321页

011311358
辽宁集邮志 1878—1996
辽宁省集邮协会编 辽宁 辽宁省集邮协会 1998年 372页

012197191
中国歌谣集成 第18卷 辽宁卷
中国民间文学集成全国编辑委员会 中国歌谣集成辽宁卷编辑委员会编 北京 中国ISBN中心 2008年 1019页

012584301
中国谚语集成 第24卷 辽宁卷
中国民间文学集成全国编辑委员会 中国民间文学集成辽宁卷编辑委员会编 北京 中国ISBN中心 2009年 868页

007562222
中国民间歌曲集成 第4卷 辽宁卷
中国民间歌曲集成全国编辑委员会 中国民间歌曲集成辽宁卷编辑委员会编 北京 中国ISBN中心 1995年 2册 1454页 〔十部文艺集成志书〕

011762062
中国曲艺音乐集成 第23卷 辽宁卷
中国曲艺音乐集成全国编辑委员会 中国曲艺音乐集成辽宁卷编辑委员会编 北京 中国ISBN中心 2002年 2册 1924页

009619588
中国戏曲音乐集成 第23卷 辽宁卷
中国戏曲音乐集成编辑委员会 中国戏曲音乐集成辽宁卷编辑委员会编 北

京 中国 ISBN 中心 2001 年 1218 页

008707193
中国民族民间器乐曲集成 第 10 卷 辽宁卷
中国民族民间器乐曲集成全国编辑委员会 中国民族民间器乐曲集成辽宁卷编辑委员会编 北京 中国 ISBN 中心 1996 年 2 册〔十部文艺集成志书〕

008409975
中国民族民间舞蹈集成 第 11 卷 辽宁卷
中国民族民间舞蹈集成编辑部编 北京 中国 ISBN 中心 1998 年 894 页〔十部文艺集成志书〕

009649603
中国曲艺志 第 5 卷 辽宁卷
中国曲艺志全国编辑委员会 中国曲艺志辽宁卷编辑委员会编 北京 中国 ISBN 中心 2000 年 673 页

007836316
中国戏曲志 第 30 卷 辽宁卷
中国戏曲志编辑委员会 中国戏曲志辽宁卷编辑委员会编 北京 中国 ISBN 中心 1994 年 637 页

008594588
辽宁教育人物志
辽宁省教育史志编纂委员会编 沈阳 辽宁科学技术出版社 1998 年 1205 页

009961853
辽宁青年科技人物志
辽宁省科学技术协会编 沈阳 辽宁古籍出版社 1997 年 839 页

011499199
辽宁医学人物志
于永敏编著 沈阳 辽沈书社 1990 年 292 页

004693806
满族风俗志 第 13 卷
王宏刚 富育光编著 北京 中央民族学院出版社 1991 年 199 页〔民俗文库 13〕

002986313
中国地方志民俗资料汇编 东北卷
丁世良 赵放主编 白玉新等编 北京 书目文献出版社 1989 年 510 页

009387114
辽宁风物志
本社编 沈阳 辽宁人民出版社 1985 年 430 页〔中国风物志丛书〕

009961854
辽宁省地名录
辽宁省地名委员会办公室编 沈阳 辽宁省地名委员会办公室 1988 年 604 页

009243310
辽宁省县名志 附省暨各市地名称简志
辽宁地名丛书编辑室编 沈阳 辽宁地名丛书编辑室 1982年 193页〔辽宁地名丛书〕

013662467
中国海岛志 辽宁卷
中国海岛志编纂委员会编 北京 海洋出版社 2013年

010376744
辽宁科技志资料选编
辽宁省科技志编委办公室编 沈阳 辽宁省地方志办公室 1987—1990年 2册〔辽宁省地方志资料丛刊 48〕

011997335
辽宁省民族科普协会会志 1984.5—2004.5
辽宁省民族科普协会编 辽宁 辽宁省民族科普协会 200u年 44页

009675726
辽宁省地震监测志
辽宁省地震局编 北京 地震出版社 2004年 613页〔中国地震监测志系列〕

008486751
辽宁水灾志 1995
辽宁水灾志编纂委员会编 徐德主编 北京 方志出版社 1996年 457页

007651892
辽宁乙丑水灾志
林声主编 沈阳 辽宁人民出版社 1988年 429页

011584493
辽宁省军事气候志
辽宁省气象局编 沈阳 辽宁省气象局 1979年 282页

006007476
东北第四纪哺乳动物化石志
中国科学院古脊椎动物研究所高等脊椎动物组著 北京 科学出版社 1959年 117页〔中国科学院古脊椎动物研究所甲种专刊 第3号〕

003911661
辽宁植物志
李书心主编 辽宁省科学技术委员会辽宁植物志编辑委员会编 沈阳 辽宁科学技术出版社 1988—1992年 2册

003998345
辽宁动物志 鸟类
黄沐朋等编著 沈阳 辽宁科学技术出版社 1989年 558页

011310767
辽宁动物志 兽类
肖增祜等编著 辽宁省科学技术委员会辽宁动物志编辑委员会主编 沈阳 辽宁科学技术出版社 1988年 248页

011579720

东北蝗虫志

任柄忠著 长春 吉林科学技术出版社 2001年 173页

012898355

东北农林蚜虫志 昆虫纲 半翅目 蚜虫类

姜立云 乔格侠 张广学 钟铁森著 北京 科学出版社 2011年 709页

012903564

中国东北小蜂及青蜂志

娄巨贤 方红 丁秀云编著 北京 北京师范大学出版社 2011年 405页

011584511

辽宁中医机构志

辽宁省卫生厅中医处编 辽宁 辽宁省卫生厅中医处 1988年 219页

009243301

辽宁省卫生志

辽宁省卫生志编纂委员会编 沈阳 辽宁古籍出版社 1997年 846页

009243298

辽宁省卫生志(稿) 583—1985

辽宁省卫生志编纂委员会编 沈阳 辽宁省卫生志编纂委员会 1996年 860页

012832429

辽宁中药志 植物类

高松主编 沈阳 辽宁科学技术出版社 2010年 1239页

011475287

辽宁省蒙医药志

齐宝山总纂 海龙宝主编 敖长青 暴风雨副主编 北京 中国国际广播出版社 2008年 235页

011500860

中国东北野生食药用真菌图志

戴玉成 图力古尔主编 北京 科学出版社 2007年 231页

006071364

东北木本植物图志

刘慎谔等编著 中国科学院林业土壤研究所编辑 北京 科学出版社 1955年 568页

013820626

辽宁省固沙造林研究所志 1952—2011

辽宁省固沙造林研究所编 沈阳 辽宁大学出版社 2012年 251页

006018122

东北经济木材志

中国科学院林业土壤研究所编辑 黄达章主编 白同人等编著 北京 科学出版社 1964年 298页

012251410
辽宁省家畜家禽品种资源志
张世伟主编 沈阳 辽宁科学技术出版社 2009年 199页

012251406
辽宁绒山羊育种志 1980—2008
张世伟主编 沈阳 辽宁科学技术出版社 2009年 141页

008660419
中国柞蚕品种志
辽宁省蚕业科学研究所主编 沈阳 辽宁科学技术出版社 1994年 274页

012663895
中国油气田开发志 渤海油气区油气田卷
中国油气田开发志总编纂委员会编 北京 石油工业出版社 2011年 791页

013965374
中国油气田开发志 第24卷 东北油气区卷
中国油气田开发志总编纂委员会编 北京 石油工业出版社 2011年 179页

013630205
中国油气田开发志 第24卷 东北油气区油气田卷
中国油气田开发志总编纂委员会编 北京 石油工业出版社 2011年 289页

009243293
辽宁省水利学会史志 初稿
辽宁省水利学会编 辽宁 辽宁省水利学会 1986年 78页

009840159
辽宁省环境保护志
辽宁省环境保护局主编 沈阳 万卷出版公司 2005年 637页

010376864
辽宁古代自然灾害 237—1840
王天成编 沈阳 辽宁省地方志办公室 1991年 93页〔辽宁省地方志资料丛刊 14〕

沈阳市

003796241
沈阳市志
沈阳市人民政府地方志编纂办公室编 沈阳 沈阳出版社 1989年

007424575
沈阳市志
沈阳市人民政府地方志办公室编 沈阳 沈阳出版社 1995年

011998209
沈阳市志 1986—2005
沈阳市人民政府地方志办公室编 长春 吉林科学技术出版社 2008 年

013185747
沈阳市志 2000
沈阳市人民政府地方志办公室编 沈阳 沈阳出版社 2002 年 835 页

011584921
沈阳市志 2001
沈阳市人民政府主办 沈阳市人民政府地方志办公室编 沈阳 沈阳出版社 2002 年 552 页

011584960
沈阳市志 2003
沈阳市人民政府地方志办公室编 长春 吉林科学技术出版社 2003 年 572 页

009675753
沈阳市志 2004
沈阳市人民政府地方志办公室编 沈阳 辽宁民族出版社 2004 年 609 页

009961945
沈阳市志 2005
沈阳市人民政府地方志办公室编 长春 吉林科学技术出版社 2005 年 550 页

010731793
沈阳市志 2006
沈阳市人民政府主办 沈阳市人民政府地方志办公室编 沈阳 辽宁民族出版社 2006 年 530 页

011908777
沈阳市志 2007
沈阳市人民政府地方志办公室编 长春 吉林科学技术出版社 2007 年 476 页

011998216
沈阳市志 2008
沈阳市人民政府地方志办公室编 长春 吉林科学技术出版社 2008 年 526 页

012506171
沈阳市志 2009
沈阳市人民政府地方志办公室编 沈阳 沈阳出版社 2009 年 688 页

012766558
沈阳市志 2010
沈阳市人民政府地方志办公室编 沈阳 沈阳出版社 2010 年 646 页

013462053
沈阳市志 2011
沈阳市人民政府地方志办公室编 沈阳 沈阳出版社 2011 年 655 页

009046340
沈阳市志 第 1 卷 综合卷
沈阳市人民政府地方志编纂办公室编 沈阳 沈阳出版社 1989 年 591 页

010111026
沈阳市志 第 2 卷 城市建设 环境卫生 送审稿
沈阳市政府地方志办公室编 沈阳 沈阳市政府地方志办公室 1994 年 57 页

008795537
沈阳市志 第 3 卷 工业综述 机械工业
沈阳市人民政府地方志办公室编 沈阳 沈阳出版社 2000 年 557 页

010111063
沈阳市志 第 3 卷 机械工业 电子产品制造 送审稿
沈阳市政府地方志办公室编 沈阳 沈阳市政府地方志办公室 1998 年 132 页

010111067
沈阳市志 第 3 卷 机械工业 机床制造 送审稿
沈阳市政府地方志办公室编 沈阳 沈阳市政府地方志办公室 1998 年 160 页

010111072
沈阳市志 第 3 卷 机械工业 农机制造 送审稿
沈阳市政府地方志办公室编 沈阳 沈阳市政府地方志办公室 1998 年 66 页

010111074
沈阳市志 第 3 卷 机械工业 汽车制造 送审稿
沈阳市政府地方志办公室编 沈阳 沈阳市政府地方志办公室 1997 年 97 页

010111222
沈阳市志 第 3 卷 机械工业 铁路运输设备制造 送审稿
沈阳市政府地方志办公室编 沈阳 沈阳市政府地方志办公室 1998 年 80 页

010111244
沈阳市志 第 3 卷 机械工业 重型矿山机械制造 送审稿
沈阳市政府地方志办公室编 沈阳 沈阳市政府地方志办公室 1998 年 68 页

008795581
沈阳市志 第 4 卷 化学工业 医药工业 冶金工业 建材工业 电力工业 煤炭工业 石油工业
沈阳市人民政府地方志办公室编 沈阳 沈阳出版社 1999 年 476 页

009046355
沈阳市志 第 5 卷 轻工业 纺织工业 区街企业
沈阳市人民政府地方志编纂办公室编 沈阳 沈阳出版社 1994 年 517 页

009046330
沈阳市志 第 6 卷 军事工业
沈阳市人民政府地方志编纂办公室编 沈阳 沈阳出版社 1992 年 266 页

009046322
沈阳市志 第 7 卷 交通邮电卷
沈阳市人民政府地方志编纂办公室编 沈阳 沈阳出版社 1989 年 375 页

009046284
沈阳市志 第 8 卷 环境和资源 农业生产关系变革 粮食作物种植 蔬菜 畜牧 水产 林果 水利 农业机械化 农垦 乡镇企业
沈阳市人民政府地方志办公室编 沈阳 沈阳出版社 1998 年 586 页

010111017
沈阳市志 第 8 卷 农业 农垦 送审稿
沈阳市政府地方志办公室编 沈阳 沈阳市政府地方志办公室 1995 年 65 页

010111018
沈阳市志 第 8 卷 农业 水利 送审稿
沈阳市政府地方志办公室编 沈阳 沈阳市政府地方志办公室 1994 年 178 页

008795611
沈阳市志 第 9 卷 商业
沈阳市人民政府地方志办公室编 沈阳 沈阳出版社 1999 年 728 页

010111060
沈阳市志 第 9 卷 商业 副食品商业 送审稿
沈阳市政府地方志办公室编 沈阳 沈阳市政府地方志办公室 1994 年 176 页

010111034
沈阳市志 第 9 卷 商业 物资商业 送审稿
沈阳市政府地方志办公室编 沈阳 沈阳市政府地方志办公室 1994 年 207 页

010111045
沈阳市志 第 9 卷 商业 饮食服务商业 送审稿
沈阳市政府地方志办公室编 沈阳 沈阳市政府地方志办公室 1994 年 154 页

010111055
沈阳市志 第 9 卷 商业卷 供销合作商业 送审稿
沈阳市政府地方志办公室编 沈阳 沈阳市政府地方志办公室 1993 年 126 页

010111030
沈阳市志 第 9 卷 商业卷 海关 商检 送审稿
沈阳市政府地方志办公室编 沈阳 沈阳市政府地方志办公室 1993 年 146 页

009046318
沈阳市志 第 10 卷 财政 税务 审计 金融
沈阳市人民政府地方志编纂办公室编 沈阳 沈阳出版社 1992 年 525 页

008795681
沈阳市志 第 11 卷 计划管理 统计 劳动工资管理 工商行政管理 物价 标准化与

计量管理 经济体制

沈阳市人民政府地方志办公室编 沈阳 沈阳出版社 2000年 530页

010111953

沈阳市志 第11卷 商业 日用工业品商业 送审稿

沈阳市政府地方志办公室编 沈阳 沈阳市政府地方志办公室 1994年 366页

009338466

沈阳市志 第12卷 教育 科学技术 社会科学

沈阳市人民政府地方志办公室编 沈阳 沈阳出版社 1998年 719页

009046308

沈阳市志 第13卷 文化 新闻 出版 卫生 体育 文物

沈阳市人民政府地方志编纂办公室编 沈阳 沈阳出版社 1990年 555页

008797308

沈阳市志 第14卷 政权

沈阳市人民政府地方志办公室编 沈阳 沈阳出版社 1999年 598页

010111938

沈阳市志 第14卷 政权 人民代表大会 送审稿

沈阳市政府地方志编纂办公室编 沈阳 沈阳市政府地方志编纂办公室 1992年 89页

009338468

沈阳市志 第15卷 政党 政协 社会团体

沈阳市人民政府地方志编纂办公室编 沈阳 沈阳出版社 1998年 847页

010110818

沈阳市志 第15卷 政党 政协 社会团体卷 民主党派 送审稿

沈阳市人民政府地方志编纂办公室编 沈阳 沈阳市人民政府地方志编纂办公室 1992年 83页

010111946

沈阳市志 第15卷 政党 政协 社会团体卷 沈阳市总工会 送审稿

沈阳市政府地方志办公室 沈阳市总工会编 沈阳 沈阳市政府地方志办公室 1994年 95页

010111942

沈阳市志 第15卷 政党 政协 社会团体卷 工商业联合会 送审稿

沈阳市政府地方志编纂办公室编 沈阳 沈阳市政府地方志编纂办公室 1992年 31页

010111945

沈阳市志 第15卷 政党 政协 社会团体卷 共青团沈阳地方组织 送审稿

沈阳市政府地方志办公室 共青团沈阳市委员会编 沈阳 沈阳市政府地方志办公室 1993年 107页

010111939

沈阳市志 第15卷 政党 政协 社会团体卷 沈阳市学生联合会 沈阳市青年联合会 送审稿

沈阳市政府地方志办公室 共青团沈阳市委员会编 沈阳 沈阳市政府地方志办公室 1993年 1册

010111935

沈阳市志 第16卷 社区 人民生活 民政 民族 宗教 风俗 方言卷 少数民族 送审稿

沈阳市政府地方志办公室编 沈阳 沈阳市政府地方志办公室 1994年 192页

009046298

沈阳市志 第16卷 社区 人民生活 民政 少数民族 宗教 风俗 方言

沈阳市人民政府地方志编纂办公室编 沈阳 沈阳出版社 1994年 588页

008795650

沈阳市志 第17卷 人物

沈阳市人民政府地方志办公室编 沈阳 沈阳出版社 2000年 623页

008517555

沈阳大事记

沈阳市人民政府地方志编纂办公室编 沈阳 沈阳出版社 19uu年

008487124

沈阳大事记 1994

沈阳市人民政府地方志办公室编 沈阳 沈阳出版社 1995年 202页

011584499

辽宁省文史研究馆馆志

辽宁省文史研究馆编 沈阳 辽宁美术出版社 2007年 104页

010111960

中共沈阳市委志 对军工企业的领导 送审稿

中共沈阳市中直工委编 沈阳 1993年 25页

010112016

中国共产党沈阳地方组织志 送审稿

中共沈阳地方组织志编委会办公室编 沈阳 中共沈阳地方组织志编委会办公室 1995年 2册

009790430

中国共产党沈阳地方组织志

中共沈阳市委党史研究室编 沈阳 白山出版社 1998年 480页

009244578

中共沈阳市委党校校志 1949—1989

徐侗主编 李应钦副主编 中共沈阳市委党校校志编写组编 沈阳 中共沈阳市委党校校志编写组 1989年 180页

012317260

中共沈阳市委党校校志 1949—2009

中共沈阳市委党校校志编写组编 沈阳
　辽宁人民出版社 2009年 416页

011805899
沈阳市纪检监察志 1949—2007
中共沈阳市纪律检查委员会 沈阳市监
　察局编 沈阳 沈阳出版社 2008年
　503页

009243878
沈阳市工会志
沈阳市总工会编纂 沈阳 沈阳出版社
　1998年 786页

010476153
沈阳铁路局工会志 1986—2004
沈阳铁路局工会志编纂委员会编 沈阳
　沈阳铁路局工会志编纂委员会 2005
　年 370页

009244096
沈阳铁路局工会志稿
沈阳铁路局工会编审委员会编 沈阳 沈
　阳铁路局 1989年 530页

011500597
沈阳公安志 1902—1985
沈阳市公安局调查研究室编 沈阳 沈阳
　市公安局 1988年 344页

009961949
沈阳铁路公安志
沈阳铁路公安志编纂委员会编 沈阳 沈
阳铁路公安志编纂委员会 1992年
453页

009994468
沈阳民政志
沈阳市民政局民政志编纂办公室编 沈
　阳 辽宁教育出版社 1987年 345页

012506167
沈阳市军队离退休干部安置志
1980—2000
沈阳市军队离退休干部安置办公室编
　沈阳 沈阳市军队离退休干部安置办
　公室 2000年 621页

009243825
沈阳检察志 1950—1985
沈阳检察志编写组编 沈阳 沈阳市人民
　检察院 1987年 259页〔沈阳市地方
　志丛书〕

009244091
沈阳司法行政志 1644—1986
沈阳市司法局编 沈阳 沈阳市司法局
　1990年 243页〔沈阳市地方志丛
　书〕

013965099
驻沈铁军代处志 1950—2008
中国人民解放军驻沈阳铁路局军事代
　表办事处编 2008年 744页

010277952

沈阳人民生活志 1901—1988

沈阳 沈阳市统计局 1990 年 194 页〔沈阳市地方志丛书〕

009244062

沈阳市劳动志 1862—1996

沈阳市劳动志编纂委员会编 沈阳 沈阳市劳动志编纂委员会 1999 年 354 页

013225817

沈阳市储运公司志 1953—1990

沈阳市储运公司志编纂委员会编 沈阳 沈阳市储运公司 1993 年 378 页〔沈阳市地方志丛书〕

009244085

沈阳市物资局志

沈阳市物资局志编纂委员会编 沈阳 沈阳市物资局 1989 年 388 页

009243750

沈阳风险公司志 1988.4—1994.12

中国工商银行沈阳市风险投资股份有限公司编 沈阳 中国工商银行沈阳市风险投资股份有限公司 1995 年 92 页

011310701

沈阳市干鲜果品公司志 1962—1985

沈阳市干鲜果品公司修志办公室编 沈阳 沈阳市干鲜果品公司修志办公室 1986 年 131 页

009243854

沈阳商会志 1862—1995

沈阳商会志编纂委员会编 沈阳 白山出版社 1998 年 342 页

013660283

沈阳房产志 1986—2005

沈阳市房产局编 沈阳 沈阳市房产局 2010 年

008829256

沈阳城建志 1388—1990

沈阳市城市建设管理局编 沈阳 沈阳出版社 1994 年 966 页

011328344

沈阳房地产志

沈阳市房产管理局编 沈阳 沈阳市房产管理局 1996 年 349 页

009854112

沈阳市土地志

沈阳市规划局 沈阳市土地管理局编 沈阳 沈阳市土地管理局 1999 年 561 页

013603021

沈阳林果志

沈阳市林业局编纂 沈阳 辽宁美术出版社 2012 年

013145377

沈阳市林业果树志

沈阳市林业果树志编纂委员会编　沈阳　沈阳市林业局　1993年〔沈阳市地方志丛书〕

010275918
沈阳市畜牧业志 1905—1985
沈阳市畜牧业志编纂委员会编　沈阳　沈阳市畜牧副食局发行　1989年　344页〔沈阳市地方志丛书〕

011311955
沈阳辉山农业高新技术开发区区志 2005
沈阳辉山农业高新技术开发区管理委员会编　沈阳　沈阳辉山农业高新技术开发区　2005年　273页

012766551
沈阳市农业志
王津主编　沈阳市农业局农业志编纂办公室编　沈阳　沈阳市农业局农业志编纂办公室　1993年　317页

011500611
东北第六制药厂志 1948—1990
东北第六制药厂志编纂委员会编　沈阳　东北第六制药厂　1991年　484页〔沈阳市地方志丛书〕

011496990
东电送变电工程公司志 讨论稿
公司志编辑室编　东电送变电工程公司　1988年

009338461
东药厂志
东药厂志编纂委员会编　沈阳　东北制药总厂　1987年〔沈阳市地方志丛书〕

011995811
红塔辽宁烟草志 沈阳卷
红塔辽宁烟草志编纂委员会编　沈阳　白山出版社　2008年　550页

013659582
辽宁省水利水电科学研究所所志
辽宁省水利水电科学研究所所志编辑组编　沈阳　辽宁省水利水电科学研究所所志编辑组　1996年　266页

012542902
沈高公司志 1986—1999
沈阳高压开关有限责任公司编　沈阳　沈阳高压开关有限责任公司　2001年

013462049
沈化志 1938—1988
沈阳化工股份有限公司厂志办编　沈阳　沈阳出版社　1994年　424页

009994458
沈阳变压器厂志 第1卷 1938—1984
沈阳变压器厂志编纂委员会编　沈阳　沈阳变压器厂　1986年　624页〔沈阳市地方志丛书〕

013660272
沈阳变压器厂志 第 2 卷 1985—1994
沈阳变压器厂志编纂委员会编 沈阳 沈阳变压器厂 1998 年 796 页〔沈阳市地方志丛书〕

009961929
沈阳标准件厂志 1952—1985
沈阳标准件厂志编纂委员会编 沈阳 沈阳标准件厂志编纂委员会 1987 年 474 页〔沈阳市地方志丛书〕

011500594
沈阳玻璃厂志 1937—1984
沈阳玻璃厂编 沈阳 沈阳玻璃厂 1985 年 348 页

009334545
沈阳采油厂志 1971—1990
辽河石油勘探局沈阳采油厂志编纂委员会编 北京 新华出版社 1996 年 361 页

011441991
沈阳第三机床厂志 1933—2006
沈阳第三机床厂编 沈阳 沈阳第三机床厂 2006 年 305 页

010265841
沈阳第一机床厂志 1935—1985
沈阳第一机床厂志编纂委员会编 沈阳 沈阳第一机床厂 1987 年 482 页

009994464
沈阳第一制药厂志 1949—1988
沈阳第一制药厂志编纂委员会编 沈阳 沈阳第一制药厂 1990 年 510 页〔沈阳市地方志丛书〕

008536005
沈阳电缆厂志 1937—1986
沈阳电缆厂厂志编纂委员会编 沈阳 沈阳电缆厂 1988 年 586 页〔沈阳市地方志丛书〕

013660279
沈阳电力机械厂志 1956—1984
沈阳电力机械厂志编纂委员会编 沈阳电力机械厂志编纂委员会 1987 年 338 页

009243744
沈阳电业局电气安装公司志 1986—1990
沈阳电力工程集团 沈阳电业多经总公司编 沈阳 沈阳电力工程集团 1997 年 231 页

009243748
沈阳电业局志 1908—1985
沈阳电业局志编辑委员会编 沈阳 沈阳电业局志编辑委员会 198u 年 719 页

009880387
沈阳工程技术处志 1999—2004
辽河石油勘探局沈阳工程技术处史志

编纂委员会编 北京 方志出版社
2005 年 294 页

012613975
沈阳工程技术处志 2005—2009
辽河油田公司沈阳工程技术处史志编纂委员会编 北京 方志出版社 2009 年 301 页

010200281
沈阳鼓风机厂工会志 1949—1999
沈阳鼓风机厂工会编著 沈阳 沈阳鼓风机厂 1999 年 318 页

013002478
沈阳鼓风机厂志 1986—2004
沈阳鼓风机(集团)有限公司编 沈阳 沈阳鼓风机(集团)有限公司 2007 年 424 页

008487130
沈阳机车车辆工厂志
沈阳机车车辆工厂志编纂委员会编 沈阳 辽宁大学出版社 1987 年 361 页

009334540
沈阳气体压缩机厂志 1948—1985
沈阳气体压缩机厂修志委员会编 沈阳 沈阳气体压缩机厂 1985 年 348 页〔沈阳市地方志丛书〕

009243849
沈阳汽车制造厂志 1958—1985
沈阳汽车制造厂志编纂委员会编 沈阳 沈阳汽车制造厂 1987 年 575 页〔沈阳市地方志丛书〕

013660287
沈阳热电厂志 1958—1985
1987 年

009243865
沈阳市第三建筑工程公司建筑企业志 初稿
沈阳市第三建筑工程公司建筑企业志编写办公室编 沈阳 沈阳市第三建筑工程公司建筑企业志编写办公室 1985 年 173 页

009994479
沈阳市副食品公司志 1851—1985
沈阳市副食品公司志编纂委员会编 沈阳 沈阳市副食品公司 1988 年 293 页〔沈阳市地方志丛书〕

010473836
沈阳市化工原料公司志 1953—1988
沈阳市化工原料公司志编纂委员会编 沈阳 沈阳市化工原料公司 1989 年 358 页〔沈阳市地方志丛书〕

009243892
沈阳市化工原料公司志 续集 1986—1990
沈阳市化工原料公司修志办公室编 沈阳 沈阳市化工原料公司 1993 年

244 页〔沈阳市地方志丛书〕

008873948
沈阳市建筑业志
石其金主编 药树华 马连秋 宋惠林副主编 北京 中国建筑工业出版社 1992 年 3 册 1037 页

011584914
沈阳市建筑业志 1991—2000
卜宝儒主编 马连秋等副主编 辽宁 2001 年 3 册 914 页

008378687
沈阳市老龙口酒厂志
沈阳市老龙口酒厂志编纂办公室编 沈阳 沈阳出版社 1993 年 356 页

010275881
沈阳市煤气总公司志 1923—1985
沈阳市煤气总公司志编纂委员会编 沈阳 沈阳市煤气总公司 1988 年 380 页〔沈阳市地方志丛书〕

013002493
沈阳市石油公司志 1951—1987
沈阳市石油公司编 沈阳 沈阳市石油公司 1991 年 345 页

013660291
沈阳市食品公司志 1954—1985
沈阳市食品公司志编纂委员会编 沈阳 沈阳市食品公司志编纂委员会 1987 年 302 页〔沈阳市地方志丛书〕

009561054
沈阳市水利志 1986—1992
沈阳市水利局水利志编纂委员会编 沈阳 沈阳市水利局水利志编纂委员会 1997 年 268 页〔沈阳市地方志丛书〕

012638855
沈阳市水利志 1993—1996
沈阳市水利局水利志编纂委员会编 沈阳 沈阳市水利局水利志编纂委员会 1999 年 397 页〔沈阳市地方志丛书〕

013145388
沈阳市水利志 1997—2000
沈阳市水利局水利志编纂委员会编 沈阳 沈阳市水利局水利志编纂委员会 2001 年 321 页

012638861
沈阳市水利志 2001—2005
沈阳市水利志编纂委员会 王树雨主编 沈阳 沈阳出版社 2008 年 273 页

009244084
沈阳市五金公司志
沈阳市五金公司志编纂委员会编 沈阳 沈阳市五金公司 1989 年 468 页〔沈阳市地方志丛书〕

009994536
沈阳市药材公司志 1956—1988
沈阳市药材公司编 沈阳 沈阳市药材公司 1990年 434页〔沈阳市地方志丛书〕

013462055
沈阳铜网厂志 1949—1988
沈阳铜网厂志编纂委员会编 沈阳 沈阳铜网厂志编纂委员会 1989年 277页

010275882
沈阳线材厂志 1935—1985
沈阳线材厂志编纂委员会编 沈阳 沈阳线材厂 1988年 352页〔沈阳市地方志丛书〕

013462578
沈阳冶金工业志 1933—1986
沈阳市冶金工业局编 沈阳 沈阳市冶金工业管理局 1989年 377页〔沈阳市地方志丛书〕

008487139
沈阳冶炼厂志
沈阳冶炼厂厂志办公室编 沈阳 辽宁人民出版社 1993年 657页

009699758
沈阳医药志 1948—1988
沈阳医药志编辑部编 沈阳 沈阳市医药管理局 1992年 612页〔沈阳市志丛书〕

013131231
沈阳有色金属加工厂志 1938—2003
沈阳有色金属加工厂志编纂工作领导小组办公室编 沈阳 沈阳有色金属加工厂 2003年 332页

009001577
沈阳造币厂图志 沈阳造币厂建厂105周年 1896—2001
沈阳造币厂图志编辑委员会编 沈阳 沈阳出版社 2001年 147页

008926147
沈阳造币厂志
沈阳造币厂志编辑委员会编 北京 中国金融出版社 1993年 520页〔中国印钞造币志丛书〕

008487142
沈阳造币厂志 1991—1995
沈阳造币厂志续志编辑委员会编 沈阳 沈阳造币厂 1996年 206页〔中国印钞造币志丛书〕

012252517
沈阳造币厂志 1991—2000
沈阳造币厂志编纂委员会编 北京 中国金融出版社 2002年 487页〔中国印钞造币志丛书〕

012766563
沈阳轧钢厂志
沈阳轧钢厂志编纂委员会编 沈阳 沈阳

轧钢厂 1988年 282页〔沈阳市地方志丛书〕

009790836
沈阳重型机器厂志 1937—1984
沈阳重型机器厂志编辑部编 沈阳 沈阳重型机器厂 1996年 458页

010009392
铁道部沈阳桥梁厂志 1937—1985
沈阳桥梁厂编 沈阳 沈阳桥梁厂 1986年 734页

012545760
中国北车集团沈阳机车车辆有限责任公司志
中国北车集团沈阳机车车辆有限责任公司志编纂委员会编 沈阳 中国北车集团沈阳机车车辆有限责任公司志编纂委员会 2009年

012724022
中国泵业志 1988—2008
中国通用机械工业协会泵业分会编 沈阳 中国通用机械工业协会泵业分会 2008年 303页

011501607
中煤沈阳设计研究院院志 1991—2001
中煤沈阳设计研究院院志编审委员会编 沈阳 中煤沈阳设计研究院 2002年 272页

012099910
沈阳市交通志 2001—2005
沈阳市交通志编委会编著 沈阳 沈阳市交通志编委会 2008年 709页

013462051
沈铁沈阳电务大修段段志 1954—1994
沈铁沈阳电务大修段段志编纂委员会编 沈阳 沈铁沈阳电务大修段段志编纂委员会 1994年 222页

009244094
沈阳铁路分局志 1898—1988
沈铁分局史志办公室编 沈阳 沈铁分局 1990年 812页

013795395
沈阳铁路局志稿　财务管理篇
沈阳铁路局志编纂委员会编 沈阳 沈阳铁路局 1992年 332页

009994561
沈阳铁路局志稿　车辆篇
沈阳铁路局志编纂委员会编 沈阳 沈阳铁路局 1990年 530页

009244099
沈阳铁路局志稿　电务篇
沈阳铁路局志编纂委员会编 沈阳 沈阳铁路局 1991年 436页

009244104
沈阳铁路局志稿　房产篇

沈阳铁路局志编纂委员会编 沈阳 沈阳
　　铁路局 1990 年 400 页

013795397
沈阳铁路局志稿 干部管理篇
沈阳铁路局史志办公室供稿 沈阳 沈阳
　　铁路局志编纂委员会 1992 年 249 页

013795398
沈阳铁路局志稿 干线篇
沈阳铁路局志编纂委员会编 沈阳 沈阳
　　铁路局锦州印刷厂印 1989 年 360 页

009244110
沈阳铁路局志稿 工务篇
沈阳铁路局志编纂委员会编 沈阳 沈阳
　　铁路局 1992 年 484 页

009244111
沈阳铁路局志稿 货运篇
沈阳铁路局志编纂委员会编 沈阳 沈阳
　　铁路局 1991 年 518 页

013795400
沈阳铁路局志稿 基建篇
沈阳铁路局志编纂委员会编 沈阳 沈阳
　　铁路局锦州印刷厂 1991 年 376 页

009244112
沈阳铁路局志稿 集体经济篇
沈阳铁路局志编纂委员会编 锦州 锦州
　　铁路分局印刷总厂印 1991 年 377 页

009244115
沈阳铁路局志稿 计划统计篇
沈阳铁路局志编纂委员会编 沈阳 沈阳
　　铁路局 1992 年 597 页

009244116
沈阳铁路局志稿 教育篇
沈阳铁路局志编纂委员会编 沈阳 沈阳
　　铁路局 1990 年 323 页

009244117
沈阳铁路局志稿 客运篇
沈阳铁路局志编纂委员会编 沈阳 沈阳
　　铁路局 1992 年 511 页

013795406
沈阳铁路局志稿 劳资管理篇
沈阳铁路局志编纂委员会编 沈阳 沈阳
　　铁路局 1992 年 216 页

013795407
沈阳铁路局志稿 群团篇
沈阳铁路局志编纂委员会编 沈阳 沈阳
　　铁路局 1992 年 179 页

013795409
沈阳铁路局志稿 人物篇
沈阳铁路局志编纂委员会编 沈阳 沈阳
　　铁路局 1990 年 400 页

013795425
沈阳铁路局志稿 生活篇
沈阳铁路局志编纂委员会编 沈阳 沈阳

铁路局 1991年 332页

009244119
沈阳铁路局志稿 土林篇
沈阳铁路局志编纂委员会编 沈阳 沈阳铁路局 1990年 236页

009244123
沈阳铁路局志稿 卫生篇
沈阳铁路局志编纂委员会编 沈阳 沈阳铁路局 1994年 436页

013795427
沈阳铁路局志稿 武装战备篇
沈阳铁路局志编纂委员会编 沈阳 沈阳铁路局 1993年 311页

013795431
沈阳铁路局志稿 政党篇
沈阳铁路局志编纂委员会编 沈阳 沈阳铁路局 1993年 483页

013795433
沈阳铁路局志稿 综合管理篇
沈阳铁路局志编纂委员会编 沈阳 沈阳铁路局 1992年 339页

013795438
沈阳铁路局志稿 综合篇
沈阳铁路局志编纂委员会编 沈阳 沈阳铁路局 1988年 556页

011312113
沈阳桃仙国际机场机场志
白成和 宋玉岐编 北京 中国民航出版社 2006年 374页

009867440
中国北方航空公司志
中国北方航空公司编 沈阳 中国北方航空公司 2000年 808页

011501591
中国民用航空志 东北地区卷
中国民用航空志东北地区卷编纂委员会编 徐奇长主编 北京 中国民航出版社 2007年 766页

009243876
沈阳市电车公司志
沈阳市电车公司编 沈阳 沈阳市电车公司 1988年 463页〔沈阳市地方志丛书〕

012051651
辽宁省邮电工程局志 1950—2005
辽宁省邮电工程局志编纂委员会编 辽宁 辽宁省邮电工程局 2005年 203页

009243738
沈阳电信志 1884—1990
沈阳电信志编纂委员会编 沈阳 辽宁古籍出版社 1996年 433页〔沈阳市地方志丛书〕

010200282
沈阳邮政志 1991—1999
沈阳邮政志编纂委员会编 沈阳 沈阳市邮政局 2004年 530页

010275866
沈阳市供销合作社志
沈阳市供销合作社地方志编纂办公室编 沈阳 沈阳市供销合作社地方志编纂办公室 1987年 400页

010280455
沈阳物价志 1840—1985
沈阳市物价局主编 沈阳 沈阳市物价局 1988年 652页〔地方志丛书〕

009334535
沈阳海关志
中华人民共和国沈阳海关编 沈阳 中华人民共和国沈阳海关 1999年 208页

009243710
沈阳财政志 1840—1986
沈阳市财政局财政志编纂委员会编 沈阳 沈阳财政局 1988年 488页〔沈阳市地方志丛书〕

009244086
沈阳税务志
沈阳税务志编纂委员会编 沈阳 沈阳税务志编纂委员会 1988年 471页

009561045
沈阳金融志 1840—1986
中国人民银行沈阳市分行 沈阳市金融学会主编 沈阳 中国人民银行沈阳市分行 沈阳市金融学会 1992年 505页

009244081
沈阳市文化志
沈阳市文化局文化志编纂委员会编 沈阳 沈阳市文化局文化志编纂委员会 1987年 384页

012174891
沈阳市新华书店志 1949—2007
沈阳市新华书店编 沈阳 沈阳出版社 2007年 553页

009561049
沈阳市科协志
沈阳市科协志编纂委员会编 沈阳 沈阳市科学技术协会 1987年〔沈阳市地方志丛书〕

010200291
中国科学院沈阳分院志
李国经主编 周啸副主编 北京 人民日报出版社 1993年

012609609
东北育才学校志 1949—2009
高琛主编 沈阳 辽宁教育出版社 2009年 627页

012202990

辽宁省实验中学校志

刘玉华主编 辽宁 辽宁省实验中学 2009年 197页

013320971

沈阳第六十一中学校志 2006—2010

姜绍强主编 沈阳 辽宁教育出版社 2011年 219页

013377137

沈阳矿物局中学校志 1985—2006

沈阳矿物局中学校编 沈阳 沈阳矿物局中学校 2008年 367页

013131226

沈阳市第八十三中学校志 1961—2005

沈阳市第八十三中学校志办公室编 沈阳 沈阳市第八十三中学校志办公室 2006年 282页

013863647

沈阳市第六十三中学校志

姜绍强主编 沈阳 辽宁教育出版社 2012年 263页

013225832

沈阳市第五十六中学校志

关风艳主编 沈阳 沈阳市第五十六中学 2011年 155页

013369775

东北大学校志 1923.4—1949.2

东北大学史志编研室编 沈阳 东北大学出版社 2008年 2册

009994144

东北大学校志 东北工学院卷

校志办公室编 北京 东北大学出版社 1995—1998年 2册

013379016

沈阳铁路机械学校志略 1953.9—2003.9

沈阳铁路机械学校志略编写委员会编 沈阳 沈阳铁路机械学校志略编写委员会 2003年 341页

011584483

辽宁老干部大学校志 1984—2005

辽宁老干部大学校志编纂委员会编 辽宁 辽宁老干部大学 2006年 254页

010275904

沈阳市体育志

沈阳市体育志编纂委员会编 沈阳 沈阳出版社 1989年 384页

012638852

沈阳武林志

杨洪茂著 沈阳 沈阳出版社 2006年 200页

009961943

沈阳市戏曲音乐集成

沈阳市戏曲音乐集成编委会编 北京 中

国工人出版社 1999年 988页

011188939
辽宁民族民间舞蹈集成 沈阳卷
辽宁民族民间舞蹈集成编委会主编 沈阳市民族民间舞蹈集成编辑部编辑 沈阳 春风文艺出版社 1998年 330页

010278427
沈阳市戏曲志
沈阳市戏曲志编纂委员会编 沈阳 辽宁大学出版社 1992年 704页

008147679
沈阳朝鲜族志
沈阳市民委民族志编纂办公室编 沈阳 辽宁民族出版社 1989年 383页

009243820
沈阳回族志
杨耀恩 王俊主编 沈阳 辽宁民族出版社 1996年 388页

008594591
沈阳满族志
沈阳市民委民族志编纂办公室编 沈阳 辽宁民族出版社 1991年 606页

010280304
沈阳蒙古族志
沈阳市民族事务委员会编 沈阳 辽宁民族出版社 2006年 572页

005313274
沈阳锡伯族志
沈阳市民委民族志编纂办公室编 沈阳 辽宁民族出版社 1988年 370页

008251061
沈阳城图志
林声主编 辽宁省文史研究馆 辽宁省博物馆 沈阳市文史研究馆编撰 沈阳 辽宁美术出版社 1998年 174页

010277954
沈阳铁路人物志
沈阳铁路局档案馆等编 沈阳 沈阳铁路局 1990年

009961932
沈阳市文物志
沈阳市文物管理办公室编纂 沈阳 沈阳出版社 1993年 385页

008829851
沈阳市城区地名录
沈阳市地名办公室编 沈阳 沈阳市地名办公室 1983年 367页

010576996
沈阳福陵志
沈阳一宫两陵志编纂委员会编著 沈阳 辽宁民族出版社 2006年 209页

010577001
沈阳故宫志

沈阳一宫两陵志编纂委员会编著 沈阳 辽宁民族出版社 2006年 579页

010577003
沈阳昭陵志
沈阳一宫两陵志编纂委员会编著 沈阳 辽宁民族出版社 2006年 197页

012662269
沈阳地震志 1970—2009
沈阳市地震局编著 沈阳 沈阳出版社 2010年 208页

013936365
沈阳气象志
沈阳气象局编 沈阳 辽宁科学技术出版社 2013年 435页

013990906
辽宁省地质矿产研究院志 1952—2012
辽宁省地质矿产研究院编 2012年 234页

011472927
东北煤田地质局科技志 1986—2000
东北煤田地质局科技志编纂领导小组编 东北煤田地质局 2005年 137页

011809868
中国苔纲和角苔纲植物属志
中国科学院沈阳应用生态研究所编著 高谦 吴玉环主编 北京 科学出版社 2010年 636页

013134075
中国医科大学校史图志 1931—2011
戴万津等主编 沈阳 辽宁人民出版社 2011年 329页

009243288
辽宁省劳动卫生研究所志
李春生主编 辽宁 辽宁省劳动卫生研究所 1993年 285页

011997329
辽宁省健康教育所志 1957—2007
刘懿卿主编 朱来军 张麓曾副主编 沈阳 辽宁省健康教育所 2007年 213页

009387104
[沈阳铁路局中心卫生防疫站]站志 1949—1992
沈阳铁路局中心卫生防疫站编 沈阳 沈阳铁路局中心卫生防疫站 1992年 184页

009994570
[沈阳铁路局中心医院]院志 1950—1992
沈阳铁路局中心医院编 沈阳 沈阳铁路局中心医院 1997年 535页

011320521
辽宁省人民医院志 1979—1997
辽宁省人民医院志编纂委员会 王者生主编 沈阳 辽宁人民出版社 1999年

640 页

009243316
辽宁省药品检验所所志 1950—2000
辽宁省药品检验所所志编纂委员会编 沈阳 辽宁省药品检验所 2000 年 436 页

011499207
辽宁中医药大学附属医院院志 1956—2006
辽宁中医药大学附属医院编 辽宁 辽宁中医药大学附属医院 2006 年 748 页

009994471
沈阳市传染病院志 1935—1983
沈阳市传染病院志编纂委员会编 沈阳 沈阳市传染病院志编纂委员会 1985 年 772 页

012208202
沈阳市传染病院志 1935—2005
沈阳市传染病院志编纂委员会编 沈阳 沈阳市传染病院志编纂委员会 2004 年 336 页

009783019
中国人民解放军第二〇二医院志 1942.4—1992.4
第二〇二医院志编辑室编 沈阳 第二〇二医院志编辑室 1993 年 522 页

014168700
沈阳民族志 1986—2013
沈阳市民族事务委员会编 沈阳 辽宁民族出版社 2013 年 547 页

011501601
中国人民解放军沈阳军区总医院志 1948—1990
中国人民解放军沈阳军区总医院编 沈阳 中国人民解放军沈阳军区总医院 1991 年 463 页

013323256
中国武警志 辽宁省总队医院志 1948—2005
中国人民武装警察部队辽宁省总队医院编审委员会编 沈阳 中国人民武装警察部队辽宁省总队医院编审委员会 2006 年 560 页

011312032
辽宁省农业科学院院志 1956—2005
辽宁省农业科学院院志编纂委员会编 辽宁 辽宁省农业科学院院志编纂委员会 2006 年 654 页

013629859
沈阳市农业科学院志 1972—2012
沈阳市农业科学院编 沈阳 沈阳市农业科学院志编纂委员会 2012 年 394 页

011805525
辽宁省土壤肥料总站站志 1987—2007
辽宁省土壤肥料总站编 沈阳 辽宁省土壤肥料总站 2007年 105页

009244125
沈阳土种志
沈阳市农业局编 uuuu 年

009243840
沈阳农机志
沈阳农机志编委会编 沈阳 沈阳农机志编委会 1997年 239页

011312031
辽宁省农业科学院植物保护研究所所志 1956—2005
辽宁省农业科学院植物保护研究所编 辽宁 辽宁省农业科学院植物保护研究所 2006年 146页

011954575
辽宁省农业科学院稻作研究所所志 1956—2005
辽宁省农业科学院稻作研究所编 辽宁 辽宁省农业科学院稻作研究所 2006年 190页

010265748
沈阳市郊区果树品种志
沈阳市蔬菜科学研究所编 沈阳 沈阳市科学技术协会 1965年 204页

011567221
辽宁省森林经营研究所志
齐鸿儒主编 沈阳 辽宁教育出版社 1988年 192页

009243239
辽宁省淡水水产研究所志 1959—1988
所志编纂委员会编著 沈阳 辽宁省淡水水产研究所 1990年 72页

010278486
沈阳煤矿设计院志 1952—1990
沈阳煤矿设计院志编审委员会编 沈阳 沈阳煤矿设计院 1993年 329页

009790400
沈阳电力高等专科学校校志
马德麟主编 沈阳 辽宁大学出版社 1995年

011586241
中国建筑东北设计研究院院志 1952—1995
中国建筑东北设计研究院志编辑部 邹庆堂主编 沈阳 辽宁人民出版社 2000年 329页〔中国建筑工程总公司企业志系列丛书 10〕

010279030
沈阳市浑河河道志 1986—1992
沈阳 浑河沈阳城市段浑河河道志编委会 1999年 264页

010278317

沈阳铁路货运志 1894—1990

沈阳铁路局货运处 沈阳铁路局史志办公室编 沈阳 沈阳铁路局 1991年 518页

012249849

东北空管志

东北空管志编纂委员会编 北京 中国民航出版社 2009年 498页

009243815

沈阳环境科学研究所志 1963.6—1993.12 征求意见稿

沈阳环境科学研究所所志编委会编 沈阳 沈阳环境科学研究所所志编委会 1993年 446页

沈河区

006362085

沈河区志

沈阳市沈河区政府地方志办公室编 沈阳 沈河区地方志办公室 1989年 606页

013706289

沈阳市沈河区志 1986—2005

沈河区人民政府地方志办公室编 沈阳 辽海出版社 2012年 623页〔沈阳市地方志丛书〕

009242386

沈阳市沈河区大西街志 1986

大西街志编纂办公室编 大西街 沈阳市沈河区大西街道办事处 1986年 104页

012684713

沈阳市沈河区工会史志

沈河区总工会编纂 沈阳 沈河区总工会 1995年 94页

013134041

中共沈河区委政法志 1958—2011

中共沈河区委政法委编 沈河区 中共沈河区委政法委 2010年 145页

013462047

沈河区房产志 1987—2000

沈河区房产管理局编 沈阳 沈河区房产管理局 2003年 129页

010061299

中国民间文学三套集成 辽宁卷 沈阳沈河资料本

沈河区三集成编委会编 沈阳 沈河区三集成编委会 1987年 3册

和平区

006362221

和平区志

沈阳市和平区人民政府地方志编纂办公室编 沈阳 沈阳出版社 1989年

500 页

009244414
沈阳市和平区新华街道志
沈阳 1985 年 121 页

009243504
南湖街志
沈阳市和平区南湖街道办事处编 沈阳 沈阳市和平区南湖街道办事处 1985 年 1 册

013752427
和平政协志 1951—2011
政协沈阳市和平区委员会编 沈阳 辽宁人民出版社 2012 年 601 页

013957425
和平区房地产志
张鹤显主编 沈阳市和平区房地产局地方志办公室编 沈阳 沈阳市和平区房地产局 1986 年 263 页

009242656
沈阳市和平区副食志 1905—1984
领导小组编纂 沈阳 沈阳市和平区副食志编纂委员会 1985 年 248 页

大东区

008537959
大东区志 1896—1995
沈阳市大东区人民政府地方志编纂办公室编纂 沈阳 辽宁民族出版社 1999 年 745 页〔沈阳市地方志丛书〕

011472912
大东城管志 1948—2006
沈阳市大东区城市建设管理局编 沈阳 沈阳出版社 2008 年 661 页

010061300
中国民间文学三套集成 辽宁卷 沈阳大东资料本
大东区三集成编委会主编 孟沙主编 沈阳 大东区三集成编委会 1986 年 2 册 908 页

008829869
大东区地名志
沈阳市大东区城市建设委员会编 沈阳 沈阳市大东区城市建设委员会 1994 年 366 页

皇姑区

008192012
皇姑区志
沈阳市皇姑区人民政府地方志编纂委员会办公室编 沈阳 辽宁大学出版社 1993 年 467 页〔沈阳市地方志丛书〕

013320978
沈阳市皇姑区志 1986—2005

沈阳市皇姑区人民政府地方志办公室
　编　沈阳　辽宁大学出版社　2010 年
　779 页

009244229
寿泉街志
皇姑区寿泉街道办事处编　沈阳　皇姑区
　寿泉街道办事处　1985 年　86 页

009242744
克俭街志
皇姑区克俭街道办事处编　沈阳　1985
　年　114 页

011586305
中国刑事警察学院院志 1949—1995
崔锡昆主编　中国刑事警察学院院志编
　委会著　北京　警官教育出版社　1996
　年　365 页

014056696
中国刑事警察学院校志 1948—2012
中国刑事警察学院编　北京　群众出版社
　2013 年　456 页

013415286
皇姑区教育志 1907—2006
沈阳市皇姑区教育志编纂委员会编　沈
　阳　沈阳市皇姑区教育志编纂委员会
　2008 年　1210 页〔皇姑区教育志丛
　书〕

013820269
皇姑区岐山路第三小学校志 1996
—2006
赵美君主编　沈阳　沈阳市皇姑区岐山路
　第三小学校志编辑委员会　2006 年
　213 页〔皇姑区教育志丛书〕

013316230
和信朝小校志
赵淑子主编　沈阳　和信朝小　2007 年
　253 页〔皇姑区教育志丛书〕

011794290
**中国民间文学集成　辽宁卷　沈阳　皇姑
资料本**
皇姑区民间文学三套集成领导小组编
　皇姑区　皇姑区民间文学三套集成领
　导小组　1987 年　434 页

铁西区

009699760
铁西区志
沈阳市铁西区人民政府地方志办公室
　编　沈阳　沈阳市铁西区人民政府地方
　志办公室　1998 年　479 页〔沈阳市地
　方志丛书〕

010468923
沈齿厂志 1948—1984
沈阳齿轮厂厂志办公室编　沈阳　沈阳齿
　轮厂　1985 年　330 页

010277953

沈阳市铁西税务志 1935—1990

年介恒主编 沈阳市铁西税务志编纂委员会编 沈阳 沈阳市税务局铁西分局 1990年 201页

009994482

沈阳市铁西区文化志 1937—1988

沈阳市铁西区文化局修志委员会编 沈阳 沈阳市铁西区文化局修志委员会 1991年 194页

011146443

中国民间文学集成 辽宁卷 沈阳 铁西资料本

铁西区集成编委会主编 沈阳 1986年 2册

苏家屯区

007902380

苏家屯区志

沈阳市苏家屯区人民政府地方志编纂委员会编 沈阳 辽宁大学出版社 1991年 878页〔沈阳市地方志丛书〕

010200284

苏家屯区志 1996—2000

苏家屯区人民政府地方志办公室编 长春 吉林科学技术出版社 2006年 631页

008350391

一砂厂志 1940—1984

第一砂轮厂厂志编辑委员会编 沈阳 第一砂轮厂 1986年 371页

009854293

苏家屯区教育志 1907—1997

苏家屯区教育志编纂委员会编 沈阳 苏家屯区教育志编纂委员会 2000年 1119页

009854270

沈阳市苏家屯区教育人物志 1907—2002

沈阳市苏家屯区教育志编纂委员会编 沈阳 沈阳市苏家屯区教育志编纂委员会 2004年 606页

东陵区

007902349

东陵区志

沈阳市东陵区人民政府地方志编纂办公室编 沈阳 沈阳出版社 1990年 752页〔沈阳市地方志丛书〕

007943748

东陵区志 1986—1990

沈阳市东陵区人民政府地方志编纂办公室编 沈阳 沈阳出版社 1995年 387页〔沈阳市地方志丛书〕

009334574

东陵区志 1991—1995

沈阳市东陵区人民政府地方志办公室编 北京 中国城市出版社 1998年 489页〔沈阳市地方志丛书〕

009348159

东陵区志 1996—2000

东陵区政府地方志办公室编 沈阳 沈阳出版社 2003年 613页〔沈阳市地方志丛书〕

011497016

福陵觉尔察氏传芳志

觉氏传芳志编委会编 沈阳 觉氏传芳志编委会 2006年 211页

013647334

东陵区水利志

东陵区水利志编纂领导小组办公室编辑 沈阳 东陵区水利志编纂领导小组办公室 1992年 189页

沈北新区

013510760

新城子区志 2001—2006

沈阳市沈北新区人民政府编 长春 吉林科学技术出版社 2011年 501页

009699776

新城子区志 1991—2000

沈阳市新城子区人民政府编 长春 吉林科学技术出版社 2006年 637页

009397288

新城子区教育志 1904—2000

沈阳市新城子区教育志编纂委员会编 沈阳 沈阳市新城子区教育志编纂委员会 2002年 944页

于洪区

013342531

沈阳市于洪区志 2001—2005

沈阳市于洪区人民政府地方编纂办公室编 沈阳 辽宁民族出版社 2012年 450页

006362222

于洪区志

沈阳市于洪区地方志编纂委员会编纂 魏广志总编 沈阳 沈阳市于洪区地方志办公室 1988年 882页〔沈阳市志丛书〕

007693126

于洪区志 1986—1990

沈阳市于洪区人民政府地方志编纂办公室编 沈阳 沈阳出版社 1996年 483页〔沈阳市地方志丛书〕

011329669

于洪区志 1991—2000

于洪区政府地方志编纂办公室编 沈阳 沈阳出版社 2007年 417页

009854051

北陵乡志

北陵乡志编纂办公室编 沈阳 北陵乡志编纂办公室 1986年 292页

013776043

于洪区纪检监察志 1979—2010

于洪区纪律检查委员会 于洪区监察局编 2012年 232页

010278929

于洪区水利志

于洪区水利志编委会编 于洪区 于洪区水利局 1998年 313页

010278823

于洪区教育志 1905—1990

刘德秀主编 金玉贵 张宝山副主编 陈洪显 朱桂卿 赵明宇编 于洪区教育志编审委员会编 于洪区 于洪区教育志编写办公室 1996年 376页

009854301

于洪区乡镇街志

沈阳市于洪区地方志编纂委员会编纂 于波总编 谌剑平副总编兼主笔 于洪区 于洪区志办公室 1993年 840页

011444252

[辽宁省马三家劳动教养院]院志 1957—1997

辽宁省马三家劳动教养院院志编纂委员会 彭代铭主编 沈阳 辽宁省马三家劳动教养院院志编纂委员会 1997年 566页

新民市

012689849

新民市志 1986—1995

新民市人民政府地方志办公室编 沈阳 辽宁大学出版社 2010年 424页

004516545

新民县志

新民县县志编纂办公室编 沈阳 沈阳出版社 1991年 1008页

012140827

新民土地志

新民土地志编纂委员会编 新民 新民土地志编纂委员会 1999年 293页

013343374

新民县教育志 1883—1985

新民县教育志编写办公室编 1991年 559页

010278821

沈阳市新民师范校志

沈阳市新民师范学校编 新民 沈阳市新民师范学校 1996年 410页

012900042

新民市卫生防疫站站志

新民市卫生防疫站站志编纂委员会编

新民 新民市卫生防疫站站志编纂委员会 2000年 474页

009244422

新民规划志

新民规划志编纂委员会编 新民 新民规划志编纂委员会 2000年 660页

012900045

新民县水利志

新民县水利局编制 新民 新民县水利局编 1992年 121页

辽中县

007491011

辽中县志 1906—1985

沈阳市辽中县人民政府地方志编纂委员会编 沈阳 辽宁人民出版社 1993年 962页

康平县

007475927

康平县志

康平县志编纂委员会编 沈阳 东北大学出版社 1995年 811页

011805467

康平县志 1993—2000

康平县人民政府地方志编纂办公室编 沈阳 东北大学出版社 2008年 682页

009994299

康平县第一中学校志 1882—1999.7

康平县第一中学校志编写委员会编 康平 康平县第一中学校志编写委员会 1999年 250页

法库县

010143395

法库县志 初稿

法库 1984年 4册〔中华人民共和国地方志丛书〕

010143397

法库县志 初稿

法库县志编纂委员会办公室编 法库 1985年 8册

007902385

法库县志

法库县地方志编纂委员会编 沈阳 沈阳出版社 1990年 675页〔中华人民共和国地方志丛书〕

008471186

法库县志

法库县地方志编纂委员会办公室编 北京 东方出版社 1999年 820页〔沈阳市地方志丛书〕

013703319
法库县志 1996—2005
法库县地方志编纂委员会办公室编 沈阳 辽宁民族出版社 2012年 652页〔沈阳市地方志丛书〕

013626282
法库县政协志 1956—2011
政协法库县委员会编 法库 政协法库县委员会 2011年 409页

013369782
法库县民政志
法库县民政局编 法库 法库县民政局 1992年 160页

009699736
法库县人物志
沈阳市法库县地方志编纂委员会办公室编 北京 中国文化出版社 2004年 733页

011294249
法库县文物志
冯永谦 温丽和著 沈阳 辽宁民族出版社 1996年 477页〔辽宁市县文物志第1集〕

大连市

007503375
大连市志
大连市地方志编纂委员会办公室编 大连 大连出版社 1993年

010243955
大连市志 保险志 送审稿
大连市史志办公室编 大连 大连市史志办公室 2003年 137页

010110784
大连市志 大事记 送审稿
大连市史志办公室编 大连 大连市史志办公室 2001年 378页

010143384
大连市志 港口志 送审稿
大连市史志办公室编 大连 大连市史志办公室 2004年 2册

009348898
大连市志 公安志
大连市史志办公室编 北京 方志出版社 2004年 910页

009621953
大连市志 教育志 送审稿
大连市地方志编纂委员会编 大连 大连市地方志编纂委员会 2001年 883页

010242584

大连市志 税务志 评审稿 上

大连市税务局编 大连 大连市税务局 1993年 341页

010110793

大连市志 行政建置志 送审稿

大连市史志办公室编 大连 大连市史志办公室 2001年 100页

009413788

大连市志 第1卷 民政志 军事志

大连市地方志编纂委员会办公室编 大连 大连出版社 1993年 360页

009413978

大连市志 第2卷 自然环境志 水利志

大连市地方志编纂委员会办公室编 大连 大连出版社 1993年 409页

009472653

大连市志 第3卷 卫生志 1840—1990

大连市地方志编纂委员会办公室编 大连 大连出版社 1994年 193页

012135406

大连市志 第4卷 检察志

大连市地方志编纂委员会办公室编 大连 大连出版社 1994年 294页

009472660

大连市志 第5卷 工会志

大连市史志办公室编 刘功成主编 大连 大连出版社 1996年 456页

009147586

大连市志 第6卷 人民代表大会志

大连市史志办公室编 大连 大连出版社 1997年 580页

009413783

大连市志 第7卷 广播电视志

大连市地方志编纂委员会办公室编 大连 大连出版社 1996年 316页

012135361

大连市志 第8卷 轻工业志

大连市地方志编纂委员会办公室编 大连 大连出版社 1997年 433页

009413986

大连市志 第9卷 邮电志

大连市地方志编纂委员会办公室编 大连 大连出版社 1997年 561页

008661463

大连市志 第10卷 报业志

大连市史志办公室编 大连 大连出版社 1998年 285页

009046361

大连市志 第11卷 环境保护志

大连市史志办公室编 大连 大连理工大学出版社 2003年 458页

009015880

大连市志 第 12 卷 大事记 行政建置志
大连市史志办公室编 大连 大连出版社 2001 年 100 页

009015885

大连市志 第 13 卷 民族志 宗教志
大连市史志办公室编 沈阳 辽宁民族出版社 2002 年 739 页

009310645

大连市志 第 14 卷 统计志
大连市史志办公室编 北京 中央文献出版社 2002 年 345 页

009310640

大连市志 第 15 卷 教育志
大连市史志办公室编 北京 中央文献出版社 2001 年 894 页

009312411

大连市志 第 16 卷 人事志 机构编制志
大连市史志办公室编 北京 中央文献出版社 2001 年 285 页

009310624

大连市志 第 17 卷 财政志
大连市史志办公室编 北京 中央文献出版社 2002 年 843 页

009310635

大连市志 第 18 卷 工商联志
大连市史志办公室编 大连 大连出版社 2002 年 466 页

009310636

大连市志 第 19 卷 共青团志
共青团大连市委员会编著 大连 大连出版社 2001 年 727 页

009154302

大连市志 第 20 卷 文化志
大连市史志办公室编 大连 大连出版社 2003 年 429 页

009312415

大连市志 第 21 卷 人物志
大连市史志办公室编 北京 中央文献出版社 2002 年 493 页

009553919

大连市志 第 22 卷 外经外贸志
大连市史志办公室编 北京 方志出版社 2004 年 834 页

009334754

大连市志 第 23 卷 司法行政志
大连市史志办公室编 大连 大连出版社 2000 年 288 页

010110789

大连市志 第 24 卷 旅游志
大连市志办公室编 北京 中国旅游出版社 2006 年 487 页

009442006

大连市志 第25卷 妇联志

大连市史志办公室编 大连 大连出版社 2004年 443页

009414239

大连市志 第26卷 水产志

大连市史志办公室编 大连 大连出版社 2004年 471页

009561023

大连市志 第27卷 港口志

大连市史志办公室编 沈阳 辽宁民族出版社 2004年 554页

009312407

大连市志 第28卷 口岸查验志

大连市史志办公室编 北京 中央文献出版社 2001年 1册

009961708

大连市志 第29卷 人民政协志

大连市史志办公室编 大连 大连出版社 1999年 530页

009348893

大连市志 第30卷 城市建设志

大连市史志办公室编 北京 方志出版社 2004年 732页

009675701

大连市志 第31卷 档案志

大连市史志办公室编 大连 大连出版社 1998年 323页

009994129

大连市志 第32卷 劳动志

大连市史志办公室编 大连 大连出版社 1999年 626页

009472670

大连市志 第33卷 金融志 保险志

大连市史志办公室编 大连 大连海事大学出版社 2004年 470页

009472677

大连市志 第34卷 物价志

大连市史志办公室编 北京 方志出版社 2004年 862页

009472664

大连市志 第35卷 工商行政管理志

大连市史志办公室编 北京 方志出版社 2004年 780页

009413981

大连市志 第36卷 税务志

大连市史志办公室编 大连 大连出版社 1998年 398页

009675704

大连市志 第37卷 化学工业志

大连市史志办公室编 沈阳 辽宁民族出版社 2004年 372页

009675717
大连市志 第38卷 民俗志
大连市史志办公室编 北京 方志出版社 2004年 560页

009675719
大连市志 第39卷 人民防空志
大连市史志办公室编 北京 方志出版社 2004年 522页

009334767
大连市志 第40卷 纺织工业志
大连市史志办公室编 北京 中央文献出版社 2003年 248页

009413983
大连市志 第41卷 土地志
大连市史志办公室编 大连 大连出版社 1998年 381页

009159998
大连市志 第42卷 技术监督志
大连市史志办公室编 北京 中央文献出版社 2001年 388页

009413792
大连市志 第43卷 审判志
大连市史志办公室编 大连 大连出版社 1999年 241页

009675699
大连市志 第44卷 统一战线志
大连市史志办公室编 大连 大连海事大学出版社 2004年 490页

009334776
大连市志 第45卷 中共地方组织志
大连市史志办公室编 大连 中央文献出版社 2001年 750页

009334759
大连市志 第46卷 机械工业志
大连市史志办公室编 北京 中央文献出版社 2003年 424页

009334771
大连市志 第47卷 体育志
大连市史志办公室编 大连 大连出版社 2001年 361页

009511272
大连市志 第49卷 粮油作物志 蔬菜志 水果志 畜牧业志 农机志
大连市史志办公室编 大连 大连出版社 2004年 1册

009675713
大连市志 第51卷 冶金工业志 电子工业志 盐业志 医药志
大连市史志办公室编 沈阳 辽宁民族出版社 2004年 624页

009472658
大连市志 第52卷 电力工业志
大连市史志办公室编 沈阳 辽宁民族出版社 2004年 1008页

009472679

大连市志 第 53 卷 乡镇企业志

大连市史志办公室编 大连 大连出版社 1999 年 306 页

009675709

大连市志 第 54 卷 交通志

大连市史志办公室编 沈阳 辽宁民族出版社 2004 年 534 页

010110801

大连市志 第 55 卷 科学技术志

大连市史志办公室编 大连 大连理工大学出版社 2006 年

007902365

大连市情

大连地方志编纂委员会办公室编 天津 天津人民出版社 1987 年 851 页

009413725

大连纪检监察志

中共大连市纪委 大连市监察局编 大连 大连出版社 1999 年 366 页

013987610

大连市工会志 1991—2010

大连市总工会编 大连 大连出版社 2013 年 1060 页

009159991

大连市工会志 1923—1990

刘功成主编 沈阳 辽宁人民出版社 1993 年 990 页

009472639

大连公安交通管理志 1945—1994

董兴宾主编 大连 大连出版社 1998 年 361 页

011579666

大连经济技术开发区公安志

大连经济技术开发区公安局编 大连 大连经济技术开发区公安局 1994 年 264 页

011584478

辽宁警官高等专科学校校志 1960—2000

曲滋升主编 大连 辽宁警官高等专科学校 2000 年 316 页

009125958

大连市政协志

大连市政协志编纂委员会编 北京 中国书籍出版社 1992 年 490 页

013790300

大连保税区志 1992—2007

大连保税区志编纂工作领导小组编 2008 年 420 页

010008930

大连经济技术开发区志 1984—2004

大连经济技术开发区志编纂委员会编 沈阳 辽宁人民出版社 2006 年

659 页

008661468
大连市工商行政管理志 1840—1990
大连市工商行政管理局编 大连 大连出版社 1995 年 312 页

008042312
辽渔志
辽渔志编纂委员会编 沈阳 沈阳出版社 1990 年 422 页

009854061
大连市城市供水志 1879—2004
大连市自来水集团有限公司编 北京 方志出版社 2005 年 566 页

013790301
大连市住房公积金管理中心志 1992—2012
大连市住房公积金管理中心编 北京 方志出版社 2013 年 306 页

012831265
大钢志续志 1986—2002
大钢志续志编纂委员会编 大钢志续志编纂委员会 2003 年 810 页〔大连市地方志丛书〕

009414232
大化志
大化志编纂委员会编 大连 大化志编纂委员会 1988 年〔大连市地方志丛书〕

011564496
大连柴油机厂志 1951—1991
解放汽车工业企业联营公司大连柴油机厂志编纂组编 大连 大连柴油机厂 1992 年 513 页

012995340
大连电业局志 1890—1985
大连电业局局志编辑委员会编 北京 新华出版社 1990 年 901 页

012831352
大连发电总厂志 1986—2000
大连发电总厂志编纂委员会编 大连 大连发电总厂志编纂委员会 2005 年 424 页

011431306
大连钢厂志
大连钢厂厂志办公室编 沈阳 辽宁人民出版社 1988 年 1083 页

013343630
大连开发区热电厂厂志 1990—2002
国电电力发展股份有限公司大连开发区热电厂编 2004 年 284 页

013528818
大连起重机器厂志 1948—1985
大连起重机器厂编 大连 大连起重机器厂 1987 年 481 页

009480537

大连市水利志

大连市水利局编 大连 大连出版社 1992年 340页

009472684

大连造船新厂志 1990—1995

大连造船新厂志编委会编 大连 大连造船新厂 2000年 424页

012813940

辽宁特钢志 2003.1—2004.9

东北特殊钢集团有限责任公司辽宁特钢志编纂委员会编 大连 东北特殊钢集团有限责任公司 2007年 369页

008379602

铁道部大连机车车辆工厂志 1899—1987

大连机车车辆工厂厂志编纂委员会编 大连 大连出版社 1993年 821页

009994122

中国北车集团大连机车研究所志

中国北车集团大连机车研究所志编纂委员会编 北京 中国铁道出版社 2005年 597页

009699732

大连海关志

大连海关志编纂委员会编 北京 中国海关出版社 2005年 337页

012872221

大连海关志续志

大连海关志续志编纂委员会编 大连 大连海关志续志编纂委员会 2007年

009009846

东北财经大学50年史志 1952—2002

东北财经大学史志编委会编撰 宋广法 吴东皎主编 大连 东北财经大学出版社 2002年 634页

013771722

大连市地方税务志

大连市地方税务局编 大连 东北财经大学出版社 2012年 2册

009413754

大连市税务志

大连市税务局税志办公室编 大连 大连出版社 1999年 878页

013626225

大连建行志

大连建行志编写小组编 大连 中国人民建设银行大连市分行 1989年 349页

009798925

大连市农村金融志 1945—1990

大连市农村金融志编纂委员会编 沈阳 辽宁人民出版社 1995年 324页

009472643

中国建设银行大连市分行志 1994

—2000
中国建设银行大连市分行志编纂委员会编著 大连 中国建设银行大连市分行 2003年 477页

013824972
中国建设银行股份有限公司大连市分行志 2001—2008
中国建设银行股份有限公司大连市分行志编撰委员会编著 北京 中国金融出版社 2012年 492页

013090942
大连市保险志
中国人民保险公司大连分公司 大连保险学会编印 大连 中国人民保险公司大连分公司 1990年 140页

013074864
中国人民保险公司大连市分公司司志
中国人民保险公司大连市分公司编纂委员会编 大连 中国人民保险公司大连市分公司 1999年 445页

013894486
大连市文化艺术志
大连市文化局编 大连 大连市文化局 2000年 326页

013528821
大连石油化工公司科技志
大连石油化工公司科技志编写组编 大连 大连石油化工公司科技志编写组 1992年 471页

011496964
大连理工大学科学技术志
徐景南主编 大连 大连理工大学出版社 1994年 526页

012249787
大连理工大学土木水利学院院志 1949—2009
大连理工大学土木水利学院院志编写组编 大连 大连理工大学出版社 2009年 537页

007903902
大连市戏曲志
大连市戏曲志编纂委员会编 大连 大连出版社 1991年 644页

011431309
大连医科大学校志 1997—2006
大连医科大学校志编辑委员会编 大连 大连医科大学 2007年 432页

013626228
大连市卫生教育馆志 1959—1990
大连市卫生教育馆志编辑部编 大连 大连市卫生教育馆志编辑部 1990年 146页

010280370
[沈阳铁路局大连疗养院]院志 1959—1993.5

沈阳铁路局大连疗养院编 大连 大连疗养院 1993年 79页

012951939
大连市儿童医院医院志
大连 2002年 163页

011496970
大连市卫生防疫站志 1952—1985
大连市卫生防疫站编 大连 大连市卫生防疫站 198u年 345页

013090947
大连医科大学附属第一医院院志 1988—2009
大连医科大学附属第一医院院志编辑委员会编 大连 大连医科大学附属第一医院院志编辑委员会 2010年 355页

012903612
中国人民解放军第二一○医院志 1945—1988
余长柏主编 沈阳 辽宁教育出版社 1992年 331页

012872219
大连港医院志 1951—2001
大连港医院编 大连 大连港医院 2001年 336页

009472650
大连市爱国卫生运动志 1988—1998
大连市爱国卫生运动志编委会编 大连 大连市爱国卫生运动志编委会 2001年 580页

008380076
大连水产志
大连水产志编纂委员会 大连市水产局编 大连 大连市水产局 1994年 586页

009798920
大连轻工业学院志 1958—1998
大连轻工业学院志编纂委员会编 沈阳 沈阳出版社 1998年 358页

008864811
碧流河水库志
大连市碧流河水库管理局编 大连 大连出版社 1996年 267页

010731627
碧流河水库志 1996—2005
大连市碧流河水库管理局编 大连 大连出版社 2006年 249页

007984363
大连海监志
交通部大连海上安全监督局编 大连 大连出版社 1995年 335页

009154308
大连周水子国际机场志 1973—2003
大连周水子国际机场志编纂委员会编

北京 航空工业出版社 2003 年 289 页

012096517
大连市环境科学设计研究院三十年院志
大连 大连市环境科学设计研究院 2008 年 107 页

009243481
旅大环境志
旅大市环境保护监测站编 旅大 旅大市环境保护监测站 1980 年 182 页

西岗区

009768890
西岗区志
大连市西岗区地方志编纂委员会编 大连 大连理工大学出版社 2005 年 583 页

013994027
西岗政协志 1983—2013
政协大连市西岗区委员会编 大连 政协大连市西岗区委员会 2013 年 433 页

009242375
西岗区退管志 1984.11—1994.11
大连市西岗区退休职工管理委员会编 西岗区 大连市西岗区退休职工管理委员会 1994 年 177 页

中山区

012100988
大连市中山区志 1986—2005
大连市中山区志编纂委员会编 北京 方志出版社 2008 年 615 页

009009924
中山区志 2002
大连市中山区地方志编纂委员编 北京 方志出版社 2002 年 644 页

010278447
中山区政协志 1950—1991
中国人民政治协商会议大连市中山区委员会编 中山区 政协 1992 年 227 页

沙河口区

009189889
沙河口区志
大连市沙河口区地方志编纂委员会编 北京 方志出版社 2003 年

甘井子区

007884879
甘井子区志
大连市甘井子区地方志编纂委员会编 北京 方志出版社 1995 年 820 页
〔大连市地方志丛书〕

009125967

红旗镇志

红旗镇志编纂委员会编 大连 大连出版社 2003年 525页

012506495

营城子镇志

大连营城子镇志编纂委员会编 北京 中国经济出版社 2001年 812页

011943216

大连市甘井子区中共地方组织志

大连市甘井子区史志办公室 大连市甘井子区档案局编 北京 中共党史出版社 2005年 608页

009242636

甘井子区政协志 1950—1955 1984—1994

中国人民政治协商会议大连市甘井子区委员会编 大连 中国人民政治协商会议大连市甘井子区委员会 1994年 178页

012503972

甘井子区政协志 1995—2007

甘井子区政协志编纂委员会编 大连 政协大连市甘井子区委员会 2008年 379页

旅顺口区

009019573

旅顺口区志

大连市旅顺口区史志办公室著 大连 大连出版社 1999年 1057页

013790306

大潘家村志

大潘家村志编纂委员会编 沈阳 辽宁民族出版社 2012年 412页〔大连市旅顺口区地方志丛书〕

013704246

后三羊头村志

后三羊头村志编纂委员会编 沈阳 辽宁民族出版社 2012年 557页〔大连市旅顺口区地方志丛书〕

012955088

龙头村志

旅顺口区龙头街道龙头村志编纂委员会编 大连 大连出版社 2011年 328页〔大连市旅顺口区地方志丛书〕

013508670

龙王塘街道志

龙王塘街道志编纂委员会编 沈阳 辽宁民族出版社 2012年 720页

013377001

前夹山村志

前夹山村志编纂委员会编 沈阳 辽宁民

族出版社 2011 年 401 页〔大连市旅顺口区地方志丛书〕

012955913
三八里村志
三八里村志编纂委员会编 沈阳 辽宁民族出版社 2011 年 353 页〔大连市旅顺口区地方志丛书〕

013933342
三洋村志
三洋村志编纂委员会编 沈阳 辽宁民族出版社 2013 年 308 页〔大连市旅顺口区地方志丛书〕

012955989
水师营村志
水师营村志编纂委员会编 沈阳 辽宁民族出版社 2011 年 393 页〔大连市旅顺口区地方志丛书〕

013731636
水师营街道志
水师营街道志编纂委员会编 沈阳 辽宁民族出版社 2012 年 794 页〔大连市旅顺口区地方志丛〕

012956005
寺沟村志
寺沟村志编纂委员会编 沈阳 辽宁民族出版社 2010 年 296 页〔大连市旅顺口区地方志丛书〕

013863862
土城子村志
旅顺口区三涧堡街道土城子村志编纂委员会编 大连 大连出版社 2012 年 425 页〔大连市旅顺口区地方志丛书〕

013660413
西沟村志
西沟村志编纂委员会编 沈阳 辽宁民族出版社 2012 年 486 页〔大连市旅顺口区地方志丛书〕

012316956
小南村志
旅顺口区水师营街道小南村修志委员会编 沈阳 辽宁民族出版社 2009 年 374 页〔大连市旅顺口区地方志丛书〕

012814537
袁家沟村志
旅顺口区北海街道袁家沟村修志委员会编 北京 现代出版社 2010 年 297 页〔大连市旅顺口区地方志丛书〕

008864769
大连市旅顺口区土地志
大连市旅顺口区土地志编纂委员会编 大连 大连出版社 1998 年 262 页

009744847
旅顺教育志 1840—1990

大连市旅顺口区教育史志编纂委员会
编 大连 大连市旅顺口区教育委员会
1991年 361页

012680407
辽宁蛇岛老铁山国家级自然保护区志
1980—2010
辽宁蛇岛老铁山国家级自然保护区志
编辑委员会编 大连 大连海事大学出
版社 2010年 138页

金州区

007902337
金县志
大连市金州区地方志编纂委员会办公
室编 大连 大连出版社 1989年
880页

013958691
金州区工会志 1945—1992
大连市金州区总工会编 大连 大连市金
州区总工会 1994年 393页

013601786
金州区土地志
大连市金州区土地志编纂委员会编 大
连 大连出版社 1998年 246页

008923533
金县地名志
金县地名办公室编 大连 大连海运学院
出版社 1988年 410页

瓦房店市

007903596
瓦房店市志
瓦房店市地方志编纂委员会编 大连 大
连出版社 1994年 890页

013145610
瓦房店市工会志 1949—1986
瓦房店市工会志编纂组编 瓦房店 瓦房
店市工会志编纂组 1989年 259页

008864763
瓦房店市土地志
瓦房店市土地志编纂委员会编 大连 大
连出版社 1998年 230页

009675760
瓦房店市邮电志
瓦房店市邮电志编纂委员会编 北京 人
民邮电出版社 2001年 300页

012899795
瓦房店市中心医院志 1949—2009
瓦房店市中心医院志编撰委员会编 瓦
房店 瓦房店市中心医院志编撰委员
会 2009年 222页

普兰店市

007896665
新金县志

新金县志编纂委员会办公室编 大连 大连出版社 1993年 789页

009472692
普兰店市土地志
普兰店市土地志编纂委员会编 大连 大连出版社 1998年 307页

庄河市

013464434
庄河市志 1986—2005
庄河市地方志编纂委员会编 沈阳 辽宁民族出版社 2012年 664页

008470961
庄河县志
庄河县志编纂委员会办公室编 北京 新华出版社 1996年 1148页〔中华人民共和国地方志丛书〕

012879060
庄河政协志
中国人民政治协商会议庄河市委员会编 2004年 295页

013759465
庄河政协志
吴胜达主编 中国人民政治协商会议庄河市委员会编 庄河 中国人民政治协商会议庄河市委员会 2008年 319页

008864765
庄河市土地志
庄河市土地志编纂委员会编 大连 大连出版社 1998年 253页

长海县

007356237
长海县志
中共长海县委员会 长海县人民政府 长海县志编纂委员会编 长海 长海县志编纂委员会 1984年 784页〔中华人民共和国地方志丛书〕

009866662
长海县志
长海县志办公室编 大连 大连出版社 2002年 1278页

013528814
大长山岛镇志
大长山岛镇志编纂委员会编 哈尔滨 黑龙江人民出版社 2010年 828页

013129050
广鹿乡志
广鹿乡志编纂委员会编 哈尔滨 黑龙江人民出版社 2010年 896页

010111956
獐子岛镇志
獐子岛镇志编纂委员会编 北京 中国社会出版社 2003年 706页

010278330

长海县金融志

张隆之主编 张胜大 刘文堂 章锦志副主编 沈阳 辽宁人民出版社 1991年 334页

012713909

长海县教育志 1945—2003

长海县教育局编 长海 长海县教育局 2004年 370页

鞍山市

008536799

共青团鞍山市志

共青团鞍山市委员会编 鞍山 共青团鞍山市委员会 1999年 493页

013037827

鞍山市志 综合卷 1986—2005

鞍山市史志办公室编 沈阳 万卷出版公司 2011年 577页

003801444

鞍山市志 第1卷 大事记卷 1915—1985

鞍山市人民政府地方志办公室 丁江主编 沈阳 沈阳出版社 1989年 499页

007902367

鞍山市志 第2卷 农业卷

鞍山市人民政府地方志办公室编 沈阳 沈阳出版社 1989年 353页

008720546

鞍山市志 第3卷 综合卷

鞍山市人民政府地方志办公室编 沈阳 沈阳出版社 1990年 364页

007902373

鞍山市志 第4卷 城乡建设卷

鞍山市人民政府地方志办公室编 沈阳 沈阳出版社 1992年 539页

006310950

鞍山市志 第5卷 社会卷

鞍山市人民政府地方办公室编 沈阳 沈阳出版社 1993年 340页

006311000

鞍山市志 第6卷 教育卷

鞍山市人民政府地方志办公室编 沈阳 沈阳出版社 1994年 404页

006310986

鞍山市志 第7卷 文化 卫生 体育卷

鞍山市人民政府地方志办公室编 沈阳 沈阳出版社 1992年 400页

006311049

鞍山市志 第8卷 科技卷

鞍山市人民政府地方志办公室编 沈阳 沈阳出版社 1994年 452页

006310949
鞍山市志 第9卷 党政群团卷
鞍山市人民政府地方志办公室编 沈阳 沈阳出版社 1993年 865页

007902374
鞍山市志 第10卷 财政金融卷
鞍山市人民政府地方志办公室编 沈阳 沈阳出版社 1993年 357页

007924537
鞍山市志 第11卷 政法卷
鞍山市人民政府地方志办公室编 沈阳 沈阳出版社 1995年 273页

008081743
鞍山市志 第12卷 军事卷
鞍山市人民政府地方志办公室编 沈阳 沈阳出版社 1994年 309页

008379308
鞍山市志 第13卷 鞍钢卷
鞍山市史志办公室编 沈阳 沈阳出版社 1997年 542页

008498493
鞍山市志 第14卷 交通 邮电卷
鞍山市人民政府地方志办公室编 沈阳 沈阳出版社 1990年 348页

008385327
鞍山市志 第15卷 商业卷
鞍山市人民政府地方志办公室编 沈阳 沈阳出版社 1997年 380页

008829261
鞍山市志 第16卷 人物卷
鞍山市地方志编纂委员会 陈正斌等编著 沈阳 白山出版社 1999年

008983566
鞍山市志 第17卷 附录卷
鞍山市史志办公室编 沈阳 辽宁民族出版社 2001年 869页

010278712
鞍山市宗教志
鞍山市民族宗教事务委员会编 鞍山 鞍山市民族宗教事务委员会 1994年 227页

008536778
鞍山市社科联志
鞍山市社会科学界联合会编 鞍山 鞍山市地方志办公室 1991年 231页

009312426
中国共产党鞍山地方党史大事记
1991.1—1995.12
鞍山史志办公室编 沈阳 辽宁人民出版社 1997年 306页

013512020
中共鞍钢党校志
袁铁军主编 北京 中国社会出版社 2001年 260页

009244551

中共鞍山市委党校志

冯贵祥主编 沈阳 辽宁大学出版社 1990年 274页

008536607

鞍山市工会志

浦德胜 刘振华主编 沈阳 辽宁人民出版社 1991年 371页

012950334

鞍山市人民代表大会常务委员会志 1980.5—2010.5

鞍山市人民代表大会常务委员会志编委会编 鞍山 鞍山市人民代表大会常务委员会志编委会 2010年 540页

008536637

鞍山市人民代表大会志

钱明业主编 沈阳 辽宁人民出版社 1991年 403页

009312396

鞍山市人民政府办公厅志 1945—2001

鞍山市人民政府办公厅编 鞍山 鞍山市人民政府办公厅 2003年 474页

008379012

鞍山市人民政府志

鞍山市人民政府志编纂委员会编 鞍山 鞍山市人民政府志编纂委员会 1993年 531页

008536019

中共鞍山市委组织志

中共鞍山市委组织部修志办公室编 鞍山 鞍山市地方志办公室 1989年 289页

013922766

鞍山市政协志

鞍山 鞍山市政协 1992年 253页

009242172

鞍山市经济保卫志 1905—1989

鞍山市公安局编 鞍山 鞍山市公安局 1992年 121页

008536766

鞍山市民政志

鞍山市民政志编辑办公室编 鞍山 鞍山市地方志办公室 1989年 199页

008536600

鞍山法院志

王玉琴主编 刘奇林 孙景泰编审 王丽华等撰稿 鞍山 鞍山市中级人民法院 1996年 282页

013751435

鞍山检察志

鞍山市人民检察院编 鞍山 鞍山市人民检察院 1998年 402页

008379090

鞍山市工商行政管理志

范炳武主编 沈阳 辽宁人民出版社 1990年 244页

008536611
鞍山市劳动志
王赞君主编 沈阳 辽宁人民出版社 1990年 459页

009242177
鞍山市人事志 1948.2—1985.12
鞍山市人事局编 鞍山 鞍山市人事局 1988年 73页

008536737
鞍山市乡镇企业志
鞍山市乡镇企业志编纂领导小组编辑 北京 红旗出版社 1988年 213页

008536630
鞍山市城市建设志
李大成主编 沈阳 辽宁大学出版社 1990年 344页

013330346
鞍山市房产志
鞍山市地方志办公室 鞍山市房产局编 鞍山 鞍山市地方志办公室 1990年 423页

008536631
鞍山市公用事业志
蔡圣宽主编 沈阳 辽宁大学出版社 1990年 319页

008536577
鞍山市土地志
鞍山市土地志编纂委员会编 鞍山 鞍山市土地志编纂委员会 1992年 204页

009994105
鞍钢第一发电厂志 1991—2000
鞍钢第一发电厂编委会编 沈阳 辽宁人民出版社 2002年 288页

009994100
鞍钢科技志
龙春满主编 周师儒 杨瑞光副主编 沈阳 辽宁大学出版社 1991年 442页

009242109
鞍钢矿山志
鞍钢矿山志编纂委员会编 鞍山 鞍山钢铁公司 1988年 606页

009242082
鞍钢志 1916—1985
鞍钢史志编纂委员会编 北京 人民出版社 1991—1994年 2册

013702846
鞍钢志 1986—2008
鞍钢史志编纂委员会编 北京 冶金工业出版社 2011年 787页

009242131
鞍山带钢厂志
鞍山带钢厂志编纂领导小组编 鞍山 鞍

山带钢厂 1985年

011578758
鞍山电业局志
鞍山电业局志编辑委员会编 沈阳 辽宁人民出版社 1991年

011943016
鞍山电业局志 1986—2005
鞍山电业局志编审委员会编 沈阳 白山出版社 2008年 880页

010265790
鞍山发电厂志 1973—1984
鞍山发电厂编 鞍山 鞍山发电厂 1985年 216页

009242069
鞍山钢铁公司钢铁研究所志
鞍钢钢铁研究所编 鞍山 鞍钢钢铁研究所 1988年

010265793
鞍山钢铁公司钢铁研究所志 1948—1985
鞍山钢铁公司钢铁研究所编 鞍山 鞍山钢铁公司钢铁研究所 1988年 444页

009994106
鞍山矿山机械厂志 1940—1985
鞍山矿山机械厂志编纂委员会编辑 鞍山 鞍山市机械工业志编辑委员会出版 1986年 371页

008536616
鞍山市地方冶金工业志
鞍山市地方冶金工业志编纂领导小组编 北京 大地出版社 1989年 282页

008536619
鞍山市机械工业志
胡盛军主编 沈阳 辽宁人民出版社 1990年 464页

008536734
鞍山市建筑工程志
崔肇华主编 沈阳 辽宁人民出版社 1991年 391页

008536584
鞍山市石油化学工业志
佟培刚主编 沈阳 辽宁人民出版社 1991年 261页

008536574
鞍山市水利志
鞍山市水利局编 鞍山 鞍山市地方志办公室 1991年 168页

010265798
鞍山铁塔厂志 1953—1985
鞍山铁塔厂编 鞍山 鞍山铁塔厂 1985年 2册 544页

009242334
鞍拖厂志 1949—1984
鞍山红旗拖拉机机制造厂志编纂委员

会编辑 当代中国重型矿山机械工业编辑委员会 1985年 629页

013705123
炼铁厂志 1917—1996
鞍山钢铁集团公司炼铁厂编 鞍山 炼铁厂志编纂委员会 1998年 225页

009242037
[鞍山钢铁公司]氧气厂志 1937—1985
鞍山钢铁公司氧气厂厂志编辑部编 鞍山 鞍山钢铁公司 1987年 437页

009244539
昭和制钢所二十年志 1918—1938
鞍山 鞍钢史志办公室 1986年 309页

013330352
鞍山市公路志
鞍山市公路管理处 鞍山市地方志办公室编 鞍山 鞍山市公路管理处 1990年 342页

008536614
鞍山市粮食志
邱云江主编 沈阳 辽宁大学出版社 1990年 258页

008536586
鞍山市财政志
宿绍纲主编 沈阳 辽宁人民出版社 1991年 392页

009242169
鞍山市金融志
鞍山市金融志办公室编 沈阳 东北工学院出版社 1989年 511页

008536575
鞍山市保险志
中国人民保险公司鞍山市支公司编 鞍山 鞍山市地方志办公室 1989年 172页

008536602
鞍山市文化志
安士全主编 沈阳 辽宁大学出版社 1989年 238页

012871813
鞍山文化志 1988—2007
鞍山市文化局编 鞍山 鞍山市文化局 2008年 325页

008536730
鞍山市广播电视志
鞍山市广播电视局史志编辑室编 鞍山 鞍山市地方志办公室 1990年 389页

009242139
鞍山钢铁公司档案志 1916—1989
鞍钢档案处编 鞍山 鞍钢档案处 1990年 242页

008536597
鞍山市档案志

张吉凤主编 沈阳 辽海出版社 1997 年 336 页

008536605
鞍山市科协志
鞍山市科协志编纂委员会编 北京 大地出版社 1988 年 249 页

010279900
鞍山市广播电视学校校志 1905—2005
鞍山市广播电视学校校志编纂委员会编 鞍山 鞍山市广播电视学校校志编纂委员会 2005 年 661 页

009242328
鞍山卫生学校志
鞍山卫生学校志编辑委员会编 鞍山 鞍山卫生学校志编辑委员会 1999 年 206 页

011067749
鞍山市戏曲志
辽宁戏曲志丛书编委会主编 鞍山市戏曲志编辑部编辑 沈阳 春风文艺出版社 1989 年 271 页〔辽宁戏曲志丛书〕

009198448
鞍山市民族志
胡世民主编 金殷植等副主编 鞍山市民族宗教事务委员会编 鞍山 鞍山市民族宗教事务委员会 1999 年 242 页

013330212
鞍钢 60 年人物志 1948.12—2008.12
鞍钢史志编纂委员会编 鞍山 鞍钢史志编纂委员会 2009 年 223 页

013726755
鞍山市教育人物志 英模卷
鞍山市教育志编委会编 鞍山 鞍山市教育志编委会 1994 年 412 页

009242187
鞍山市文物志
安士全主编 沈阳 辽宁大学出版社 1989 年 233 页

008536596
鞍山市地名志
鞍山市地名委员会编 鞍山 鞍山市地名委员会 1984 年 183 页

008829823
鞍山市地名录
鞍山市地名办公室编 鞍山 鞍山市地名办公室 1989 年 369 页

009334673
鞍山市地名管理志
段玉藩主编 沈阳 辽宁人民出版社 1991 年 275 页

008536757
鞍山市地震志
戴国泰 王怡学 戴盛斌主编 沈阳 辽海

出版社 1998年 409页

008385380
'95鞍山水灾志
'95鞍山市水灾志编委会编 陈国山主编 沈阳 沈阳出版社 1996年 321页

012956033
汤岗子医院志 1950—2010
汤岗子医院史志办公室编 鞍山 汤岗子医院史志办公室 2010年 103页

008536592
鞍山市卫生志
鞍山市地方志办公室编 鞍山 鞍山市地方志办公室 1990年 472页

009242150
鞍山市锅炉检验研究所志
鞍山市锅炉检验研究所编委会 曲明主编 沈阳 辽宁教育出版社 1988年

008536770
鞍山市环境保护志
鞍山市环境保护局编 北京 红旗出版社 1989年 309页

013702850
鞍山市环境监测中心站志 1974—1994
鞍山市环境监测中心编 鞍山 鞍山市环境监测中心 1996年 115页

铁东区

009242185
鞍山市铁东区志
鞍山市铁东区志编纂委员会编 鞍山 鞍山市地方志办公室 1991年 568页

铁西区

012713849
鞍山市铁西区志 1986—2005
鞍山市铁西区地方志编纂委员会编 鞍山 鞍山市铁西区地方志编纂委员会 2009年 437页

010474184
鞍山市铁西区志
鞍山市铁西区志编纂委员会编 铁西区 鞍山市铁西区志编纂委员会 1993年 389页

立山区

008536761
立山区志
鞍山市立山区志编纂委员会编 鞍山 鞍山编译出版业务咨询服务社 1993年 311页

千山区

007197934
旧堡区志
鞍山市旧堡区志编纂委员会 赵国玺主编 于国安主笔 沈阳 辽宁大学出版社 1989年 646页

009312392
千山区志 1986—2000
鞍山市千山区史志编纂委员会编 鞍山 鞍山市千山区史志编纂委员会 2002年 666页

013066952
千山志
鞍山市城建志编委会编 沈阳 辽宁人民出版社 1989年 202页

013066954
千山志 1986—2002
张群 于树安主编 北京 社会科学文献出版社 2003年 432页

海城市

013925266
共青团海城市志
共青团海城市委编 2003年 402页

006933964
海城县志
海城市地方志编纂委员会编 海城 海城市地方志编纂委员会办公室 1987年 652页

008537978
腾鳌镇志
腾鳌镇志编写组编 腾鳌镇 腾鳌镇志编写组 1992年 455页

012609914
海城检察志 1950—2003
王红日主编 海城市人民检察院编 海城 海城市人民检察院 2003年 275页

013926278
海城乡镇企业志
海城市乡镇企业管理委员会编志组编 海城 海城市印刷厂 1987年 170页

012191868
海城市土地志
刘安悦 刘世忠主编 王永元 杜丙清副主编 海城市土地志编纂委员会编 海城 海城市土地志编纂委员会 1998年 334页

012967604
海城教育志 1384—1985
海城市教育委员会教育志编纂委员会编 海城 海城市教育委员会教育志编纂委员会 1989年 271页

台安县

003324963
台安县志
台安县志编纂委员会编 沈阳 沈阳出版社 1990年 648页

012252616
台西区志 2002—2008
台安县台西区志编纂委员会编 台安 台安县台西区志编纂委员会 2008年 156页

012191834
高力房镇志
高力房镇志编纂办公室编 高力房镇 高力房镇志编纂办公室 2005年 525页

013755969
桑林镇志
桑林镇志编委会编 台安 桑林镇志编委会 2011年 506页

012506232
台安纪检监察志 1950—2008
中共台安县纪律检查委员会 台安县监察局编 台安 中共台安县纪律检查委员会 台安县监察局 2009年 759页

013756106
台安县政协志 1949—2012
中国人民政治协商会议辽宁省台安县委员会编 台安 中国人民政治协商会议辽宁省台安县委员会 2012年 781页

011442059
台安县政协志 1963—2002
中国人民政治协商会议辽宁省台安县委员会 台安县政协志编纂委员会编 台安 中国人民政治协商会议辽宁省台安县委员会 2002年 647页

012208253
台安公安志
台安县公安局编 台安 台安县公安局 2008年 610页

008378567
台安建设志
台安建设志编纂办公室编 北京 中国建材工业出版社 2004年 467页

013660332
台安县林业志
台安县林业局编 台安 台安县林业局 1987年 265页

012638762
台安电业志
台安电业志编纂办公室编著 沈阳 辽宁人民出版社 1997年 327页

009244262
台安县水利志
台安县水利局编 台安 台安县水利局

1985年 455页

010275857
台安县交通志
台安县交通局编 台安 台安县交通局 1986年 135页

009244259
台安县商业志
台安县商业局商业志编辑委员会编 台安 台安县商业局 1987年 204页

006543124
台安县财政志
台安县财政志编纂小组编 北京 中国统计出版社 1993年 427页

009244236
台安县税务志
台安县税务局编 台安 台安县税务局 1986年 255页

012836384
台安县税务志 1986—2006
台安县国家税务局编 台安 台安县国家税务局 2006年 533页

009244242
台安县教育志 1875—1985
台安县教育局编 台安 台安县教育局 1987年 648页

013822729
台安老干部大学校志 1991—2011
台安老干部大学校志编委会编 鞍山 2011年 85页

008594640
台安县恩良医院志
本书编委会编 沈阳 辽宁民族出版社 1997年 304页

012836371
台安县恩良医院志 1996—2005
台安县恩良医院志编纂委员会编 台安 台安县恩良医院志编纂委员会 2006年 295页

岫岩满族自治县

007902344
岫岩县志
岫岩县志编辑部编 沈阳 辽宁大学出版社 1989年 817页〔中华人民共和国地方志丛书〕

009243388
辽宁岫岩金矿志
富芳文主编 岫岩 辽宁岫岩金矿史志办公室 1992年 266页

013379135
岫岩高中校志 1956—2011
岫岩高中校志编委会编 岫岩 岫岩高中校志编委会 2011年 223页

008924831
辽宁省岫岩县地名录
岫岩县地名办公室编 岫岩 岫岩县地名办公室 1981 年 201 页

抚顺市

008852610
抚顺市志
抚顺市地方志办公室编 沈阳 辽宁人民出版社 1993 年

012609818
抚顺市志 1986—2005
抚顺市人民政府地方志办公室 抚顺市社会科学院编 沈阳 辽宁民族出版社 2009 年

010001135
抚顺市志 市情要览卷
抚顺市社会科学院 抚顺市人民政府地方志办公室编 沈阳 辽宁民族出版社 2005 年 1202 页

008379131
抚顺市志 第 1 卷 概述 大事记 建置 自然环境 人口
抚顺市地方志办公室编 沈阳 辽宁人民出版社 1993 年 588 页

008852630
抚顺市志 第 2 卷 农业
抚顺市社会科学院编 沈阳 辽宁人民出版社 1996 年 600 页

008852633
抚顺市志 第 3—5 卷 政党 政权 政协 群团卷 城建 环保 交通 邮电卷 科技 教育 文化 卫生卷
抚顺市社会科学院编 沈阳 辽宁人民出版社 1999 年 1037 页

008845817
抚顺市志 第 6—8 卷 商贸卷 经济管理卷 社会生活卷
抚顺市社会科学院编 沈阳 辽宁民族出版社 2000 年 1056 页

008845821
抚顺市志 第 9—10 卷 军事 政法卷 人物卷
抚顺市社会科学院编 沈阳 辽宁民族出版社 2000 年 595 页

009392455
抚顺市志 第 11 卷 工业
抚顺市社会科学院 抚顺市人民政府地方志办公室编 沈阳 辽宁民族出版社 2003 年 973 页

009242619
抚顺统计志

抚顺市统计局编 抚顺 抚顺市统计局 1991年 339页

011757774
抚顺市工会志 1901—1985
吴柽源主编 吴怀拥副主编 沈阳 辽宁人民出版社 1993年 609页

009242550
抚顺市人民代表大会志
沈阳 辽宁人民出版社 1993年 548页

009961847
抚顺市人民代表大会志 1993—2003
抚顺市人民代表大会志编委会编 沈阳 辽宁人民出版社 2005年 471页

009334523
中共抚顺市委志
中共抚顺市委志编纂委员会编 抚顺 中共抚顺市委志编纂委员会 2002年 720页

013183432
抚顺市政协志 1946.2—1995.2
钱洪洲主编 沈阳 辽宁人民出版社 1995年 613页

008864762
抚顺公安志
抚顺市公安局编 大连 大连出版社 1995年 464页

009227412
抚顺军事志 1840—1992
邢国良 武英男主编 沈阳 辽宁教育出版社 1998年 608页

009242560
抚顺市自来水公司志 1908—1985
抚顺市自来水公司编纂组编 抚顺 抚顺市自来水公司 1988年 299页

011943576
抚顺市林业志 1986—2000
抚顺市林业志第二卷编纂委员会编 抚顺 抚顺市林业志第二卷编纂委员会 2005年 564页

009242462
抚钢职工技术协作活动志 1961—1991
抚顺钢厂职工技术协作委员会编 抚顺 抚顺钢厂职工技术协作委员会 1991年 93页

008845826
抚顺电业局志 1936—1996
抚顺电业局志编审委员会编 沈阳 辽宁科学技术出版社 2000年 722页

011579807
抚顺发电厂志
抚顺发电厂志编纂委员会编 沈阳 辽宁人民出版社 1989年

012636943

抚顺矿物局电力机车工厂志

电力机车工厂志编纂领导小组编 抚顺 电力机车工厂 1989年 459页

013143611

抚顺矿业集团公司十年志 2001—2011

抚顺矿业集团有限责任公司志书编纂委员会编 抚顺 抚顺矿业集团有限责任公司志书编纂委员会 2011年 114页

010244243

抚顺铝厂志 1936—1986

抚顺铝厂厂志编辑办公室编写 沈阳 辽宁人民出版社 1988年 2册 871页

009820612

抚顺石油工业志 1909—1987

抚顺石油工业志编委会编 沈阳 辽宁人民出版社 1989年 742页

013143613

抚顺石油三厂志 1936—1986

抚顺石油三厂志编委会编 沈阳 辽宁人民出版社 1989年 591页

010686851

抚顺石油一厂志

抚顺石油一厂志编委会编 抚顺 抚顺石油一厂志编委会 1988年

013143635

抚顺市机电设备公司志 1960—1985

抚顺 抚顺市机电设备公司 1987年 166页

009242615

抚顺水泥厂志 1934—1988

抚顺水泥厂志编纂委员会编 抚顺 抚顺水泥厂 1996年 452页

008537956

抚顺冶金工业志 1910—1985

抚顺市冶金工业志编纂委员会编 沈阳 辽宁科学技术出版社 1995年 659页

011292475

辽宁发电厂志

辽宁发电厂编 辽宁 辽宁发电厂 1989年

010011522

抚顺市商业志

佟明宽主编 抚顺市商业局商业志编纂办公室编 沈阳 辽沈书社 1993年 1003页〔抚顺市地方志丛书〕

013143631

抚顺市财政志 1948—1990

抚顺市财政局编 抚顺 抚顺市财政局 1992年 303页

009242513

抚顺市金融志 1840—1985

抚顺市金融志编纂委员会编 抚顺 抚顺市金融志编纂委员会 1989年 428页

013143643
抚顺市金融志 续编 1986—1996
抚顺市金融志编纂委员会编 抚顺 抚顺市金融志编纂委员会 2007年 425页

010277950
抚顺市保险志
刘万吉编 沈阳 辽宁人民出版社 1990年 256页

010200278
抚顺档案志
抚顺市档案局编 抚顺 抚顺市档案局 2004年 626页

009242517
抚顺科协志
抚顺科协志编纂委员会编 抚顺 抚顺科协志编纂委员会 1987年 192页

010060924
中国民族民间器乐曲集成 抚顺分卷 鼓吹乐
孙鸿钧主编 抚顺 抚顺民间音乐集成办公室 1987年 2册

009994158
抚顺市戏曲志
抚顺市戏曲志编辑部编 沈阳 辽宁人民出版社 1991年 259页〔辽宁戏曲志丛书〕

010279752
抚顺锡伯族志
抚顺市民族事务委员会 抚顺市锡伯族联谊会编 抚顺 抚顺市民族事务委员会 抚顺市锡伯族联谊会 2003年 120页

008537971
抚顺市政府志
袁丁主编 于毅 屈梦非副主编 沈阳 辽宁人民出版社 1991年 496页

011431421
抚顺市科学技术志
蒋震坤主编 沈阳 辽宁人民出版社 1991年 609页

010009339
抚顺"8·13"水灾志
抚顺 2005年 207页

012873035
老虎台矿志 1901—1990
邵新平主编 沈阳 辽宁教育出版社 1992年 654页

012873019
老虎台矿志 1991—2007
老虎台矿志编纂委员会编 抚顺 抚顺矿工报社 2009年 751页

011431426

抚顺市中心医院志 1969.8—1999.6

抚顺市中心医院编 抚顺 抚顺市中心医院 1999年 200页

013143658

抚顺市卫生志 1905—1985

抚顺市卫生志编纂委员会编 抚顺 抚顺市卫生志编纂委员会 1999年 312页

009242472

抚顺地区树木志

抚顺市林业科学研究所编 新农业杂志社 1986年 480页

013143640

抚顺市建筑设计研究院志 1952—1992

抚顺市建筑设计研究院院志编写委员会编 抚顺 院志编写委员会 1992年

013143652

抚顺市市政设施建设志 1884—1985

抚顺市市政设施管理处编 抚顺 抚顺市市政设施管理处 1992年 416页

010476185

大伙房水库志

辽宁省大伙房水库管理局组编 北京 中国水利水电出版社 2006年 255页

010011519

抚顺市环境保护志

抚顺市环境保护志编纂委员会编 沈阳 辽宁教育出版社 1997年 547页

顺城区

010474438

顺城区志

抚顺市顺城区地方志办公室编 沈阳 辽宁人民出版社 1994年 485页

012662288

顺城区志 1988—2005

抚顺市顺城区地方志办公室编 沈阳 辽宁民族出版社 2010年 662页

新抚区

010011594

新抚钢志 1958—1985

抚顺新抚钢厂新抚钢志编辑室编 抚顺 抚顺新抚钢厂新抚钢志编辑室 1988年 481页

抚顺县

008536003

抚顺县志

抚顺县地方志编纂委员会 杜景琴主编 沈阳 辽宁人民出版社 1995年 991页

013128931

抚顺县志 1986—2005

抚顺县人民政府地方志办公室编 沈阳
　辽宁人民出版社 2011年 1169页

013369832
抚顺县交通志 1948—2010
抚顺县交通局编 2010年 273页

新宾满族自治县

008034052
新宾满族自治县志
房守志主编 沈阳 辽沈书社 1993年
　803页

008594603
新宾朝鲜族志
新宾满族自治县民委朝鲜族志编纂组
　编 沈阳 辽宁民族出版社 1994年
　244页

012252356
清永陵志
抚顺市人民政府地方志办公室 抚顺市
　社会科学院 新宾满族自治县清永陵
　文物管理所编 沈阳 辽宁民族出版社
　2008年 386页

清原满族自治县

010779049
清原满族自治县志 1986—2000

清原满族自治县编纂委员会办公室编
　武汉 长江出版社 2007年 1036页

005331602
清原县志
清原县志编纂委员会办公室编 沈阳 辽
　宁人民出版社 1991年 725页

012969468
清原公安志 1945—2008
清原满族自治县公安局编 清原 清原满
　族自治县公安局 2009年 362页

011499598
清原林业志
清原林业志编纂委员会编 清原 清原林
　业志编纂委员会 1993年 461页

013320921
清原林业志 第3集 2001—2010
辽宁省清源满族自治县林业志编纂委
　员会编 清源 辽宁省清源满族自治县
　林业志编纂委员会 2011年 470页

009675748
清原朝鲜族志
清原满族自治县朝鲜族志编纂委员会
　编 沈阳 辽宁民族出版社 1999年
　268页

本溪市

011430374
本溪盟志 1952.8—2006.9
中国民主同盟本溪市委员会编 本溪 中国民主同盟本溪市委员会 2006 年 316 页

007902372
本溪市志
本溪市地方志编纂办公室编 北京 新华出版社 1991 年

011068424
本溪市伊斯兰教志 初稿
本溪市民族志宗教志编委会编 本溪 本溪市民族志宗教志编委会 1987 年 65 页

011068422
本溪市天主教志 初稿
本溪市民族志宗教志编委会编 本溪 本溪市民族志宗教志编委会 1987 年 36 页

011068420
本溪市基督教志 初稿
本溪市民族志宗教志编委会编 本溪 本溪市民族志宗教志编委会 1987 年 29 页

011571321
中共本溪市委党校校志 1949—1999
中共本溪市委党校校志编写组编 本溪 中共本溪市委党校校志编写组 1999 年 169 页

011067175
本溪市工会志
本溪市总工会工会志编纂委员会编 本溪 本溪市总工会 1993 年 409 页

010200273
本溪政协志 1950.9—2000.12
政协本溪市委员会编纂 本溪 政协本溪市委员会 2002 年 566 页

012096394
本溪市人事局志
本溪市人事局编 本溪 本溪市人事局 2008 年 306 页

010279112
本溪市民政志
本溪市民政志编纂委员会编 本溪 本溪市民政局 2001 年

010200271
本溪检察志 1924—1985
本溪市人民检察院院志办公室编 本溪 本溪市人民检察院院 1988 年 387 页

009242339
本溪市劳动志
本溪市劳动局编 本溪 本溪市劳动局 1987年 250页

013037889
本钢一建公司志 1976—2010
本钢一建公司志编纂委员会编 本溪 本钢一建公司志 2011年 263页

012096389
本溪林业志
本溪市林业局编纂 沈阳 辽宁人民出版社 2007年 2册

008594656
本钢钢铁研究所志
本钢钢铁研究所志编纂委员会编 沈阳 辽宁教育出版社 1989年 234页

010009423
本钢焦化厂志 1936—1985
本钢焦化厂编委会编 本溪 本溪钢铁公司焦化厂 1989年 358页

013308908
本钢歪头山铁矿志
本钢歪头山铁矿志编纂委员会编 张连福主编 孙铁军副主编 沈阳 辽宁教育出版社 1989年 405页

010009683
本钢修建公司志 1959—1986
本钢修建工程公司厂志办编写 沈阳 辽宁人民出版社 1991年 243页

013506555
本钢职工工学院志 1956—1992
本钢职工工学院志编纂委员会编 本溪 本钢职工工学院 1992年 142页

011311844
本溪电业局志 1908—1985
本溪电业局志编审委员会编 沈阳 辽宁科学技术出版社 2003年 554页

010143391
二铁厂志 1956—1985
本溪二铁厂厂志编委会编 北京 中华书局出版社 200u年 400页

009147485
本钢志
本钢史志办公室编 沈阳 辽宁人民出版社 1989年

013630660
一机修厂志 1910—1985
本溪钢铁公司第一机修厂编 本溪 一机修厂志编纂委员会 1990年 514页

010275921
一铁厂志 1911—1985
一铁厂志编纂委员会编 本溪 一铁厂 1989年 643页

011563736
本溪市粮食局志
本溪市粮食局志编纂办公室编 本溪 本溪市粮食局志编纂办公室 1986年 501页

013090758
本溪国税志 2004—2008
本溪国税志编写组编 本溪 本溪国税志编写组 2010年 684页

011578846
本溪税务志 1851—2003
本溪税务志编写组编 本溪 本溪税务志编写组 2004年 661页

010140783
本溪金融志
张文汇 张宝纯主编 沈阳 辽宁人民出版社 1995年 600页

009312399
本溪保险志
孟宪志主编 沈阳 辽宁人民出版社 1994年 411页

011320519
本溪文化志
本溪市文化局 本溪市新闻出版局编 大连 大连出版社 1999年 610页

013923841
本溪广播电视志
本溪市广播电视局史志编辑室编 本溪 本溪市广播电视局 1993年 337页

013955603
本溪图书发行志 1915—1988
本溪市新华书店编 本溪 本溪市新华书店 1990年 463页

010275878
本溪市科学技术志
本溪市科学技术志编纂委员会编 沈阳 辽宁教育出版社 1988年 294页

012540850
本溪市科学技术志 1986—2000
本溪市科学技术志编纂委员会编 沈阳 辽宁科学技术出版社 2009年 755页

011563729
本溪化工学校校志 1980—2000
任语静主编 谭胜富副主编 本溪化工学校校志编委会编 本溪 本溪化工学校校志编委会 2000年 185页

012831136
本溪广播电视大学校志 1979—2009
本溪广播电视大学编 本溪 本溪广播电视大学 2009年 389页

011563732
本溪集邮志 1910—1997
本溪集邮志编纂委员会编 本溪 本溪集邮志编纂委员会 1998年 197页

011145678

中国民间文学集成 辽宁卷 本溪市补遗 资料本

本溪市民间文学三套集成编辑委员会编 本溪 本溪市民间文学三套集成编辑委员会 1987年 660页

011475283

辽宁民族民间舞蹈集成 本溪卷

辽宁民族民间舞蹈集成编委会主编 本溪市民族民间舞蹈集成编辑部编辑 沈阳 春风文艺出版社 1993年 301页

011563742

本溪戏曲志

本溪戏曲志编辑部编 本溪 本溪县印刷厂 1986年 285页

011068417

本溪市朝鲜族志 初稿

本溪市民族志宗教志编委会编 1987年 2册

011563734

本溪市地震志 送审稿

本溪市人民政府地震办公室编 本溪 本溪市人民政府地震办公室 1987年 137页

013699111

'95本溪水灾志

本溪市党史地方志办公室编 沈阳 辽海出版社 1999年 307页

011563676

本钢胸科医院院志 1954—1994

本钢胸科医院院志编纂委员会编 本溪 本钢胸科医院院 1994年 130页

010009745

本溪市中心医院院志 1954—1993

本溪市中心医院院志编纂委员会编 本溪 本溪市中心医院院志编纂委员会 1994年 352页

011563741

本溪市中心医院志 1954—2004

本溪市中心医院志编纂委员会编 本溪 本溪市中心医院志编纂委员会 2004年 655页

010277945

本溪卫生志 1826—1985 **续篇** 1986—1989

本溪市卫生局 本溪市爱卫会编辑 本溪 本溪市爱卫会 1990年 643页

平山区

013314467

工源水泥厂志 1940—1985

工源水泥厂志编辑委员会编 本溪 工源水泥厂 1987年 275页

011571452

中国民间文学集成 辽宁卷 本溪市平山区资料本

本溪市平山区民间文学三套集成领导小组编辑 平山区 本溪市平山区民间文学三套集成领导小组 1987年 406页

溪湖区

011146415

中国民间文学集成 辽宁分卷 本溪市溪湖区资料本

本溪 1986年 178页

南芬区

009242342

本溪市南芬区村镇建设志

南芬区城管局村镇办公室编 南芬区 南芬区城管局村镇办公室 2001年 80页〔辽宁省城乡建设志素材〕

本溪满族自治县

011452958

本溪满族自治县志

本溪满族自治县党史地方志办公室编 沈阳 辽宁民族出版社 2009年 2册 1770页

011146438

中国民间文学集成 辽宁卷 本溪县资料本

本溪县民间文学三套集成编辑委员会编 本溪 本溪县民间文学三套集成编辑委员会 1987年 3册

011804106

本溪满族自治县风物志

张杰贵主编 北京 中国文史出版社 2006年 269页〔燕东文丛〕

009242348

[本溪县]卫生志

本溪县卫生局写志办编 本溪 本溪县卫生局 1987年 2册

桓仁满族自治县

007969453

桓仁县志

桓仁县地方志编纂委员会编 北京 方志出版社 1996年 877页

012049512

桓仁政协志

黄柏栋主编 桓仁政协志编委会编 桓仁 桓仁政协志编委会 2006年 254页

009241070

桓仁发电厂志

桓仁发电厂志编纂委员会编 桓仁 桓仁发电厂 1998年 300页

013957654
桓仁地方税务志 1994—2000
于敬涛主编 桓仁 桓仁地方税务志编委会 2001年 212页

012049511
桓仁建州女真志
桓仁建州女真志编委会编 桓仁 桓仁建州女真志编委会 2006年 218页〔桓仁政协文史资料丛书〕

010146978
五女山志
五女山志编纂委员会编 桓仁 五女山志编纂委员会 2004年 206页〔桓仁政协文史资料丛书〕

丹东市

013402999
丹东市人民代表大会志 1946—1990
丹东市人民代表大会志编写组编 丹东 丹东市人民代表大会志编写组 1991年 306页

013791101
丹东市房地产志
唐永林主编 刘孝善 纪文清副主编 丹东 辽宁省宽甸县印刷厂 1989年 499页

009310649
丹东市煤气热力公司大事记 1912—1987
丹东市煤气热力公司史志办编 丹东 丹东市煤气热力公司史志办 1988年 212页

008378790
丹东电业局志 1906—1985
马和安主编 丹东电业局编 丹东 丹东电业局 1985年 554页

013373981
华能国际电力股份有限公司丹东电厂志 1986—2009
华能国际电力股份有限公司丹东电厂编 北京 中国电力出版社 2011年 345页

010278332
丹东铁路分局志 1904—1985
丹东铁路分局志编纂领导小组编 北京 中国铁道出版社 1991年 528页

010252193
丹东邮电志 1896—1995
丹东邮电志编纂委员会编 丹东 丹东邮电志编纂委员会 1996年 410页

009338455

丹东市财政志

丹东市财政志编纂委员会编 北京 中国财政经济出版社 2001年 510页

008378784

丹东市金融志

丹东市金融志办公室编 沈阳 辽宁大学出版社 1995年 427页

013791103

丹东市农村金融志

丹东市农村金融志编纂委员会编 辽宁 辽宁地质勘探局矿产地质研究所印刷厂 1995年 304页〔中华人民共和国地方志丛书〕

008378625

丹东市保险志 1908—1985

丹东市保险志编纂委员会编 沈阳 春风文艺出版社 1992年 225页

008378622

丹东市科学技术志

丹东市科学技术志编纂委员会编 丹东 丹东市科学技术志编纂委员会 1991年 392页

011496974

丹东市戏曲志

辽宁戏曲志丛书编委会主编 丹东市戏曲志编辑部编辑 沈阳 春风文艺出版社 1993年 314页〔辽宁戏曲志丛书〕

008829875

丹东朝鲜族志

丹东市民族宗教事务委员会民族志编纂委员会编 沈阳 辽宁民族出版社 2000年 395页

012264109

丹东满族续志

丹东市民族事务委员会民族志编纂委员会编 沈阳 辽宁民族出版社 2009年 420页

008594597

丹东满族志

丹东市民族事务委员会民族志编纂办公室编 沈阳 沈阳民族出版社 1992年 417页

012264118

丹东蒙古族志

丹东市民族事务委员会民族志编纂委员会编 沈阳 辽宁民族出版社 2009年 296页

008594594

丹东锡伯族志

丹东市民族宗教事务委员会民族志编纂委员会编 沈阳 辽宁民族出版社 1998年 207页

007672542
丹东市区地名志
丹东市区地名志编纂委员会编 北京 测绘出版社 1987年 238页

011892068
辽宁省森林经营研究所志 1986—2007
辽宁省森林经营研究所志编纂委员会编 沈阳 辽宁大学出版社 2008年 200页

009994395
辽宁柞蚕丝绸科学研究所所志 初稿
辽宁柞蚕丝绸科学研究所编 辽宁 辽宁柞蚕丝绸科学研究所 1986年 119页

东港市

007587995
东沟县志
许敬文主编 沈阳 辽宁人民出版社 1996年 1236页

008829832
辽宁省东沟县地名志
东沟县地名办公室编 东沟 东沟县地名办公室 1983年 303页

凤城市

008417028
凤城市志
赵万兴主编 康慨 康爱琴副主编 北京 方志出版社 1997年 1287页〔中华人民共和国地方志丛书〕

011499185
凤城烟叶复烤厂厂志
凤城烟叶复烤厂厂志编写组 赵志范主编 凤城 凤城烟叶复烤厂厂志编写组 1994年 172页〔辽宁省凤城满族自治县地方志丛书〕

011431394
凤城市金融志
凤城市金融志编纂委员会编 辽宁 凤城市金融志编纂委员会编 1993年 165页

013129943
辽宁省农村实验中学校志 1958.5—2008.9
冯振飞主编 北京 社会科学文献出版社 2008年 246页

009334623
凤城市文物志
崔玉宽著 沈阳 辽宁人民出版社 1996年 300页〔辽宁市县文物志〕

008829797
凤城满族自治县地名志
凤城满族自治县地名志编纂委员会编 凤城 凤城满族自治县地名志编纂委员会 1990年 489页

011324956
凤城矿物志
彭琪瑞 邹祖荣 曹荣龙编 北京 科学出版社 1963 年 112 页

宽甸满族自治县

007902362
宽甸县志
宽甸县志编纂委员会编 沈阳 辽宁科学技术出版社 1993 年 865 页

012505267
宽甸土地志
孙苏主编 宽甸满族自治县土地志编纂委员会编 宽甸 宽甸满族自治县土地志编纂委员会 2001 年 343 页

008829818
宽甸县地名志
宽甸县人民政府编印 宽甸 宽甸县人民政府 1988 年 586 页

011439897
宽甸卫生志
宽甸满族自治县卫生志编纂委员会编 辽宁 宽甸满族自治县卫生志编纂委员会 2000 年 578 页

锦州市

008869044
锦州市志
锦州市地方志编纂委员会办公室编 北京 中国统计出版社 1994 年

011805347
锦州市志 综合卷 1986—2002
锦州市人民政府地方志办公室编 沈阳 辽宁民族出版社 2008 年 653 页

008536811
锦州市志 第 1 卷 综合卷
锦州市地方志编纂委员会办公室编 北京 中国统计出版社 1994 年 651 页

008486675
锦州市志 第 2 卷 经济建设卷
锦州市政府地方志办公室编 北京 中国统计出版社 1996 年 740 页

008536805
锦州市志 第 3 卷 政治文化卷
锦州市政府地方志办公室编 北京 中国统计出版社 1997 年 678 页

012661322
锦州市工会志
锦州市总工会史志编纂委员会编 锦州 锦州市总工会史志办公室 1988 年

527 页

013508434

锦州市人民代表大会志 1949—1990

锦州市人大常委会编 辽宁 1992 年 352 页

008537940

锦州法院志 1840—1985 送审稿

锦州市中级人民法院院志办公室编 锦州 锦州市中级人民法院院志办公室 1988 年 158 页

008537941

锦州市计划志 1948—1990

锦州市计划志编纂委员会编 锦州 锦州市计划志编纂委员会 1991 年 297 页

008536820

锦州市工商行政管理志

锦州市工商行政管理局编 锦州 锦州市工商行政管理局 1991 年 314 页

008536826

锦州市物资志 1949—1985

锦州市物资志编纂委员会编 锦州 锦州市物资志编纂委员会 1989 年 325 页

008536834

锦州市乡镇企业志

锦州市乡镇企业管理局编 锦州 锦州市乡镇企业管理局 1989 年 191 页

012503896

东北电网有限公司锦州超高压局局志 2000—2007

锦州超高压局局志编委会编 锦州 锦州超高压局 2008 年 221 页

008537963

东北电业管理局第三工程公司志 1949—1999

东电三公司志编辑室编 沈阳 辽宁科学技术出版社 1999 年 442 页

012832426

锦州采油厂志 1991—2010

锦州采油厂编纂委员会编 北京 方志出版社 2011 年 531 页

010275863

锦州发电厂志 1977—1985

锦州发电厂志办公室编 辽宁 锦州发电厂 1987 年 177 页

013508432

锦州市化工材料公司志 1965—1985

锦州市化工材料公司编 锦州 锦州市化工材料公司 1992 年 218 页

008537935

锦州市五金工业公司志 1949—1985

锦州市五金工业公司编志办公室编 锦州 锦州市五金工业公司编志办公室 1986 年 258 页

009387108

沈阳铁路局锦州科学技术研究所所志草稿

锦州科研所所志编纂小组编 锦州 锦州科研所所志编纂小组 1986年 84页

012832198

锦州港志 1986—1999

锦州港志编纂委员会编 锦州 宁乡锦州港志编纂委员会 2000年 184页

008536832

锦州市百货公司(站)志 1948—1985

锦州市百货公司(站)志编纂委员会编 锦州 锦州市百货公司(站)志编纂委员会 1988年 275页

009242728

锦州市粮食志 1991

锦州市粮食局修志办公室编纂 锦州 锦州市粮食局 1991年 625页

013224451

锦州国税志 1994—2008

锦州国税志编写组编 锦州 锦州国税志编写组 2010年 629页

008536835

锦州市财政志

锦州市财政志编纂办公室编 锦州 锦州市财政志编纂办公室 1990年 478页

013224452

锦州市税务志

锦州市税务志编纂办公室编 锦州 锦州市税务志编纂办公室 1988年 405页

013224455

锦州税务志 1856—1994

锦州税务志编写组编 锦州 锦州税务志编写组 2010年 537页

013659389

锦州市保险志

中国人民保险公司锦州市支公司编 锦州 中国人民保险公司锦州市支公司 1991年 218页

011497914

锦州新闻志 报纸部分 1909—1993

锦州日报社编 宋继业主编 常希明 吴勉副主编 锦州 锦州市志编纂委员会 1993年 230页

009242719

锦州广播电视志 1939—1985

锦州广播电视志编写组编纂 李楠主编 锦州 锦州广播电视志编写组 1988年 161页

014047448

[锦州铁路第一中学校]校志 1948—1985

锦州铁路第一中学校志编写组编 1986年 206页

013512164

锦州节能热电股份有限公司志 1992—2002

锦州节能热电股份有限公司编 锦州 锦州节能热电股份有限公司 2002年 206页

008846183

锦州风物志

锦州市人民政府地方志办公室编 沈阳 辽宁民族出版社 2001年 456页

008829873

锦州市区地名录

锦州市地名办公室编 锦州 锦州市地名办公室 1984年 145页

008537927

锦州市乡镇地名志

锦州市地名委员会办公室编 锦州 锦州市地名委员会办公室 1986年 397页

009242727

锦州市风景名胜志

锦州市建设委员会编 锦州 锦州市建设委员会 1992年 292页

009881790

医巫闾山志

医巫闾山志编委会编 沈阳 万卷出版公司 2005年 788页

009744843

沈阳铁路局锦州中心医院院志 1922—1985

沈阳铁路局锦州中心医院院志编纂组编 沈阳 沈阳铁路局锦州中心医院院志编纂组 1987年 271页

012814443

性命相托的记忆 辽宁医学院附属第一医院志 1946—2008

辽宁医学院附属第一医院志编纂委员会编 辽宁 辽宁医学院附属第一医院志编纂委员会 2009年 510页

011580215

锦州市动物疫病志 1949—1989

锦州市动物疫病志编辑委员会编 锦州 锦州市动物疫病志编辑委员会 1990年 260页

013508433

锦州市环境污染志

锦州市环境保护局 锦州市环保监测站 锦州市环保研究所编 锦州 锦州市环境保护局 1980年 94页

太和区

009244266

太和区志

太和区地方志编纂委员会编 锦州 锦州市太和区人民政府 1993年 402页

013097840

新民乡志 1948—2008

王克强编著 沈阳 辽宁民族出版社 2011 年 945 页

古塔区

011566152

锦州市古塔区卫生志 1852—1985

锦州市古塔区卫生志编纂委员会编 锦州 锦州市古塔区卫生志编纂委员会 1988 年 214 页

凌海市

008038716

锦县志

锦县地方志编纂委员会编 沈阳 沈阳出版社 1990 年 612 页

009247417

钻井二公司志 1974—1993

辽河石油勘探局钻井二公司志编纂委员会编 北京 新华出版社 1995 年 394 页

011571446

中国民间文学集成 辽宁分卷 锦县资料本

锦县民族事务委员会 锦县文学艺术联合会 锦县文化局编辑出版 锦县 锦县文化局 198u 年

北镇市

007902350

北镇县志

北镇满族自治县地方志编纂委员会编 沈阳 辽宁人民出版社 1990 年 733 页

011757331

北宁市高级中学校志 1919—1996

郭连山编撰 北宁 北宁市高级中学 1997 年 167 页

009334633

北宁市文物志

赵杰 周洪山著 沈阳 辽宁人民出版社 1996 年 420 页〔辽宁市县文物志〕

008829806

北镇县地名录

北镇县地名办公室编 北镇 北镇县地名办公室 1984 年 114 页

黑山县

007490994

黑山县志

黑山县地方志编纂委员会编 孙万里 白俊山总编 沈阳 辽宁大学出版社 1992 年 679 页〔中华人民共和国地方志丛书〕

013220913
半拉门乡土志
黑山县志编纂委员会编 黑山 黑山县志编纂委员会 1982年 179页

013222222
黑山政协志 1961—2008
中国人民政治协商会议黑山县委员会编 黑山 中国人民政治协商会议黑山县委员会 2009年 241页

013647583
黑山县水利志
黑山县水利局编 黑山 黑山县水利局 1995年 264页

013222182
黑山工商联志 1950—2010
黑山县工商联合会编印 黑山 黑山县工商联合会 2011年 382页

012872466
黑山县教育志 1902—1985
黑山县教育志办公室编 黑山 黑山县教育志办公室 1991年 305页

012872468
黑山县教育志 1986—2000
黑山县教育志编委会办公室编 黑山 黑山县教育委员会 2001年 306页

008829847
辽宁省黑山县地名录
黑山县地名办公室编 黑山 黑山县地名办公室 1984年 124页

013704224
黑山县卫生志 1854—1985
黑山县卫生志编纂委员会编 黑山 黑山县卫生志编纂委员会 1987年 283页

义县

007477980
义县志
义县人民政府地方志办公室编 沈阳 沈阳出版社 1991年 744页

营口市

012837649
营口民盟志 1957—2010
中国民主同盟营口市委员会编 营口 中国民主同盟营口市委员会 2011年 287页

007902447
营口市志
营口市地方志编纂委员会办公室编 北京 中国书籍出版社 1992年

008851989

营口市志 第2卷 行政建置 自然环境 城市建设 交通邮电

营口市地方志编纂委员会办公室编 北京 方志出版社 1997年 450页

008851994

营口市志 第4卷 农业 贸易 财税 金融

营口市地方志办公室编 沈阳 辽宁民族出版社 2000年 619页

011444215

营口市政协志 1950—1990

中国人民政治协商会议营口市委员会营口市政协志编辑委员会编 营口 中国人民政治协商会议营口市委员会 1992年 251页

011793377

营口市工商行政管理志

王风主编 沈阳 辽宁大学出版社 1991年 610页

011995754

红塔辽宁烟草志 营口卷

红塔辽宁烟草志编纂委员会编 沈阳 白山出版社 2008年 548页

013072775

营口海关志

营口海关编 营口 营口海关 2002年 302页

010777302

营口市财政志

营口市财政志编纂委员会编 沈阳 辽宁出版社 1999年 337页

013994236

营口税务志 1861—1994

营口税务志编纂委员会编 营口 营口税务志编纂委员会 2004年 465页

011310917

营口市保险志

中国人民保险公司营口市支公司编 营口 中国人民保险公司营口市支公司 1991年 244页

010279152

营口日报志

营口日报社编 营口 营口日报社 2002年 265页

013190013

营口市档案志 1949—2009

营口市档案志编纂委员会编 张冰主编 营口 营口市档案局 2011年 238页

012506588

营口市科学技术志

营口市科学技术志编纂委员会编 北京 中国书籍出版社 1992年 486页

012506594

营口市体育志

营口市体育运动委员会编 营口 营口市体育运动委员会 2000年 449页

010061699
辽宁民族民间舞蹈集成 营口卷
辽宁省民族民间舞蹈集成编辑部编 沈阳 春风文艺出版社 1992年 986页

009348874
营口市戏曲志
辽宁戏曲志丛书编委会主编 营口市戏曲志编辑部编辑 沈阳 春风文艺出版社 1990年 328页〔辽宁戏曲志丛书〕

012545612
营口百年图志
营口市史志办公室编 沈阳 辽海出版社 2009年 3册

009334811
营口市文物志
崔艳茹 冯永谦 崔德文著 沈阳 辽宁人民出版社 1996年 452页〔辽宁市县文物志〕

009994859
营口资源图志 旅游 动植物 城乡建设 矿产 水 人物 通信
周丛一主编 营口市史志办公室编 沈阳 辽海出版社 2007年 265页

012338663
营口资源图志 文化艺术 新闻 科技 体育 教育 卫生 交通 财税 金融
周丛一主编 营口市史志办公室编 沈阳 辽海出版社 2007年 273页

008829864
营口市城区地名录
营口市地名办公室编 营口 营口市地名办公室 1985年 143页

012506577
营口市地震志
营口市人民政府地震办公室编 营口 营口市人民政府地震办公室 1987年 211页

008094380
营口市卫生志 1840—1985
彭志强主编 高兴之 原举成副主编 营口市卫生志编纂委员会编 营口 营口市卫生志编纂委员会 1987年 345页

012506599
营口县医药公司志
营口县医药公司编志办公室编 营口 营口县医药公司编志办公室 1989年 410页

011585258
营口市畜禽疫病志
营口市畜禽疫病志编纂委员会编 营口 1990年 238页

鲅鱼圈区

013779551

鲅鱼圈区政协志

营口市鲅鱼圈区政协办公室编 营口 营口日报印刷厂 2012年

老边区

012639812

老边区志 1986—2007

营口市老边区地方志编纂委员会编 沈阳 辽宁人民出版社 2010年 844页

盖州市

011804339

盖州市志

盖州市地方志编纂委员会办公室编 沈阳 辽宁科学技术出版社 2008年 645页

012503963

盖州市金融志

高德勋主编 盖州市金融志编纂委员会编 北京 中国社会出版社 2003年 442页

011473012

盖县教育志

盖县教育局编 盖县 盖县教育局 1989年 486页〔辽宁盖县地方志丛书〕

012503956

盖州教育志

盖州市教育委员会编 沈阳 辽沈书社 1993年 352页〔辽宁盖州地方志丛书〕

009244430

熊岳农专校志

何献毅主编 陈维宏副主编 盖州 熊岳农专校志编纂委员会 1998年 382页

013335251

盖县畜禽疫病志 1949—1989

盖县畜牧局编 1990年 186页

大石桥市

010730445

大石桥市志 1840—2000

大石桥市人民政府主办 大石桥市市志编纂办公室编纂 长春 吉林文史出版社 2006年 765页〔中华人民共和国地方志丛书〕

阜新市

008599805
阜新市志
阜新市人民政府地方志办公室编 北京 中国统计出版社 1993年

010253348
阜新市人民代表大会志 1988—2005
阜新市人民代表大会志编纂委员会编 阜新 阜新市人民代表大会 2005年 531页

007902457
阜新市政协志
阜新市政协志编审委员会编 阜新 阜新市政协志编审委员会 1992年 410页

009242630
阜新城市供水志 1934—1987
阜新市自来水公司编委会编 阜新 阜新市自来水公司编委会 1987年 183页

011579815
阜新发电厂志
阜新发电厂志编审委员会编 阜新 阜新发电厂 1987年

009046379
阜新矿务局志
阜新矿务局志编纂委员会编 沈阳 辽宁画报出版社 1994年

011579820
阜新市金融志
阜新市金融志编纂委员会编 阜新 阜新市金融志编纂委员会 1988年 229页

009348879
阜新文化志
阜新文化志编辑委员会编 阜新 阜新文化志编辑委员会 1985年 181页

011321141
阜新市教育志 1989—2005
阜新市教育志编纂委员会编 北京 教育科学出版社 2007年 863页

009397244
阜新市民族教育志
阜新市民族教育志编纂委员会编 沈阳 辽宁民族出版社 2003年 541页

010777083
阜新市戏曲志
辽宁戏曲志丛书编委会主编 阜新市戏曲志编辑部编辑 沈阳 春风文艺出版社 1993年 343页〔辽宁戏曲志丛书〕

011497019
阜新蒙古剧志
中国戏曲志辽宁卷阜新编辑部编 阜新

中国戏曲志辽宁卷阜新编辑部 1985年 64页

012636947
阜新市少数民族志
阜新市少数民族志编纂委员会编 沈阳 辽宁民族出版社 2010年 532页

011757791
[阜新市]地震志
阜新市地震办公室编 阜新 阜新市地震办公室 1987年 198页〔阜新市地方志丛书〕

011943594
阜新矿业集团总医院志 1938—2008
阜新矿业集团总医院编 沈阳 辽宁民族出版社 2008年 638页

013958748
辽宁省阜新蒙医药研究所志
辽宁省阜新蒙医药研究所志编纂委员会编 北京 中国文史出版社 2011年 220页

009310658
阜新市城市规划志
阜新市城市规划管理处编 阜新 阜新市城市规划管理处 1989年 108页〔辽宁城乡建设志素材〕

海州区

012967552
阜新市海州区志 1986—2006
阜新市海州区人民政府编 沈阳 辽宁民族出版社 2011年 637页

009015889
海州露天煤矿志
海州露天煤矿志编委会编 北京 煤炭工业出版社 1993年 331页

010280417
海州露天煤矿志 续集
海州露天煤矿志编纂委员会编 辽宁 海州露天煤矿 2003年 275页

新邱区

012819806
新邱区志 1990—2006
新邱区人民政府地方志办公室编 北京 方志出版社 2010年 462页

彰武县

005405548
彰武县志
彰武县志编纂委员会办公室编 彰武 彰武县志编纂委员会办公室 1988年 500页

008829234
彰武县大事记 1987—1996
彰武县县志办公室编 彰武 彰武县县志办公室 1999年 156页

010275923
彰武县人民代表大会志 1949—1989
彰武县人大常委会编 彰武 人大 1989年 288页

008829248
彰武县公路交通志
彰武县交通局编 彰武 彰武县交通局 2001年 302页

008829245
彰武县财政志
彰武县财政局编 彰武 彰武县财政局 2001年 307页

008829251
彰武县文化志
彰武县文化志编纂委员会编 彰武 彰武县文化志编纂委员会 1991年 168页

013824307
彰武县教育志 1902—1989
彰武县教育志编纂委员会编 彰武 彰武县教育志编纂委员会 1993年 447页

011571283
彰武县教育志 1990—2003
彰武县教育志编纂委员会编 北京 教育科学出版社 2005年 693页

011328701
彰武县第二初级中学校志 1968—2005
彰武县第二初级中学校志编委会编 北京 中国文史出版社 2007年 515页

011957293
彰武县高级中学志 1958—2008
彰武县高级中学志编纂委员会编 北京 教育科学出版社 2008年 650页

011910283
彰武县教师进修学校志 1960—2005
彰武县教师进修学校志编纂委员会编 北京 教育科学出版社 2008年 446页

009334805
彰武县文物志
张春宇 刘俊玉 孙杰著 沈阳 辽宁人民出版社 1996年 415页〔辽宁市县文物志〕

008829812
彰武县地名志
辽宁省彰武县人民政府编 彰武 彰武县人民政府 1985年 420页

阜新蒙古族自治县

008471140
阜新蒙古族自治县志

阜新蒙古族自治县地方志编纂委员会编 沈阳 辽宁民族出版社 1998年 939页〔东北蒙古族自治县志丛书〕

012831427
阜新蒙古族自治县人民代表大会志
1949—1989
阜新蒙古族自治县人大常委会编 阜新 阜新蒙古族自治县人大常委会 2000年 256页

008594609
阜新蒙古族自治县教育志 1637—1986
吴贵新主编 沈阳 辽宁民族出版社 1993年 457页

013705185
阜蒙县蒙古族实验中学校志——稳中求新整体优化全面发展 1983.3—2008.6
阜蒙县蒙古族实验中学校志编审小组编 北京 教育科学出版社 2008年 420页

008594607
辽宁省阜新蒙古族自治县民族志
项福生主编 沈阳 辽宁民族出版社 1991年 492页〔民族志丛书〕

辽阳市

008486754
辽阳市志
辽阳市地方志办公室编 沈阳 辽宁人民出版社 1993年

012542611
辽阳市志 林业志 1989—2005
辽阳市林业志编纂委员会主编 辽阳 辽阳市林业志编纂委员会 2007年 241页

009243437
辽阳市宗教志 2001
辽阳市民族宗教事务委员会编 辽阳 辽阳市民族宗教事务委员会 2001年 260页

009243420
辽阳市工会志
辽阳市总工会工运史研究室编 辽阳 辽阳市总工会工运史研究室 199u年 162页

010011532
辽阳市政协志
中国人民政治协商会议辽阳市委员会辽阳市政协志编纂委员会编 辽阳 中国人民政治协商会议辽阳市政协志编纂委员会 1998年 404页

011499220
辽阳市消防志
辽阳市消防局编 辽阳 辽阳市消防局 2001年 179页

013461567
辽阳市民政志
辽阳市民政局民政志编纂委员会编 辽阳 辽阳市民政局民政志编纂委员会 1992年 371页

010777075
辽阳市法院志
辽阳市中级人民法院院志编纂委员会编 辽阳 辽阳市中级人民法院院志编纂委员会 1992年 448页

011499212
辽阳技术监督志 1950—1995
辽阳市技术监督局编 辽阳 辽阳市技术监督局 1996年 180页

013958750
辽阳市审计志 1983—1996
辽阳市审计局编 辽阳 辽阳市审计局 1998年 421页

009243421
辽阳市工商联志 1949—1999
辽阳市工商业联合会 辽阳市工商联志编纂委员会编 辽阳 辽阳市工商业联合会 1999年 284页

009243427
辽阳市土地志
辽阳市土地规化管理局编 大连 大连出版社 1999年 577页

013141151
第一汽车制造厂辽阳汽车弹簧厂厂志 1953—1989
第一汽车制造厂编 辽阳 第一汽车制造厂辽阳汽车弹簧厂 1992年 261页

012764445
辽化志 1972—2007
中国石油辽阳石化公司编 辽阳 中国石油辽阳石化公司 2008年 917页

009243396
辽阳农电简志
辽阳市农业局编 辽阳 辽阳市农业局 1987年 35页

011584522
辽阳市水利志
辽阳市水利志编纂委员会编 辽阳 辽阳市水利志编纂委员会 1989年 196页

009790409
辽阳铁合金厂志 1949—1988
辽阳铁合金厂志编纂委员会编 辽阳 辽阳铁合金厂 1992年 722页

010293047
铁道部第十九工程局志

铁道部第十九工程局史志办 富德春主编 北京 中国铁道出版社 1999年 684页

011320291
小屯水泥厂志 1937—1985
小屯水泥厂厂志编写组编 辽阳 小屯水泥厂 1991年 524页

009310684
辽阳邮电志
辽阳邮电志编纂委员会编 辽阳 辽阳市邮电局 1993年 635页

009243415
辽阳市财政志
辽阳市财政局编 沈阳 沈阳出版社 1992年 547页

011499216
辽阳市税务志
辽阳市税务局编 辽阳 辽阳市税务局 1987年 378页

009994402
辽阳市金融志
辽阳市金融志编纂委员会办公室编 沈阳 辽宁人民出版社 1997年 401页

009243431
辽阳市文化艺术志
辽阳市文化局文化艺术志编委会编 辽阳 辽阳市文化局文化艺术志编委会 1988年 364页

009994400
辽阳市广播电视志资料性文稿
辽阳市广播电视志编纂委员会编 辽阳 辽阳市广播电视志编纂委员会 1992年 427页

009243424
辽阳市科学技术志
辽阳市科学技术志编纂委员会编 辽阳 辽阳市科学技术志编纂委员会 1994年 352页

009994413
辽阳市第一高级中学校志
辽阳市第一高级中学校志编纂委员会编 辽阳 辽阳市第一高级中学 1985年 66页

011584507
辽宁省邮电学校志 1958—1998 征求意见稿
辽宁省邮电学校志编纂组编 辽阳 辽宁省邮电学校 1998年 317页

011188953
辽阳市曲艺音乐集成
侯长力 田维威主编 长春 吉林音像出版社 2000年 367页

009397283
辽阳市戏曲志

辽宁戏曲志丛书编委会主编 辽阳市戏曲志编辑部编辑 辽阳 1993 年 366 页〔辽宁戏曲志丛书〕

009348877
辽阳曲艺志
虞德荣 田维威主编 北京 东方出版社 1998 年 280 页

008829825
辽阳市区地名录
辽阳市地名办公室编 辽阳 辽阳市地名办公室 1986 年 120 页

012832434
辽阳市第三人民医院志 1982—2009
秦国东主编 辽阳市第三人民医院志编纂委员会编 辽阳 辽阳市第三人民医院志编纂委员会 2009 年 520 页

011762870
辽阳市畜禽疫病志 1949—1989
辽阳市兽医卫生站编 辽阳 辽阳市兽医卫生站 1990 年 190 页

013629656
参窝水库志
辽宁省参窝水库管理局编 郑州 黄河水利出版社 2012 年 393 页

012684750
汤河水库志
辽宁省汤河水库管理局组织编写 北京 中国水利水电出版社 2009 年 312 页

白塔区

009994110
白塔区志 1840—1985
辽阳市白塔区地方志编纂委员会编 辽阳 辽阳市白塔区地方志编纂委员会 1989 年 454 页

弓长岭区

010239229
辽阳市弓长岭区志
辽阳市弓长岭区志编纂委员会编著 沈阳 辽宁大学出版社 1990 年 276 页

灯塔市

007902352
灯塔县志
灯塔县志办公室编 沈阳 辽宁人民出版社 1990 年 677 页

008846180
灯塔县志续编 1988—1996
灯塔市志办公室编 沈阳 辽宁民族出版社 2001 年 547 页

009994138
灯塔市第二初级中学校志 1992—1997
张士良主编 王振安审定 灯塔 灯塔市

第二初级中学 1998 年 138 页

008537969
灯塔县地名录
灯塔县人民政府地名办公室编 灯塔 灯塔县人民政府地名办公室 1984 年 87 页

辽阳县

007850838
辽阳县志
辽阳县志编纂委员会办公室编 北京 新华出版社 1994 年 857 页

009994418
辽阳县首山镇第二初级中学校志
1989—1999
隋营珠主编 张元昌副主编 陆春洲审定 首山镇二中校志编纂委员会编 辽阳 首山镇二中校志编纂委员会 1999 年 127 页

011793646
中国民间文学集成 辽宁分卷 辽阳县资料本
辽阳县民间文学集成三套集成办公室编 辽阳 辽阳县民间文学集成三套集成办公室 1986 年 878 页

盘锦市

009768886
盘锦市简志
盘锦市人民政府地方志办公室编 北京 方志出版社 2005 年 687 页

008700414
盘锦市志 第 1 卷 综合卷
盘锦市人民政府地方志办公室编 北京 方志出版社 1998 年 524 页

008700445
盘锦市志 第 2 卷 政治卷
盘锦市人民政府地方志办公室编 北京 方志出版社 1998 年 528 页

008700478
盘锦市志 第 3 卷 农业卷
盘锦市人民政府地方志办公室编 北京 方志出版社 1998 年 516 页

011308213
盘锦市志 第 4 卷 工交卷
盘锦市人民政府地方志办公室编 北京 方志出版社 1999 年 485 页

008864847

盘锦市志 第5卷 经贸卷

盘锦市人民政府地方志办公室编 北京 方志出版社 1999年 464页

010280136

盘锦市人口和计划生育志

盘锦市人口和计划生育志编纂委员会编 盘锦 盘锦市人口和计划生育志编纂委员会 2005年 298页

013933256

盘锦市工会志

盘锦市工会志编纂委员会编 盘锦 盘锦市工会志编纂委员会 1995年 227页

009334603

消防支队志 1970—1994

辽河石油勘探局消防支队志编纂委员会编 盘锦 辽河石油勘探局消防支队 2000年 210页

013659580

辽河石油勘探局通信公司志 1990—2008

通信公司史志编纂委员会编 北京 方志出版社 2011年 332页

013319929

盘锦市劳动志

盘锦市劳动局编 沈阳 辽宁大学出版社 1998年 206页

009243645

盘锦市城乡建设志稿

盘锦市城乡建设委员会 李再光编写 盘锦 1992年 80页

013933267

盘锦市土地志

盘锦市土地局编 盘锦 盘锦市土地局 2000年 552页

013461821

盘锦市粮食局志

盘锦市粮食局修志办公室编 盘锦 盘锦市粮食局修志办公室 1995年 390页

009242639

高升采油厂志 1977—1990

辽河石油勘探局高升采油厂志编纂委员会编 北京 新华出版社 1994年 434页

012139442

[辽河石油勘探局]供电公司志 1993—2007

辽河石油勘探局供电公司史志编纂委员会编 2008年 388页

009334571

[辽河石油勘探局]机修总厂志 1967—1990

辽河石油勘探局机修总厂志编纂委员会编 北京 新华出版社 1994年 292页

013183671

金马油田开发公司志 1998—2008

金马油田开发公司志编纂委员会编 北京 方志出版社 2011 年 351 页

009334588

辽河石油勘探局科学技术研究院志 1967—1990

辽河石油勘探局科学技术研究院志编纂委员会编 北京 新华出版社 1994 年 530 页

009334577

辽河石油勘探局热电厂志 1970—1988

辽河石油勘探局热电厂志编纂委员会编 北京 新华出版社 1994 年 181 页

013730181

辽河石油勘探局油气工程技术处志 1999—2010

辽河石油勘探局油气工程技术处史志编纂委员会编 北京 方志出版社 2012 年 304 页

013793165

辽河石油勘探局油田建设工程一公司志 1989—2010

油田建设工程一公司史志编纂委员会编 北京 方志出版社 2013 年 520 页

013730184

辽河油田公司浅海石油开发公司志 1989—2008

辽河油田公司浅海石油开发公司史志编纂委员会编 北京 方志出版社 2012 年 321 页

013774518

辽河油田经济贸易置业总公司志 1994—2009

辽河油田经济贸易置业总公司志编纂委员会编 北京 方志出版社 2012 年 397 页

011440951

录井公司志 1992—2005

辽河石油勘探局录井公司史志编纂委员会编 北京 方志出版社 2007 年 433 页

012174124

[辽河油田分公司电力集团公司]热电厂志 1989—2007

中国石油辽河油田分公司电力集团公司史志编纂委员会编 2008 年 437 页

013336290

石油化工总厂志 1999—2009

辽河石油勘探局石油化工总厂史志编纂委员会编 北京 方志出版社 2011 年 275 页

009840162

曙光采油厂志 1975—2005

曙光采油厂编 沈阳 沈阳出版社 2005 年 404 页

009334607

[辽河石油勘探局]水电厂志
1967—1988
辽河石油勘探局水电厂志编纂委员会编 北京 新华出版社 1993年 382页

009334563

油建二公司志
辽河石油勘探局油田建设工程二公司志编委会编 北京 新华出版社 1994年 312页

009320010

油建二公司志 1991—2000
辽河石油勘探局油田建设工程二公司史志编纂委员会编 沈阳 辽宁人民出版社 2003年 367页

009247408

油建一公司志 1969—1988
油建一公司志编审委员会编 沈阳 辽宁人民出版社 1992年 334页

009247429

油气集输公司志 1976—1990
辽河石油勘探局油气集输公司志编纂委员会编 北京 新华出版社 1994年 333页

013190023

油气集输公司志 1991—2008
油气集输公司志编纂委员会编 北京 方志出版社 2011年 439页

008190707

中国石油地质志 第3卷 辽河油田
辽河油田石油地质志编辑委员会编 北京 石油工业出版社 1993年 550页

009334610

中国石油天然气总公司辽河设计院志
辽河油田设计院志办公室编 沈阳 沈阳出版社 1990年 336页

009334601

钻井一公司志
辽河石油勘探局钻井一公司志编纂委员会编 北京 中国书籍出版社 1992年 418页

009406385

盘锦市交通志
盘锦市交通史志编纂委员会编 沈阳 沈阳出版社 1993年 344页

009312423

盘锦市财政志 1863—1993
盘锦市财政局编 沈阳 辽宁大学出版社 1994年 474页

011499492

盘锦市文化志
盘锦市文化局编 盘锦 盘锦市文化志编委会 2004年 627页

012265415

盘锦市第一完全中学校志 1998—2006

盘锦市第一完全中学校志编纂委员会
　　编　盘锦　盘锦市第一完全中学校志编
　　纂委员会　2006 年　274 页

013753733
盘锦市实验中学校志 1977—2001
盘锦市实验中学校志编纂委员会编　盘
　　锦　盘锦市实验中学校志编纂委员会
　　2002 年　200 页

013659727
盘锦乙丑年水灾志
盘锦市地方志办公室编　盘锦　盘锦市地
　　方志办公室　1988 年　222 页

014047520
辽河石油勘探局辽河油田中心医院志
1970—2010
辽河油田总医院史志编纂委员会编　北
　　京　新华出版社　2013 年　581 页

010293877
工程技术研究院志 2000—2004
工程技术研究院编　沈阳　辽宁科学技术
　　出版社　2005 年　313 页

008661406
辽河石油学校志 1978—1991
辽河石油勘探局辽河石油学校志编纂
　　委员会编　北京　中国档案出版社
　　1998 年　272 页

012251403
辽河石油学校志 1992—2005
辽河石油勘探局辽河石油学校志编纂
　　委员会编　北京　石油工业出版社
　　2008 年　292 页

013190337
**中国油气田开发志　第 3 卷　辽河油气
区卷**
中国油气田开发志总编纂委员会编　北
　　京　石油工业出版社　2011 年　474 页

013667058
**中国油气田开发志　第 3 卷　辽河油气区
油气田卷**
中国油气田开发志总编纂委员会编　北
　　京　石油工业出版社　2011 年　2 册

013730319
盘锦市水利志 1451—1990
盘锦市水利志编纂委员会编　盘锦　盘锦
　　市水利志编纂委员会　1994 年　304 页

兴隆台区

013128812
陈屯村志
陈屯村志编纂委员会　徐尚纯主编　陈屯
　　村　陈屯村志编纂委员会　2008 年
　　428 页

013793161
辽河石油勘探局兴隆台公用事业处志

2000—2009
兴隆台公用事业处史志编纂委员会编
　北京　方志出版社　2012年　240页

009334614
兴隆台采油厂志 1970—1988
辽河石油勘探局兴隆台采油厂志编纂
　委员会编　北京　新华出版社　1995年
　269页

双台子区

013225863
双台子区志 1985—1996
锦盘市双台子区地方志编纂委员会编
　沈阳　辽宁民族出版社　2011年
　655页

011146423
中国民间文学集成　辽宁分卷　盘锦市双台子区资料本
盘锦　1986年　231页

大洼县

013629311
平安场乡志 1934—1992
平安场乡志编委会编　大洼　平安场乡志
　编委会　1992年　431页

012141584
[辽河石油勘探局]总机械厂志 1991
—2006
辽河石油勘探局总机械厂史志编纂委
　员会编　辽宁　辽河石油勘探局总机械
　厂史志编纂委员会　2008年　412页

009334599
辽河石油勘探局筑路工程公司志
1970—1995
辽河石油勘探局筑路工程公司志编纂
　委员会编　北京　新华出版社　1996年
　312页

010143447
辽河石油勘探局筑路工程公司志
辽河石油勘探局筑路工程公司史志编
　纂委员会编　沈阳　沈阳出版社　2006
　年　388页

013402995
大洼县科学技术志
大洼县科学技术志编委会编　大洼　大洼
　县科学技术志编委会　1988年　234页

011579676
大洼县畜禽疫病志 1949—1989
大洼　大洼县畜牧兽医站　1989年　168页

盘山县

007969456
盘山县志
盘山县地方志编纂委员会办公室编　沈
　阳　沈阳出版社　1996年　719页

013335261
高升工程技术处志 1999—2011
辽宁 2012 年

009334595
欢喜岭采油厂志
王学良主编 沈阳 沈阳出版社 1994 年 351 页

009334585
井下作业公司志 1975—1999
辽河石油勘探局井下作业公司志编纂委员会编 北京 新华出版社 2000 年 293 页

011499495
盘山发电公司志 1996—2006
张晨东主编 北京 中国电力出版社 2007 年 627 页

013822692
神华国华盘电志 1982—2010
神华国华盘电志编纂委员会编 天津 天津社会科学院出版社 2012 年 352 页

009334617
运输公司志 1970—1990
辽河石油勘探局运输公司志编纂委员会编 北京 新华出版社 1993 年 371 页

011584759
盘山县水利志 1436—1990
盘山县水利志编纂委员会编 盘山 盘山县水利志编纂委员会 1997 年 304 页

铁岭市

013706848
铁岭市志 1984—2005
铁岭市人民政府地方志办公室编 沈阳 辽宁民族出版社 2012 年

008216390
铁岭市志 第 1 卷
铁岭市人民政府地方志办公室编 北京 新华出版社 1997 年 354 页

008864758
铁岭市志 第 2 卷 人物志
铁岭市人民政府地方志办公室编 北京 科学普及出版社 1999 年 622 页

008864760
铁岭市志 第 3 卷 军事志
铁岭军分区军事志办公室编 沈阳 白山出版社 2001 年 432 页

009244274
铁岭市大事记 送审稿
铁岭市地方志办公室编 铁岭 铁岭市地方志办公室 1999年 2册

011066941
铁岭妇女志 1948—1987
铁岭市妇女联合会 韩凤玲 李渤燕主编 铁岭 铁岭市妇女联合会 1998年 115页

011764820
铁岭市人民代表大会志
贺云儒主编 沈阳 沈阳出版社 2002年 381页

011312724
铁岭市政协志 1984.9—2005.12
韩雪峰主编 政协铁岭市委员会编 沈阳 辽海出版社 2007年 495页

011067816
铁岭物资志
铁岭物资志编纂委员会编 铁岭 铁岭物资志办公室 1988年 301页〔铁岭市地方志丛书 9〕

009411597
铁岭市土地志
铁岭市土地志编纂委员会编 北京 方志出版社 2004年 482页

009244276
铁岭市林业科学研究所所志 1973—1985
铁岭市林业科学研究所编 铁岭 铁岭市林业科学研究所 1989年 122页

013141160
东北电业管理局第一工程公司志 1951—1991
东电一公司志编辑室编 吉林 吉林人民出版社 1996年 670页

009242426
东电一公司志
东电一公司志编辑室编 抚顺 东电一公司 1995年 670页

013991357
清河发电厂志 第1卷 1966—1985
清河发电厂志编委会编 清河区 清河发电厂志编委会 1989年 361页

011067810
铁岭市公路运输志
铁岭市交通局编 铁岭 铁岭市交通局 1989年 557页

011067234
铁岭市公路运输志 续编 1986—1990
铁岭市交通局编 铁岭 铁岭市交通局 1993年 288页

009244283
铁岭邮电志 1890—1989
铁岭市邮电局邮电志编纂委员会编 铁岭 铁岭市邮电局邮电志编纂委员会 1990年 389页

011067003
铁岭市税务志 1664—1990
铁岭市税务志编纂委员会编 铁岭 铁岭市税务局 1994年 973页

013822789
铁岭市建设城市信用社社志
铁岭市建设城市信用社社志编纂领导小组编 1997年 24页

010265845
铁岭市科协志
铁岭市科协志编纂委员会编 铁岭 铁岭市科协志编纂委员会 1986年 118页 〔铁岭市地方志丛书 8〕

011585025
铁岭市教学改革志 1987—1990
吴汉忱主编 铁岭市教育志编委会编 铁岭 铁岭市教育志编委会 1991年 396页

013186108
[铁岭市]学校教育成果志 1979—1991
铁岭市教育志编纂委员会编 铁岭 铁岭市教育志编纂委员会 1993年 187页

013185871
铁岭市教育人物志 1649—1999
铁岭市教育志编纂委员会编印 铁岭 铁岭市教育志编纂委员会 2001年 173页

011500699
铁岭河流志
铁岭市河道管理处编 铁岭 铁岭市河道管理处 2000年 423页

011578904
柴河水库志 1972—2002
辽宁省柴河水库管理局辽宁柴河供水责任有限公司编 辽宁 辽宁省柴河水库管理局 2004年 240页

银州区

007994451
银州区志
铁岭市银州区地方志编纂委员会编 沈阳 辽宁人民出版社 1991年 347页

清河区

009790846
清河发电厂志 第2卷 1986—1999
清河发电厂志办公室编 清河区 清河发电厂 2000年 443页

013319693

职工教育志 向建厂三十周年献礼

贺凌岗 柳艳芬主编 2000年 173页

009243648

清河水库志 1958—1995

辽宁省清河水库管理局编 辽宁 辽宁省清河水库管理局 1998年 307页

调兵山市

009744763

铁法市志

李德云主编 北京 中国书籍出版社 1992年 417页

011805988

铁法矿务局科学技术志 1958—1987

马登寿主编 铁法 铁法矿务局 1992年 350页

开原市

014047470

开原市志 1986—2005

开原市人民政府地方志办公室编 沈阳 辽宁民族出版社 2013年 696页

010275864

开原造纸厂科技志 1936—1986

辽宁开原造纸厂编 开原 开原造纸厂 1986年 71页

008829830

开原县地名录

开原县地名办公室编 开原 开原县地名办公室 1984年 186页

铁岭县

007902371

铁岭县志

铁岭县地方志编纂委员会编 沈阳 辽沈书社 1993年 774页

013462667

铁岭县志 1986—2005

铁岭县志编纂委员会办公室编 沈阳 辽宁民族出版社 2012年 689页

012266429

铁岭县政协志 1955.11—2004.12

政协铁岭县委员会编纂 铁岭 政协铁岭县委员会 2006年 363页

009244278

[铁岭县高家煤矿]矿志

地方国营铁岭县高家煤矿编 铁岭 地方国营铁岭县高家煤矿 1987年

013603208

铁岭县交通志

铁岭县交通局编 铁岭 铁岭县交通局 1999年 281页

西丰县

008192047
西丰县志
西丰县地方志办公室编 沈阳 沈阳出版社 1995 年 682 页

昌图县

006555861
昌图县志 第 1 卷
昌图县地方志编审委员会办室编 昌图 昌图县地方志编审委员会 1988 年 806 页〔中华人民共和国地方志丛书〕

009348149
昌图县志 第 2 卷 1986—2000
昌图县史志编审委员会编 北京 教育科学出版社 2003 年 816 页

009348728
宝力镇志 1806—1990
宝力镇志编审委员会编 宝力镇 中共宝力镇委员会 宝力镇人民政府 1996 年 336 页

009348733
金家镇志 1806—1990
中共金家镇委员会 金家镇人民政府编 金家镇 中共金家镇委员会 金家镇人民政府 1998 年 396 页

009348731
三江口镇志 1821—1995
中共三江口镇委会 三江口镇人民政府编 昌图 中共三江口镇委会 1998 年 320 页

009348723
大洼镇志 1806—1995
中共大洼镇委员会 大洼镇人民政府编 昌图 中共大洼镇委员会 1997 年 318 页

013140950
昌图县政协志 1956.4—2010.10
政协昌图县委员会编 昌图 政协昌图县委员会 2010 年 474 页

朝阳市

009019556
朝阳市志
朝阳市史志办公室编 沈阳 辽宁民族出版社 1996—2004 年 3 册〔中华人民共和国地方志丛书〕

009310617
朝阳大事记 1949.10—1989.12
郭亨主编 朝阳 朝阳市史志办公室 1995年 412页

012679108
朝阳市宗教志
朝阳市宗教事务局主编 北京 宗教文化出版社 2010年 390页

009310621
中共朝阳地方史 新民主主义革命时期
朝阳市史志办公室编著 沈阳 辽宁民族出版社 2001年 303页

013369245
朝阳市工会志 1986—2005
朝阳市工会志编纂委员会编 朝阳 朝阳市工会志编纂委员会 2011年 613页

011496865
朝阳市人大志 1945—1985
朝阳市人民代表大会编 朝阳 朝阳市人大 1985年 151页

013751478
朝阳市人民政府志
朝阳市人民政府志编纂委员会办公室编 北京 中央文献出版社 2009年 479页

011578930
朝阳发电厂志
朝阳发电厂厂志办公室编 北京 朝阳发电厂 1993年

012587080
朝阳市农电志 1958—2008
朝阳市农电局编 北京 中国农业出版社 2009年 232页

009118626
东风朝阳柴油机公司志
东风朝阳柴油机公司志编纂委员会编 王九山 张新华主编 北京 方志出版社 1998年 618页

011584487
辽宁轮胎厂志 1932—1987
辽宁轮胎厂编 朝阳 辽宁轮胎厂 1988年 421页

010243752
中国北方航空公司朝阳飞行大队志
中国北方航空公司朝阳飞行大队编 中国北方航空公司印刷厂印刷 2001年 398页

010735961
[朝阳市]外贸志 1902—1985
朝阳市对外贸易局修志办公室编 朝阳 朝阳市对外贸易局修志办公室 1988年 181页〔朝阳市地方志资料丛书〕

012173700
朝阳市金融志

朝阳市金融志编纂委员会编 朝阳 朝阳
市金融志编纂委员会 1990年 324页
〔朝阳市地方志资料丛书〕

013923914
朝阳市保险志
中国人民保险公司朝阳市支公司编 朝
阳 中国人民保险公司朝阳市支公司
1991年 269页

013369251
朝阳市科学技术志
朝阳市科学技术志编纂委员会 屈玉辰
主编 李冰 吴小宾副主编 沈阳 辽宁
大学出版社 1990年 320页

011147123
中国民间文学集成 辽宁卷 朝阳市卷
朝阳市民间文学集成编委会 孙余德主
编 朝阳 朝阳市民间文学集成编委会
1989年 838页

013687144
朝阳市水土保持志
朝阳市水土保持局编 沈阳 辽宁民族出
版社 2012年 666页

013369248
朝阳市农机志
朝阳市农机局编 朝阳 朝阳市农业机械
局 1988年 276页 〔朝阳市地方志丛
书〕

012542609
辽宁省干旱地区造林研究所志
马兴华 李宪臣主编 沈阳 辽宁大学出
版社 2009年 184页

北票市

009312397
北票市志
辽宁省北票市市志编纂委员会编 国际
商务出版社 2003年 1104页 〔中国
地方志丛书〕

009242337
北票市村镇建设志
北票市村镇建设委员会编志办公室编
北票 北票市村镇建设委员会编志办
公室 1989年 414页

013369154
北票市交通志续编
北票市交通史志编纂委员会编 朝阳市
交史志编审委员会审 2002年 461页
〔朝阳地区交通志丛书〕

011145673
中国民间文学集成 辽宁卷 北票资料本
北票 北票市民间文学三套集成领导小
组 1987年 652页

012263950
北票人物志
北票市史志办公室编 北京 中国文史出

版社 2007年 538页

凌源市

009334627
凌源县交通志
凌源县交通史志编纂委员会编 朝阳市交通史志编审委员会审 沈阳 辽宁大学出版社 1990年 340页〔朝阳地区交通志丛书〕

009334629
凌源市交通志续编
凌源市交通史志编纂委员会编 朝阳市交通史志编委会审 朝阳 凌源市交通史志编纂委员会 1996年 230页〔朝阳地区交通志丛书〕

012680421
凌源市交通志续编 1993—2005
凌源市交通史志编纂委员会编 朝阳市交通史志编委会审 朝阳 凌源市交通史志编纂委员会 2009年 388页〔朝阳地区交通志丛书〕

008094656
凌源县志
凌源县志编纂委员会编 沈阳 辽宁古籍出版社 1995年 726页〔中华人民共和国地方志丛书〕

013774539
凌源人大志 1950—2011
凌源人大志编纂委员会编 凌源 凌源市印刷有限公司 2012年 798页

012764736
凌源市政协志
政协凌源市委员会编 凌源 中国人民政治协商会议凌源市委员会 2009年 356页

009620052
凌源县司法行政志
凌源县司法行政志编写组编 凌源 凌源县司法行政志编写组 1987年 31页

008537964
凌源粮食志
凌源粮食志编纂委员会 温兆民主编 孙振元 高萍编 凌源 凌源粮食志编纂委员会 1991年 294页

朝阳县

009334790
朝阳县志
朝阳县地方志编纂委员会编 沈阳 辽宁民族出版社 2003年 957页

013859412
朝阳县交通志续编
朝阳县交通史志编纂委员会编 朝阳市交通史志编审委员会审 郝向东主编 朝阳 朝阳县交通史志编纂委员会 1996年 137页〔朝阳地区交通志

丛书〕

010277947

朝阳县粮食志

朝阳县粮食志编纂委员会 李建忠主编 谷首华副主编 朝阳 朝阳县粮食志编纂委员会 1991年 301页〔朝阳县地方志丛书〕

建平县

010143439

建平县志 送审稿

建平县地方志编纂委员会编 建平 建平县地方志编纂委员会 1997年 991页

008486652

建平县志

辽宁省建平县县志编纂委员会编 沈阳 辽海出版社 1999年 1038页〔中国地方志丛书〕

011580107

建平县法院志

张铭主编 建平县人民法院编 建平 建平县人民法院 1989年 250页〔建平县地方志丛书〕

喀喇沁左翼蒙古族自治县

009009852

喀喇沁左翼蒙古族自治县志

喀喇沁左翼蒙古族自治县志编纂委员会编 沈阳 辽宁人民出版社 1998年 832页〔中华人民共和国地方志丛书〕

013374456

喀左县交通志

喀左县交通史志编纂委员会编 沈阳 辽宁大学出版社 1994年 284页〔朝阳地区交通志丛书〕

013374459

喀左县交通志 1986—2005

喀左县交通史志编纂委员会编 朝阳市交通史志编审委员会审 沈阳 辽宁大学出版社 2011年 326页〔朝阳地区交通志丛书〕

葫芦岛市

012872497

葫芦岛市志 政治卷

葫芦岛市地方志工作办公室编 深圳 海天出版社 2010年 565页

012872502
葫芦岛市志 综合卷
葫芦岛市地方志工作办公室编 深圳 海天出版社 2009年 569页

013797318
中共葫芦岛市委党校校志
中共葫芦岛市委党校校志编写组编 2000年 222页

012541735
葫芦岛共青团志 1989—2009
柴力君主编 北京 中国文史出版社 2009年 494页

012191726
大台山农场志
苑学忠主编 葫芦岛 大台山果树农场场志编纂委员会 2008年 313页

008536837
国营锦山机械厂厂志 1970—1985
国营锦山机械厂厂史厂志编委会编 葫芦岛 国营锦山机械厂 1987年 439页〔中国兵器工业史丛书〕

009790406
葫芦岛锌厂志 1935—1985
葫芦岛锌厂志编纂委员会编 葫芦岛 葫芦岛锌厂志编纂委员会 1988年 1072页

009154307
锦西化工机械厂志 1939—1985
锦西化工机械厂厂志编纂办公室编 锦西 锦西化工机械厂厂志编纂办公室 1986年 456页

008537930
锦西水泥厂志 1939—1985
锦西水泥厂志办公室编 锦西 锦西水泥厂 1986年 424页

南票区

013601936
南票矿务局志
南票矿务局志编纂委员会编 北京 中国计划出版社 1990年 508页

兴城市

004516352
兴城县志
安德才主编 沈阳 辽宁大学出版社 1990年 722页〔中华人民共和国地方志丛书〕

008829794
辽宁省兴城县地名录
兴城县地名办公室编 兴城 兴城县地名办公室 1986年 213页

014047445
锦州市兴城疗养院志 1954—1985
锦州市兴城疗养院院志编纂委员会编 锦州 锦州市兴城疗养院 1986 年 213 页

绥中县

007902348
绥中县志
绥中县地方志编纂委员会编 沈阳 辽宁人民出版社 1988 年 681 页

009002424
绥中县志
绥中县地方志编纂委员会编 北京 中国社会出版社 2002 年 894 页

009244231
绥中城建志
编志领导小组编 绥中 1984 年 71 页

014052262
绥中发电厂志
魏延良等主编 沈阳 辽宁大学出版社 2012 年 356 页

013795575
绥中县供销合作社志
辽宁省绥中县供销合作社联合社编 绥中 辽宁省绥中县供销合作社联合社 1984 年 187 页

008829793
绥中县地名录
绥中县地名办公室编 绥中 绥中县地名办公室 1985 年 198 页

建昌县

006548062
建昌县志
建昌县志编纂委员会办公室编 沈阳 辽宁大学出版社 1992 年 792 页